沿边十四城市
开放三十年
简史

范恩实 等 / 著

社会科学文献出版社
SOCIAL SCIENCES ACADEMIC PRESS (CHINA)

目 录
CONTENTS

沿边开放十四城市示意

罗　斯

黑河市

满洲里市

绥芬河市

珲春市

浩特市

丹东市

自治县

东兴市

南海诸岛

第一章

沿边对外开放的道路探索与自主发展

"改革开放以来"这几个字在今天经常被放到文章的开头，大家对于改革和开放都已经习以为常，深圳作为中国改革开放重大成就的标杆，也已经被载入史册，在世界版图上属于光鲜耀眼的新兴城市。相比之下，中国漫长的陆地边境线上的开放城市却成为被遗忘的角落，尽管它们的土地面积如此广阔。如果仅仅从对国家的经济贡献角度来看，沿边的开放容易被人遗忘，从1992年国家正式设立边境经济合作区到2022年整整30年了，而沿边的国际贸易额在全国外贸总额中的占比一直都不起眼，比如2019年边疆9省区进出口总额占全国的比重仅为6.53%[①]。

沿边开放的经济成就与东部沿海开放比起来这么"不起眼"，怎么理解沿边开放与东部沿海开放之间如此巨大的差异呢？有诸多理由可以解释沿边开放经济成就的"不起眼"。第一，沿边开放时间比东部沿海开放要晚很多。中国的对外开放是自东向西，从东部沿海的试点城市开始逐步扩大到陆地边境的。从1980年批准设立深圳、

---

① 李光辉主编《2020中国边疆经济发展年度报告》，中国商务出版社，2020，第1页。

珠海、汕头、厦门4个经济特区，到1992年中国开放14个沿边城市，这期间整整用了12年。第二，我国陆地边疆9省区地广人稀。陆地边疆9省区的土地面积占国土面积的60%多；而2020年第七次全国人口普查的数据显示，边疆9省区总人口为2.74亿人，占全国总人口的19.44%；全国人口城镇化率为63.89%，边疆9省区人口城镇化率为59.33%[①]。广阔边疆60%多的土地面积上的人口只占全国的不到20%，因此人口聚集能力和产业聚集能力都比较差。第三，新中国成立后的陆地边疆9省区都属于落后地区，属于国家重点扶持的老少边穷地区，是长期受国家政策和资金特殊扶持的地区。第四，我国陆地边疆9省区与14个国家接壤，从东北边疆按逆时针方向分别是：朝鲜、俄罗斯、蒙古国、哈萨克斯坦、吉尔吉斯斯坦、塔吉克斯坦、阿富汗、巴基斯坦、印度、尼泊尔、不丹、缅甸、老挝和越南。这些陆地邻国只有俄罗斯和印度的工业化水平略高，缅甸、老挝、尼泊尔、阿富汗在联合国的最不发达国家之列。沿边地区没有东部沿海地区靠近发达国家市场的优势和方便的海洋运输优势。

上述四条理由用来解释沿边开放经济成就的"不起眼"都是充足的，这也证明了"开放"对于沿边而言不是万能钥匙，沿边不能像东部沿海一样"一开放就灵"。那么沿边不开放行吗？除了开放，沿边还有其他发展道路吗？沿边开放对于沿边地区有什么意义？对于边疆有什么意义？对于国家有什么意义？当今世界面临百年未有之大变局，乌克兰危机仍在持续，新冠疫情席卷全球，世界进入动荡变革的时期，必须承认当今的时代已经发生巨变。每个时代总有每个时代的困惑和问题，需要一代人用行动去解答"世界怎么了，我们怎么办"。2022

[①] 根据国家统计局《2020年第七次全国人口普查主要数据》汇总，https://www.stats.gov.cn/sj/pcsj/。

年是沿边开放 30 周年，中国对外开放的大门不会关闭，这时候更需要回望走来的路，重新审视沿边开放的国家意图和时代意义，在过去的脚步中寻找未来的方向，这将是解决我们向何处去问题的一把钥匙。

第一节
中国沿边开放的意义
——立足边疆，统筹国内国际两个大局

回望沿边开放的历史，沿边的对外开放既是历史和地理的出路，又是国家发展选择的结果，其中深刻体现了国家战略和国家意图，更是国家提交的时代答卷。

我们国家是个地理空间广阔的大陆型国家，东西南北地区之间的差异极大。不同地区由于地理区位、发展基础和要素禀赋的差异，实际发展的成效也具有极大的差异，东部沿海地区的经济发展成果是有客观的物质基础的。因此从某种意义上说，中国实现全面现代化的成功与否将取决于西部内陆地区和广大边疆地区的发展水平。而西部内陆地区和广大边疆地区的发展要超越与克服既有客观条件的限制，要靠体制改革，以激发其内在动力，而开放之路是必然之选。因此中央政府选择在西部、西北、西南陆地边疆地区的沿边对外开放，以借助外力牵引来促进沿边地区的发展，缩小东西部地区日益拉大的经济落差。

1992 年中央政府决定实施沿边开放政策。沿边开放对于沿边和边疆而言，首先是帮助国家解决了边疆自己养活自己的问题，以开放来带动本地区人民生活水平和社会经济发展水平的提升，以开放推动沿边地区的思想解放和体制改革；沿边开放对于内陆地区的意

义也很重大，沿边开放成为内陆腹地和域外沟通的桥梁，带动了内陆腹地与国际社会的贸易、沟通和联系；对于国家而言，沿边开放不仅仅实现了以开放推动稳边、固边、兴边的国家意图，更为广阔和深远的意义是沿边开放为中国在国际格局中增添了战略储备，从而提升了中国在国际社会的战略地位并增加了战略回旋余地，为新发展阶段国家实施全面对外开放、为中华民族伟大复兴奠定了基石。

一　沿边开放对沿边和边疆的意义——生存之道

1992 年是有纪念意义的一年，在中国对外开放历史中是值得大书特书的一年，那一年中国将改革开放继续推向更为深入和广泛的领域，以彰显改革开放的决心和信心。1992 年 1 月 18 日到 2 月 21 日邓小平视察南方数省并发表重要讲话，1992 年 1 月 24 日国务院发出通知进一步开发开放浦东，后批准黑河、绥芬河、珲春、满洲里、二连浩特、伊宁、博乐、塔城、畹町、瑞丽、河口、凭祥、东兴、丹东 14 个城市为沿边开放城市。沿边地区自 1992 年实施对外开放政策至 2022 年已经有 30 年。沿边的对外开放是主动的政策选择，沿边开放的历程表明了开放并不是万能的，但是沿边如果不开放却是万万不能的。

（一）地理区位和世界时局决定了沿边开放的必然性

中国的沿边是个复杂的概念。

第一，沿边是个巨大又广阔的地理概念。中国的陆地边境线自东部的辽宁省丹东市的鸭绿江口，到西部广西壮族自治区防城港市的北部湾，总长度约 2.2 万公里。根据《中华人民共和国陆地国界法》的界定，陆地国界所在的边境省份被叫作边疆，包括辽宁、吉林、黑龙江、内蒙古、甘肃、新疆、西藏、云南、广西 9 省区。狭义的沿边地区指的是边境县市，中国有 139 个边境县市，其土地面积 191 万平方公里，约占我国国土面积的 20%[①]。

第二，沿边是地广人稀的地方。广阔的沿边地区的人口较少，2020 年底 139 个边境县市的常住人口总数为 2236.4 万人，其中城镇人口 1116.9 万人，农村人口 1119.5 万人，城镇人口占比为 49.94%[②]。

第三，沿边是老少边穷地区。沿边受制于地理和基础设施，尚处于工业化起步阶段，因此开发开放总体水平不高，经济社会发展严重滞后。

第四，沿边是自然资源丰富的地区。沿边承担着中国的生态屏障功能。

第五，沿边是国家安全的前沿地区。我国沿边地区与 14 个国家接壤，这些邻国是西方大国的地缘政治地带，周边国际政治环境复杂。因此从国家安全角度来审视，沿边特殊的地理区位决定了其战略地位和承担的历史使命。

世界在大航海时代以前，陆地交通运输是国际贸易的唯一方式，因此历史上的沿边地区在前现代是中国对外交流的主要门户。比如，云南省自古以来就是中国与东南亚、南亚进行文化和经济贸易交流的枢纽和门户，是古代丝绸之路的交通要道和货物集散地，具有十分重要的战略地理位置。近代以来云南的对外开放始自 19 世纪后期，清政府相继开放了蒙自、思茅、河口、腾越（今腾冲）、昆明为通商口岸，继而又修筑滇越铁路，进一步推动了云南省与东南亚的经济往来。抗日战争时期，随着滇缅公路和中印公路的通车，云南成为国家重要的

---

① 国家统计局农村社会经济调查司编《2011 中国县（市）社会经济统计年鉴》，中国统计出版社，2011。

② 数据来源：《中国人口普查分县资料 –2020》。

战略大后方，承担着军事物资进出口通道的功能，当时云南的进口、出口贸易额分别占全国的 7.5% 和 4.5%①。

随着航海技术的进步和远洋贸易的开展，陆地交通由于成本高、每次运输货物量小而逐渐被海运所替代，再加之新中国成立后所面临的复杂国际环境，沿边地区逐渐成为封闭的地理区域，主要承担着拱卫腹地尤其是核心区域的任务。冷战结束后的世界呈现出开放的趋势，中央政府敏锐地觉察到世界形势的转变，积极调整国家的发展战略，将 20 世纪 70 年代推行的改革开放政策继续深入地推向全社会。1992 年 1 月 18 日到 2 月 21 日，邓小平视察武昌、深圳、珠海、上海等地并发表重要讲话，主要内容就是要求"改革开放胆子要大一些，勇于创新，敢于试验。必须进一步解放思想，坚持实事求是。我们不仅要在社会主义条件下发展生产力，而且要通过改革解放生产力。判断姓'社'姓'资'，应该主要看是否有利于发展社会主义社会的生产力，是否有利于增强社会主义国家的综合国力，是否有利于提高人民的生活水平。要加快改革开放的步伐。看准了的，就大胆地试，大胆地闯"②。1992 年，沿边开放正式启动，国家意图是以开放来发展边疆、稳定边疆，同时以边疆为窗口加强与东盟、南亚、中亚、蒙古国、俄罗斯等的经贸合作，带动国家融入世界。

（二）沿边开放推动沿边地区思想解放和体制改革

沿边地区是国家的地理边陲，在历史上一直是"山高皇帝远"的地方，是"封闭保守"的代名词，因为地理位置偏远、交通落后，在没有互联网和广播电视都不发达的时代，沿边地区对外面的世界了解

---

① 刘满佳：《"南方丝绸之路"的新生——云南民族地区的对外开放》，《中国民族》2002 年第 4 期。
② 《十三大以来重要文献选编》（下），人民出版社，1993，第 1971 页。

很少，人们墨守成规，因此当中央政府实施改革开放政策十几年以后，沿边地区不仅在行动上，而且在思想观念上都是滞后的。新中国成立以后实施了长时间全面的计划经济，在改革开放后沿边地区的观念很难转变过来，工业生产依然是"生产靠指令、材料靠调拨、资金靠贷款、产品靠包销、亏损靠补贴"，对于农业生产则是"养牛为种田、养猪为过年、养鸡为买盐，种地才是本分"的小农意识。

对于沿边而言，对外开放起着推动沿边社会和经济改革的作用。现在"改革开放"作为叙事背景已经成为一个固定搭配的词组，但是作为历史进程，改革和开放之间并不是并列的，不仅仅是政策步骤不并列，更重要的是逻辑上也不是并列的。1978 年提出改革开放政策的时代背景是我国实施了近 30 年的计划经济，市场作为一个概念在理论上对于中国而言是陌生和遥远的，更不用说在实践中如何实施市场化改革。因此在改革开放初期，其实开放比改革更重要，开放是改革的前提，通过开放可以了解西方发达国家市场经济运行的规律和经验，只有坚持开放才能够倒逼国人认清传统计划经济体制的弊端，从而设计符合国情的改革方案和体制机制，促进经济社会持续健康发展，也只有开放才能促使中华文明融入世界现代化进程，实现世界和平发展和构建人类命运共同体。

改革开放初期，开放推动了改革。沿海改革开放的实践表明，在改革开放的征程中，每当经济发展速度减缓的时候，改革亦徘徊不前，继而由开放推动和倒逼改革。因此，改革与开放是相互推进的。以习近平同志为核心的党中央把开放确立为新发展理念之一，这是在深刻总结国内外发展经验教训的基础上，针对我国发展中的突出矛盾和问题提出来的，把开放在发展中的地位提升到了新的高度，对我国破解发展难题、增强发展动力、厚植发展优势具有重大意义。在改革开放几十年后的新时代，改革与开放仍然是我国发展的两大动力。

习近平总书记指出，"改革必然要求开放，开放也必然要求改革"；要"以扩大开放促进深化改革，以深化改革促进扩大开放"①。这些重要论断全面丰富了新时期改革与开放互动的理论与实践。

沿边地区的开放之路就是对改革和开放关系最好的注脚。比如，云南省德宏州瑞丽市的姐告，曾经封闭落后，在开放以后与缅甸进行边境贸易，使得历史上一直从事农业生产的少数民族农民也开始走出山寨，加入边境贸易中。开放改变了寨子里农民长期以来的保守观念，从事边境贸易进而走上了自主发展的富裕道路。瑞丽姐告的开放，还促进了一项制度改革，创下了全国第一。姐告边境贸易区是我国第一个按照"境内关外"模式实行特殊管理的边境贸易区。所谓"境内关外"，就是在我国境内，海关开辟出一个专门区域，在此区域中进出的货物就相当于进口和出口，区内可以免关税。这个区域内的企业可以不出国门，就能享受有关进出口的优惠政策，而且通关速度更快。自成立以来，姐告不再是过去简单的进出口物资"中转站"，而成为中国面向东南亚、南亚的物流中心，由从事简单的易货贸易转变为从事以一般贸易为主的多种贸易，由边境贸易区转变为完全的自由贸易区。姐告边贸区已经成为云南乃至全国开拓东南亚、南亚国际市场的桥头堡。这种探索为我国边境县市建立跨国加工贸易区、做大做强边境贸易提供了一个可资借鉴的有效管理模式。"境内关外"政策铸就一条黄金通道，姐告口岸对缅进出口贸易总额分别占德宏州、云南省和全国对缅进出口贸易总额的 80%、60%、25%，每年平均出入境人员达 600万人次，出入境车辆达 100 万辆次，分别居全国陆路口岸第一位和第三位②。随着中国—东盟自由贸易区的全面建设以及瑞丽国家重点开发

---

① 《以更高水平开放促进更高质量发展——新时代推进高水平对外开放述评（中）》，人民网，2021 年 12 月 26 日，http://politics.people.com.cn/n1/2021/1226/c1001-32316989.html。

② 刘颖：《境内关外，姐告升级为中缅"双中心"》，《中国经济导报》2011 年 10 月 18 日。

开放试验区建设和桥头堡战略的不断推进，姐告边境贸易区正成为德宏州乃至云南发展外向型经济的战略支点，一扇开启东南亚、南亚国际市场的"金大门"。

对外开放是我国的基本国策之一。当前国际政治经济环境深刻变化，习近平总书记曾指出："当前，中国改革已进入深水区，牵一发而动全身，要敢于啃硬骨头。"[①] 国家提出构建开放型经济新体制，对我国新一轮沿边开发开放也提出新的要求，并为其赋予了新的内涵，明确指出要"创新开放模式，促进沿海内陆沿边开放优势互补"[②]，"加快沿边开放步伐，允许沿边重点口岸、边境城市、经济合作区在人员往来、加工物流、旅游等方面实行特殊方式和政策"[③]，将沿边开放推向了新的发展阶段，沿边开放也必将推动中国改革成功蹚过深水区。

（三）沿边开放增强了边疆地区的"造血能力"

沿边开放使得沿边地区充满了生机与活力，从根本上增强了边疆地区的"造血能力"，促进边疆经济发展和社会进步。

1987 年 4 月，中共中央、国务院在批转《关于民族工作几个重要问题的报告》时强调指出，新疆、西藏、云南等省区和其他一些少数民族地区，具有对外开放的优越地理条件，又有丰富的地下、地上资源和独特的旅游资源，进一步搞好开放，就能把某些劣势变成优势，加快经济的发展。同年，国家民委等联合向国务院提出《关于积极发

---

① 《习近平在德国发表重要演讲发展道路》，新华网，2014 年 3 月 29 日，http://www. xinhuanet.com//world/2014-03/29/c_1110003070_2.htm。

② 《张高丽：坚定不移贯彻五大发展理念 确保如期全面建成小康社会【2】》，人民网，2015 年 11 月 9 日，http://opinion.people.com.cn/n/2015/1109/c1003-27793646-2.html。

③ 《"边贸＋"助推边民脱贫致富》，"光明网"百家号，2020 年 9 月 29 日，https://m.gmw. cn/baijia/ 2020-09/29/1301617851.html。

展边境贸易和经济合作 促进边疆繁荣稳定的意见》。1991 年 4 月，国务院办公厅批转了这个文件，并积极推动边境贸易。在随后的 1992年，国家正式实施沿边开放战略，批准黑河、绥芬河、珲春、满洲里、二连浩特、伊宁、博乐、塔城、畹町、瑞丽、河口、凭祥、东兴 13 个城市为沿边开放城市，这 13 个沿边开放城市加上辽宁丹东，一共批准设立了 14 个国家级边境经济合作区，各区均享受现行的国家开放优惠政策。

边疆地区由于自然条件和历史原因而发展滞后。王朝历史上的中央王权每年要从国库中向边疆地区发放"协饷"以维持其社会经济运转。新中国成立后，中央政府每年要从国库中对边疆地区进行转移支付，以支援边疆的发展和建设。沿边开放是改善边民生活、稳定边疆的重要手段，也是开放边境贸易的政策初衷。首先，沿边的对外开放使得中国和邻国的边民可以通过货物贸易互补余缺，从而解决了边民生活物资匮乏的问题。沿边的对外开放能有效增加边民的收入，通过边境贸易创造就业机会，维护边疆繁荣稳定[①]。其次，沿边开放推动当地经济转型和农村剩余人口就地就业。沿边地区是传统的农业地区，农业人口众多，农民除了从事农业生产没有其他方面的技能，边境贸易的发展，推动了沿边农村剩余劳动力的转移，成为边民增收致富的重要渠道。比如，作为内陆边疆省份的云南，1980 年对外贸易 1.1 亿美元，2021 年逾 3100 亿元[②]。

中央政府在国家宏观的"五年规（计）划"中也积极推动沿边开放和边境贸易的开展。改革开放后的"七五"计划里强调：对于陆地边境地区，在强调农林牧基础优势和加强工业化的基础上开展边境贸

---

① 余淼杰、高恺琳：《中国—东盟自由贸易区的经济影响和减贫效应》，《国际经济评论》2018 年第 4 期。

② 数据来源：昆明海关。

易，"逐步把主要陆地边境口岸建设成具有一定经济基础的、以对外贸易为主要职能的口岸城镇，加强重要边防地段邮电、通信、道路、岸线等的建设，促进文化教育卫生事业的发展"①。国家"十二五"规划里强调：加强经济贸易，将兴边富民行动进一步强化，鼓励边境地区的贸易发展，"进一步加大扶持力度，加强基础设施建设，强化生态保护和修复，提高公共服务水平，切实改善老少边穷地区生产生活条件……贯彻落实扶持民族地区发展的政策，大力支持西藏、新疆和其他民族地区发展，扶持人口较少民族发展。深入推进兴边富民行动，陆地边境地区享有西部开发政策，支持边境贸易和民族特需品发展"②。"十四五"规划在区域协调发展和边疆地区发展方面突出了国家国土安全、边疆经济社会发展、铸牢中华民族共同体意识、海洋边疆和总体国家安全观五个层面，强调"以农产品主产区、重点生态功能区、能源资源富集地区和边境地区等承担战略功能的区域为支撑，切实维护国家粮食安全、生态安全、能源安全和边疆安全，与动力源地区共同打造高质量发展的动力系统……增强边疆地区发展能力，强化人口和经济支撑，促进民族团结和边疆稳定"③。新时代以来，国家实施"一带一路"建设，陆地边疆在国家发展战略中的定位与以往不同，边疆对于国家而言已转变成为国家发展的前沿地带，从过去的被动保守的守边变为积极主动的发展守边，如费孝通先生所说："要发展边疆、要巩固边防非得要在生活上繁荣起来不可。"④

沿边开放使得边境上的生活繁荣起来，并且增强了边境地区的财

---

① 《中华人民共和国国民经济和社会发展第七个五年计划 1986—1990》，人民出版社，1986，第 101~103 页。

② 《中华人民共和国国民经济和社会发展第十二个五年规划纲要》，人民出版社，2011。

③ 《中华人民共和国国民经济和社会发展第十四个五年规划和 2035 年远景目标纲要》，中国政府网，2021 年 3 月 13 日，https://www.gov.cn/xinwen/2021-03/13/content_5592681.htm。

④ 费孝通：《社会调查自白——怎样做社会研究》，上海人民出版社，2009，第 238 页。

政自给能力，边疆可以通过开放给自己"造血"，减轻了国家的财政负担，也有利于提升我国边境民族地区经济社会发展水平，促进民族团结和边疆稳定。沿边开放以来，边境贸易对沿边区域经济增长的贡献不断增大。近几年，对外贸易对沿边地区生产总值的贡献率平均达40%左右，开放型经济对沿边口岸县市财政的贡献更大。有不少县市财政收入及增加额中边贸所占比例高达百分之六七十。"边贸财政"的特征十分突出[1]。

沿边对外开放增强自身"造血能力"最为突出的一个案例是云南省的沿边开放城市瑞丽。瑞丽与缅甸相邻，是隶属于德宏傣族景颇族自治州的1个县级市，但作为德宏州辖下的5个县市之一，2020年瑞丽GDP达167.02亿元，占德宏州GDP的29.02%，瑞丽是德宏州的"经济重镇"，其发展完全得益于对外开放。瑞丽对外贸易进出口总额由1978年的0.0006亿元增至2022年的728亿元，增长121万倍。1991年瑞丽的边境贸易总额占云南全省边贸总额的70%，占全国边贸总额的34%，瑞丽是中国最大的边贸口岸[2]。瑞丽人均GDP由1978年的327元增加到2022年的57241元[3]，增长174倍。瑞丽和缅甸的贸易连续多年占云南和缅甸贸易的2/3左右、占中缅贸易的1/4左右，瑞丽已成为中缅贸易最大的陆路口岸城市。瑞丽由于边境贸易活跃而吸引大量外来人口涌入，自第六次全国人口普查以来瑞丽的人口增长近五成。第七次全国人口普查数据显示，2020年瑞丽全市总人口（常住人口）为26.76万人，比2010年第六次全国人口普查结果增加8.70万人，增长48.17%[4]。瑞丽的边境贸易还给德宏州带来巨大的财政收入。1984年德宏州的财政收入只有3000多万元，随着边境贸易的发展，

---

① 崔玉斌：《我国沿边开放20年的回顾与前瞻》，《北方经贸》2013年第3期。
② 《云南千年对外开放史 今朝迎来绝佳新机遇》，《都市时报》2011年6月6日。
③ 数据来源：瑞丽市统计局官网。
④ 数据来源：瑞丽市统计局官网。

1993 年德宏州的财政收入突破 2 亿元，增长了近 6 倍，其中边境贸易带来的财政收入占总收入的 45%[①]。

二 沿边开放在国家战略上的意义——新时代开放的前沿

1992 年，在东部沿海地区开放了 10 余年以后，中央政府推出沿边开放政策。中央政府最初沿边的开放策略所提供的只是政策，即把沿海开发区的优惠政策直接照搬到沿边地区。在 1992 年，沿边地区对于未来开放前景的想象也是以东部沿海开放城市为模板的。但是在后来的开放实践中，受制于地理区位和基础设施等各种因素，沿边对外开放不可能变成上海和深圳的模样和模式。沿边在对外开放的进程中走出了自己的路，不仅仅为国家稳边、固边、兴边提供了必要的保障，也成为联通内陆腹地与域外的桥梁，从长远来看，更为重要的是沿边开放为中国在复杂的世界格局中成功开创了新的战略地带，增加了中国在国际社会的战略回旋余地。

（一）沿边开放促进稳边、固边、兴边

沿边地区是一个集边疆、民族、宗教于一体的特殊区域，肩负着特殊的国家安全的重要使命，因此沿边的对外开放首要顾及的是开放如何促进稳边、固边、兴边。

第一，沿边地区对外开放的初衷和任务与东部沿海地区是不一样的。东部沿海地区对外开放的初衷是希望通过引进发达国家的资金、技术、人才和先进的管理经验来帮助中国提升产业生产能力，加入国

---

① 陈铁军：《云南 30 年的沿边开放历程、成就和经验》，社会科学文献出版社，2015，第 14 页。

际产业分工，同时以沿海作为窗口使中国的产品销售到国际大市场中，为国家创造财富，为我国的经济体制与世界经济全面对接创造条件，从而带动和促进中国整体的现代化建设和国际化水平的提升。而沿边地区对外开放首要考虑的是怎么通过开放更好地养活自己，减轻国家的财政负担，带动边疆地区的经济发展，从而降低国家守边的成本。

在 1992 年沿边正式开放之前，边境地区已经进行了有益的尝试，并取得了很好的效果。早在 20 世纪 80 年代初期，云南省德宏州边境贸易的成功尝试就为沿边开放树立了典范，也加强了中央政府日后全面开放沿边城市的信心。1985 年开始，德宏州实行"以贸易为先导"的发展战略，大胆改革边贸管理体制，开辟边境贸易区，通过边贸带动其他领域的发展。德宏州的对外开放使其成为全国经济发展最快的地区之一。从 1979 年到 1988 年，德宏州的社会总产值、国民生产总值和国民收入年均增长率均达到 20% 左右，不但比云南省的平均水平高出 6~7 个百分点，而且比全国高出 5~6 个百分点。德宏州在选择对外开放以后所呈现出来如此快的发展速度，对于一个长期靠国家财政补贴的少数民族边境地区来说是惊人的。

德宏州的开放使当地的财政收入大幅度增长，其由长期吃国家财政补贴转为向国家上缴。1988 年德宏州地方财政收入比 1980 年增长 37 倍，当年财政收入的 51.2% 来自边贸税收。2004 年瑞丽财政收入的 80% 都由边贸所贡献[①]。沿边的对外开放政策使得德宏州由一个鲜为人知的边境地区成为全国内陆转口贸易口岸和西南对外开放的重要前哨与窗口。经过多年的对外开放，目前从德宏州销向缅甸的中国商品，又经缅甸转口到印度、巴基斯坦、斯里兰卡、尼泊尔、泰国等国家，同时从德宏州进口国内市场紧缺的各种原材料，销往全国 20 多个省区

---

① 陈铁军：《云南 30 年的沿边开放历程、成就和经验》，社会科学文献出版社，2015，第 189 页。

市，有力地支持了国内企业的发展。德宏州的对外开放也促进了周边国家的对外开放，推动了政府间贸易关系的发展。中缅边境贸易的扩大和发展，使中缅贸易走向官方化和合法化。同时，中缅边境贸易也对越南、老挝产生了积极影响[①]。

沿边开放为边疆省区调整和优化产业结构提供了强大动力和保障。如新疆沿边开放引进邻国的石油、煤炭等能源矿产资源，并在当地进行开发和深加工；内蒙古沿边地区打造绿色农畜产品加工基地和风能、太阳能、稀土等新能源新材料基地；云南通过"走出去"和"引进来"做强烟草、冶金和旅游、医药、新材料等产业。边疆各省区通过沿边开放做大了优势产业、培育了新兴产业、形成了特色产业，提高了边疆区域经济整体竞争力。

第二，沿边开放给国家带来的不仅是经济效益，还带来社会效益。我国是一个多民族国家，80% 以上的少数民族和 95% 以上的民族自治地方在西部内陆地带和边疆地区，因此推进沿边开放有利于民族经济的发展、民族间的和睦和国家边疆的稳定，同时也能向全世界证明中国政府积极致力于推动各民族经济、社会和文化的发展，带领全国各族人民实现共同富裕。边民在边疆和边境地区生产生活，对于国家而言所体现的重要性不仅是经济意义，更为重要的是国土安全的意义。在传统农业和工业生产时代，国家的经济发展需要土地、劳动力和自然资源，这些是国家发展的核心要素，国家之间在边境上的冲突往往是出于争夺土地、劳动力和自然资源。今天，中国全面推行"一带一路"建设，边疆和边境在国家战略中有新的定位，边境对于国家的安全和发展的意义已经不同于以往。

第三，沿边开放秉持"以人民为中心"的理念，把保障和改善民

---

① 唐立久、胡晔：《沿边开放：中国对外开放战略的新视角》，《经济问题探索》1991 年第 2 期。

生作为对外开放的出发点和落脚点，开放为了人民，开放依靠人民，开放成果由人民共享。沿边开放不仅仅要建设基础设施，更重要的是带领周边地区和当地群众参与到经济建设中，分享到对外开放带来的好处，提高收入水平。沿边开放缓解了东西部区域发展不平衡的问题，带动沿边当地的就业、技术进步、财政增收，保障和改善民生，最终实现共同富裕。

（二）沿边开放成为内陆腹地和域外沟通的桥梁

沿边开放不能仅仅从沿边的角度来衡量，也不能仅仅用沿边所在的边疆省区来衡量。如果仅从外贸增长对地区生产总值增长的贡献率来看，沿边地区的外贸贡献率比东部沿海地区要低很多，比如，2011年沿边地区的外贸贡献率为39.5%左右，东部沿海地区则有70%左右，沿边地区比东部沿海地区低30个百分点左右[1]。沿边开放对于内陆腹地、对于国家统一大市场、对于邻国、对于地区安全和国家安全的影响，从长远来看超过简单的经济意义。

1.沿边开放整合内陆腹地的市场和产业链

沿边地区拥有与周边国家文化相近、语言相通等优势，是内陆腹地对外交流的桥梁和纽带。从1992年沿边开放至2022年已30年，一些人对沿边开放有诸多诟病。第一，诟病最多的是沿边成为所谓的"通道经济"，如云南的边境贸易，进出口商品以过境为主，进口商品的80%以上销售到省外，满足国内市场的需求，出口商品的80%以上来自省外，这也是边疆省区外贸对当地GDP贡献率低的主要原因。第二，沿边的出口商品结构单一，以纺织、小机电、百货等劳动密集型和资源密集型产品为主，批量小、品种杂、经营分散。进口则以资源

---

① 崔玉斌：《我国沿边开放20年的回顾与前瞻》，《北方经贸》2013年第3期。

类的农、林、水产品为主①。这些边境贸易产品附加值较低，易受自然条件、交通运输条件等因素影响。第三，还有人对沿边开放提出很多批评，如沿边开放的发展方式落后，对外经贸合作的规模小、层次低、机构不合理、粗放发展的特征突出，沿边开放的区域经济支撑力不强、管理体制和政策不尽合理②。

在面对沿边开放经济受到诸多诟病的同时，如果仅仅算经济账是不行的，沿边开放起到了整合内陆腹地的市场和产业链的不可替代的作用。

第一，沿边开放对于内陆腹地具有配置资源的通道功能。在沿边开放的前 20 年时间里，沿边地区进口总额高速增长，年均增长速度达 20.69%，快于东部沿海地区 3.05 个百分点。进口总额占全国的比重由 2.74% 上升为 4.32%，上升 1.58 个百分点。沿边地区进口的能源原材料 70% 左右销往内地和东部沿海地区。尽管沿边地区出口的增长速度不高，但出口中 70% 左右的货源也是采购于东部沿海地区③。沿边开放所形成的大通道对于保障国家能源资源安全、支持内地和东部沿海地区经济可持续发展发挥了重要作用。

第二，沿边对外开放带动了内陆地区的市场整合，为全国统一大市场的形成奠定了基础。沿边的开放不仅仅是沿边的事情，在沿边开放之初，沿边所在的边疆省区对沿边开放的定义就是带动全省区的改革开放和经济腾飞。1992 年 4 月 13 日中共吉林省委召开会议指出，要充分利用珲春的地理优势和资源优势，实行全方位改革开放，以珲春为窗口大力引进外资和国外先进技术，带动吉林省积极参与东北地区和世界各国的经济合作，把珲春建设成为综合的、外向型的、现代

---

① 张海源：《我国沿边开放问题及发展方向研究》，《国际贸易》2017 年第 8 期。
② 崔玉斌：《我国沿边开放 20 年的回顾与前瞻》，《北方经贸》2013 年第 3 期。
③ 崔玉斌：《我国沿边开放 20 年的回顾与前瞻》，《北方经贸》2013 年第 3 期。

化的、富有特色的开放城市，带动吉林省改革开放和经济腾飞。沿边开放的实践也证明了其对边疆省区发展的带动作用，沿边开放带动中国边疆省区经济繁荣的力度超过了历史上任何时期。

第三，沿边开放不仅有对于沿边所在的边疆省区的带动，还有对于内陆腹地的整合。始于 1984 年的西南 6 省区市的合作是我国改革开放以来最早的跨省份经济合作，6 省区市分别为四川、云南、贵州、广西、西藏、重庆。其中广西和云南作为边疆省区，从 1984 年到 2007 年共签订各类合作项目 30680 个①，西南 6 省区市在昆明联合举办多届商品交易会和进出口商品交易会，以沿边为窗口构筑面向东南亚市场的交易平台。

第四，沿边除了与邻国有产品互补外，也是东部沿海地区产业转移的承接者。随着中国对外开放程度的提高，东部沿海地区完成产业升级，逐渐形成技术密集型和资金密集型产业，传统的劳动密集型和附加值低的产业生存空间缩小，需要向外转移，腾出土地等发展空间。沿边地区具备劳动力、土地、邻国境外市场等综合成本优势，适合东部沿海地区的产业转移。

2. 带动邻国边境地区的经济社会发展

沿边开放还起到了睦邻、安邻、富邻的作用。沿边通过与邻国的边境贸易，使邻国的丰富资源更加方便快捷低成本地进入中国市场，满足国内其他省份生产的需求，同时中国的工业品通过边境贸易进入邻国市场，满足了邻国生产生活的需求，带动邻国边境地区的经济社会发展。我国沿边地区所接壤的国家中，除了俄罗斯，其他国家基本属于联合国所认定的发展中国家，经济社会发展水平低于我国，大多数也处于封闭落后的状态。沿边向邻国打开大门，不仅仅促进了我国

---

① 《西南六省区打造农牧业等区域一体化合作航母》，央视网，2007 年 12 月 7 日，https://news.cctv.com/society/20071207/105056.shtml。

边疆地区的经济社会进步，也带动了邻国边境地区的发展。沿边的开放，使得中国的工业品、日用品、医药用品等邻国自己生产无法满足需要的必需品通过边境贸易进入其国内，满足了邻国民众生产生活的需要，由此带动了邻国边境地区的经济发展。比如，云南周边邻国的工业基础比较薄弱，工业制成品的自给率极低，特别是与云南比邻的国家边境省、邦的日用消费品短缺。云南通过边境贸易，使中国的商品进入东南亚市场。根据对缅甸市场的调查，1985 年中国商品在缅甸北部的市场占有率为 20%，1987 年为 65%，1992 年中国商品在缅甸仰光的市场占有率为 25%[①]。

第一，沿边的开放带动了邻国边境城市的发展。比如，与中国瑞丽姐告相邻的缅甸边境城市木姐，在中国沿边开放以前只是一个封闭落后的小地方，由于中国政府给瑞丽对外开放所提供的政策，缅甸中央政府也支持其边境小镇木姐的建设，以积极对接中国的沿边开放。目前木姐已经从缅甸的一个边境小镇转变成为一座新兴的现代化小城市。

第二，沿边开放不仅仅是通过边境贸易使邻国受惠，还通过投资等方式帮助邻国进行经济和社会建设。比如，云南省派出施工队伍并提供技术和服务，为缅甸建成了号称"缅甸三峡水电站"的邦朗水电站，其投产后的发电量占到缅甸全国的 30%。云南还为老挝承建了万荣水泥厂，结束了老挝不能生产水泥的历史，为加快老挝现代工业发展创造了重要条件。

第三，沿边开放还带动了邻国的社会文化教育事业的发展。2008 年云南省利用中央财政安排的 2 亿元专项资金启动边境县国门学校建设，计划在云南 25 个边境县建设 28 所国门学校。国门学校为周边邻国的孩子创造了良好的学习环境，周边国家的孩子来读书也是全部免

---

① 李洁、赵云忠：《云南外向型经济》，德宏民族出版社，1997，第 174 页。

费，据不完全统计，周边国家每年在云南边境各县就读中小学的孩子达3万多名①。由于国门学校的设立和边境贸易的开展，周边国家的学生兴起了学习中文热，很多东南亚华侨也把孩子送到边境地区读书，不仅方便做生意而且利于孩子学好中文。

第四，我国沿边地区都是生态资源丰富的地区，沿边与周边国家共享生态循环系统，沿边是中国和邻国的生态屏障。比如，吉林省珲春市拥有东北虎豹国家公园，是全国唯一的虎豹之乡，东北虎豹的活动范围是不受国境线限制的，生活范围跨越俄罗斯、中国和朝鲜。此外，位于东北虎豹国家公园旁的图们江口湿地被国际列为亚洲重点鸟区，每年春去秋来，壮观的雁鸭类迁徙大军便在此停息补充能量，然后沿着国家公园内南北走向的山脉继续南下北往。再比如，云南有元江（红河）、澜沧江（出境后称湄公河）、怒江（出境后称萨尔温江）和独龙江（伊洛瓦底江河源有东西两支，东源叫恩梅开江，发源于中国境内察隅县伯舒拉山南麓，中国云南境内称之为独龙江）四条国际河流。中国邻国处于河流的下游，因此沿边的生态安全也直接影响邻国的生态安全，沿边不仅仅是中国的生态屏障也是邻国的生态屏障。

沿边的开放受到邻国和国际局势的影响很大。沿边开放以来，中国边疆各省区对外开放的热情很高，积极谋划，采取很多措施与周边邻国开展经济贸易合作，但从总体效果上看，中国北部边疆、东北边疆与周边国家的区域合作，与广西、云南与周边国家的区域合作相比有很大差距。中国东北三省的沿边开放受地缘政治环境影响很大。黑龙江省面对俄罗斯远东地区，尽管黑龙江省积极性很高，但俄罗斯远东地区无论人口数量还是经济开放程度都使中俄区域合作受到局

---

① 陈铁军：《云南30年的沿边开放历程、成就和经验》，社会科学文献出版社，2015，第161页。

限。图们江区域合作长期以来被国际社会所看好，联合国积极进行推动，中国学术界特别关注，有的学者甚至提出了中国应建立"有形多环战略"，与俄罗斯和朝鲜建立"图们江地区开发区""东北亚经济合作环"等。吉林省对图们江区域合作十分关注。但到目前为止，图们江区域合作依然步履维艰，面临很多挑战和困难。但是沿边开放的大门永远不会关上，沿边开放与周边国家命运共同体建设是久久为功的，尽管国际环境有诸多困阻，中国总以最大的诚意来睦邻、安邻、富邻。

（三）沿边开放增加了中国在国际格局中的战略储备

新时代以来，陆地周边邻国对中国沿边对外开放的影响越来越大，中国的发展离不开与周边国家的良性互动，习近平从"地理方位"、"自然环境"与"相互关系"三个维度来分析，得出"周边对我国都具有极为重要的战略意义"的结论，明确指出"思考周边问题、开展周边外交要有立体、多元、跨越时空的视角"[1]。

立体、多元、跨越时空的视角是未来沿边开放的思想纲领。沿边与周边国家的交往不仅仅是边境地区之间的简单互动，还涉及陆海内外联动问题、内地与陆疆和海疆的经济融合问题，以及东部、内陆地区与边疆地区的融合发展问题。沿边与周边国家多元化的互动证明了沿边与周边国家安全与发展的辩证关系。进入新时代以来，我国周边国家的政治、经济、社会格局都发生了很大变化，我国同周边国家的经贸联系更加紧密、互动空前密切，这充分说明了对于中国沿边来说，发展本身就是最大的安全，对周边国家来说，边境地区的发展本身也是最大的安全，是解决周边地区安全问题的总钥匙。

---

[1] 《周边外交工作座谈会》，人民网，2013年10月26日，http://www.people.com.cn/n/2013/1026/c348425-23335820.html。

1. 沿边开放有助于在周边国家开拓新的市场和产业链

中国与邻国在现代工业生产链条上有较大的差异，因此分工合作和互补的空间非常大。比如，中国目前大量的过剩工业品在周边国家缅甸、老挝、越南、印度、巴基斯坦等存在较大的需求。同时周边很多国家自然资源又很丰富，本国的发展使用不了，如老挝、缅甸、越南和俄罗斯的木材等。中国与周边邻国的经济发展互补性，为中国和邻国的经济发展提供了广阔的合作空间，也有利于我国外贸产业规避欧洲和美洲大市场的经济危机和政治等风险。

2. 沿边开放是中国地缘政治的重要战略储备

进入 21 世纪以来，中国对外开放的国际环境发生了重大变化，国际贸易日益呈现出区域化、集团化特征，并由此推动贸易数量实现惊人的增长，因此地缘政治对于中国的发展发挥着越来越重要的作用，经济利益的融合使得国家和地区之间的依存度越来越高，中国参与国际分工的模式也随之调整。

改革开放以来，中国经济的快速发展震撼了世界。40 多年前，甚至没人能料到中国会成为一个地区性工业强国，更别说世界工业强国了。经过 40 多年的时间，中国从一个贫穷落后的农业国一举变成了全球最大和最具活力的制造业中心。周边国家沿边地区开发开放和工业化水平总体落后于我国。我国与俄罗斯、哈萨克斯坦、蒙古国、缅甸、老挝、越南等国的接壤地区，多为该国落后地区、边远地区或未开发地区，远离其国内中心市场，产业基础薄弱，投资吸引力不强，自主发展能力严重滞后。周边国家边境口岸基础设施建设水平相对中国普遍较低，毗邻地区的道路、水电等基础设施不能适应日益扩大的双边经贸合作的需要。相对而言，中国沿边地区开发开放的基础比较好，开发开放的热情也比较高。而周边国家政策的不确定性比较大，由于政治互信不足，周边国家对我国防范心理普遍较重。同时，中国由于庞大的体量和不断崛起的经济，再加上与西方世界不一样的制度，毫不意外地成为西方国家打压的对象。

随着中国国际贸易量的增加，中国的对外开放受到国际政治的影响程度超过以往。传统上我国的对外贸易大多是通过沿海口岸经由海运完成的，中国货物要通往美洲、欧洲、西亚和南亚等地的航路都是在太平洋完成。从中国的东部沿海出发，绕过马六甲海峡，进入印度洋后抵达主要市场。马六甲海峡是连接沟通太平洋和印度洋的咽喉要道，每天经过马六甲海峡的船只中有近六成是中国船只。印度和美国都对马六甲海峡虎视眈眈，并且一直有军事战略部署。因此，从国家经济安全的层面出发，也亟须开辟新的国际运输通道。沿边开放建立的国际大通道，也是地缘政治和国际政治新通道。比如，如果能开辟我国从云南进入印度洋的出海通道，要比绕道马六甲海峡进入印度洋缩短 2000~4000 公里的路程，节约 5~8 天时间，降低物流成本，提高贸易效率，该出海通道也是马六甲海峡的战略储备选项。作为沿边开放区的瑞丽，处在中华经济圈、东盟经济圈和南亚经济圈的接合部，是中国实施南向印度洋战略的重要门户。从能源安全的角度来看，从缅甸经瑞丽到昆明的输油管道，绕开了"马六甲困局"，从陆地上开辟了中国南向印度洋，出口南亚、非洲、欧洲的货物中转站，对中国的地缘战略安全具有举足轻重的意义。

此外沿边开放是推动人民币国际化的重要步骤。中国要成为世界一流强国，人民币国际化是必然的趋势，但这不是一蹴而就的，必定是缓慢的过程。在实践过程中，人民币国际化的路线必然是先在周边邻国推进，即人民币周边化，然后再发展到区域化和国际化。沿边的对外开放加快了国际区域人民币结算进程。

中国通过沿边与邻国的经济贸易合作给周边国家带来了经济利益和安全利益，促进国家间的共同发展。良好的地区合作将会形成力量，支撑亚洲的经济发展，从而增强第三世界国家反对西方霸权主义、维护世界和平与安全的国际力量，形成崭新的世界格局，对世界经济发展态势产生积极影响。

小结：立足边疆，统筹国内国际两个大局

沿边地区担负着我国和周边国家之间几乎所有的经济贸易、客运、货运往来的任务，是我国与邻国交流的重要通道，并且在两个国家之间和多个国家之间的经济贸易交流中起着至关重要的作用。我国是周边朝鲜、蒙古国、越南等国的第一大贸易伙伴，缅甸的第二大贸易伙伴，周边国家是我国开展区域经济合作的优先选择，目前已有东西呼应的自贸区平台，上海合作组织、"10+3"、"10+1"等重要区域合作机制，还有与周边国家开展的多个次区域经济合作，2020年东盟是我国第一大贸易伙伴。

沿边地区也是内陆腹地对外开放的窗口。沿边开放30年来形成了重点开发开放试验区、沿边国家级口岸、边境城市、边境经济合作区和跨境经济合作区等沿边重点地区，它们是我国深化与周边国家和地区合作的重要平台，是沿边地区经济社会发展的重要支撑，是确保边境和国土安全的重要屏障，沿边地区正在成为实施"一带一路"建设的先手棋和排头兵，在全国改革发展大局中具有十分重要的地位。沿边地区是我国对外开放的重要门户，是体现我国与邻为善、以邻为伴、睦邻安邻富邻的重要窗口。新时代沿边的对外开放有新的历史任务，要继续深化与周边国家的经贸关系，同时实施周边外交战略，打造周边命运共同体。

沿边是国内发展与对外开放的交汇处，封闭的沿边是衰败和落后的，而开放的沿边带来的不仅仅是边疆地区的发展和稳固，更是国家

的繁荣。沿边地区虽然在地理上是中国的偏远地区，却是中国和邻国以及区域交界的核心地带、大区域的结合点。沿边的对外开放打破了地区间、国家间相互封闭的状态，推动相互间的贸易往来和交流。沿边开放体现了我国在对外开放中角色的重要转变，即由资本、技术、管理输入者向输出者转变。党的十九大报告指出，"推动形成全面开放新格局"，以"一带一路"建设为重点，"形成陆海内外联动、东西双向互济的开放格局"[1]。

习近平主席在 2022 年博鳌亚洲论坛开幕式上的讲话中指出："当今世界，开放融通的潮流滚滚向前。"[2] 人类社会发展的历史告诉我们，开放带来进步，封闭必然落后。世界经济正在逐渐融合成一个难以分割的整体，区域经济一体化是经济全球化的趋势，各国经济社会发展日益相互联系、相互影响，推进互联互通、加快融合发展成为促进共同繁荣发展的必然选择。沿边在地理区位上是国内国际两个大局的交汇处，沿边开放只有立足边疆，才能切实统筹好两个大局。

第二节
中国沿边开放的历程与启示
——与时俱进与自主发展

在中国对外开放历史上，经常见诸报端且众人耳熟能详的重大历史节点和重要地点基本都与东部沿海地区相关，比如，1980 年批准在深圳、珠海、汕头和厦门设立经济特区，1984 年开放大连等 14 个沿

---

[1]　中共中央宣传部:《习近平新时代中国特色社会主义思想三十讲》，学习出版社，2018。
[2]　《持续推进更高水平的对外开放》，"人民网"百家号，2019 年 11 月 9 日，https://baijiahao.baidu.com/s?id=1649671843409619187&wfr=spider&for=pc。

海港口城市，2013年成立中国（上海）自贸试验区。1978年党的十一届三中全会开启了改革开放的历史征程，此后我国第一步是在东部沿海创办经济特区。党中央、国务院根据广东、福建两省靠近港澳，侨胞众多，资源丰富，便于吸引外资等有利条件，决定对两省的对外经济活动实行特殊政策和灵活措施。第二步是设立沿海开放城市。从北到南包括大连、秦皇岛、天津、烟台、青岛、连云港、南通、上海、宁波、温州、福州、广州、湛江和北海共14个大中港口城市。第三步是建立沿海经济开放区。将长江三角洲、珠江三角洲和闽南三角地区划为沿海经济开放区，并指出这是我国对内搞活经济、对外实行开放的具有重要战略意义的布局。东部沿海地区的开放模式是两头在外，即利用国外的资金和市场，利用国内的劳动力，以加工出口带动当地的产业发展。沿海迅速发展起来并成为经济增长的发动机，要素资源向沿海流动，但是国家内部的地区差距也在加大。第四步是开放沿江和沿边城市。1992年6月，党中央、国务院决定开放长江沿岸的芜湖、九江、岳阳、武汉和重庆5个城市。同年，中央决定开放14个沿边城市。沿边开放从一开始的简单的边境小额贸易，发展到边境贸易、一般贸易、对外经济技术合作等。沿边开放的形式逐渐超出边境贸易本身而发展到境外工程承包、境外农业合作、境外投资、境内关外加工等各项业务。沿边开放不仅仅带来了经济的繁荣，也给沿边带来了新的观念，沿边对外开放中各种文化和观念在边境碰撞、交流、融合，过去封闭保守的边疆变得视野开阔，思想更加解放。沿边开放已经成为边疆利用新技术、开发新产品、建设新设施的主力军。沿边开放对边疆的贡献不仅仅是财政税收，在拉动就业、开拓国际市场、引进资金技术等方面也发挥了富民、稳边、固边、利国的重要作用，带动了边疆社会整体向现代化转型。

回顾沿边的对外开放历程，从国家最初的政策落地，到在开放的过程中摸索出适合不同沿边地区的发展模式，再到形成开放制度，最终到2022年沿边开放30周年的时候以法律条文的形式对沿边开放进行约定，中央政府对沿边开放的信心和决心都越发坚定。2022年1月1日起施行的《中华人民共和国陆地国界法》第五十四条规定："国家提升沿边对外开放便利化水平，优化边境地区营商环境；经与陆地邻国协商，可以在双方接壤区域设立跨境经济合作区、跨境旅游合作区、生态保护区等区域。"① 将沿边开放的政策、制度以法律的形式约定下来。

一　沿边开放的发展历程——从政策、制度到法律的飞跃

改革开放是中国1978年以来一直坚持的基本国策之一，也是40多年来中国经济快速发展的最主要动力和秘诀。沿边开放是我国对外开放区域布局的重要组成部分，是我国整体对外开放不可或缺的部分。1992年3月，《国务院关于进一步对外开放黑河等四个边境城市的通知》发布，随后我国陆续批准了珲春等13个城市为沿边开放城市，设立了二连浩特等14个国家级边境经济合作区，并给予对外开放优惠政策，自此中国沿边开放政策正式实施并拉开了第一轮沿边开放的序幕。沿边开放没有现成的理论和模板可以照抄，不同的沿边城市必须要因地制宜、实事求是地走出自己的路来。

（一）1992年以前沿边开放以边境小额贸易和边民互市贸易为主要形式

新中国成立以后，沿边地区由于交通不便、信息闭塞而发展受限。

---

① 《中华人民共和国陆地国界法》，中国政府网，2021年10月23日，https://www.gov.cn/xinwen/2021-10/23/content_5644507.htm。

尽管有零星的边民互市贸易，但是交易商品的种类、数额都受到严格限制，规模很小。1951 年 4 月中缅边境地区开放边民互市，1953 年 8 月中越两国签订了《关于开放两国边境小额贸易的协定书》，1954 年 1 月中越边境小额贸易启动。从 20 世纪 60 年代"文革"开始到 20 世纪 70 年代后期，这一时间段的边境小额贸易几乎停滞，边民互市贸易也受到严格限制，同时中国和邻国的政治经济形势都发生了重大变化，总体而言在新中国成立后前 30 年的时间里，沿边地区的边境贸易几乎是停滞的。

1978 年实施改革开放以后，沿边地区的边境贸易开始恢复，1981 年吉林省恢复了与朝鲜的边境贸易，1982 年国务院批准了对苏联的边境贸易，我国重新开放了黑龙江的黑河、绥芬河、同江等对苏联的口岸。1981 年到 1991 年，我国的边境贸易处于恢复阶段，但是总体的规模较小，贸易类型以边境小额贸易和边民互市贸易为主。

1. 边境小额贸易

边境小额贸易是指我国沿陆地边境线经国家批准对外开放的边境县（旗）、边境城市辖区经批准有边境小额贸易经营权的企业，通过国家指定的陆地口岸，与毗邻国家边境地区的企业或其他贸易机构之间进行的贸易活动，包括易货贸易、现汇贸易等各种贸易形式。

中央制定边境贸易政策时的目标非常明确，就是要以沿边开放让边民在边境贸易中获得真正的实惠，从而实现富民的目标。关于边境小额贸易的政策，初期国家对边境小额贸易进口货物实行关税、增值税减半征收政策，即通常所说的"双减半"政策。随着财政政策的调整和外贸管理体制改革的深化，2004 年边境小额贸易企业由审批制改为登记制，从 2008 年起，国家以边境地区财政转移支付办法取代原来的"双减半"政策。关于边民互市政策，国发〔1996〕2 号文件规定边民每人每日通过互市贸易带进的物品，价值在 1000 元以内免征进口关税和进口环节税。从 1999 年 1 月 1 日起，免税额度提高至 3000 元，到 2008 年 11 月 1 日免税额度提高至 8000 元。

2. 边民互市贸易

边民互市贸易是指边境地区边民在我国陆地边境线 20 公里以内，在经政府批准的开放点或指定的集市上、在不超过规定的金额或数量范围内进行的商品交换活动。1996 年国家出台了《边民互市贸易管理办法》。在 20 世纪 80 年代初边民互市贸易的金额限制在 100 元 / 天，到 90 年代中期提高到 3000 元 / 天，2008 年进一步提高到 8000 元 / 天。边民互市贸易对于增加边民收入从而改善边民生活有明显的作用。

边民互市贸易是边境地区对外贸易的重要组成部分，切实提高了边境地区边民的收入，比如，西藏 2018 年设立亚东、吉隆、普兰 3 个边民互市贸易区，2019 年互市贸易总值 2.2 亿元，同比增长 120.5%。但是边民互市贸易受国际环境影响巨大，比如，丹东国门湾中朝边民互市贸易区受联合国制裁朝鲜的影响，2018 年 1 月 23 日无法进口朝鲜的农产品，2019 年 1 月的进口额同比下降 94%。

（二）1992 年在 14 个沿边城市设立边境经济合作区

改革开放以来，沿边的对外开放停留在边境小额贸易和边民互市贸易形式上，沿边的边境贸易对当地的加工、旅游、物流等相关产业的带动作用没有得到充分的发挥，我国绝大多数沿边口岸处于有贸易无产业，或者产业基础非常薄弱的发展阶段。

1992 年国务院批准在沿边地区设立了 14 个边境经济合作区，在 2011 年增加了新疆维吾尔自治区的吉木乃，2013 年增加了云南省的临沧，2015 年增加了吉林省的和龙，到 2022 年一共有 17 个边境经济合作区。其中，广西壮族自治区有 2 个，分别是东兴边境经济合作区、凭祥边境经济合作区。云南省有 4 个，分别是河口边境经济合作区、临沧边境经济合作区、畹町边境经济合作区、瑞丽边境经济合作区。其中临沧边境经济合作区是 2013 年 9 月 28 日国务院正式批准的。吉林省有 2 个，分别是珲春边境经济合作区、和龙边境经济合作区。其中和龙边境经济合作区于 2015 年 3 月 3 日由国务院批复设立，是全国第 17 个国家级边境经济合作区。黑龙江省有 2 个，分别是黑河边境经济合作区、绥芬河边境经济合作区。新疆维吾尔自治区有 4 个，分别是伊宁边境经济合作区、博乐边境经济合作区、塔城边境经济合作区、吉木乃边境经济合作区。其中吉木乃边境经济合作区于 2011 年 9 月被批准成立。内蒙古自治区有 2 个，分别是二连浩特边境经济合作区、满洲里边境经济合作区。辽宁省有 1 个，为丹东边境经济合作区。

边境经济合作区的对外合作范围大大超过了以往的边境小额贸易和边民互市贸易的范围，每个边境经济合作区都根据自身的条件发展进出口产品就地加工等高附加值产业。

（三）加入 WTO 以来沿边开放的举措

进入 21 世纪以后国际政治经济形势发生新的变化，加入 WTO 标志着中国的对外开放进入新阶段。中国加入 WTO 以后进口关税总水平降低至 15.3%，到 2018 年进口关税总水平降低到 7.5%。在此时代背景下，中央政府将沿边开放进一步引向深入。2002 年党的十六大提出"与邻为善、以邻为伴"的周边外交政策。2007 年党的十七大明确指出要"提升沿边开放"，由东部沿海的优先开放，转变为东部沿海与沿边相互促进的开放，由单纯的引进国外资金技术转变为"引进来"和"走出去"并举的主动开放，目的是使我国经济和社会进一步融入世界。这标志着我国实施第二轮沿边开放。

加入 WTO 以后，中央在沿边开放已有的基础上继续加大开放力度，相继在沿边推出了"境内关外"的边境贸易模式和自由贸易区，出台了"加快建设边境经济合作区、互市贸易区和出口加工区，加快建设和完善边境口岸设施"等更广泛的沿边开放举措。这些新的开放制度将沿边开放又往前推进了一步。

1. 边境贸易区

瑞丽姐告东、南、北三面与缅甸木姐相连，有 3 个出入境通道，国境线长 4.18 公里。姐告边境贸易区是中缅两国边境贸易的物流中心，是集贸易、加工、仓储、旅游于一体的面向东南亚、南亚开放的口岸。作为中缅两国贸易的中转站和集散地，是中国大西南通向东南亚、南亚的"金大门"。2000 年 8 月 28 日，云南省德宏州委、州政府在瑞丽姐告举行"中共德宏州瑞丽姐告边境贸易区工作委员会""德宏州瑞丽姐告边境贸易区管理委员会"揭牌仪式，标志着我国第一个按照"境内关外"模式实行特殊管理的边境贸易区正式运行。

2. 自由贸易区

2002 年 11 月，第六次中国—东盟领导人会议在柬埔寨首都金边举行，朱镕基总理和东盟 10 国领导人签署了《中国—东盟全面经济合作框架协议》，决定到 2010 年建成中国—东盟自由贸易区。这标志着中国—东盟建立自由贸易区的进程正式启动。中国—东盟自贸区是世界上三大区域经济合作区之一，是世界上人口最多的自由贸易区，也是唯一由发展中国家组成的自由贸易区。中国与东盟加强和增进各缔约方之间的经济、贸易和投资合作；促进货物和服务贸易，逐步实现货物和服务贸易自由化，并创造透明、自由和便利的投资机制；为各缔约方之间更紧密的经济合作开辟新领域。2002 年至 2010 年是启动并大幅下调关税阶段。自 2002 年 11 月双方签署以中国—东盟自贸区为主要内容的《中国—东盟全面经济合作框架协议》始，至 2010 年 1 月 1 日中国对东盟 93% 产品的贸易关税降为零。2011 年至 2015 年是全面建成自贸区阶段，即东盟越、老、柬、缅四国与中国贸易的绝大多数产品亦实现零关税，与此同时，自贸区实现更广泛深入地开放服务贸易市场和投资市场。

数据显示，中国—东盟贸易规模从 1991 年的不足 80 亿美元增长到 2020 年的 6846 亿美元，扩大 80 余倍。自 2009 年起，中国连续 12 年保持东盟第一大贸易伙伴地位；2020 年，东盟首次成为中国最大的贸易伙伴。中国和东盟共同努力，推动一大批造福民生、加速互联互通、综合效益好、带动作用大的合作项目落地，为促进地区经济社会繁荣发展做出了积极贡献。

（四）"一带一路"倡议实施以来沿边开放的新举措

2012 年博鳌亚洲论坛召开前夕，国家发展和改革委员会下属的国际合作中心公开发布了《中国区域对外开放指数研究报告》，首次公布了中国 31 个省份对外开放度得分及排名。该指数统筹考虑区域外与境外两个对外开放范畴，从经济、技术和社会三大维度界定了"对外开放度"的综合概念，报告发现：10 年间几乎所有省份的对外开放度都有所上升，东部沿海地区的北京、上海、广东、江苏、浙江、天津、福建等省份始终居于全国前列，贵州、内蒙古、甘肃、宁夏、青海、西藏和新疆等西部省份一直相对落后，与东部省份有很大差距[1]。沿边开放给边疆带来了活力和繁荣，但与此同时其与东部沿海地区的差距却进一步拉大。

党的十八大以来，中央政府高度重视国家内部区域发展不平衡问题，并下决心推动更大的开放来应对沿边发展滞后问题。2013 年 11 月，《中共中央关于全国深化改革若干重大问题的决定》提出"扩大内陆沿边开放""加快沿边开放步伐"的战略举措。同年，国家主席习近平提

---

[1] 国家发展和改革委员会国际合作中心对外开放课题组：《中国对外开放 40 年》，人民出版社，2018，第 341 页。

出了"一带一路"倡议，得到了诸多国家的高度关注和认同。"一带一路"倡议的提出正式拉开了共建地区第三轮对外开放的序幕。

通过"一带一路"建设推动边疆地区开发开放，发挥"一带一路"建设对西部大开发的带动作用，推进边境城市和重点开发开放试验区等的建设。边疆省区也各自有新的定位：新疆建成向西开放的重要窗口，西藏建成面向南亚开放的重要通道，云南建成面向南亚、东南亚的辐射中心，广西建成面向东盟的国际大通道，黑龙江、吉林、辽宁、内蒙古建成向北开放的重要窗口和东北亚区域合作的中心枢纽，甘肃着力打造向西开放大枢纽、大通道。

"一带一路"倡议实施以来，边疆 9 省区的第二产业和第三产业发展迅猛，从 2015 年开始到 2019 年首次实现正增长，2019 年边疆 9 省区的第三产业增加值首次超过 7 万亿元，较 2018 年增加 7.6%，较 2011 年翻了一番[1]。边疆 9 省区对"一带一路"共建国家的贸易合作发展迅猛。比如，2018 年吉林与"一带一路"共建国家进出口总额超 380 亿元，占全省进出口总额比重超过 1/4。2018 年新疆口岸对"一带一路"共建 36 个国家和地区进出口总额实现 2915.4 亿元，占同期新疆口岸进出口总额的 98.2%。2019 年内蒙古对"一带一路"共建国家的进出口总额为 713 亿元，占同期内蒙古进出口总额的 65.1%[2]。

2017 年 10 月，党的十九大提出要"推动建设相互尊重、公平正义、合作共赢的新型国际关系""促进贸易和投资自由化便利化，推动经济全球化朝着更加开放、包容、普惠、平衡、共赢的方向发展"。2019 年 10 月，党的十九届四中全会提出要"推动构建人类命运共同体""推进合作共赢的开放体系建设"。"十四五"时期，我国沿边开

---

① 李光辉主编《2020 中国边疆经济发展年度报告》，中国商务出版社，2020，第 50 页。

② 《2019 年内蒙古外贸增速领跑中国与"一带一路"沿线 62 个国家做生意》，中国新闻网，2020 年 1 月 17 日，https://www.chinanews.com/cj/2020/01-17/9062827.shtml。

放新的目标和任务是要服务于国家高水平对外开放，服务于国内国际相互促进的双循环新发展格局。目前根据 2015 年《国务院关于支持沿边重点地区开发开放若干政策措施的意见》的安排，沿边地区共设立了 9 个重点开发开放试验区、72 个沿边国家级口岸、28 个边境城市、17 个边境经济合作区和 1 个跨境经济合作区。在沿边谋求高质量发展的时代背景下，沿边对外开放的发展空间广阔，深化沿边地区对外开放的意义深远。

1. 跨境经济合作区

跨境经济合作区是指在沿边地区由两国或两国以上政府间共同推动建立的享有出口加工区、保税区、自由贸易区等优惠政策的次区域经济合作区。

新疆伊犁哈萨克自治州霍尔果斯口岸是我国西部沿边历史最长，也是最大的陆路口岸。2006 年中哈霍尔果斯国际边境合作中心建立，成为世界首个跨境自由贸易区。中哈霍尔果斯国际边境合作中心总面积为 5.60 平方公里，我国境内为 3.43 平方公里，哈萨克斯坦境内为 2.17 平方公里。

2. 重点开发开放试验区

2015 年《国务院关于支持沿边重点地区开发开放若干政策措施的意见》发布以后，到 2022 年一共有 9 个重点开发开放试验区。

该意见提出要加大对边境地区民生改善的支持力度，通过扩大就业、发展产业、创新科技、对口支援稳边安边兴边。对于边民自主创业实行"零成本"注册，符合条件的边民可按规定申请 10 万元以下的创业担保贷款。鼓励边境地区群众搬迁安置到距边境 0~3 公里范围。加大简政放权力度。进一步取消和下放涉及沿边国家级口岸通关及进出口环节的行政审批事项，明确审查标准。提高贸易便利化水平，创新口岸监管模式。扩大沿边投资领域开放，借鉴国际通行规则，支持具备条件的沿边重点地区借鉴上海等自由贸易试验区可复制可推广试点经验，试行准入前国民待遇加负面清单的外商投资管理模式。大力推进贸易方式转变，有序发展边境贸易，完善边贸政策，支持边境小额贸易向综合性多元化贸易转变，探索发展离岸贸易。支持沿边重点地区开展加工贸易。支持在沿边重点地区优先布局进口能源资源加工转化利用项目和进口资源落地加工项目。支持沿边重点地区利用本地区和周边国家丰富的矿产、农业、生物和生态资源，规范发展符合法律法规和国家政策的矿产权、林权、碳汇权和文化产品等交易市场。

3. 边境旅游试验区

2015 年《国务院关于支持沿边重点地区开发开放若干政策措施的意见》发布，提出提升旅游开放水平，促进边境旅游繁荣发展。修订《边境旅游暂行管理办法》，放宽边境旅游管制。将边境旅游管理权限下放到省区，放宽非边境地区居民参加边境旅游的条件，允许边境旅游团队灵活选择出入境口岸。鼓励沿边重点地区积极创新管理方式，在游客出入境比较集中的口岸实施"一站式"通关模式，设置团队游客绿色通道。探索建设边境旅游试验区（以下简称"试验区"）。该意见鼓励依托边境城市，强化政策集成和制度创新，研究设立边境旅游试验区。鼓励试验区积极探索"全域旅游"发展模式。允许符合条件的试验区实施口岸签证政策，为到试验区的境外游客签发一年多次往返出入境证件。在有条件的边境口岸设立交通管理服务站点，便捷办理临时入境机动车牌证。鼓励发展特色旅游主题酒店和特色旅游餐饮，打造一批民族风情浓郁的少数民族特色村镇。新增建设用地指标适当向旅游项目倾斜，对重大旅游项目可向国家主管部门申请办理先行用地手续。积极发展体育旅游、旅游演艺，允许外资参股由中方控股的演出经纪机构。

在该意见指导下，2018 年国务院同意设立内蒙古满洲里、广西防城港边境旅游试验区，这是我国首批设立的边境旅游试验区。中央政府坚持以"分批实施，成熟一个推出一个"的原则设立边境旅游试验区，首先选择旅游资源禀赋优异、旅游产业发展较为迅速、口岸通关综合条件较好、与毗邻国家旅游合作相对成熟的边境城市率先开展改革探索，并在实践中积累经验做法，之后再逐步推广。

4. 自由贸易试验区

根据国务院 2019 年 8 月 26 日公布的相关方案，中国新设的 6 个自贸试验区花落山东、江苏、广西、河北、云南、黑龙江 6 省区。广西、黑龙江、云南自贸试验区是 3 个首次在沿边地区设立的自贸试验区，彰显了中国全面扩大开放的决心和信心。中国在过去扩大开放是以东部沿海城市等经济中心区域为主，自由贸易试验区的布局实现了东西南北中的平衡，更加体现出全面开放的新时代特征，将加速中国与周边国家共同繁荣，推动构建更加紧密的命运共同体。

扩大沿边开放、打造更加便捷的国际交通物流枢纽是自由贸易试验区赋予沿边的重要使命。广西发挥与东盟国家陆海相邻的独特优势，着力建设面向东盟的国际大通道，形成"一带一路"有机衔接的重要门户；云南着力打造"一带一路"和长江经济带互联互通的重要通道，建设连接南亚、东南亚大通道的重要节点，推动形成面向南亚、东南亚的辐射中心、开放前沿；黑龙江建设面向俄罗斯及东北亚的交通物流枢纽。

3 个边疆省区自由贸易试验区的设立是有相应的物质基础的，1992 年实施沿边开放战略后，沿边城市开放水平不断提升，公路、铁路、港口等基础设施不断完善。新一轮自贸试验区选中沿边地区，正是中国与周边国家在基础设施、边境贸易等方面升级发展的迫切需要。比如，广西自贸试验区崇左片区所在地凭祥市，是中国通往东盟最快捷的陆路通道。凭祥口岸资源丰富，劳动力充足，物流高效便捷。截至 2018 年底，凭祥外贸进出口总额已居中国沿边开放城市首位，并实现边境小额贸易进出口总额连续 4 年中国第一。未来沿边的自由贸易试验区将会有更大突破。

5. 六大国际经济走廊

进入 21 世纪以来，中国的国际贸易量实现惊人的增长，中国与世界各国之间的依存度越来越高，中国参与国际产业分工的角色也随之调整，客观而言中国在崛起，与此同时中国对外开放的国际环境发生了重大变化，国际地缘政治对于中国的对外开放和经济发展产生越来越重要的影响。海上运输是国际贸易的主要方式，也是成本最低的运输方式，因此我国的对外贸易大多是通过沿海口岸经由海运完成的，马六甲海峡是世界海上运输的咽喉，中国的货物基本要绕过马六甲海峡进入印度洋后抵达欧美主要市场。随着中国国际贸易量的增加，中国的对外开放受到国际政治的影响程度超过以往。因此从国家安全层面出发，也亟须开辟新的国际运输通道。

2015 年 3 月底公布的《推动共建丝绸之路经济带和 21 世纪海上丝绸之路的愿景与行动》提出，根据"一带一路"走向，在陆地上依托沿边国际大通道，以沿线中心城市为支撑，以重点经贸产业园区为合作平台，建设中蒙俄经济走廊、新亚欧大陆桥经济走廊、中国—中亚—西亚经济走廊、中国—中南半岛经济走廊、中巴经济走廊、孟中印缅经济走廊。

第一，中蒙俄经济走廊。国家发改委确定的中蒙俄经济走廊分为两条线路：一是从华北京津冀到呼和浩特，再到蒙古国和俄罗斯；二是从东北地区大连、沈阳、长春、哈尔滨到满洲里和俄罗斯的赤塔。两条线路互动互补形成一个新的开发开放经济带，统称为中蒙俄经济走廊。把丝绸之路经济带同俄罗斯跨欧亚大铁路、蒙古国草原之路倡议进行对接；加强铁路、公路等互联互通建设，推进通关和运输便利化，促进过境运输合作，研究三方跨境输电网建设，开展旅游、智库、媒体、环保、减灾救灾等领域务实合作。

第二，新亚欧大陆桥经济走廊。新亚欧大陆桥，又名第二亚欧大陆桥，是从江苏省连云港市到荷兰鹿特丹港的国际化铁路交通干线，国内由陇海铁路和兰新铁路组成。大陆桥途经江苏、安徽、河南、陕西、甘肃、青海、新疆7个省区，到中哈边界的阿拉山口出国境。出国境后可经3条线路抵达荷兰的鹿特丹港。中线与俄罗斯铁路友谊站接轨，进入俄罗斯铁路网，途经斯摩棱斯克、布列斯特、华沙、柏林后抵达荷兰的鹿特丹港，全长10900公里，辐射世界30多个国家和地区。

第三，中国—中亚—西亚经济走廊。从新疆出发，抵达波斯湾、地中海沿岸和阿拉伯半岛，主要涉及中亚五国（哈萨克斯坦、吉尔吉斯斯坦、塔吉克斯坦、乌兹别克斯坦、土库曼斯坦）以及伊朗、土耳其等国。

第四，中国—中南半岛经济走廊。东起珠三角经济区，沿南广高速公路、南广高铁，经广西的南宁、凭祥及越南的河内等至新加坡，将以沿线中心城市为依托，以铁路、公路为载体和纽带，以人流、物流、资金流、信息流为基础，加快形成优势互补、区域分工、联动开发、共同发展的区域经济体，开拓新的战略通道和战略空间。

第五，中巴经济走廊。起点在新疆喀什，终点在巴基斯坦瓜达尔港，全长3000公里，贯通南北丝路关键枢纽，北接"丝绸之路经济带"、南连"21世纪海上丝绸之路"，是一条包括公路、铁路、油气及光缆通道在内的贸易走廊。2015年4月，中巴两国政府初步制定了修建新疆喀什市到巴方西南港口瓜达尔港的公路、铁路、油气及光缆覆盖"四位一体"通道的远景规划。其间，中巴签订51项合作协议和备忘录，其中超过30项涉及中巴经济走廊。

第六，孟中印缅经济走廊。该经济走廊建设倡议是 2013 年 5 月国务院总理李克强访问印度期间提出的，得到印度、孟加拉国、缅甸三国的积极响应。2013 年 12 月，孟中印缅经济走廊联合工作组第一次会议在昆明召开，各方签署了会议纪要和孟中印缅经济走廊联合研究计划，正式建立了四国政府推进孟中印缅合作的机制。

"一带一路"沿线的六大国际经济走廊，对内带动了我国大部分区域的经济发展，对外覆盖了亚欧大陆的绝大部分地区，以及能够再联动到非洲的一些区域，是我国对外经济发展的主要着力点，对我国的重要性是不言而喻的。

二 沿边开放的成就与启示——与时俱进与自主发展

2022 年是沿边开放 30 周年，沿边的对外开放与东部沿海有着截然不同的路径。沿边地区一直是政治敏感地带，相邻国家基本采取对外封闭措施，因此沿边城市处于非常封闭的状态，开放程度很低，很多属于军事边境禁区、封锁区，进入边境地区需要持边境居民证。1992 年开始，中央政府开启新一轮改革开放，陆地沿边地区从此在国家战略中走上历史舞台，走出了从封闭落后，到逐渐开放，再到全面振兴的沿边特色发展之路，标志着中国的改革开放由局部走向整体。沿边的对外开放不是一蹴而就的，脚步甚至是沉重的，回望过去 40 多年的对外开放历程，经常是往前两步之后可能再退回一步。即便是这样艰难的行程，中国共产党带领全国人民还是以坚定的信念和信心一路坚持走到今天，迎来了今天全面对外开放的新局面。

沿边地区的对外开放要走什么样的道路？这是沿边地区开放之初面临的最大问题。沿边地区历史上是封闭、保守的地区，是拱卫国家安全的前沿地带，很多沿边地区长期是军事封锁区。同时，周边国家的经济发展水平大多落后于我国，因此沿边地区与东部沿海地区的开放比起来要困难很多，没有现成的开放模式可以复制。东部沿海地区开放面对的是西方发达国家和亚太新兴工业国家和地区，东部沿海地区承接这些国家和地区的资金、技术和市场具有天然的地缘优势。而且在20世纪80年代，正赶上西方发达国家将劳动力密集型企业向外转移，于是东部沿海地区利用靠近港口、大量廉价的劳动力的优势，成为国际产业转移的承接地。而东部沿海地区的对外开放优势和模式，是沿边地区所不具备的。沿边开放在30年实践中走出了自己的道路，取得了非凡的成就。

（一）沿边开放30年建成国家沿边开放平台

1992年国家开放14个沿边城市，今天的沿边建成各个类型的开放平台，其成为国家沿边对外开放的桥头堡。如今沿边开放平台已经不仅仅是14个沿边城市的规模了，2015年《国务院关于支持沿边重点地区开发开放若干政策措施的意见》公开发布了《沿边重点地区名录》，目前沿边拥有9个重点开发开放试验区、72个沿边国家级口岸、28个边境城市、17个边境经济合作区和1个跨境经济合作区。这些沿边地区在对外开放以前是封闭保守的边境小镇，现在是中国对外开放的领头羊。

1. 规模巨大的沿边重点开发开放地区

9个重点开发开放试验区，分别是广西东兴重点开发开放试验区、广西凭祥重点开发开放试验区、广西百色重点开发开放试验区、云南勐腊（磨憨）重点开发开放试验区、云南瑞丽重点开发开放试验区、内蒙古二连浩特重点开发开放试验区、内蒙古满洲里重点开发开放试验区、新疆塔城重点开发开放试验区、黑龙江绥芬河—东宁重点开发开放试验区。

72个沿边国家级口岸，其中11个铁路口岸，包括广西凭祥，云南河口，新疆霍尔果斯、阿拉山口，内蒙古二连浩特、满洲里，黑龙江绥芬河，吉林珲春、图们、集安，辽宁丹东；61 个公路口岸，包括广西东兴、爱店、友谊关、水口、龙邦、平孟，云南天保、都龙、河口、金水河、勐康、磨憨、打洛、孟定、畹町、瑞丽、腾冲，西藏樟木、吉隆、普兰，新疆红其拉甫、卡拉苏、伊尔克什坦、吐尔尕特、木扎尔特、都拉塔、霍尔果斯、巴克图、吉木乃、阿黑土别克、红山嘴、塔克什肯、乌拉斯台、老爷庙，甘肃马鬃山，内蒙古策克、甘其毛都、满都拉、二连浩特、珠恩嘎达布其、阿尔山、额布都格、阿日哈沙特、满洲里、黑山头、室韦，黑龙江虎林、密山、绥芬河、东宁，吉林珲春、圈河、沙坨子、开山屯、三合、南坪、古城里、长白、临江、集安，辽宁丹东。

28 个边境城市，包括广西东兴市、凭祥市，云南景洪市、芒市、瑞丽市，新疆阿图什市、伊宁市、博乐市、塔城市、阿勒泰市、哈密市，内蒙古二连浩特市、阿尔山市、满洲里市、额尔古纳市，黑龙江黑河市、同江市、虎林市、密山市、穆棱市、绥芬河市，吉林珲春市、图们市、龙井市、和龙市、临江市、集安市，辽宁丹东市。

17 个边境经济合作区，包括广西东兴边境经济合作区、凭祥边境经济合作区，云南河口边境经济合作区、临沧边境经济合作区、畹町边境经济合作区、瑞丽边境经济合作区，新疆伊宁边境经济合作区、博乐边境经济合作区、塔城边境经济合作区、吉木乃边境经济合作区，内蒙古二连浩特边境经济合作区、满洲里边境经济合作区，黑龙江黑河边境经济合作区、绥芬河边境经济合作区，吉林珲春边境经济合作区、和龙边境经济合作区，辽宁丹东边境经济合作区。

1 个跨境经济合作区，即中哈霍尔果斯国际边境合作中心。

2. 我国沿边开放的大框架正在形成

八大内陆边境口岸已不同程度地向周边国家开放，形成了沿边重点地区公路铁路网络：云南通过昆瑞、昆洛公路联通缅甸、老挝；新疆伊犁洲通过乌伊公路和北疆铁路联通中亚地区；新疆南疆各地州依托中巴国际公路联通巴基斯坦；内蒙古的二连浩特依托中蒙国际铁路联通蒙古国；内蒙古呼伦贝尔和黑龙江黑河、绥芬河联通俄罗斯新西伯利亚和远东地区；吉林、辽宁边境地区联通朝鲜；西藏边境地区联通印度、尼泊尔；广西凭祥、龙州、东兴和云南河口、麻栗坡联通越南。未来沿边开放不会仅限于这些国家，而是以其为通道，使中国商品得以进入东南亚、中亚、西亚和欧洲等市场。

广西、云南正在深度参与西部陆海新通道建设。钦州港是广西北部湾港的重要组成部分，广西自贸试验区将支持开通和加密北部湾港国际海运航线，支持北部湾港开行至中西部地区的海铁联运班列，与中欧班列无缝衔接。统计数据显示，目前广西北部湾港与世界 100 多个国家和地区的 200 多个港口通航，实现东盟主要港口全覆盖，至新加坡班轮每周 2 班常态化运行，至香港班轮实现天天班。

3. 边境贸易带动沿边地区的活力和繁荣

沿边开放的总体政策是：贸易为主，产业联动，促进开发。即在沿边开放的起步阶段，把边境贸易放在首要地位，积极发展边境地区的转口贸易、小额贸易、法人贸易和边民贸易，同时在条件优越的口岸建立试验性的自由贸易区和经济开发区，以此带动产业基础的再造和产业结构的优化，并逐步将贸易内容扩展到更加广泛的经济技术交流和合作，以及引进资金、开办合资企业、输出劳务等领域，最后促进内陆区域的整体开发与发展。中央一直鼓励沿边地区与邻国的边境贸易，巩固和发展我国同周边国家的睦邻友好关系[①]。坚持边境经贸合作向内地合作发展的同时，扩大和深化与周边各国的全方位经贸合作，建设若干

---

① 《国务院关于边境贸易有关问题的通知》，《中华人民共和国国务院公报》1996 年第 1 期。

面向毗邻地区的区域性国际贸易中心，构筑特色鲜明、定位清晰的陆路开放经济带。形成引领国际经济合作和竞争的开放区域，培育带动区域发展的开放高地。推动边境经济合作向区域经济合作发展，提高区域经济一体化水平，用区域经济合作扩大和深化沿边开放。

边境贸易是沿边地区经济增长的重要推动力量。2018年我国边境小额贸易突破了400亿美元，如果从2010年开始算，年均增速在5.6%左右。对于广西、新疆、西藏、云南、内蒙古等边疆省区而言，边境小额贸易仍然是对外贸易的重要组成部分，对于边境地区的发展具有非常重要的作用。例如，2018年，广西边境小额贸易超过1000亿元人民币，占广西外贸总额的26.2%，如果加上边民互市贸易，总体占广西外贸总额的40%左右；新疆边境小额贸易占其进出口贸易的60%；内蒙古边境小额贸易占其进出口贸易的30%。

（二）因地制宜和与时俱进的沿边开放

改革开放40余年来，我国经济实现腾飞的一件重要法宝在于坚持对外开放基本国策。特别是党的十八大以来，我国顺应中国与世界深度融合、命运与共的大趋势，进一步丰富了对外开放内涵、提升了对外开放水平，为发展注入新动力、增添新活力、拓展新空间。沿边开放的成功经验就是不同沿边地区因地制宜制定适合本地区的开放模式，并根据时代的变化而及时做出调整。

中国陆地有14个邻国，大部分邻国经济基础薄弱，能源交通等社会基础设施比较落后，还有更加复杂的国际环境。老挝、缅甸等被联合国列为最不发达国家，其中缅甸是人口过亿的人口大国，但是长期处于内战状态。俄罗斯是与中国边境线最长的国家，中国和俄罗斯有着极强的经济互补性，俄罗斯有着极为丰富的资源和广阔的国土面积，中国则有着极为活跃的经济和全面的工业体系，中国和俄罗斯如今的经济联系越发紧密，民间的往来也越来越多。蒙古国虽然拥有高达156.65万平方公里的广阔面积，但是人口只有300余万人。此外，蒙古国的经济和工业产值非常低，煤矿和畜牧业在国民经济中的占比高。中亚五国中的三个国家与中国接壤，分别是哈萨克斯坦、吉尔吉斯斯坦和塔吉克斯坦，它们的工业基础薄弱，石油、天然气资源丰富，与中国经济有很强的互补性。中国和阿富汗之间的边境线只有90多公里，且海拔高、自然环境恶劣，尽管如此仍然有很多中国商人在阿富汗。巴基斯坦在中国被称为"巴铁"，象征着中国和巴基斯坦之间钢铁般的友谊，中国给予了巴基斯坦巨大的援助和支持，等等。

上述沿边地区邻国的基本状况决定了沿边的对外开放不能照搬东部沿海的对外开放模式，不能通过引进发达国家的资金、技术和先进管理经验来提升本地区的经济现代化建设水平。因此沿边地区很难通过开放与国际大市场进行对接，并参与到国际产业分工和国际竞争中去。客观条件决定了沿边地区的对外开放只能因地制宜，走自主的对外开放道路。沿边地区能够做的选项并不多，只有立足本土优势，与周边国家和地区开展广泛的合作，发挥各自的生产要素优势，通过合作和交换达到双方利益最大化，通过对外开放，加速自身产业结构和经济结构的调整，发展边疆经济。比如，云南省的大湄公河次区域经济合作、吉林省珲春市的东北亚开发。

2018年中央经济工作会议首次提出"制度型开放"的重要概念，强调稳步拓展规则、标准等制度型开放，这是我国对外开放进入新阶段的重要标志。2022年是沿边开放30周年，我国面临世界百年未有之大变局。2022年4月21日，习近平主席在博鳌亚洲论坛上以视频方式发表《携手迎接挑战，合作开创未来》的主旨演讲时指出："当下，世界之变、时代之变、历史之变正以前所未有的方式展开，给人类提出了必须严肃对待的挑战。"[1] 沿边开放 30 年的经验告诉我们，在未来只有坚持自主发展和与时俱进，方能在世界百年未有之大变局中交出令人满意的答卷。

作者：罗　静

---

[1] 《全球安全倡议：顺应时代需求的中国方案》，"环球网"百家号，2022 年 4 月 23 日，https://baijiahao.baidu.com/s?id=1730903089148074624&wfr=spider&for=pc。

第二章
"三沿城市"丹东开放简史

在国家政策的支持下，丹东市经济增长迅速，1992年丹东市GDP为58亿元[①]，尽管与2013年的峰值相比有所下降，但2021年GDP依然达到了854亿元，相比1992年增长了将近14倍（见图2-1）。产业结构不断优化，第三产业比重总体呈上升趋势（见图2-2）。综观丹东市的经济发展，与开放政策密切相关。结合中国沿边开放的历程以及振兴东北老工业基地战略的具体实施情况，以丹东边境经济合作区的设立与发展为主线，可以将丹东市的对外开放分为三个阶段：第一阶段是稳步发展阶段（1992~2001）；第二阶段是快速推进阶段（2002~2012）；第三阶段是新阶段（2013~2022）。

[①] 本章相关经济数据来自历年《丹东年鉴》《丹东市国民经济和社会发展统计公报》，以及佟天华主编《丹东对外开放十年》（政协丹东市委员会学习文史委员会，1998）、丹东边境经济合作区管委会主编《丹东边境经济合作区志（1992-2012）》（沈阳出版社，2020），以下不再一一赘述。

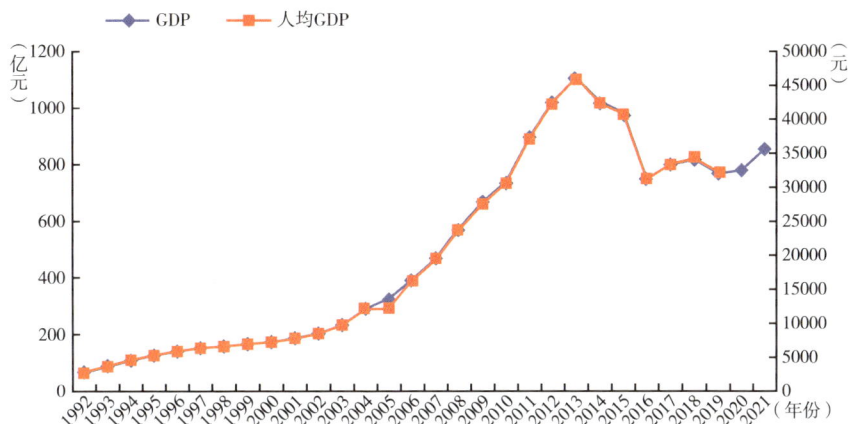

图 2-1　1992~2021 年丹东市 GDP 及人均 GDP

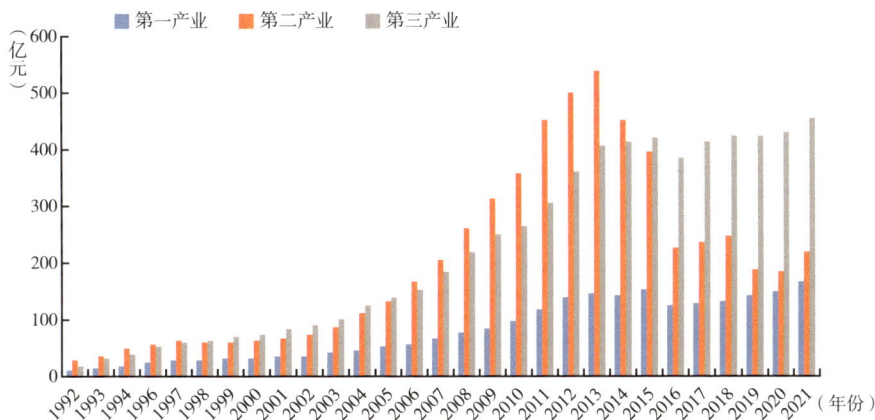

图 2-2　1992~2021 年丹东市产业结构

说明：笔者未查到 1995 年产业结构数据，暂缺。

第一节
区位条件

一　地理位置得天独厚

（一）连接东北亚各国的重要枢纽

丹东市坐落在辽东半岛东南部的鸭绿江西畔，地处东北亚经济圈的中心地带，与朝鲜第四大城市新义州市仅有一江之隔，与日本、韩国隔海相望，拥有306公里的边境线，不仅是我国最大的边境城市，还是东北地区唯一的沿海、沿边、沿江的"三沿城市"。相比国内其他城市，这里是联系东北亚各国最为便利的地方，铁路交通距离平壤220公里、首尔420公里，丹东港距离韩国仁川港仅245海里（1海里=1.852公里）、朝鲜南浦港199海里、日本神户港844海里。毫无疑问，丹东是东北地区连接中国北京、朝鲜平壤、韩国首尔、日本下关和俄罗斯莫斯科的欧亚铁路大动脉的重要组成部分，也是东北东部地区出海大通道和连接亚欧大陆桥的重要枢纽。优越的地理位置是丹东发展对外贸易的重要基础。

（二）辽宁沿海经济带与东北东部绿色经济带的起点

2009年7月，国务院正式通过了《辽宁沿海经济带发展规划》，由丹东向西沿黄海、渤海海岸线延伸，途经大连、营口、盘锦、锦州、葫芦岛5个沿海城市所辖行政区域，该经济带是东北地区唯一的沿海地带，经过10余年的发展，不仅有效提升了东北地区整体对外开放水平，也逐渐发展成为我国与东北亚开展国际合作的重要窗口和面向东北亚开放的新前沿。为进一步促进东北三省区域协同发展，共同搭建区域合作与对外开放平台，国务院于2019年7月正式批复《东北东部

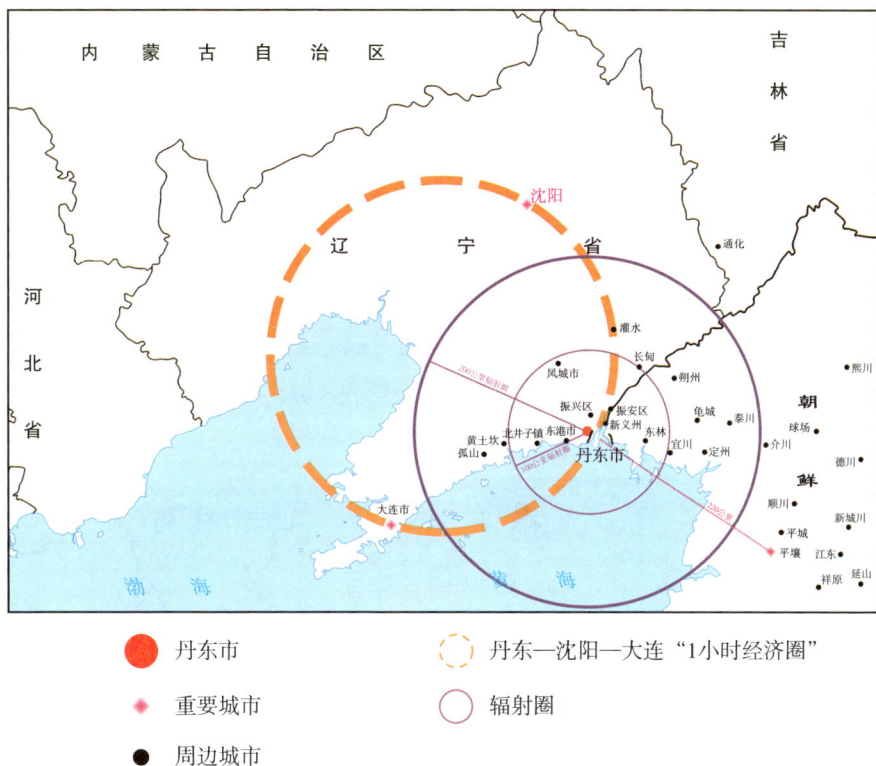

图 2-3 丹东市区位

绿色经济带发展规划》，东北东部绿色经济带建设正式上升为国家战略，经济带以丹东市为起点，自南向北贯穿辽、吉、黑三省至黑龙江省鹤岗市。这两个国家级重要经济带的东端起点都是丹东，作为东北东部内陆地区的出海通道，加上独特的区位优势，其重要性不容低估。

二 交通方便快捷

丹东全市交通十分便捷，已经形成了非常完备的海、陆、空立体交通运输体系。沈丹客运专线、丹大快速铁路两条高铁以及东北东部铁路，加上沈丹、丹大、丹海、丹通四条高速公路，使丹东与沈阳、大连形成了"1小时经济圈"，并发展成为东北东部最便捷的出海口。新鸭绿江大桥正式开通后必将进一步提升丹东、辽宁乃至东北东部地区的对外开放水平。此外，丹东港是我国大陆海岸线起点处的水陆联运中转港口，是东北东部地区出海大通道及便捷的出海口，已与日本、韩国、俄罗斯、美国等30多个国家和地区的70多个港口开通了海上货物运输业务①。在新冠疫情影响下，2020年依然完成货物吞吐量近4500万吨，同比增长9%，吞吐量与营收水平

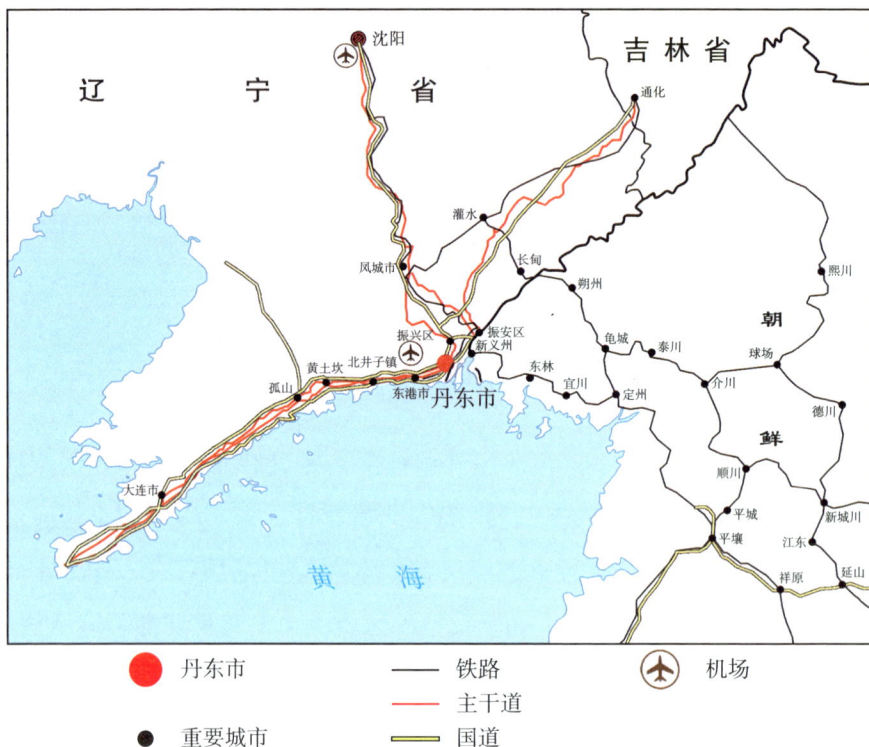

图 2-4　丹东市交通

---

①　《丹东港》，http://www.chinaports.com/ports/e1e4f059-2538-49b8-ba84-b53f5411ae38。

均创丹东历史新高。丹东机场是国内先进的支线机场之一，已开通至北京、上海、深圳、青岛、烟台等城市航班，阶段性开通丹东至韩国首尔和朝鲜平壤临时包机航线，目前丹东机场正在扩建，并力争早日成为国际口岸。

图2-5 新鸭绿江大桥

资料来源：本章第一节、第二节相关图片（除区位、交通及资源分布图）除注明出处的外均转自中共丹东市委党史研究室编印《丹东改革开放30年大事图文纪实（1978—2008）》（内部资料，2008），以下不再一一赘述。

图2-6 丹东港

图 2-7　中国丹东—韩国首尔首航庆典仪式

三　自然资源丰富

丹东有丰富的自然资源，具有较大的开发与发展潜力。第一，森林资源。丹东森林资源丰富，被称为"辽东绿色屏障"，全境森林覆盖率高达 65.08%，位列全省第三；森林蓄积量 5869.43 万立方米，位列全省第二。第二，矿产资源。丹东矿产资源种类繁多、储量丰富，目前发现并探明储量的矿产多达 50 余种，其中硼矿储量最多，占全国固体硼矿的 64.2%，丹东是中国著名的"硼都"。丹东大理石储量丰富、品种多样，最著名的"丹东绿大理石"享有"理石之冠"和"稀世之品"的美誉。此外，丹东还有柞蚕、板栗、烤烟、山楂、柱参、对虾等"六宝"。丰富的资源禀赋为丹东发展工农业生产和吸引国内外投资提供了良好的条件。

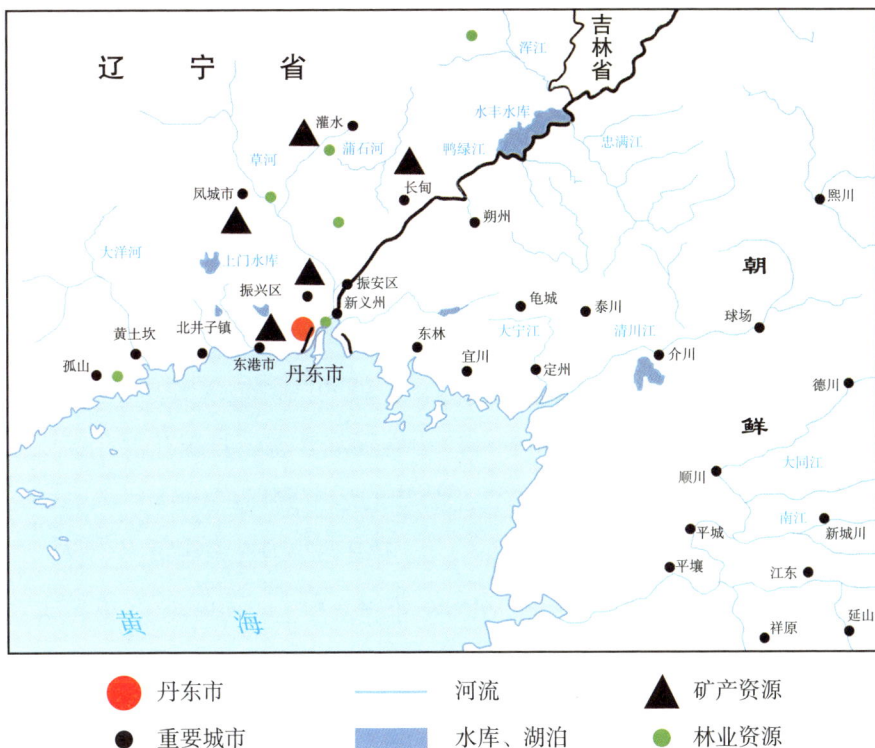

图 2-8　丹东市及周边地区资源分布

四　对外贸易历史悠久

（一）历史上的边境贸易

丹东边境贸易肇始于明朝的对朝边境贸易。清初，由于清政府采取定边和禁边政策，中朝边民互市贸易被迫中断。1882年，清政府开通了丹东港与朝鲜、日本等国的通商贸易，并在中江台（今丹东市九连城马市）和朝鲜境内的兰子岛开办中朝边境易货贸易[1]。到1903年，

---

[1]　孟庆圣：《试论边境贸易对丹东市经济发展的作用》，李德洙主编《都市人类学与边疆城市理论研究——中国都市人类学会第二届全国学术讨论会暨边疆城市研讨会论文集》，中国民航出版社，1996，第157~163页。

丹东的年贸易额已经达到 7600 万海关两，当时的丹东已经成为在政治、经济上占有重要地位的国际都市[①]。1907 年，清政府把安东（丹东旧称）开为商埠。1911 年，修建安奉铁路（今沈丹铁路）和鸭绿江大桥，为丹东边境贸易拓宽了道路、创造了更为便捷的条件。

民国初期，在丹东商埠不断发展的同时，丹东的边境贸易规模也不断扩大。1918 年到 1931 年的 14 年间，丹东与朝鲜的边境贸易进出口总额达 3822 万海关两，年均进出口总额为 273 万海关两。1931 年九一八事变发生后，东北地区沦陷，中朝两国的边境贸易被迫中断。1945 年东北光复后，丹东与朝鲜的边境随之开放，丹东在浪头镇设立高丽厅，专营边民贸易，成为辽东繁华的边贸窗口。1946 年以后，丹东在朝鲜新义州开设了边贸商店[②]。丹东中朝两国的边境贸易不仅大力推动了边境城市经济发展，也为稳定边境、顺利实施改革开放奠定了坚实的基础。

（二）新中国成立后至开放前的对外贸易

新中国成立后，丹东与朝鲜边境贸易发展迅速，1958 年辽宁、吉林两省与朝鲜签订《关于中朝两国边境地方易货贸易的议定书》，中朝边境贸易进入了一个新阶段。1966~1976 年"文革"期间，中朝两国边贸中断。1978 年后，丹东中朝边贸又很快兴起。随着改革开放的不断扩大和深化，丹东对朝边贸更上一个新台阶。党的十一届三中全会提出了对外开放、对内搞活的新政策，为丹东对外开放指明了方向。自 1984 年国务院正式决定开放 14 个沿海城市以来，丹东市先后建设了丹东港大东港区、民航机场等一系列重点工程，为对外开放做好充

① 佟天华主编《丹东对外开放十年》，政协丹东市委员会学习文史委员会，1998，第 21~22 页。
② 孟庆圣：《试论边境贸易对丹东市经济发展的作用》，李德洙主编《都市人类学与边疆城市理论研究——中国都市人类学会第二届全国学术讨论会暨边疆城市研讨会论文集》，中国民航出版社，1996，第 157~163 页。

分的准备。但由于当时思想不够解放，起步较慢。1983~1987 年，全市实际利用外资累计 4201 万美元。

第二节
丹东对外开放的历程与主要成就

1988 年，丹东已经被国务院批准正式进入辽东半岛经济开放区的行列，市委、市政府制定了全市对外开放的战略指导方针、奋斗目标、工作重点和具体措施，丹东市开始迈入对外开放的新阶段。1990 年，丹东市委、市政府相继出台了《鼓励外商投资的规定》《简化对外经济活动审批程序的规定》等五项政策，外资企业管理委员会、外商服务中心相继诞生，为国内外投资者提供了较为便利的投资环境。1991 年 5 月，丹东市委、市政府决定兴办丹东市沿江开发区；同年 7 月，丹东市人民政府召开新闻发布会，对外招商；同年 9 月，正式动工兴建。1988~1991 年的 4 年时间里，丹东共计利用外资 5212 万美元，兴办外商投资企业 59 家，累计完成外贸出口总额 6601 万美元[1]。

一 对外开放的稳步发展阶段（1992~2001）

1992 年 3 月，丹东市沿江开发区被辽宁省委、省政府批准为省级开发区，同年 7 月，被国务院批准为国家级边境经济合作区，丹东与黑河、绥芬河、珲春、满洲里 4 个城市享受同等的国家边境城市对外开放等优惠政策。

---

[1] 陈松贵主编《丹东年鉴 2000》，今日中国出版社，2000，第 78 页。

图 2-9　界碑与沿江开发区

图 2-10　开发前的丹东边境经济合作区

图 2-11 建成后的丹东边境经济合作区

（一）对外开放历程——以丹东边境经济合作区的设立与发展为主线

1.招商引资的优惠政策

1991 年 7 月 16 日，丹东市人民政府发布《关于〈丹东市沿江开发区商贸小区兴办企业若干问题的暂行规定〉的通知》（丹政发〔1991〕65 号）明确，商贸旅游区实行大连等经济技术开发区通行的管理体制和政策。1992 年 4 月 20 日，辽宁省委办公厅、省政府办公厅《关于印发〈丹东市对外开放工作现场办公会议纪要〉的通知》（辽委办发〔1992〕16 号）明确，丹东市沿江开发区可以使用我国沿海开放城市经济技术开发区、沿边开放城市、边境经济合作区和高新技术产业区的某些政策。

1992 年，国务院批准丹东设立边境经济合作区，享受《国务院关于进一步对外开放黑河等四个边境城市的通知》规定的政策。1997 年 1 月 4 日，《国务院办公厅关于黑河等 14 个边境经济合作区财政政策问题的复函》（国办函〔1997〕2 号）明确，1996~1998 年 3 年内，对 14 个边境经济合作区两税应上缴中央财政部分施行定额返还政策。

丹东边境经济合作区结合国家及市政府出台的优惠政策，根据合作区的实际情况及政策变化，先后出台并陆续修订了相关的税收优惠政策。1991 年 7 月，制定了《关于鼓励外商来丹东市沿江开发区投资的若干政策规定》，制定了一系列税收优惠政策；1993 年，出台了《鼓励招商引资办法》，明确了以商引商、以商扩商等鼓励办法；1994 年，合作区（开发区）根据国家、省、市给予沿海开放城市、开放地区和边境经济合作区、经济技术开发区的有关政策，结合当地实际，汇编了合作区关于外商投资企业税、内联企业税、土地房产税等政策；1995 年 2 月 20 日，合作区管委会下发《关于印发〈丹东边境经济合作区（沿江开发区）投资优惠政策汇编〉的通知》（丹合管发〔1995〕20 号），对税收、进出口货物、土地出让与房地产开发方面的优惠政策做出了具体规定①。这一系列优惠政策的出台极大地推动了丹东边境经济合作区的招商引资工作。

2. 招商引资活动

（1）招商软环境的改善

1992 年，边境经济合作区为完善招商服务体系，提出"招商办事一座楼、签字盖章一条线、售后服务一条龙"的工作方针。1996 年，合作区管委会为进一步改善投资、经营环境，优化服务质量，聘请驻合作区企业代表为义务监督员，开展"96 管理服务年活动"，提出"管理就是服务"的理念。1997 年，合作区管委会提出加强软环境建设，为客户营造一种想投资、要投资的氛围。1998 年，合作区管委会

---

① 丹东边境经济合作区管委会主编《丹东边境经济合作区志（1992-2012）》，沈阳出版社，2020，第 119~125 页。

制定出台了《合作区进一步改善外商投资软环境实施办法》，提出"强化硬环境建设、理顺外环境建设、改善软环境建设"。2001 年，为增强招商留商功效，合作区集中人力、物力、财力搞好亮化、美化工程，极大地改善了区容区貌，提升了合作区的品位。

（2）紧抓招商引资重点对象

边境经济合作区将美国、英国、澳大利亚、日本、韩国、新加坡、泰国和我国港澳台地区作为招商引资的重点国家和地区，陆续出台各类配套鼓励政策，大力吸引中外高科技企业入驻发展。1992~1993 年以日本、韩国和中国香港等为招商引资的重点国家和地区。1994~1997 年以日本、韩国、泰国、新加坡及中国香港、中国台湾等为招商引资的重点国家和地区。1998~2001 年以日本、韩国、泰国、美国、英国、澳大利亚和中国香港、中国澳门、中国台湾等为招商引资的重点国家和地区。在政策上，采取多元化引资战略，抓大项目，以大财团为引资重点，与国际知名度高的跨国公司合作，参与国际分工，注重项目资金和技术含量[1]。

3. 边境经济合作区的发展

边境经济合作区在成立后 10 年的时间里，建成了总占地面积 23 万平方公里的商贸旅游区、江湾工业区、仁川产业团地、高新技术开发区和仓储保税区五大功能区，形成集商贸旅游、餐饮娱乐、化工电子、科技信息、出口加工、仓储保税于一体的产业群，成为我国最大的边境经济合作区。10 年间，合作区全部固定资产投资完成 27 亿元，其中基础设施建设投资 13 亿元，开发建设面积约 330 平方米；各类建筑面积 92 万平方米；招商引资到位资金 14.7 亿元，协议外资额 2.2 亿

---

[1] 丹东边境经济合作区管委会主编《丹东边境经济合作区志（1992-2012）》，沈阳出版社，2020，第 126~129 页。

美元；注册各类企业 1150 家，兴办外商投资项目 142 个；工业生产总值 29 亿元；全口径财政收入 11 亿元；进出口总额 7.7 亿美元。各项经济指标均居 14 个国家级边境经济合作区之首[1]。

图 2-12 在丹东边境经济合作区广场举行的合作区成立 10 周年庆典活动

（二）对外开放的主要成绩

丹东边境经济合作区自成立以来，经过多年的发展，在经济规模、财政收入、招商引资等方面雄踞 14 个国家级边境经济合作区之首，成为全市对外开放的龙头，牵动全市对外开放进程不断加快。

1. 丹东边境经济合作区在 14 个国家级边境经济合作区中的地位

丹东边境经济合作区充分利用丹东"三沿城市"的优势，牢牢抓住我国改革开放和朝鲜形势变化的机遇，逐渐步入快速发展的道路。1992~2001 年，丹东边境经济合作区还处于起步和积累阶段，却呈现出较强的竞争力。10 年间，14 个国家级边境经济合作区地区生产总值为 270 亿元，丹东为 66.2 亿元，占 24.5%；全国实际利用外资 5 亿美

---

[1] 王明恩主编《丹东年鉴 2003》，现代出版社，2003，第 149~151 页。

元，丹东实际利用外资 7022 万美元，占 14.0%，其中 2001 年全国实际利用外资 2500 万美元，丹东实际利用外资 915 万美元，占 36.6%；14 个国家级边境经济合作区外贸出口总额共计 46.4 亿美元，丹东为 6.6 亿美元，占 14.2%[①]。

2. 对外开放促进外贸进出口

第一，进出口贸易额稳定增长。随着市场经济的发展和外贸体制改革的不断深入，到 20 世纪 80 年代末，丹东对外贸易的出口商品供货功能逐渐弱化，全市对外贸易开始步入自营出口的历史新阶段。1995 年丹东市对外贸易进出口总额 2.01 亿美元，其中出口 1.81 亿美元，进口 0.20 亿美元。截至 2001 年末，丹东市与 100 多个国家和地区建立了贸易合作伙伴关系。2001 年，全市外贸进出口总额完成 12.12 亿美元，比上年增长 25.5%，其中出口完成 7.80 亿美元，比上年增长 22.3%，出口额占据全省第三位，出口增长幅度分别高于全国和全省 15.5 个和 19.9 个百分点。丹东市对外贸易进出口总额从 1995 年到 2001 年由 2.01 亿美元增长到 12.12 亿美元，增长了 5 倍，年均增速 34.9%。

第二，三资企业（包括中外合资经营企业、中外合作经营企业、外商独资经营企业）成为推动丹东对外贸易经济发展的重要力量。近年来，丹东外贸经营主体打破了由国营专业贸易公司单一构成的格局，形成了外贸企业、三资企业和自营企业齐头并进、共同发展的新局面。其中，三资企业以其较强的活力和巨大的出口潜力，出口额增长迅速，1992 年，三资企业出口额仅有 0.22 亿美元，与外贸企业相近，占当年丹东市出口总额的 48%；到 2001 年三资企业出口额已经达到 4.78 亿美元，占当年丹东市出口总额的 61%。

---

① 丹东边境经济合作区管委会主编《丹东边境经济合作区志（1992—2012）》，沈阳出版社，2020，第 163 页。

1992~2001 年，丹东市三资企业一直保持较快的增长势头（见图 2-13），在丹东市对外贸易经济发展中发挥着越来越重要的作用。

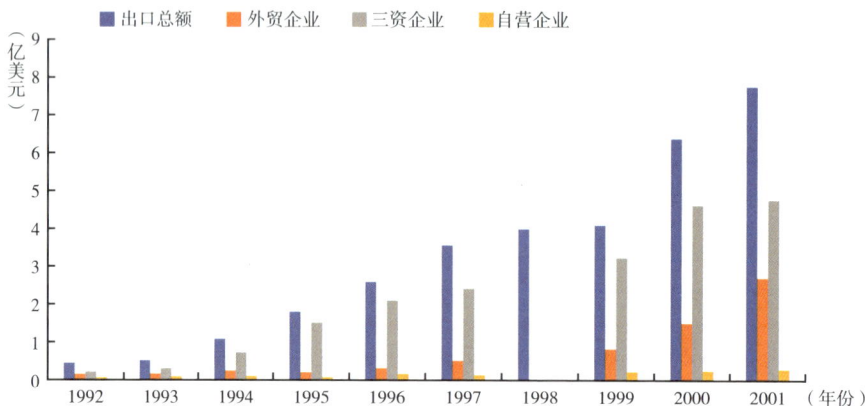

图 2-13 1992~2001 年丹东市非公企业对外贸易出口的发展情况

说明：笔者未查到 1998 年三类企业数据，暂缺。

　　第三，出口商品结构得到明显改善，工业制成品比重上升。改革开放前，丹东的外贸出口供货以农副土特等初级产品为主。改革开放后，尤其是 20 世纪 90 年代以后，丹东市委、市政府采取一系列措施，加大出口商品结构调整工作力度，提高技术设备档次和水平，使出口商品结构适应国际市场需求，把资源和轻工、纺织、电子行业的优势变为出口优势。同时，增加产品科技含量，使产品向深加工发展，提高产品档次，改进包装装潢，提高产品附加值。初级产品的出口比重下降，工业制成品出口比重逐渐上升，出口商品完成了以出口初级产品为主向以出口工业制成品为主的历史性转变。随着电子行业合资企业的崛起，机电产品出口额占全市出口总额的 50% 左右，机电产品成为丹东第一大类出口商品[1]。

----

[1]　佟天华主编《丹东对外开放十年》，政协丹东市委员会学习文史委员会，1998，第 37~38 页。

第四，对朝边境贸易蓬勃发展。1981 年，经国务院批准，中朝边境贸易开始恢复。到 1987 年，丹东与朝鲜的边境贸易累计完成进出口总额 1.03 亿元。1988 年，丹东被纳入辽东半岛经济开放区后，边贸规模逐年扩大。特别是 90 年代以来，由于国家给予了鼓励边贸发展的一系列优惠政策，边境贸易发展更为迅速，对朝贸易迈上了一个新台阶。1992 年，丹东市完成边贸进出口总额 0.45 亿美元，比上年增长 43.1%，其中出口完成 0.37 亿美元，比上年增长 50.7%。1994 年，市委、市政府及时抓住机遇，提出将外经外贸的发展推到经济结构调整的最前沿，重点突出扩大对朝边境贸易，带动工业产品走出国门，牵动丹东经济腾飞。1995 年，丹东边贸进出口总额首次突破 1 亿美元。

2001 年，边贸在朝鲜市场需求不旺的形势下仍然有所增长，全市完成边贸进出口总额 2.01 亿美元，比上年增长 9.2%，其中出口完成 1.71 亿美元，比上年增长 11.8%；与 1992 年相比边贸进出口总额增长了 3.5 倍，平均每年增长 18.1%。与此同时，不可忽视的是，尽管丹东边贸在 10 年间取得了较大的成绩，但随着丹东对外贸易进出口总额的快速增长，边贸在外贸中的占比从 1995 年的 51% 下降到 2001 年的 17%（见表 2-1）。

表 2-1 1992~2001 年丹东市边境贸易发展情况

单位：亿美元，%

年份	边贸进出口总额	边贸进口额	边贸出口额	外贸进出口总额	边贸在外贸中的占比
1992	0.45	0.08	0.37	—	—
1993	0.56	0.25	0.31	—	—
1994	0.77	0.28	0.49	—	—
1995	1.02	0.24	0.78	2.01	51
1996	1.08	0.22	0.86	4.03	27

续表

年份	边贸进出口总额	边贸进口额	边贸出口额	外贸进出口总额	边贸在外贸中的占比
1997	1.50	0.30	1.20	6.05	25
1998	1.70	—		6.63	26
1999	1.79	0.38	1.41	6.94	26
2000	1.84	0.31	1.53	9.66	19
2001	2.01	0.30	1.71	12.12	17

3. 利用外资情况良好

第一，引进外资整体呈现增长态势。改革开放以来，丹东积极进入国际资本市场，利用外资形式多样、范围拓宽、规模扩大。利用外资地域由城市向乡村发展，由小企业向大中企业发展。前来投资的客商分别来自韩国、日本、美国等近 20 个国家和地区，1992~2001 年的 10 年间，全市签订利用外资合同共计 1054 项，从 1992 年到 1995 年实际利用外资从 0.22 亿美元增长到 1.43 亿美元，增长了 5.5 倍，年均增长 86.6%，之后开始下降，从 1995 年的 1.43 亿美元降至 1998 年的 0.28 亿美元，下降了 80.4%（见图 2-14）。兴办三资企业，利用外国先进技术、设备、资金等改造、嫁接原有老企业，改进落后的生产工艺，提高劳动生产效率，提高产品质量档次，增强企业市场竞争力，也是丹东利用外资的又一种主要形式[①]。到 2001 年底全市三资企业已发展到 478 家，其中已投产经营 391 家，比上年增长 5.7%。外商投资结构已由非生产性投资转向生产性投资，并向高新技术、高科技项目发展。

---

① 陈松贵主编《丹东年鉴 2000》，今日中国出版社，2000，第 80 页。

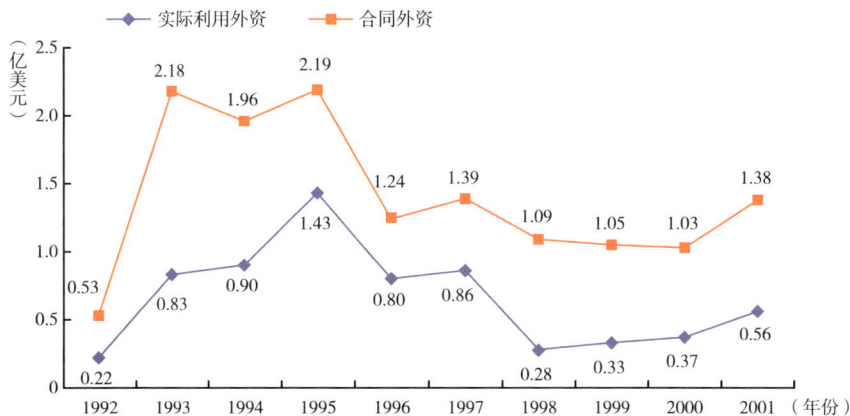

图 2-14 1992~2001 年丹东市引进外资情况

第二，技术引进成效显著。1992 年以后，由于国家加大了宏观调控力度，现汇购买形式的技术引进项目越来越少，在外资项目不断增加的情况下，技术引进的内容以外商投资企业股本形式投入的项目越来越多。在这种形势下，许多外商以先进的技术和设备作为出资，带来国外先进的管理经验和科学的管理方法[①]。如丹东鸭绿江造纸厂与芬兰 ASW-OY 有限公司合资的丹东鸭安纸业有限公司，以合资经营的形式，引进国外先进的造纸技术和设备，取得了良好的经济效益；丹东电视机厂通过与日本饭山电机株式会社合资经营，引进日本先进的显示器制造技术，达到了年产 24 万部的生产能力，产品全部出口，经济效益显著；中韩合资企业丹东国际航运有限公司在 1998 年正式开通中国丹东至韩国仁川的客货班轮航线，为丹东及其周边地区带来了大量的人流和物流，产生了较大的社会经济效益和影响力。

---

① 佟天华主编《丹东对外开放十年》，政协丹东市委员会学习文史委员会，1998，第 82 页。

图 2-15　丹东市举行丹东—仁川客货班轮首航仪式

二　对外开放的快速推进阶段（2002~2012）

（一）对外开放历程

1. 丹东市的政策规划和举措

丹东市紧紧抓住东北振兴战略实施的历史机遇，在 2004 年 2 月举行的市第十三届人民代表大会第二次会议上审议通过了《丹东市老工业基地调整改造与振兴规划》，提出要始终把对外开放作为加快全市经济发展的重要措施，加大对外经贸工作力度，发挥区位优势，加强同周边国家及东北亚经济区域的合作，千方百计提高对外开放水平，具体包括以下三个方面的举措。一是以项目为核心，扩大利用外资规模。二是调整产品结构，努力扩大出口。三是实施"走出去"发展战略，积极发展境外投资和外派劳务，加快对外经济合作步伐。2006 年 11

月 29 日市十三届人大常委会第二十三次会议做出《丹东市人大常委会关于进一步加大工作力度，全面提升对外开放水平的决议》。2009 年 7 月 1 日国务院批准《辽宁沿海经济带发展规划》，辽宁沿海经济带开发开放正式上升为国家战略。面对这个千载难逢的历史机遇，丹东、大连、营口、盘锦、锦州、葫芦岛 6 市政协主席于 2009 年 7 月 10 日召开联席会议，审议通过《关于加快辽宁沿海经济带建设的建议》。

自 2002 年以来，丹东市委、市政府每年制定《丹东市外贸出口奖励办法》，对完成和超额完成全年外贸、边贸出口工作目标的县区市政府和外贸、边贸企业予以奖励，充分调动了外贸、边贸企业从事边境贸易的积极性。2005 年 5 月，发布《丹东市人民政府关于鼓励外商投资若干政策暂行规定》，出台了一系列外商投资的优惠政策，为进一步扩大对外开放、营造良好投资环境以吸引外商投资提供了重要的政策支撑。

2002 年，合作区管委会成立招商行政服务中心，切实为投资者搭建服务平台，进一步提高办事效率；同年 6 月 3 日下发《合作区关于取消区级行政事业性收费的通知》（丹合管发〔2002〕47 号），明确规定从 2002 年 5 月开始取消区级各项行政事业性收费。为支持合作区企业的可持续发展，增强企业的发展后劲，壮大合作区的经济实力，根据国家的产业政策和辽宁省人民政府辽政发〔2000〕43 号文件、辽宁省财政厅辽财综〔2002〕435 号文件及丹东市人民政府丹政发〔2001〕43 号文件精神，2003 年 4 月，合作区出台了《丹东边境经济合作区财政扶持资金暂行规定》，对扶持资金的来源和规模、使用原则和条件以及管理程序做了具体规定。

2. 对外经贸管理

（1）招商引资活动与软环境建设

第一，加大招商引资工作力度，提高外资利用水平。2002 年以来，丹东市大力开展国内外招商活动，派出出境经贸代表团赴日本、韩国等地招商，每年定期举办中国·丹东鸭绿江国际旅游节暨经贸洽谈会、组织企业参加"日本周""韩国周"等招商活动，与此同时，市、县两级建立项目领导包保责任制、项目跟踪制以及定期协调制，确保实际利用外资任务的完成，从注重指标转向更注重抓项目、抓服务、抓落实。

第二，加强招商软环境建设。完善服务机制，努力创造良好的投资环境，丹东市委、市政府把完善外商企业服务中心、外商企业投诉中心作为软环境建设的两项重要任务，实现对外商企业服务"一条龙"和对重点外商企业保护的"一卡通"，丹东市公安局为重点外商投资企业发放"平安卡"，丹东市纪委等出台《关于损害投资环境违法违纪行为党纪政纪处分的规定（试行）》。

（2）重视对朝边贸

2002年以来，丹东市委、市政府非常重视边贸工作，采取一系列有效措施，保证全市对朝边贸健康有序发展。第一，每年确定出口目标并组织落实。同时制定下一年对朝边贸工作目标和工作重点，以确保全年对朝边贸工作顺利完成。第二，制定并实施一系列政策、措施，促进对朝边贸顺利开展。制定《丹东市外贸出口奖励办法》，鼓励边贸企业积极开展对朝边贸。第三，密切同海关、检验检疫、外汇管理、国税、边防等联检涉外部门的联系，为企业营造良好的大通关环境。第四，定期组织召开企业调度会、座谈会，及时分析对朝边贸现状及面临的形势和问题，及时发现并协助企业解决在边贸进出口中遇到的实际困难和问题。第五，组织边贸企业赴朝参加展销活动，为企业构建开拓朝鲜市场的操作平台。第六，定期考核整顿边贸企业队伍，保证边贸企业队伍的健康有序发展。第七，定期举办边贸业务培训班，提高边贸企业人员的业务水平 ①。

（3）对外经济技术合作

第一，将朝鲜作为主要市场，积极做好境外投资的各项准备。组织人员跟踪调研朝鲜半岛局势并研究朝鲜涉外法规，摸清对朝投资的最佳领域和时机，为境外投资者提供及时可靠的咨询服务。第二，积极引导有资质、有能力的企业开展海外投资活动，在紧盯朝鲜市场的同时，引导企业向美国、瑞士、新西兰、日本、韩国发展。第三，在投资领域方面，从过去的采矿、养殖和建筑业不断向林业、纺织、食品、化工和仓储等领域发展。第四，继续贯彻"一包两带"方针，大力发展对外工程承包和劳务合作。与此同时，丹东市外贸局通过经营资格年审和开展"春雷"行动，对外经公司、劳务中介公司进行清理整顿，规范外派劳务市场秩序。第五，服务境外投资企业，做好对外经济技术合作。根据丹东市外经事业发展的实际，成立丹东市对外经济合作企业协会，为全市"走出去"的企业提供法律咨询、规避风险等支持和保障。

（二）对外开放的主要成绩

1. 丹东边境经济合作区不断发展壮大

2002~2005 年，合作区在竞争力方面不断增强，2005 年丹东边境经济合作区实现地区生产总值 24 亿元，第二位黑河边境经济合作区为 21 亿元，第三位二连浩特边境经济合作区为 17 亿元。2006~2010 年，丹东市充分利用辽宁省委、省政府实施沿海经济带开发战略的重要机遇，承担临港产业园区和丹东新区建设的重要任务，步入了快速发展阶段。2006 年，丹东边境经济合作区实现地区生产

---

① 王明恩主编《丹东年鉴 2003》，现代出版社，2003，第 207~208 页。

总值 29 亿元，较上年增长 21%。2010 年，丹东边境经济合作区实现地区生产总值 84 亿元，较 2005 年增长了 2.5 倍，年均增长 28.5%；财政收入达到 10 亿元，仍然处于领先地位。2011~2012 年，从边境经济合作区实际利用外资的数量来看，丹东市依然是利用外资最多的地区。尽管丹东边境经济合作区保持了较好的增长势头，但其他边境经济合作区的发展速度明显加快，发展差距在逐步缩小，尽管如此，丹东边境经济合作区发展水平仍处于 14 个国家级边境经济合作区前列[①]。

2. 对外贸易步入快车道

第一，对外贸易进出口总额保持快速增长态势。20 世纪末的后五年，尽管丹东市的对外贸易进出口总额一直持续增长，但增长相对比较缓慢。进入 21 世纪以后，丹东的对外贸易增长势头强劲，尽管其间遭受世界金融危机的冲击，国际市场乏力，2008 年对外贸易进出口总额有所下降，但从整体来看，仍然在高速增长，对外贸易进出口总额由 2002 年的 14.28 亿美元，增至 2012 年的 45.97 亿美元，增长了 2.2 倍，年均增速 12.4%。其中出口由 8.98 亿美元增长到 28.75 亿美元。2012 年丹东市外贸进出口总额在辽宁省排第四位，增幅排全省第六位。

第二，外贸企业成为丹东市出口的主力军。1992~2001 年，丹东市三资企业发展较快，一直占据外贸出口的核心地位。2002 年及以后，外贸企业出口业务迅速发展。2002 年，丹东外贸企业出口额仅有 3.72 亿美元，占当年出口总额的 41.4%；到 2003 年，外贸企业出口额为 5.62 亿美元，首次超过三资企业出口额（4.49 亿美元），占当年出口总额的 53.2%；到 2012 年，两者差距逐渐扩大，当年外贸企业出口额

---

① 丹东边境经济合作区管委会主编《丹东边境经济合作区志（1992–2012）》，沈阳出版社，2020，第 163~164 页。

为 16.02 亿美元，占当年出口总额的 55.7%，三资企业出口额仅有 7.62
亿美元，占当年出口总额的 26.5%（见图 2-16）。

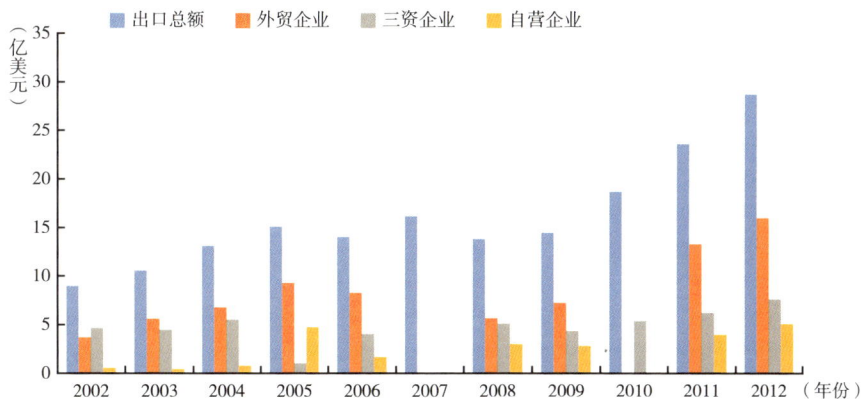

图 2-16 2002~2012 年丹东市非公企业对外贸易出口的发展情况

说明：笔者未查到 2007 年和 2010 年相关数据，暂缺。

第三，丹东成为中国最大的对朝贸易商品集散地。丹东市轻纺、
机电工业发达，粮油产品充足，这些大多为朝鲜所急需；朝鲜方面矿
产品、林产品、海产品、旅游资源较为丰富，双方经济互补性较强，
这也为丹东发展对朝贸易提供了得天独厚的条件。2002 年，丹东对朝
边境贸易稳步增长，对朝边境贸易进出口总额为 2.22 亿美元，比上年
增长 10.4%，其中出口 1.89 亿美元，比上年增长 10.5%。受全球金融
危机影响，尽管在 2008 年边贸进出口总额有所下降，但之后再度恢
复快速增长的势头。到 2011 年，朝鲜进入经济快速发展阶段，丹东
对朝边贸进出口总额实现大幅度增长，达 18.00 亿美元，比上年增长
了 80.0%，其中出口 9.00 亿美元，较上年增长了 50.0%。2011 年，丹
东对朝边境贸易进出口总额占全市当年外贸进出口总额的 46%（见
表 2-2）。与 20 世纪末相比，丹东对朝边贸的贡献率有了比较显著的
提升。

表 2-2 2002~2012 年丹东市边境贸易发展情况

单位：亿美元，%

年份	边贸进出口总额	边贸进口额	边贸出口额	外贸进出口总额	边贸在外贸中的占比
2002	2.22	0.33	1.89	14.28	16
2003	2.68	0.59	2.09	16.58	16
2004	3.14	0.75	2.39	20.06	16
2005	6.33	1.99	4.34	19.45	33
2006	4.62	1.67	2.95	17.39	27
2007	6.02	2.51	3.51	20.36	30
2008	3.72	1.14	2.58	18.84	20
2009	—	—	—	20.11	—
2010	10.00	4.00	6.00	29.30	34
2011	18.00	9.00	9.00	38.80	46
2012	—	—	—	45.97	—

2002 年以来，丹东市对朝边贸呈现以下几个方面的特点：一是出口商品种类增多，出口商品结构转为以农产品、生产资料出口为主；二是对朝边贸方式逐步多样化，由单一的易货贸易发展到现汇、加工、转口等多种贸易方式；三是从事对朝边境贸易的进出口经营企业迅速增加，对朝贸易队伍进一步扩大；四是对朝边境贸易带动了丹东市运输、餐饮、旅游、服务业的发展，中国各地企业及国外企业纷纷到丹东从事商务考察、贸易洽谈和设立办事机构，大量内地商品不断通过丹东口岸运往朝鲜，丹东成为中国最大的对朝贸易商品集散地[1]。

① 丹东市地方志办公室主编《丹东年鉴 2011》，沈阳出版社，2012，第 218 页。

图 2-17 丹东口岸大楼

第四，外贸出口结构发生新变化。2002~2012 年外贸出口结构日趋优化，11 年间全市累计外贸出口总额 179.40 亿美元，出口商品中农副产品比重下降，工业制成品比重增加。2003 年，水产品出口1.47 亿美元，在当年出口总额中的占比为 13.9%；石油出口 1.21 亿美元，占比为 11.5%；服装出口 1.10 亿美元，占比为 10.4%；电子元器件出口 0.84 亿美元，占比为 8.0%；食品出口 0.44 亿美元，占比为 4.2%；化工产品出口 0.39 亿美元，占比为 3.7%（见图 2-18）。到 2012 年，从主要外贸出口商品占比来看，服装出口占比为 26%；机械设备出口占比为 23%；化工产品出口占比为 11%；食品（此处不包括粮食）出口占比为 6%；纺织原料及面料出口占比为 11%；水产品出口占比为 5%；电子元器件出口占比为 8%；音响设备出口占比为 6%；粮食出口占比为 4%（见图 2-19）。

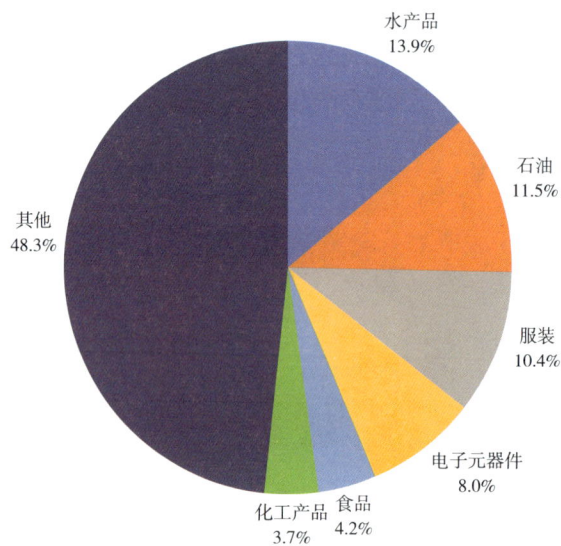

水产品
13.9%

石油
11.5%

服装
10.4%

电子元器件
8.0%

食品
4.2%

化工产品
3.7%

其他
48.3%

图 2-18　2003 年丹东市主要外贸出口商品占比

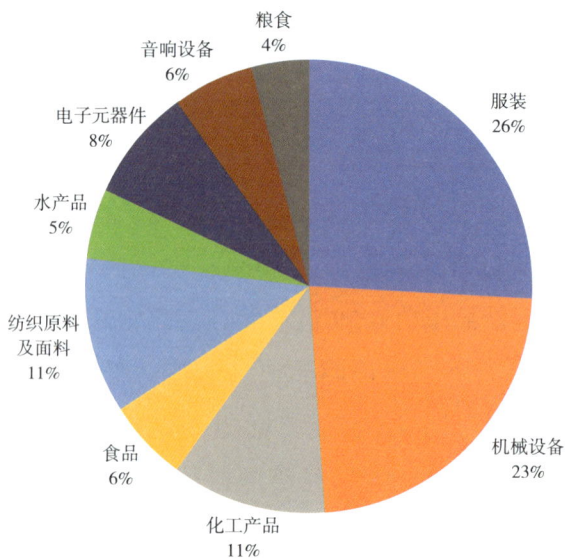

粮食
4%

音响设备
6%

电子元器件
8%

水产品
5%

纺织原料
及面料
11%

食品
6%

化工产品
11%

服装
26%

机械设备
23%

图 2-19　2012 年丹东市主要外贸出口商品占比

3.中国·丹东鸭绿江国际旅游节助力"引进来"战略

中国·丹东鸭绿江国际旅游节始于 2000 年，每年一届，提升了丹东在国内外的影响力和知名度，全市利用外资的数量和水平有了显著的提升，各类合资合作项目持续增加，对外开放环境也有了进一步的改善，区域经济合作取得了新的进展，"一港两带三区多点"的开放格局逐渐形成。2002 年，签订利用外资合同总金额 15.6 亿美元，协议外资金额 9395 万美元。自 1992 年第一家外资企业落户丹东以来，已有 30 多个国家和地区的 2000 多家企业相继入驻。在 2011 年的旅游节上，共签订 38 个经贸合作项目，总投资额高达 18.7 亿美元，同比增长 43.8%。其中，外资项目 19 个，总投资额 14.9 亿美元，同比增长 45.6%；外贸项目 19 个，总投资额 3.8 亿美元，同比增长 40.0%。

图 2-20　2003 年中国·丹东鸭绿江国际旅游节开幕式在宽甸满族自治县长河岛朝鲜族民俗度假村举行

4.重大项目快速推进

2009 年 10 月 4 日，国务院总理温家宝在平壤同朝鲜总理金英日就建设鸭绿江大桥达成一致，决定启动大桥建设相关工作。2011 年 9 月，总投资 22.2 亿元的鸭绿江大桥建设项目顺利推进，两端辅助性桥梁修建完成，主桥已进入施工阶段。2010 年 2 月 1 日，市政府与京阪神产业园投资发展有限公司就丹东京阪神产业园项目签署战略合作协议。丹东京阪神产业园由丹东临港产业园区管委会与京阪神产业园投资发展有限公司、日本财团法人辽宁省开发联合会共同合作开发建设，总规划面积 8 平方公里，起点区 1 平方公里。2010 年 10 月 20 日，由韩国 SK 集团在中国投资的第一个物流项目——SK 丹东保税物流中心竣工，位于丹东临港产业园区仪器仪表园，占地 16.4 万平方米，投资总额 4350 万美元，始建于 2009 年 9 月，一期工程竣工后投入使用。

5. 利用外资取得突破性进展

外商投资的领域从以往集中于少数有限的行业逐渐扩展到建筑业、交通运输业等数十个行业，利用外资项目中 80% 以上的项目为生产型、高技术型、出口创汇型项目。与世界 500 强企业和国际大公司的合作实现了历史性突破。截至 2010 年，世界 500 强企业韩国 SK 集团已陆续在丹东投资了 3 家公司，涉及房地产、能源、物流等多个领域，总投资额高达 6000 万美元[①]。2010 年 10 月 23 日，全球专业音响和信息娱乐制造业巨头美国哈曼集团正式进驻丹东，实现当年投资、当年竣工、当年投产[②]。

6. 热情"引进来"的同时，丹东企业主动"走出去"

境外投资进一步增长，丹东有境外投资资质的一些企业也陆续走出国门，开展采矿、水产养殖等方面的投资。2009 年，海外并购首次在丹东历史上出现。丹东思凯电子发展有限公司并购日本 MGP 公司，并购金额 147 万美元，主要进行计算机软件开发。辽宁曙光汽车集团股份有限公司并购美国一家技术中心，并购金额 998 万美元，在美国建立主要驱动桥、底盘系统研发中心，为进一步增强企业国际竞

---

① 黄宝锋、王卢莎：《丹东步入"发展黄金期"》，《辽宁日报》2011 年 9 月 30 日。
② 《营商 |"哈曼"两年扩建六条生产线的背后》，"澎湃新闻客户端"百家号，2022 年 4 月 14 日，https://m.thepaper.cn/baijiahao_17610564。

争力奠定了基础①。2010 年，日林建设集团在美国投资 800 万美元，建立美国日林公司；辽宁天赐投资发展（集团）有限公司在瑞士设立查姆控股有限公司；辽宁欣泰股份有限公司在朝鲜成立大安—欣泰合营会社；丹东鑫宏贸易有限公司在朝鲜设立朝鲜木兰蜂矿产合作会社②。2012 年，丹东天富贸易有限公司在朝鲜与强盛贸易会社投资生产铁砂；日林建设集团与韩国大宇造船海洋株式会社在新加坡建立航运公司③。

三　对外开放的新阶段（2013~2022）

（一）对外开放基本情况

1.沿边开放相关政策

以 2013 年习近平总书记提出"一带一路"倡议为标志，我国开启了沿海、内陆、沿边"三位一体"的对外开放新格局，"全面提高沿边地区对外开放水平成为构建人类命运共同体的关键一环"④。2013 年及以后，《国务院关于加快沿边地区开发开放的若干意见》（国发〔2013〕50 号）、《国务院关于支持沿边重点地区开发开放若干政策措施的意见》、《中共中央办公厅 国务院办公厅印发关于加大边民支持力度促进守边固边的指导意见的通知》（中办发〔2017〕53 号）、《国务院办公厅关于印发兴边富民行动"十三五"规划的通知》（国办发〔2017〕50 号）等政策文件印发，把沿边地区的开发开放上升到国家战略高度，第一次从战略高度系统地对沿边地区的开发开放进行系统阐述，

---

① 高云胜主编《丹东年鉴 2010》，光明日报出版社，2011，第 303~304 页。
② 丹东市地方志办公室主编《丹东年鉴 2011》，沈阳出版社，2012，第 216~217 页。
③ 丹东市地方志办公室主编《丹东年鉴 2013》，沈阳出版社，2014，第 276 页。
④ 孙久文、蒋治：《沿边地区对外开放 70 年的回顾与展望》，《经济地理》2019 年第 11 期，第 3 页。

标志着沿边开放进入了一个新阶段，广大沿边地区迎来了新一轮开发开放的重大机遇。

国务院曾于 2012 年 7 月专门发布《中国东北地区面向东北亚区域开放规划纲要（2012—2020 年）》，纲要指出"东北地区是我国面向东北亚开放的重要门户和核心区域"，提出"提升重点沿边城市的支撑能力"。辽宁省政府则于 2019 年 9 月编制印发《辽宁省人民政府关于加快推进东北亚经贸合作打造对外开放新前沿的意见》（辽政发〔2019〕15 号），提出 21 项重要任务，第 12 项是"做强做优丹东中朝边境经济合作区"：充分发挥丹东沿海沿边优势，以"小组团"方式重点培育相关产业，形成边贸产品落地加工基地，优化边境经济合作区产业结构，培育壮大丹东特色优势产业；继续推进丹东国门湾中朝边民互市贸易区建设，加快推进边境贸易转型升级。

丹东市也于 2019 年 12 月编制印发了《丹东市人民政府关于加快推进东北亚经贸合作构建高水平对外开放新格局的意见》（丹政发〔2019〕21 号），提出了 10 项重点任务。其中，第 5 项"打造高能级对外开放平台"强调，"加快推进丹东重点开发开放试验区、综合保税区申报设立。以中朝边民互市贸易区为载体，积极向国家争取互市商品加工政策，建立面向东北亚五国的互市商品深加工产业园。申报建设中韩丹东国际经济合作示范区，不断扩大和丰富丹东参与东北亚区域合作内涵"，并"适时启动中朝地方合作规划前期研究，携同推动'丹东特区'申报建设"。第 6 项"建设东北亚区域性交通枢纽"提出，"推动鸭绿江公路大桥及口岸早日投入使用，增开丹东到平壤国际旅客列车"，并"积极研究谋划连接朝鲜半岛的'丹东—平壤—首尔—釜山'的铁路、公路互联互通"。

2. 东北振兴战略中的对外开放政策方向

2013 年以后，国家陆续出台了一系列有关东北振兴的专门的重大政策文件，如《国务院关于近期支持东北振兴若干重大政策举措的意见》①、《国务院关于深入推进实施新一轮东北振兴战略加快推动东北地区经济企稳向好若干重要举措的意见》②、《东北振兴"十三五"规划》③、《东北全面振兴"十四五"实施方案》④，等等。

《东北振兴"十三五"规划》提出，要开放发展，构建向北开放重要窗口，在"重点沿边城市支撑能力提升工程"中，丹东的主要发展方向是"发挥沿边、沿海、沿江的区位优势和东北东部地区出海通道的作用，提升城市功能，深化面向东北亚国家的联系和合作，建设商品生产、商贸物流和出口加工基地，发展边境旅游"。2021 年出台的《东北全面振兴"十四五"实施方案》不仅在名称上与前面的五年规划有别，国家发展改革委对其出台背景的阐释也表明东北振兴被国家进一步提升到了一个新的战略高度，最引人注目的就是有关"五大安全"的论述。国家发展改革委有关负责同志在接受记者采访时表示，"东北地区是我国重要的工业和农业基地，维护国家国防安全、粮食安全、生态安全、能源安全、产业安全的战略地位十分重要，关乎国家发展大局"⑤。

丹东市也在有关东北振兴的不同政府文件中多次强调，要促进丹

---

① 《国务院关于近期支持东北振兴若干重大政策举措的意见》（国发〔2014〕28 号），中国政府网，2014 年 8 月 19 日，http://www.gov.cn/zhengce/content/2014-08/19/content_8996.htm。

② 《国务院关于深入推进实施新一轮东北振兴战略加快推动东北地区经济企稳向好若干重要举措的意见》（国发〔2016〕62 号），中国政府网，2016 年 11 月 16 日，http://www.gov.cn/zhengce/content/2016-11/16/content_5133102.htm。

③ 《国家发展改革委关于印发东北振兴"十三五"规划的通知》（发改振兴〔2016〕2397 号），国家发展改革委网站，2016 年 12 月 19 日，https://www.ndrc.gov.cn/xxgk/zcfb/ghwb/201612/t20161219_962212_ext.html。

④ 《国务院关于东北全面振兴"十四五"实施方案的批复》（国函〔2021〕88 号），中国政府网，2021 年 9 月 13 日，http://www.gov.cn/zhengce/content/2021-09/13/content_5637015.htm。

⑤ 《国家发展改革委有关负责同志就〈东北全面振兴"十四五"实施方案〉答记者问》，国家发展改革委网站，2021 年 10 月 21 日，https://www.ndrc.gov.cn/xwdt/xwfb/202110/t20211021_1300463.html?code=&state=123。

东边境经济合作区等的对外开放工作。《丹东市贯彻落实〈东北振兴"十三五"规划〉工作任务分工方案》提出，要"积极推动沿边开发开放，积极推动丹东重点开发开放试验区建设"，在"打造多元化开放合作平台"方面要"打造边境与跨境经济合作平台"，即"依托对朝边境口岸，以境内外联动、上下游衔接为要求，积极稳妥推进边境与跨境经济合作区建设。拓展边境经济合作区功能，促进丹东边境经济合作区加快发展，支持边境经济合作区与东部地区各类园区开展合作"等。

《加快推进丹东老工业基地新一轮振兴发展三年滚动计划（2016—2018年）》分年度提出了多项重点工作，包括争取《辽宁丹东重点开发开放试验区建设实施方案》尽早得到国务院批复，加快推进丹东边境综合保税区前期工作，健全完善跨境电商服务体系和管理机制、推动外贸转型升级等。《丹东市贯彻落实〈国务院关于深入推进实施新一轮东北振兴战略 加快推动东北地区经济企稳向好若干重要举措的意见〉的实施方案》在"打造重点开发开放平台"部分强调，"加快推进辽宁丹东重点开发开放试验区和丹东边境经济合作区建设"。

3.丹东市"十二五""十三五"规划中的对外开放政策方向

丹东市"十二五"规划提出，要全面提升开放水平。在推进对内对外开放方面，规划提出要加快转变对外贸易发展方式、加快实施"走出去"战略、加快区域合作步伐。在转变对外贸易发展方式上，规划提出"加快外贸加工载体建设，以中朝鸭绿江大桥建设及周边地区开发开放为契机，扩大丹东边境经济合作区规划范围，积极争取设立互市贸易区、边境综合保税区、出口加工区和中朝跨境经济合作区，打造全国对朝鲜半岛开放的'桥头堡'。积极开展海关特殊监管区域及相关项目申报工作。加强各类口岸建设"。

图 2-21 连接中朝两国的丹东鸭绿江大桥

丹东市"十三五"规划提出"提升开放型经济水平"的目标，指出要抓住国家实施新一轮东北振兴、"一带一路"倡议、沿边开发开放和东北东部绿色经济带建设等发展机遇，坚持"引进来"与"走出去"同步推进，形成全方位、宽领域、多层次的开放型经济格局。

在加快对外开放平台建设方面，规划提出："加快推进丹东重点开发开放试验区建设，打造边海开放桥头堡。借助'一桥两岛'开发开放，推动国际经济合作发展。加快中朝边民互市贸易区建设，争取设立综合保税区、中韩自贸区丹东经济合作示范区，形成集仓储物流、加工制造、国际贸易和港口相结合的对外开放平台。加快推进宽甸太平湾和前阳大台子国家二类口岸转新开国家一类口岸。落实好国家区域通关一体化等贸易便利化措施，促进贸易投资、交通运输、货币结算等便利化。"规划还提出了中朝边民互市贸易区规划布局，包括新区国门湾互市贸易点、鸭绿江公路大桥口岸互市贸易点、河口互市贸易点、大台子互市贸易点等；不同的互市贸易点主打不同的商品种类，如新区国门湾互市贸易点以物流集散、商品展示和交易为主，鸭绿江公路大桥口岸互市贸易点以旅游商品和纪念品为主，河口互市贸易点以农副产品为主，大台子互市贸易点以水产品为主。

在转变外贸发展方式方面，规划提出要发挥出口对经济增长的促进作用，要"借助区位条件，提高对朝贸易水平，扩大对朝贸易规模。围绕中韩自贸区建设，加大与韩、日等国家及地区的合作力度"。

（二）推动沿边开放的重大政策举措

丹东边境经济合作区于 1992 年经国务院批准成立；丹东临港产业园区于 2006 年经辽宁省政府批准成立，被列入辽宁省"五点一线"及辽宁沿海经济带发展战略。根据辽宁招商网络的介绍，2007 年，丹东边境经济合作区管委会与临港产业园区管委会合署办公；2013 年，丹东临港产业园区更名为丹东新区，作为市政府的派出机构行使市级经济管理权限及部分社会事业管理职能。目前，丹东边境经济合作区与丹东新区是"一套人马、两块牌子"[1]。

图 2-22　丹东新区

---

[1]　可参考辽宁招商网络（https://ln.zhaoshang.net/yuanqu/detail/4407）。

2013 年 12 月《国务院关于加快沿边地区开发开放的若干意见》和 2015 年 12 月《国务院关于支持沿边重点地区开发开放若干政策措施的意见》等文件为沿边开发开放指出发展方向后，丹东市成立了沿边开发开放领导小组，统筹推进开发开放平台载体建设。

1. 申报丹东重点开发开放试验区

《国务院关于加快沿边地区开发开放的若干意见》对重点开发开放试验区建设进行了全面部署，提出研究设立广西凭祥、云南勐腊（磨憨）、内蒙古二连浩特、黑龙江绥芬河（东宁）、吉林延吉（长白）、辽宁丹东第二批 6 个重点开发开放试验区。丹东市委托浙江大学中国西部发展研究院编制丹东重点开发开放试验区实施方案和总体规划以及各专项规划。浙江大学中国西部发展研究院于 2014 年 5 月启动深度调研和总规编制工作，同年 8 月在丹东召开了《辽宁丹东重点开发开放试验区建设实施方案（征求意见稿）》专家论证会并根据专家们提出的意见和建议进行修改、完善。2015~2016 年《辽宁丹东重点开发开放试验区建设实施方案》完成后，上报国家待批。但由于周边国际形势动荡不安，相关程序暂缓推进。目前，除丹东和延吉（长白）外，其他试验区都已获批。

2. 承办中朝经贸文化旅游博览会

2012 年 10 月，由中国国际贸易促进委员会指导，辽宁省人民政府主办，中国国际贸易促进委员会辽宁省分会、辽宁省人民对外友好协会和丹东市人民政府承办的首届中朝经贸文化旅游博览会在丹东举行。随后的 2013~2015 年，丹东市又连续承办了第二届至第四届博览会，国际影响力逐渐增强。2015 年该博览会升格为国家级展会，开启了中朝合作的新模式。在已经举办的历届博览会上，朝鲜均组织了由贸易省、外务省、文化省、投资合营委员会等多个部门人员参加的庞大的代表团前来参展，且每年都派 100 多家企业来丹东洽谈、展销，与丹东及外地商户联络，建立贸易合作关系。

博览会包括商品展示交易、经贸合作洽谈、文艺交流演出、文化旅游合作等多个板块。据报道，在前三届展会上，国内外参展企业达2000余家，累计成交额 3.7 亿元人民币，国内外参展、参会总人数合计达 76.5 万人次；共达成投资、贸易意向 1539 个，合作金额 42.2 亿美元，投资项目 25 个，总投资额 4.1 亿美元[①]。第四届博览会的商品展览类活动有中朝商品展览交易会、中国（丹东）对朝出口车辆展览会；经贸活动包括东北亚经济贸易发展高峰论坛、中朝贸易投资项目对接会等；文化方面有朝鲜顶级歌舞团文艺演出、朝鲜美术作品精品展等活动；旅游领域有丹东赴朝鲜新义州登岸游全面开通仪式、中朝旅游企业合作洽谈会等活动。

该博览会为加深中朝友谊、推动两国合作、促进经贸发展做出了贡献。但 2016 年以后，受朝鲜半岛形势影响，博览会未能继续举行。

3. 设立丹东国门湾中朝边民互市贸易区

作为中朝边境最大的城市，丹东是中国连接朝鲜半岛的主要陆路通道，也是全国最大的对朝贸易口岸城市。为落实《国务院关于加快沿边地区开发开放的若干意见》的精神，进一步推动沿边开发开放，2014 年 8 月，丹东市启动设立中朝边民互市贸易区的申报工作，市外经贸部门经多方考察与反复论证，最终制定了《丹东中朝边民互市贸易区规划实施方案》，并以丹东市政府名义上报辽宁省政府审批。在辽宁省对外贸易经济合作厅、大连海关、丹东海关和检验检疫等部门的积极协调和帮助下，历时 10 个月，最终顺利完成全部申报工作。2015 年 6 月，辽宁省政府印发《辽宁省人民政府关于同意设立丹东国

[①] 《第四届中朝博览会丹东开幕 朝鲜庞大代表团参会》，中国新闻网，2015 年 10 月 15 日，https://www.chinanews.com.cn/df/2015/10-15/7569930.shtml。

门湾中朝边民互市贸易区的批复》，正式批准设立丹东国门湾中朝边民互市贸易区。这是辽宁省扩大沿边开放的重大举措，也是丹东沿边开发开放工作的一个里程碑，有效填补了丹东市乃至辽宁省边民互市贸易的空白。

丹东国门湾中朝边民互市贸易区位于丹东新区国门湾科技五金城，地处丹东边境经济合作区辖区内，毗邻丹东中朝新区口岸及中朝黄金坪特殊经济区，具有比较明显的区位优势，可以说是辽宁省对朝经贸合作的重要支撑点。互贸区占地4万平方米，分为进口商品展示交易区、出口商品展示交易区、中朝贸易总部经济区、创业孵化基地、商业生活配套区等五大功能区。互贸区采取政府主导、海关监管、企业投资、市场化运作的运营模式，总投资为10亿元人民币。根据相关政策，丹东市距陆路边境20公里以内的边民可以持"边民证"在互市贸易区内与朝鲜边民进行商品交换活动，享受每人每日价值人民币8000元以下商品免征进口税和进口环节税的优惠政策。这对丹东市边民而言，着实是一大喜事。同时，设立国门湾中朝边民互市贸易区有利于进一步加强中朝开发合作，对具备地缘优势的域内相关企业而言，也无疑是一个利好消息。辽宁省对外贸易经济合作厅副厅长唐审非认为，中朝边民互市贸易区的正式启动，将有效促进丹东边贸经济的快速发展，有效增加中朝双方边民收入，使其成为中朝贸易的集散地、东北亚经济的新引擎[1]。

国门湾中朝边民互市贸易区于2015年10月正式启动开通，于2016年6月投入运营以来，入驻商户有600余家，参与互市贸易的边民达4万余人次，累计实现交易额约4亿元人民币，帮助数百名贫困

---

[1] 《中朝边境最大城市丹东启动边民互市贸易区》，新华网，2015年10月15日，http://www.xinhuanet.com/world/2015-10/15/c_1116838250.htm。

图 2-23　国门湾互市贸易区外景

说明：图题为与图片内容保持一致，互贸区采用简称。

资料来源：《看，超震撼！丹东新区最新宣传片出炉～～》，"丹东发布"微信公众号，2019年1月18日，https://mp.weixin.qq.com/s/udj6lIzegY_8hBBisHFATA。

边民脱困，初步显现出它的社会效益。互市贸易形成的人流、物流、资金流等，也在一定程度上带动了房地产、运输仓储、旅游等第三产业的发展。在平台人流、物流和资金流的集聚效应下，互贸区成为丹东市中朝经贸合作的新通道，促进了丹东新区的繁荣发展。

不过，继 2016 年 1 月和 9 月分别进行第四次和第五次核试验后，朝鲜又于 2017 年 7 月进行弹道导弹试验，联合国安理会因此在 2017 年 8 月通过第 2371 号决议，禁止朝鲜出口煤、铁和铅等矿石产品和海产品，禁止其他国家雇佣新的朝鲜劳工。在 2017 年 9 月初朝鲜进行第六次核试验后，联合国安理会又通过了第 2375 号决议，减少对朝鲜的石油供应，禁止朝鲜纺织品出口以及禁止朝鲜海外务工人员向国内汇款等。2017 年以来联合国安理会通过的一系列涉朝制裁决议，给丹东中朝边民互市贸易造成了较大影响。

4. 丹东市成功获批边民互市贸易进口商品落地加工试点市

2019 年 9 月,《国务院办公厅关于促进边境贸易创新发展的指导意见》(国办发〔2019〕46 号)出台,提出允许边民互市贸易进口商品用于生产和发展致富、允许对第三国产品进行交易并开展落地加工等政策措施。按照辽宁省委和省政府的工作部署,辽宁省商务厅、大连海关和丹东市分别成立工作专班和工作领导小组,专门推进此项工作。大连海关所属丹东海关、大东港海关积极开展相关业务,配合丹东市进行边民互市贸易业务规划可行性研究。大连海关与丹东市政府签署了《支持边民互市贸易发展合作备忘录》,确保边民互市贸易商品通关工作顺利进行。2020 年 11 月 27 日,商务部批复同意《辽宁省边民互市贸易进口商品落地加工试点方案》,为支持丹东开展边民互市贸易进口商品落地加工业务提供了制度保障。

《国务院办公厅关于促进边境贸易创新发展的指导意见》在边民互市贸易进口来源国方面做了重大政策性突破,而 2020 年 5 月《商务部 海关总署关于印发〈边民互市贸易进口商品负面清单〉的通知》则规定"除《边民互市贸易进口商品负面清单》所列商品外,边民均可通过互市贸易方式进口。进口商品须来源自周边国家",把边民互市贸易进口商品由生活用品拓展至负面清单之外的全部商品,以进一步鼓励发展边民互市贸易,深入推进兴边富民行动计划。

作为全国第一批 13 个试点市之一,也是目前辽宁省唯一一个边民互市贸易进口商品落地加工试点市,丹东市可以通过边民互市贸易的形式进口除朝鲜外日本、韩国、俄罗斯和蒙古国等东北亚国家的商品,并开展落地加工业务,这不仅有利于辽宁省构建全面开放新格局和充分释放丹东沿海沿边开放潜力,还对以边境互市贸易创新发展推动丹东对外开放和高质量发展具有积极意义。2020 年 12 月 25 日,从韩国进口的商品顺利进入丹东国门湾中朝边民互市贸易区,标志着丹东以互市贸易方式进口周边国家商品首单试通关顺利实现，丹东边民互市贸易创新发展工作取得了新进展。

5. 在国门湾中朝边民互市贸易区外增设 5 处边民互市贸易区

由于国门湾中朝边民互市贸易区难以完全满足丹东市边境贸易创新发展的需要，丹东市起草了新建丹东港等 5 处边民互市贸易区的规划方案，并上报辽宁省政府进行审批。辽宁省商务厅会同省财政、自然资源、税务、市场监管、人民银行、海关、出入境等部门，在科学论证的基础上，对丹东起草的规划方案进行修改完善。辽宁省政府依据完善后的方案，于 2020 年 12 月 28 日批复丹东市新设丹东港等 5 处边民互市贸易区，为丹东边境贸易创新发展提供了新的平台。

6. 启动宽甸边境经济合作区申报工作

为进一步把边境经济合作区建设成为促进丹东经济和社会发展的高水平的沿边开发开放平台，2019 年，丹东市出台了《关于促进丹东边境经济合作区（丹东新区）高质量发展的实施意见》，同时启动了宽甸边境经济合作区的申报工作。宽甸满族自治县隶属于丹东市，南接丹东市区，东与朝鲜隔江相望。

（三）对外开放的成效与问题

1. 取得的成效

建立边境经济合作区的目的在于进行跨境经济合作，促进生产要素的合理跨境流动，使参与合作各方均能从中获益。边境贸易是边境经济合作的主要内容，党的十八大以来丹东边境经济合作区在促进边境贸易方面取得了较为显著的成效。国门湾中朝边民互市贸易区的设立及之后增设的 5 处边民互市贸易区，促使边境贸易上了一个新的台阶。2013~2021 年丹东市对外贸易基本情况见表 2-3。

表 2-3 2013~2021 年丹东市对外贸易基本情况

单位：亿元，%

项目	2013年	2014年	2015年	2016年	2017年	2018年	2019年	2020年	2021年
进出口总额	303.7	270.8	257.2	263.7	231.3	148.8	154.2	117.8	126.0
前项占辽宁省比重	4.4	3.9	4.3	4.6	3.4	2.0	2.1	1.8	1.6
进口额	104.3	96.6	91.6	98.3	70.3	21.5	21.9	18.3	21.1
前项占辽宁省比重	3.4	2.8	3.3	3.4	1.9	0.5	0.5	0.5	0.5
出口额	199.5	174.2	165.7	165.4	161.0	127.3	132.3	99.5	104.9
前项占辽宁省比重	5.1	4.8	5.2	5.8	5.3	4.0	4.2	3.8	3.2
一般贸易出口	107.9	81.3	77.9	77.7	76.9	86.3	84.8	—	—
边境小额贸易出口	44.5	48.7	38.6	39.9	35.0	12.5	15.3	—	—
来料加工贸易出口	16.2	16.6	18.1	21.9	25.6	14.0	17.8	—	—
进料加工贸易出口	10.5	11.5	13.1	14.6	14.4	13.0	12.8	—	—
保税仓库进出境货物出口	17.7	15.4	16.8	9.3	6.6	1.6	1.6	—	—

注：丹东市 2013~2016 年的国民经济和社会发展统计公报中外贸相关数据均以"亿美元"为单位，为了便于对比，本表收入 2013~2016 年丹东市外贸数据时采用国家统计局所公布的 1 美元兑人民币的年末汇率（2013 年）或年度平均汇率（2014~2016 年）进行了换算，所采用的汇率依次为：6.0969（2013 年），6.1428（2014 年），6.2284（2015 年），6.6423（2016 年）。

资料来源：进出口总额、进口额和出口额在辽宁省所占比重，除 2018~2021 年的部分数据直接来自《丹东市国民经济和社会发展统计公报》外，其余大部分为笔者根据辽宁省和丹东市国民经济和社会发展统计公报数据计算得来；其他数据全部来自丹东市统计局公布的历年《丹东市国民经济和社会发展统计公报》。

　　从表 2-3 的数据可以看到，以人民币为单位统一进行换算、统计时[1]，国门湾中朝边民互市贸易区正式投入运营的 2016 年，丹东市进出口总额和出口额在辽宁省所占的比重达到了 2013~2021 年这段区间的最高值，分别为 4.6% 和 5.8%。这从侧面说明，在 2016 年辽

---

① 用不同币种如美元进行统计时，因涉及汇率浮动问题，外贸相关数据及其变化趋势可能与用人民币统计时不同。

宁省进出口总额和出口额与上年相比下滑严重①的情况下，丹东市仍然保持住了原有的进出口势头，甚至在绝对数量上比上年略有增长。丹东边境经济合作区开通国门湾中朝边民互市贸易区的贡献是不言而喻的。

而 2020 年丹东被批准成为第一批边民互市贸易进口商品落地加工试点市，以及边民互市贸易进口来源国范围的扩大，则为易受朝鲜半岛形势影响的丹东的边民互市贸易提供了新的契机和更广泛的贸易机会，尽管这种新的机制由于疫情影响尚未能充分显露其作用，但在未来其潜力仍将有望进一步发挥出来。不仅如此，这些新变化还使得原来的通道经济进一步向落地加工延伸，进而朝着口岸经济升级，未来丹东经济发展的内生动力有望提升。

从社会效益来看，党的十八大以来，国家日益重视推进兴边富民行动计划，百年未有之大变局的到来又凸显了稳边固边的重要性，而稳边固边则必须兴边富边。位于中朝陆路边境的丹东，对于我国东北地区的安全、稳定和发展而言具有重要意义。丹东国门湾中朝边民互市贸易区及其他几处边民互市贸易区的设立，为为数不少的丹东市边民提供了脱贫致富的机会，使得兴边富民行动计划具备了更实在的内涵。

从外交角度来看，国门湾中朝边民互市贸易区及其他几处边民互市贸易区的设立和四届中朝经贸文化旅游博览会的举办等重大举措，为促进中朝两国经济发展和外交关系发展、增进朝鲜和外界的相互了解提供了重要的平台和抓手。

---

① 根据辽宁省统计局公布的《2015 年辽宁省国民经济和社会发展统计公报》和《2016 年辽宁省国民经济和社会发展统计公报》数据，2016 年辽宁省进出口总额比上年下降 9.8%，出口额下降 15.3%。

图 2-24 今日丹东

2. 存在的问题

党的十八大以来，丹东边境经济合作区在发展过程中所遭遇的最大的一个问题也许就在于，朝鲜半岛形势复杂多变，丹东边合区发展所需要的稳定的外部环境具有较大的脆弱性和不可预测性。尤其是 2017 年以来联合国安理会多次通过涉朝制裁决议，对朝制裁日益严厉，丹东的对外贸易和对外经济技术合作受到严重影响。从 2013~2021 年丹东市对外贸易依存度来看，2016 年丹东市的对外贸易依存度达到该时间段的峰值 35% 后开始明显下降（见表 2-4），这直接影响到了丹东数百家边贸企业和十数万名从业人员的生计。尽管以 2018 年初朝鲜参加韩国平昌冬奥会为契机，半岛形势一度回暖，但 2019 年 2 月在河内举行的朝美首脑会晤以"无协议"告终，朝美关系正常化任重道远，半岛无核化进程曙光乍现又再度消逝，联合国安理会对朝鲜的制裁并未放宽丝毫。

表 2-4　2013~2021 年丹东市进出口总额、GDP 与对外贸易依存度

单位：亿元，%

项目	2013 年	2014 年	2015 年	2016 年	2017 年	2018 年	2019 年	2020 年	2021 年
进出口总额	303.7	270.8	257.2	263.7	231.3	148.8	154.2	117.8	126.0
GDP	1107.3	1022.6	984.9	748.4	793.0	816.7	768.0	779.4	854.4
对外贸易依存度	27	26	26	35	29	18	20	15	15

注：对外贸易依存度一般指进出口总额占 GDP 的比重，丹东市 2013~2016 年的国民经济和社会发展统计公报中进出口总额以"亿美元"为单位，为了便于计算对外贸易依存度，本表收入 2013~2016 丹东市进出口总额数据时采用国家统计局所公布的 1 美元兑人民币的年末汇率（2013 年）或年度平均汇率（2014~2016 年）进行了换算，所采用的汇率依次为：6.0969（2013年），6.1428（2014 年），6.2284（2015 年），6.6423（2016 年）。

资料来源：进出口总额、GDP 均来自 2013~2021 年丹东市统计局发布的《丹东市国民经济和社会发展统计公报》。

　　另一个问题则是世界范围内新冠疫情的暴发和长期持续，使得人员和货物的跨境流动变得极为不便，极大地影响了丹东边境经济合作区的发展。这应该是所有边境经济合作区面临的共同问题，但丹东所遭遇的情况似乎尤为极端，因为 2020 年初新冠疫情暴发后朝鲜就果断地关闭了国门，中断了与外界的一切人员和物资往来。从表 2-4 的数据也可以看出，2020 年和 2021 年丹东的进出口总额大幅缩水，对外贸易依存度也跌至 15%。

第三节
30 年的经验启示与未来展望

一　30 年的经验启示

　　丹东边合区依托丹东市这个母城沿江而设，与朝鲜新义州市隔江相望，位于黄金坪岛对面的丹东境内。丹东边合区不仅是丹东对外开

放的窗口，也在辽宁省的对外开放尤其沿边开放中扮演了重要角色。30年来，丹东边合区对丹东市的经济和社会发展发挥了显著的正向作用，为兴边富民做出了积极贡献，也在辽宁省的国民经济和社会发展中占有一席之地。自1992年7月7日设立至今，丹东边境经济合作区在"自费开发、自我积累、滚动发展"的模式下已经走过了30个年头。在长期的发展过程中，丹东边合区已"逐步形成电子信息、机械制造、生物制药、现代服装纺织、食品加工、现代服务业六大新型产业集群"，其中装备制造业、信息产业居辽宁省前列，经济规模、财政收入、招商引资水平等"各项经济指标居全国17个边境经济合作区之首"①。

不过，回顾丹东边境经济合作区过去30年的发展历程可以发现，丹东边合区的发展以及更广泛意义上的丹东市对外开放工作也存在一些明显的问题和制约因素。

一是对外开放的区位优势与辽宁省其他城市相比存在不足。辽宁省内对外资源主要集中在沈阳、大连两地，2016年国家在沈阳、大连、营口又成立了自贸试验区，这些使得包括丹东在内的其他城市在招商引资、物流、金融等方面在辽宁省内不具备比较优势②。

二是出口贸易结构不够合理。总体来说，"丹东出口贸易结构中纯初级原材料出口比重较大"，尤其是"与国内先进地区相比差距较大，出口产品竞争力不强，很多企业依旧延用着陈旧的加工设备进行着劳动密集型产业，不能做到与时俱进，研发适合市场需求的新品"。这自然也与丹东"外贸行业没有形成特别明显的支柱性产业，特色支柱产业迟迟不能形成"有关③。

---

① 刘倩、张征：《丹东边境经济合作区：做好结构调整"三篇大文章"》，《中国经济时报》2021年9月28日。
② 马鸿雁：《受朝鲜经济制裁影响下，丹东出口贸易现状、问题与对策》，《经贸实践》2018年第16期，第61页。
③ 马鸿雁：《受朝鲜经济制裁影响下，丹东出口贸易现状、问题与对策》，《经贸实践》2018年第16期，第61页。

三是贸易、投资、通道、平台之间缺乏统筹。"不同要素之间协调推进不够，缺少利用外资的重大标志性工程，开放平台建设进展比较缓慢。"①

四是以"要政策"和"给政策"为主，开放型经济新体制不够完善。也就是，对外开放对国家、辽宁省等层面相关的"零碎性"优惠政策依赖性较强，开放的主动性不够，对体制机制创新的思考和建设不足，在打造国际化、市场化、便利化营商环境方面力度远远不够，使得丹东市的对外开放主要停留在商品和生产要素的开放上，而非有深度的制度性开放。

五是开放政策体系的系统性不足，开发政策与开放政策的配套不够完善，在开发政策方面需要下更多的功夫。对外开放的持续、良性发展，需要经济腹地的有力支撑。但受东北地区经济增长和振兴进程的影响，丹东市对外开放的后劲不足。国家在沿海地区实施的税收"特殊政策"和优惠措施等在东部沿海地区创造发展奇迹中发挥了至关重要的作用，"相较而言，沿边地区开放却未能享受同等力度和广度的税收优惠政策，如有也是零星且有特定区域限制……与整个城市优惠政策产生的量能是不可比的"，因此"就像当年东部沿海地区开放，国家出台了非常重要的税收、土地优惠政策一样，目前沿边地区急需国家出台有效的开发政策与开放政策相配套"②。

六是对外开放容易受到周边国际形势尤其是朝鲜半岛形势的影响，这也是丹东对外开放所面临的最明显的一个制约因素。丹东重点开发开放试验区的暂缓申报、中朝经贸文化旅游博览会的暂停举办、国门湾中朝边民互市贸易区等中朝边民互市贸易的几乎停顿，这些都与半

---

① 辽宁省商务厅：《辽宁省丹东市沿边开放实践探索》，曹立主编《沿边开放发展报告（2020~2021）》，社会科学文献出版社，2022，第353页。

② 刘让群、竺彩华、陈晓：《沿边开放战略实施30年：政策演进、成效评估与未来展望》，《国际贸易》2021年第12期，第66页。

岛形势复杂多变有着密切关系。比如，2018 年初半岛形势开始回暖后，当年 8 月 25 日辽宁省委、省政府印发的《辽宁"一带一路"综合试验区建设总体方案》明确提出，要以丹东为门户，连接朝鲜半岛腹地，争取国家适时设立"丹东特区"，将丹东打造为重点开发开放试验区。这也是辽宁省首次提出争取国家设立"丹东特区"。"丹东特区"设想的背后，是对朝鲜若推行改革开放丹东可以最大限度发挥自身区位优势的期待，甚至有人乐观地认为，如果朝鲜真的全面实行改革开放，"丹东或有机会成为下一个深圳"[1]。但是 2018 年看起来一片大好的半岛形势最终证明仍是昙花一现，"丹东特区"设想也由此止步不前。对外开放深受周边国际形势影响的这种情况也促使我们反思，在推动丹东国民经济和社会发展的过程中，对外开放是必不可少的，但过于依赖对外开放同样是不可行的，毕竟对外开放不是万能的。尤其是在双循环新发展格局下，丹东等沿边地区恐怕还是要以融入和服务国内大市场为主攻方向，充分利用好国内资源，"在政策取向上需更多关注国内市场发展动向"[2]，尝试成为我国实施进口替代战略的试点地区，借此实现产业转型升级，同时也为我国产业转移构筑起一道有力的屏障。

二 "十四五"时期丹东沿边开放的前景

"十四五"时期丹东的沿边开放既有有利条件，也有不利因素。

（一）"十四五"时期的对外开放方向

国家"十四五"规划指出，要"坚持实施更大范围、更宽领域、

---

① 王红茹、周琦：《辽宁省提出方案，希望设立"丹东特区"》，《中国经济周刊》2018 年第 41 期，第 76 页。

② 刘让群、竺彩华、陈晓：《沿边开放战略实施 30 年：政策演进、成效评估与未来展望》，《国际贸易》2021 年第 12 期，第 65 页。

更深层次对外开放，依托我国超大规模市场优势，促进国际合作，实现互利共赢，推动共建'一带一路'行稳致远，推动构建人类命运共同体"。不过引人注目的是，规划第一章"发展环境"指出，"国际环境日趋复杂，不稳定性不确定性明显增加……疫情影响广泛深远，世界经济陷入低迷期，经济全球化遭遇逆流，全球能源供需版图深刻变革，国际经济政治格局复杂多变，世界进入动荡变革期，单边主义、保护主义、霸权主义对世界和平与发展构成威胁"。这恐怕也是规划强调通过畅通国内大循环、促进国内国际双循环、加快培育完整内需体系来"形成强大国内市场、构建新发展格局"的重要原因。

丹东"十四五"规划提出"推进高水平对外开放，建设开放型城市"，包括建设高水平开放平台、加快发展临港产业、推进边境贸易创新发展、加快港产城联动发展、持续深化区域合作五大方面。建设高水平开放平台方面，包括：打造高能级对外开放载体，如加快推进设立辽宁丹东重点开发开放试验区、综合保税区，推动边境经济合作区提质扩能，争取设立宽甸跨境经济合作区等；加大口岸建设力度，如加快电子口岸建设步伐，提高口岸信息化水平，深化国际贸易"单一窗口"建设等；推进互联互通，如推进鸭绿江大桥口岸工程建设以使之具备随时开通启用的条件，推进打通东北东部铁路，推进开通丹东至韩国首尔、日本东京及俄罗斯远东等的国际航线，全力把丹东打造成东北亚的重要交通枢纽节点；引导优势产业"走出去"，如支持企业参与海外产业园区建设，加强国际产能合作；等等。

在推进边境贸易创新发展方面，包括：构建边民互市贸易新格局，如深化与日韩朝蒙俄五国经贸合作，设立临港产业园区互市贸易创新发展区，申请国家赋予互市贸易创新发展区综合保税功能，再如推进国门湾中朝边民互市贸易区转型升级，加快建设丹东港、大东沟、一撮毛、河口、金山等边民互市贸易区，推动各边民互市贸易区形成集旅游、贸易加工、跨境电商等于一体的开放平台;强化贸易与产业互动,支持企业做大做强,加快培育一批骨干龙头互贸加工企业;加强与东北亚国家经贸合作,具体包括积极参与国家中朝地方合作规划前期研究;顺应中韩自贸区外部有利环境,把丹东发展成为面向韩国开放的区域性商贸、物流和加工制造基地;深度参与中日第三方市场合作机制和中日双边服务贸易合作机制,持续拓宽对日双向投资和经贸合作领域;等等。

但是,丹东市"十四五"规划也在"'十四五'时期的发展环境"部分强调,新冠疫情"影响广泛深远……美国等一些西方国家对我国实施围堵政策,地缘政治风险上升,传统国际循环动能减弱,使我国利用国际市场和国际资源的空间弱化",亦即"世界进入动荡变革期,我们必须在一个更加不稳定不确定的世界中谋求发展"。

(二)"十四五"时期丹东沿边开放的有利条件和不利条件

1. 有利条件

首先是丹东市"十四五"规划指出,在"十四五"时期,国家和辽宁省相关重大政策的效果将集中显现。诸如推进沿边开发开放、边境地区高质量发展、互贸创新发展、东北东部绿色经济带建设、辽宁沿海经济带建设、辽宁新旧动能转换试验区建设等多项重大政策的效果将叠加释放,为"十四五"时期丹东的发展提供难得的政策机遇。在新旧动能转换方面,丹东边境经济合作区目前已开始进行结构调整"三篇大文章"等相关工作,对汽车零部件、仪器仪表等"老字号"企业进行智能化改造,对加工类的"原字号"企业进行深度开发,对自身产品研发能力强的"新字号"企业进行重点培育[1]。2019年7月,国务院正式批准《东北东部绿色经济带发展规划》,丹东作为区域性中心城市、绿色发展示范

---

[1] 刘倩、张征:《丹东边境经济合作区:做好结构调整"三篇大文章"》,《中国经济时报》2021年9月28日。

区、开放合作先导区、生态旅游目的地的发展定位由此得到明确，"由于吉林省实施'向南开放'战略，'白通丹'经济带作为东北东部经济带先导区的作用越来越凸显，丹东作为东北东部城市出海大通道的地位越来越突出，这种趋势将为丹东经济社会发展注入新动力和新活力"①。

其次是"十四五"时期开发开放平台建设有望取得新进展。目前丹东市正在申报建设重点开发开放试验区、综合保税区、边民互市贸易进口商品落地加工区、边境旅游试验区等一批国家级开发开放平台，"十四五"时期有望部分或全部获批。多种开发开放平台的建设可以助力丹东进一步扩大对外开放。

最后是基础设施配套在不断完备。目前丹东已建成 5 条高速公路和 2 条高速铁路，丹东机场已开通 7 条国内航线，丹东港吞吐能力也在稳步提升，已竣工的鸭绿江大桥可适时开通。"丹东是亚洲唯一同时拥有边境口岸、机场、高铁、河港、海港、高速公路的城市。"② 此外还有一批大型能源设施可以充分保障丹东的电力供应等。这些基础设施条件可以为丹东对外开放和高质量发展提供有力保障。

2. 不利条件

不利条件包括内部与外部两类。在比较突出的内部不利条件上，首先是工业经济规模偏小。按照丹东"十四五"规划提供的数据，全市工业增加值占 GDP 比重仅为 20.9%，工业产品结构不够合理，高技术、市场容量大的产品少，行业门类分散，主导产业不突出，企业规模小，缺乏有影响力、带动力的工业龙头企业。这可能会使对外开放缺乏持久、强大的内生动力。其次是对外开放潜力尚未充分释放。截至 2022 年，开放平台较少，功能也不足，这个问题比较突出。最后是

---

① 周静言：《"十四五"时期丹东地区对外开放策略》，《辽东学院学报》（社会科学版）2021 年第 4 期，第 25 页。

② 《【三城】振奋！辽宁卫视播出丹东城市宣传片第二集 | 生产篇》，"丹东发布"微信公众号，2021 年 9 月 29 日，https://mp.weixin.qq.com/s/P6N9VwVnnPYN92mEqc7L3A。

营商环境欠佳。"放管服"改革仍然不系统不配套，审批事项仍然比较多，办事靠求人现象仍普遍存在。

从外部不利条件看，首先是复杂多变的周边环境以及百年未有之大变局所带来的对外经贸合作的不确定性。2018 年至 2019 年中期，朝鲜半岛形势一度出现振奋人心的积极变化，但这种变化最终并未给半岛和平进程带来根本性的转变。2021 年半岛南北双方呈现出军备竞赛攀升的态势，进入 2022 年后，半岛紧张局势更趋严峻。而随着 2022 年 3 月主张对朝强硬的尹锡悦当选为韩国新一届总统，半岛局势变得更加不容乐观，朝鲜所受制裁得到缓解的可能性也微乎其微。而且，从尹锡悦及其团队在竞选期间和当选后的涉华言论与对华政策基调来看，韩国新政府尽管承认中韩经济关系的重要性，但同样重视与以美国为首的"四方安全对话机制"成员国以及其他西方国家在高新技术、供应链等方面的合作，对中国"一带一路"倡议的态度也说不上十分积极。这些因素可能都会给重点面向朝鲜半岛开放的丹东市的对外开放工作带来困难。毕竟"经济发展对国际环境具有极强的依赖性"，实际上早前就有人认为"东北三省之所以无法通过与东北亚区域内国家的合作实现快速发展，国内的和自身的因素并不具有决定性，不利的国际环境造成的对外开放程度不足才是决定性因素"，甚至直言"东北三省目前还不具备实现经济快速发展的外部环境条件"[1]。

总体而言，"十四五"时期丹东沿边开放以及更广泛意义上的对外开放工作可能会沿着目前的轨道、按照目前的速度往前平稳推进，出现明显前进或明显后退的可能性不大。换言之，对于实现飞跃性发展的可能性，我们应该保持谨慎乐观的态度。

作者：齐会君、葛小辉

---

[1] 邢广程、李国强主编《对外关系、和谐边疆与中国战略定位》，社会科学文献出版社，2016，第 59~60 页。

第三章
那个叫"东北深圳"的地方
——珲春开放简史

珲春市是吉林省延边朝鲜族自治州的一个边境口岸城市，1988 年珲春撤县建市，同年成为吉林省的省级经济开发区，1992 年成为国家第一批沿边开放城市。对外开放以来，珲春市的经济发展水平从吉林省倒数到今天位列吉林省县级市前三，并成功地从一个农业县转型升级为工业市。珲春现在拥有对朝鲜、对俄罗斯 4 个口岸，是吉林省唯一对俄开放的陆地口岸，是"一带一路"的重要节点。

1992 年对外开放伊始，珲春被认为是"东北深圳"，东三省地区大量的人才和资金涌入珲春。与此同时，吉林省的领导也不远千里到香港开招商引资会，希望珲春能够像深圳那样带动吉林省的发展。30 年过去了，珲春并没有如想象中的那样变成东北的深圳，毕竟深圳只有一个。那么如何理解珲春的开放之路？珲春对外开放带来的启示是什么？从珲春开放的历史可以看到，珲春对于国家而言不仅仅是贡献亮眼的经济指标，更为重要的是珲春的开放对于东北老工业基地的转型、吉林省与周边邻国的区域一体化建设、吉林省沿边地区的经济社会现代化建设和城镇化建设、沿边地区民族团结、稳边固边兴边、构建周边国家命运共同体等都有着不可替代的作用。

第一节
珲春的历史沿革、地理区位和开放优势

"珲春"为满语"边地、边陲、边陬（角落）、近边"之意。珲春市位于图们江下游，与俄罗斯和朝鲜山水相连，与韩国、日本隔海相望，是我国唯一地处中俄朝三国交界的边境城市。"雁鸣闻三国，虎啸惊三疆；花开香三邻，笑语传三邦"是珲春的真实写照，也是珲春独特地理位置的魅力所在。珲春是我国从海路到俄罗斯、朝鲜东海岸、日本海西岸乃至北美的最近地点，珲春市距离日本海最近的地方只有11公里，沿着图们江到日本海的直线距离也仅有15公里，珲春市是东北亚的核心区所在。如果不打开地图仔细分辨，很有可能认为珲春市是沿海城市，然而珲春是没有出海口的。

其实在历史上珲春市也曾是一个沿海城市。近代历史上一系列不平等条约，使我国丧失了日本海沿岸全部领土，图们江是我国进入日本海的唯一通道，虽然中国争得了图们江通海航行权，但是图们江出海口却不属于我们。二战结束以后，图们江出海口地带始终是国际政治的敏感地带，相邻的三国都采取了对外封闭措施。改革开放以前的珲春市属于军事边境禁区、封锁区，外来居民进入珲春需要持边境居民证。那时的珲春是封闭的、落后的，直到改革开放以后，尤其是1992年9月国务院批准设立中国内陆省区的边境经济合作区，享受类似沿海开放城市经济技术开发区的政策，珲春才迎来了历史巨变。

珲春是东北亚开放的最佳地点。珲春以珲春岭为界与俄罗斯滨海边疆区的哈桑区接壤，边境线全长246公里；西南以图们江为界与朝鲜咸镜北道相邻，边境线全长139.5公里；北部以老爷岭为界与汪清县毗连，西北角与图们市相连，东北与黑龙江省东宁市相邻。珲春市居

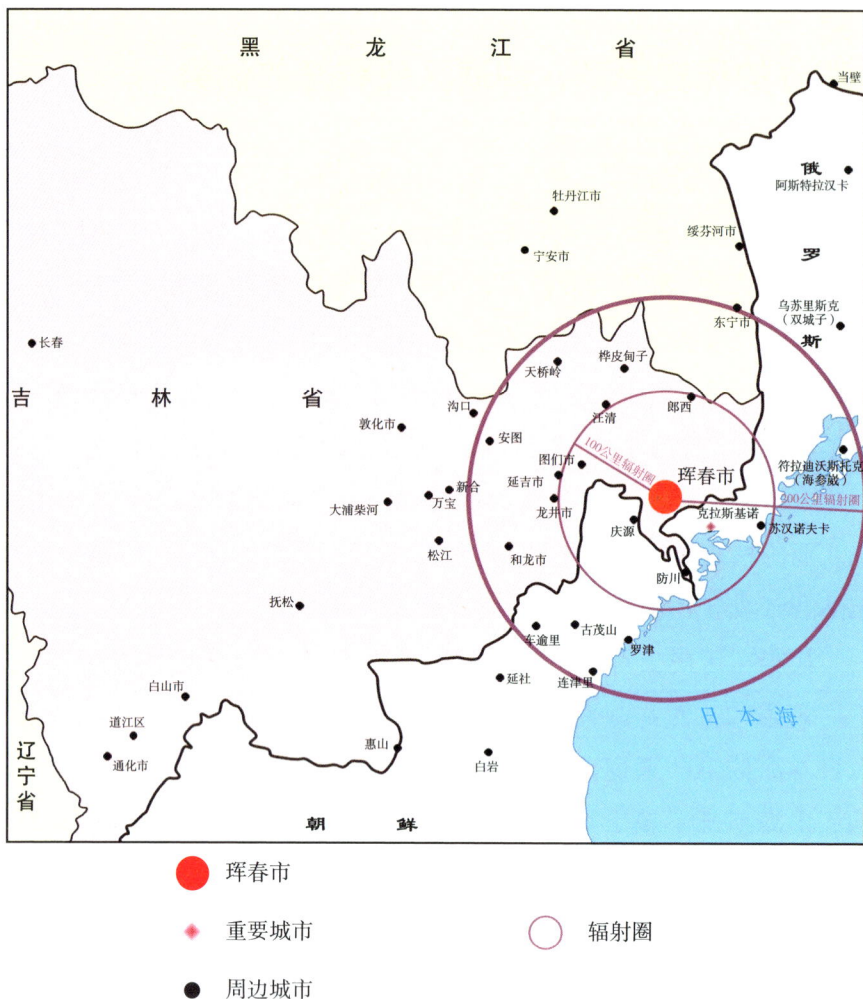

图 3-1　珲春市区位

住着汉、朝、满、蒙等 11 个民族，第七次全国人口普查数据显示，珲春市常住人口为 23.9 万人。珲春作为一个边境城市联通三国、通达五国，从珲春的防川村沿图们江至日本海仅 15 公里，珲春是我国通向东北亚的窗口和亚欧大陆桥的起点之一。珲春是我国"一带一路"重要节点城市和中蒙俄经济走廊向北开放的新起点。珲春拥有 4 个国家级公路和铁路口岸，以珲春为中心 200 公里范围内分布着俄、朝 10 个优良港口。

珲春独特的地理区位决定了其一直都是东北亚的"金三角"。历史上，珲春是我国的一个沿海城市、国内外商贾云集之地。光绪七年（1881），清政府设立了珲春副都统，首任副都统依克唐阿在珲春

图 3-2　珲春市交通

筑城，统辖延边大部分地区。同年，清朝政府废除了图们江以北地区的封禁令，设珲春招垦局，正式接纳外来垦民。自从清政府废除封禁令，设立珲春招垦局后，大量关内流民、朝鲜饥民以及被沙俄鲸吞领土的居民纷纷涌入珲春，从事渔猎、淘金、挖煤、采矿、伐木以及经商（跑崴子）等活动。珲春逐渐成为东北亚区域的经济和文化中心。伴随着人口的大量涌入，珲春的戏院、书店、说书馆、阅报所、讲演所等娱乐场所逐渐繁盛起来。据记载，早在光绪七年珲春就已建起了老戏院子，到光绪二十六年（1900）还在珲春老戏院子外搭建了可容纳200多名观众的棚子，每天放映3~4场美国和德国的无声电影。光绪三十四年（1908），珲春仿照符拉迪沃斯托克（海参崴）南戏院子图样建造了海升京戏院子，并有"跑崴子"的班社和演员在符拉迪沃斯托克（海参崴）演出结束后到珲春演出，由此看出珲春曾经的繁华景象。

近代珲春的繁华还体现在当地的文化教育事业的发展上。光绪四年（1878），任宾山兄弟俩投资白银40两在珲春城办起"中书堂"，经营通俗读物兼文房四宝，一直开办到1947年10月土地改革前期，存续时间长达70年之久。光绪十三年（1887），清朝官方在珲春建立了中俄书院，教习八旗子弟，培养外交人才。光绪十七年（1891），珲春在原官学房址创办了昌明书院，招收满汉子弟学习，直至光绪二十六年沙俄侵入珲春致使书院被焚而停办。宣统二年（1910），珲春设学务宣讲所。1918年4月设公立第一通俗图书馆、阅报所及通俗教育讲演所，每日上午10时至12时在所讲演，以留声机辅助讲演。这一时期传统的满族文化和汉族文化、朝鲜族文化以及西方文化在珲春相互交融，这一切都构成了珲春独特的人文优势。珲春少数民族占全市总人口的一半，不仅民俗风情多姿多彩，而且国际文化交融，国际化氛围十分浓郁，这些文化历史传统是珲春独特的优势，珲春对外开放以后将其转化为巨大的开放优势、经济优势和发展优势。

珲春除了有对外交流的历史文化资源，还拥有独特的生态和自然资源优势。珲春森林覆盖率达85%以上，是全国唯一的虎豹之乡。2021年设立的中国第一批国家公园"东北虎豹国家公园"就在珲春市境内。东北虎豹国家公园总面积1.46万平方公里，其中吉林省片区占71%，涉及珲春、汪清、图们3个县市，黑龙江省片区占29%，涉及东宁、穆棱、宁安3个市。东北虎豹国家公园内茫茫的林海亦成为鸟类生存繁衍的天堂，位于东北虎豹国家公园旁的图们江口湿地被国际列为亚洲重点鸟区，每年春去秋来都有壮观的雁鸭类迁徙大军在此停息补充能量，然后沿着国家公园内南北走向的山脉继续南下北往。每年春秋两季有数十万只候鸟在此停歇，包括丹顶鹤、白尾海雕、虎头海雕等8种国家一级保护鸟类和灰鹤、白额雁等38种国家二级保护鸟类。

珲春还拥有独特的矿产资源优势。珲春有色金属矿产资源储量丰富，境内分布着吉林省第二大黄金带和亚洲第一大钨矿。珲春的人均水资源占有量是全国平均水平的5倍，并且周边国家的矿产、木材等资源十分丰富，开发前景广阔。珲春还是富饶的鱼米之乡，盛产含硒稻米、苹果、延边黄牛、松茸等土特产品和人参、灵芝、鹿茸等名贵药材。珲春属近海中温带季风性气候区，气候特点是四季分明，冬冷夏热，雨热同季。气温受海洋性气候影响变化较明显，冬与夏、昼与夜温差逐渐缩小。极端天气现象较少见。

珲春有上述如此多的特定优势，那么珲春的发展该如何定位和如何定义？回顾珲春对外开放30年所走过的路，珲春今天的成就是"靠边吃边"的成功典型。整体来看，珲春是改革开放以来以对外贸易为支柱产业兴起的边贸城市，临近的还有黑龙江的黑河、绥芬河，内蒙古的满洲里，类似的边境城市有广西的北海、防城港等。统计数据显

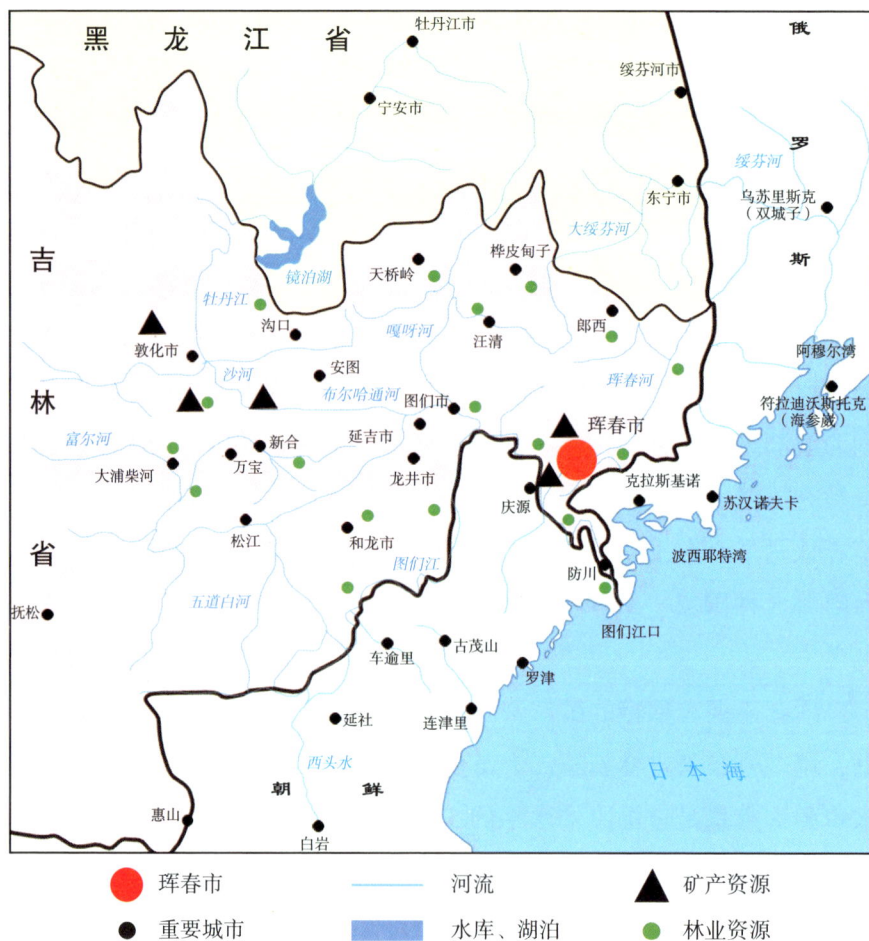

黑 龙 江 省
牡丹江市
绥芬河市
俄
罗
斯
宁安市
东宁市
乌苏里斯克
（双城子）
缓芬河
吉
大绥芬河
桦皮甸子
天桥岭
镜泊湖
郎西
阿穆尔湾
牡丹江
沟口
嘎呀河
汪清
珲春河
敦化市
沙河
安图
符拉迪沃斯托克
（海参崴）
林
富尔河
布尔哈通河
图们市
珲春市
延吉市
新合
省
大浦柴河
万宝
龙井市
庆源
克拉斯基诺
苏汉诺夫卡
松江
和龙市
图们江
波西耶特湾
五道白河
防川
图们江口
车逾里
古茂山
罗津
延社
连津里
日 本 海
西头水
朝　　鲜
惠山
白岩

● 珲春市　　　—— 河流　　　▲ 矿产资源
● 重要城市　　　■ 水库、湖泊　　　● 林业资源

图 3-3　珲春市及周边地区资源分布

示，陆地边境地区中，以县级单位为口径，从外贸出口额占 GDP 的比重来看，排在前两位的是吉林省珲春市和广西壮族自治区凭祥市，比重分别达到 58% 和 49%。边贸的发展带动了当地的餐饮、住宿、物流、旅游、商品批发和零售等第三产业的发展，吸引了周边农村人口向边贸城市聚集，推动了边境地区经济增长，提高了边境地区人民生活水

平。珲春与其他边贸城市不同的是，珲春依托周边邻国富饶的自然资源，成功将边境贸易转化成为就地的加工业。2012 年 4 月，国务院批设中国图们江区域（珲春）国际合作示范区；2015 年 9 月，吉林省委、省政府出台《关于支持珲春市加快开放发展的若干意见》。目前珲春呈现国际合作示范区、边境经济合作区、出口加工区、中俄互市贸易区四区合一，同时享受沿边开放、东北振兴、边疆民族发展、西部大开发四大政策。这些政策叠加于珲春，更加凸显了珲春在东北对外开放格局中的重要地位。

第二节
珲春对外开放的历程和成就

珲春在近代历史上是因边境贸易会聚人口而发展起来的城市。新中国成立初期，珲春依然选择"靠边吃边"，早在 20 世纪 50 年代延边朝鲜族自治州便开始了对外贸易，1954 年经政务院（现国务院）批准，吉林省的延边地区同朝鲜民主主义人民共和国的咸镜北道开展边境易货贸易。珲春的边境贸易持续了十几年后因"文化大革命"而中断。1982 年延边地区重新开展了对朝鲜的边境易货贸易，但是总体而言 1982~1987 年延边地区的对外贸易仅仅是边境易货贸易且数量有限，对外贸易额很小。

一　珲春对外开放历程

（一）1992 年及以前的珲春：万事俱备与飞速发展

改革开放以后，珲春恢复了"文革"期间中断的边境贸易，并以此走出对外开放的第一步。1986 年 6 月，国家批准珲春对朝贸易经营权。1988 年 4 月，国务院批准珲春可以与苏联哈桑区进行直接贸易；同年 5 月 10 日，国务院批准开放长岭子对苏边境贸易口岸，同意在长岭子口岸设立边防、卫检、动植物检、商检等机构，国家海关总署批准在珲春长岭子设立海关；同年 12 月，吉林省政府批准珲春为省级经济开发区。

改革开放伊始，我国在沿海地区率先推行对外开放，与此同时内陆省区也在进行对外开放的尝试。尽管还没有正式对外开放，但是吉林省在 20 世纪 80 年代即着手规划珲春、图们江区域、东北亚大经济圈的蓝图。1985 年吉林省利用在东北亚经济圈的地理区位优势，明确提出了"打通图们江、面向东北亚、进入太平洋"的对外开发开放方针。吉林省的珲春市地处中、朝、俄三国交界地带，无疑是吉林省对外开放的最佳突破口，是吉林省乃至中国衔接整个东北亚地区的枢纽，其区域优势在吉林省甚至整个图们江流域是任何城市无法替代的。为了为对外开放积极打造硬件基础，1985 年吉林省在珲春陆续开始建设基础设施等一大批项目，包括图珲公路、图珲铁路、珲春电厂、珲春煤矿。珲春的城市基础设施得到很大改善，为对外开放奠定了基础，同时吉林省政府也将如何利用图们江开辟吉林省对外贸易口岸的课题提上议事日程，并积极向国家争取珲春的对外开放政策。

珲春的对外开放不仅仅是珲春一个沿边城市的事情，还是吉林省的重大事情。吉林省政府从各个方面积极推动珲春市的对外开放，为了将珲春市全面打造成吉林省对外开放的窗口，首先将珲春在行政建制上进行了改革。1988 年，国务院批准珲春撤县建市，从此珲春市的对外开放迈上一个新台阶。1988 年 6 月 6 日，吉林省政府在珲春召开现场办公会议讨论珲春开发开放问题，要求珲春市首先把边境贸易搞起来，带动全面开发开放。同时积极参与东北亚地区的经济合作，把珲春建设成为吉林省参与东北亚地区经济合作的主要窗口。1988 年 12 月，吉林省政府批准珲春为省级经济开发区，这一举动对珲春的开发建设、对外开放和参与国际合作都具有十分重要的战略意义。1988 年，珲春边境易货贸易之外的其他贸易形式开始被允许进行，因此贸易额出现了较大幅度增长。

20 世纪 90 年代初，珲春的对外开放正赶上了东北亚地区开发的大机遇。1990 年实现了经图们江第一次出海试航成功，由此拉开了珲春全面开发开放的序幕。1991 年 1 月，江泽民总书记到珲春实地视察，为延边题词"把延边朝鲜族自治州建设成全国模范的自治州"①。东北亚地区是冷战时期国际矛盾的一个焦点，联合国开发计划署（UNDP）希望通过促进区域经济合作来实现东北亚地区政治和解。1991 年 7 月，在联合国开发计划署举行的东北亚地区资助项目会议上，图们江下游国际合作开发被列为首选项目。同年 8~9 月，联合国开发计划署派专家小组到图们江地区进行考察。10 月 24 日，在联合国总部纽约公布了一项被称为"具有历史意义的创举"，即在联合国开发计划署的赞助下，在中、朝、苏三国交界的图们江三角洲地区，拟在 20 年内筹资 300 亿美元，在 1000 平方公里的土地上，兴建一个多国经济技术开发区，该开发区"将成为未来的香港、新加坡和鹿特丹，使东北地区 3 亿人受益"。为了实现该计划，联合国开发计划署将联合多国开发图们江地区，在该地区建设一个具有 21 世纪水平的集港口、机场、铁路于一体的交通枢纽及东北亚的商业和金融中心。联合国开发计划署的这一举措使图们江地区成为举世瞩目的热点，引起了中国及周边国家的强烈反响，带动了东北亚周边国家及世

---

① 《辉煌巨变七十年——写在延边朝鲜族自治州成立 70 周年之际》，《延边日报》2022 年 9 月 3 日。

界各国对图们江地区的开发热情，图们江地区迅速出现了竞相开发开放的态势，在国际社会掀起一股"图们江热潮"，因此"珲春热潮"也相应地被带动起来。

为了响应联合国东北亚开发的举措，1991 年 11 月 18 日，国务院批准珲春市为甲类开放城市，允许外国人自由出入，顺利完成划定珲春境内的军事禁区、军事安全区，对境内的军事设防工事进行了掩埋、隐蔽、伪装等并通过验收，解决了图珲公路军事通信线路保密问题，从而解决了珲春开放的关键性问题。

尽管有联合国开发东北亚的大利好，但是珲春成为国家第一批沿边开放城市并不是理所应当的事情，客观地讲在 1992 年的时候，珲春对外开放的基础薄弱，经验和积累都十分少，尤其是面对东北地区几个百年老口岸的时候更没有任何竞争力。因此国家最初计划开放的边境城市中没有珲春。为了搭上对外开放的头班车，当时珲春市的主要领导经常到北京推介珲春，到当时的对外经济贸易部等有关部委做推广工作，介绍珲春的地理优势和发展前景，为珲春的对外开放积极争取国家政策的支持。1992 年，当时对外经济贸易部牵头在哈尔滨召开全国边境贸易会议，商议沿边开放的事情。当时会议组织两个参观团到俄罗斯考察，分别是从满洲里到俄罗斯的布拉戈维申斯克（海兰泡），从绥芬河到符拉迪沃斯托克（海参崴），其中并没有到珲春考察的安排。珲春市领导向吉林省领导汇报该会议的情况以后，吉林省政府决定由省政府秘书长带队去北京，向时任对外经济贸易部副部长做汇报，希望边贸会可以安排一次珲春考察。随后的珲春考察之行中对外经济贸易部的领导对珲春的印象非常好，并对吉林省委、省政府的领导表示了这个地区应该加快发展。就这样，在吉林省政府的全面推动下，珲春对外开放迈出了重大一步。

1992 年 5 月，吉林省在香港举办珲春市开发开放新闻发布会，香港中国企业协会、中国光大集团有限公司以及香港的金融界、工商界、新闻媒体等 300 多人齐聚一堂，吉林省和珲春市希冀通过这个新闻发布会吸引香港的企业到珲春投资。

1992 年 3 月，国务院批准珲春为进一步对外开放的边境城市，并于 9 月批准设立珲春市边境经济合作区。同期，朝鲜在罗津—先锋地区设立自由经济贸易区，俄罗斯在滨海边疆区设立了符拉迪沃斯托克（海参崴）自由经济区。珲春的开放赶上了天时、地利与人和。珲春市在 1992 年 GDP 增速为 57%，创历史之最。

（二）1993 年 6 月到 2000 年：暂时搁浅与蓄势待发

珲春的开放热度只持续了一年。1993 年 6 月，国家开始宏观调控，限制开发区的过度开发热、投资热。由于银行紧缩贷款，地方财政紧张，难以拿出专项周转资金扶持，大多数企业资金周转不畅，边境贸易企业经营惨淡，珲春开发速度急剧下降，珲春的开发开放由火爆转向萧条，受到严重影响。珲春市 1994 年和 1995 年 GDP 同比分别下降 3.6% 和 20.7%，此后珲春经济的发展一直比较缓慢，年均增长率仅为 6%，低于同期全国和全省的平均水平。

1993 年，珲春放缓了对外开放步伐。但是即便遭遇到开放的挫折，珲春还是充分利用国家政策，不断完善城市基础设施：辟建和升格了 4 个国家级口岸；开通了多条通往俄罗斯、朝鲜、韩国、日本的陆海联运航线；先后成功举办了图洽会、旅交会等大型国际会议。通过多年的稳步建设，珲春的基础设施日益完善，对外交流合作不断深入，产业基础更加雄厚，经济社会实现了全面发展，为珲春二次腾飞奠定了坚实基础。

图 3-4　20 世纪 90 年代正在建设中的珲春

资料来源：珲春市档案馆。

图 3-5　20 世纪 90 年代珲春高丽街市景

资料来源：珲春市档案馆。

图 3-6　1994 年珲春第一百货商场

资料来源：珲春市档案馆。

（三）加入 WTO：自主发展

2001 年中国加入 WTO，以此为标志中国的对外开放整体上了一个台阶。2001 年，国务院批准设立珲春中俄互市贸易区，与原有的边境经济合作区、出口加工区构成了独一无二的"三区合一"格局，使珲春成为东北振兴、边疆民族发展等一系列优惠政策叠加的投资宝地。珲春市的中俄互市贸易区占地面积 9.6 公顷，2001 年 12 月试运营，2005 年 6 月正式运营，是吉林省唯一对俄开放的边境贸易功能区。近几年，互市贸易上升势头十分明显。2011 年实现俄边民入区 12 万人次，同比增长 41.18%。

珲春市面对新的国家开放政策和国际环境迅速找准自身的定位。2008 年 12 月 17 日珲春市代市长姜虎权在珲春市第十六届人民代表大会第三次会议上提出"高举图们江区域开放开发大旗，深入实施开放带动战略"①。珲春积极发挥联通国内国际两个市场的作用，2009 年 8 月，国务院批复实施《中国图们江区域合作开发规划纲要——以长吉图为开发开放先导区》，并将珲春确定为长吉图开发开放的"窗口"城市。2011 年，中朝两国达成共同开发罗先经济特区的框架协议，珲春成为中朝两国共同开发、共同管理罗先经济特区的前沿阵地，历史再一次将珲春推到图们江区域国际合作开发的"核心"位置。

（四）党的十八大前后至今：全面开放

党的十八大以来，中国进入全面对外开放阶段，珲春迎来第三轮开放高潮。2012 年 4 月，为进一步推动图们江区域国际合作开发，促进长吉图经济区协调发展，提升我国沿边开发开放水平，国务院批准设立了中国图们江区域（珲春）国际合作示范区，珲春在参与图们江区域国际合作开发中的地位日益凸显，并承担起我国沿边开发开放和国际合作开发的双重历史使命。2012 年 5 月 29 日，中国图们江区域（珲春）国际合作示范区启动暨重点项目开工仪式在珲春隆重举行，标志着珲春及图们江区域开发开放进入了一个新的阶段。2012 年，国务院印发了《关于支持中国图们江区域（珲春）国际合作示范区建设的若干意见》。该示范区兼具对外贸易合作、国际产业合作、中朝经济合作、中俄经济合作四大功能板块，把推动中朝、中俄跨境合作作为中国参与多边合作的重要目标，积极吸引东北亚地区有关国家企业共同参与图们江区域国际合作开发。

2013 年，珲春市根据周边国家的实际情况和自己产业配置的需

---

① 《珲春市 2008 年政府工作报告》，延边朝鲜族自治州人民政府网站，2008 年 12 月 17 日，http://www.yanbian.gov.cn/zwgk_83/hy/201911/t20191130_5008.html。

求，创新性提出了出口加工的对外贸易模式，这个制度性的变革为珲春市带来了外贸领域划时代的变化。2013 年以来珲春市出境加工净贸易额已占全市对外贸易额的 25%，贸易伙伴覆盖了 82 个国家和地区，投资也遍布了俄罗斯、朝鲜、韩国、蒙古国、美国等。珲春出口加工区是全国 15 个首批出口加工区试点之一，规划面积 2.44 平方公里。随着国家产业政策的不断调整和出口加工贸易转型升级要求的不断提高，珲春出口加工区的功能优势日益显现，逐步进入了快速发展轨道。

2021 年珲春获批海洋经济发展示范区，全力申建陆上边境口岸型国家物流枢纽。边境经济合作区成为吉林省唯一的国家级产业转型升级示范区；出口加工区升格为综合保税区，此外，获批跨境电商综试区和零售进口试点城市，成为首批边民互贸进口商品落地加工试点市，第三方结算中心、二级交易市场投入运营，商品扩展至东北亚五国，边民受益范围覆盖珲春全境。珲春的对外开放通道体系持续拓展，其中内贸外运入境口岸增至 15 个，分别新增珲春口岸、斯拉夫扬卡港为出境和中转口岸，相继开通宁波、青岛航线并实现双向运输；釜山航线累计运行 60 个航次，货值 9964 万美元。"长珲欧"班列实现常态化运行，投入 6.6 亿元新建圈河口岸联检楼，实施铁路口岸扩能改造。新中朝边境圈河口岸大桥、防川至圈河公路、西炮台至长岭子公路建成通车，国际客运站投入使用。对外经贸合作提档升级，煤炭、铜精矿、天然气等境外资源稳定进口，对俄贸易企业发展至 119 家，贸易额达 50 亿元，2021 年较 2017 年增长 20%，珲春口岸进口的俄罗斯活蟹年均数量占全国 80% 以上。珲春还成功举办环日本海据点城市会议、东北亚旅游论坛等大型国际会议，与日本上越市缔结友好城市关系，国际友城增至 6 个。

二 珲春对外开放取得的成就

改革开放前，珲春是一个农业县，经济总量在吉林省延边朝鲜族自治州所辖的 8 个县市中排第八位，也就是最后一位，因此那时候珲春市的外号是"珲老八"。经过 30 年的对外开放，珲春市的地区生产总值已经在吉林省县域排前三位，2005~2020 年整体呈上升趋势（见图 3-7）。珲春目前拥有国际合作示范区、边境经济合作区、出口加工区、中俄互市贸易区，同时享受沿边开放、东北振兴、边疆民族发展、西部大开发四大政策。其中，珲春边境经济合作区 1992~2014 年地区生产总值不断上升，1990~2014 年产业结构整体趋于优化（见图 3-8、图 3-9）。珲春在东北对外开放格局中占据重要地位，也是"一带一路"上重要的节点城市。

（一）对外开放促进了珲春的经济结构转型

对外开放使得珲春从一个农业县转变为工业市。统计资料显示，

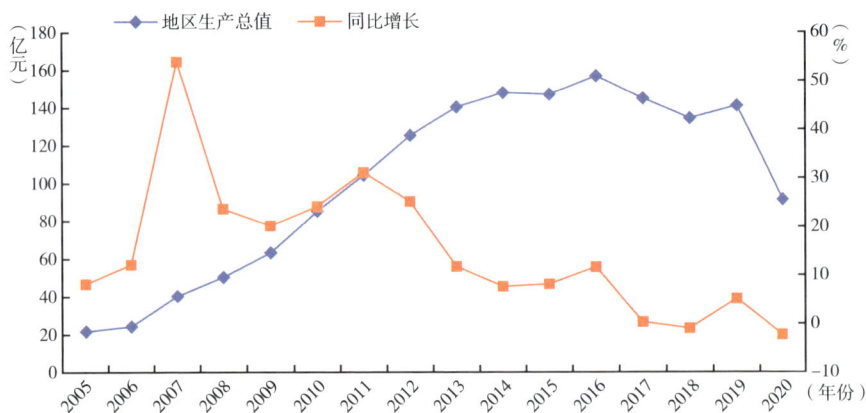

图 3-7 2005~2020 年珲春地区生产总值与增长速度

资料来源：历年《珲春市政府工作报告》。

（万元）

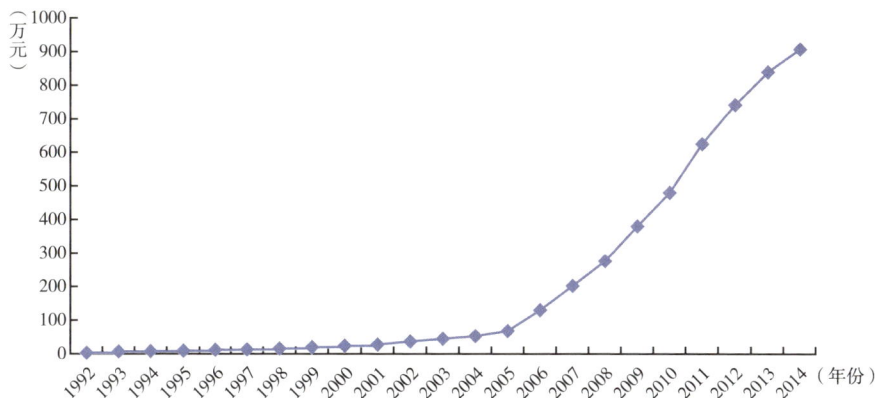

图 3-8 1992~2014 年珲春边境经济合作区地区生产总值

资料来源：珲春边境经济合作区。

■ 第一产业 ■ 第二产业 ■ 第三产业

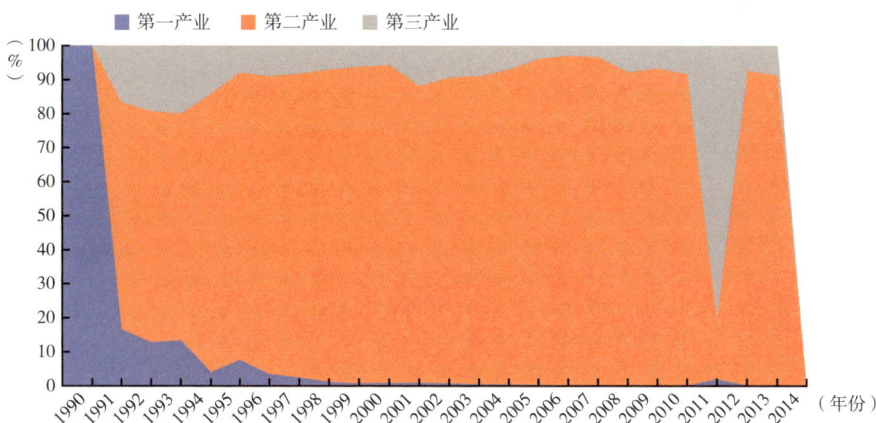

图 3-9 1990~2014 年珲春边境经济合作区产业结构

资料来源：珲春边境经济合作区。

1978 年珲春市的地区生产总值 5801 万元、全口径财政收入 1055 万元、农业总产值 3429 万元、工业总产值 2434 万元、社会消费品零售总额 3486 万元；2020 年珲春市的地区生产总值 911089 万元、全口径财政收入 149600 万元、农业总产值 64753 万元、工业总产值 445019 万元、社会消费品零售总额 35700 万元 ①，分别是 1978 年的 157 倍、142 倍、19 倍、183 倍、10 倍（见图 3-10）。

图 3-10　1978 年和 2020 年珲春部分经济指标对比

资料来源：历年《珲春市国民经济和社会发展统计公报》。

2020 年珲春市地区生产总值为 911089 万元，其中第一产业增加值为 64753 万元，第二产业增加值为 445019 万元，第三产业增加值为 401317 万元，三次产业占比分别为 7.11%、48.84%、44.05%。

珲春市在改革开放以来，除了工业突飞猛进，农业生产的绝对值也增长了 18 倍。珲春市在 1978 年还是个以农业生产为主的边境县。新中国成立后到改革开放前这段时间，延边州农业总产值年均增长率仅为 2.7% ②，当地人的生活水平始终在温饱上下徘徊。山区面积占 80% 以上的珲春，那时候农业的产出低于延边州的平均水平。1978 年珲春的耕地面积 558934 亩，农业总产值 3429 万元，家庭联产承包责任制

① 《珲春市 2020 年国民经济和社会发展统计公报》，吉林省统计局网站，2021 年 6 月 9 日，http://tjj.jl.gov.cn/tjsj/tjgb/ndgb/202106/t20210609_8099652.html。

② 〔韩〕姜栽植：《中国朝鲜族社会研究——对延边地区基层民众的实地调查》，民族出版社，2007，第 73 页。

的实施极大地解放了农民的生产积极性，珲春市 1990 年的农业总产值已经有 1.33 亿元，2020 年珲春的农业总产值更是达 64753 万元。

（二）珲春拥有 4 个国家级口岸

珲春对外开放经过 30 年的发展，目前拥有对俄罗斯和朝鲜的 4 个国家级口岸，包括 3 个公路口岸和 1 个铁路口岸。在这里，中、俄、朝、韩、日五国水路相通。从珲春口岸出境的货物，经俄罗斯或朝鲜的港口运往韩国和日本，各港口间距离大都在 500 海里以内，当天即可到达。

珲春有 2 个对俄口岸，分别是 1 个公路口岸、1 个铁路口岸。

中俄珲春公路口岸。中俄珲春公路口岸为国家一类口岸，对面是俄罗斯滨海边疆区的克拉斯基诺口岸，是吉林省唯一的对俄罗斯的公路口岸。中俄珲春公路口岸设计年过客、过货能力分别为 60 万人次、60 万吨。依托该口岸 1998 年开通了珲春至扎鲁比诺港及符拉迪沃斯托克（海参崴）等地的旅游线路；2000 年开通了珲春经俄罗斯扎鲁比诺港至韩国束草的陆海联运航线；2009 年开通了珲春（中国）—扎鲁比诺（俄罗斯）—新潟（日本）—束草（韩国）四国陆海联运航线。2013 年，珲春（中国）—扎鲁比诺（俄罗斯）—束草（韩国）"新蓝海"航线正式复航。

中俄珲春铁路口岸。中俄珲春铁路口岸为国家一类口岸，对面是俄罗斯滨海边疆区的卡梅绍娃亚口岸。中俄珲春铁路口岸设计初期货物年换装和查验能力为 80 万吨，旅客年查验能力为 50 万人次；中期货物年换装和查验能力为 250 万吨，旅客年查验能力为 100 万人次。2011 年 8 月，中俄珲春铁路千万吨国际换装站正式奠基，对加强中俄经贸合作交流、打通图们江国际陆海联运大通道、促进图们江区域国际合作开发都具有十分重要的意义。

珲春对朝鲜有 2 个口岸，中朝珲春沙坨子口岸以图们江为界与朝鲜咸镜北道庆源郡（原赛别尔）口岸相对应，1949年1月1日开放，是传统的中朝两国边境贸易口岸。口岸设计年过客、过货能力分别为20万人次、20万吨。2007年，中朝珲春沙坨子口岸经国务院批准升格为国家级口岸。

中朝边境圈河口岸。中朝边境圈河口岸为国家一类口岸，以图们江为界与朝鲜的元汀里口岸相对应，是中国与朝鲜罗先地区直接联系的唯一通道。中朝边境圈河口岸设计年过客、过货能力分别为60万人次、60万吨。该口岸1995年通客过货，现已开通珲春经朝鲜罗津港至韩国釜山的陆海联运航线。2011年1月，从中朝边境圈河口岸出境经朝鲜罗津港运往上海、宁波的内贸货物跨境运输项目正式启动，实现了吉林省"借港出海"战略。但是珲春的对外贸易受制于俄罗斯和朝鲜的国内政策和国际形势，联合国制裁朝鲜以来，珲春的对外贸易受到很大的影响。

第三节
珲春对外开放的经验启示和未来展望

珲春市对外开放的30年，也是东北老工业基地转型的30年。党的十六大提出加快老工业基地结构调整的战略任务，积极实施东北老工业基地振兴政策，党的十七大提出"加快内地开放，提升沿边开放，实现对内对外开放相互促进"的开放战略。珲春市的对外开放体现了国家自上而下的重视和支持，珲春从自身实际情况出发，在产业发展上形成突破，进而带动吉林省的整体发展。改革开放政策使得珲春独特的区位优势日益明显，珲春依托中俄珲春公路口岸、中俄珲春铁路口岸、中朝珲春沙坨子口岸和中朝边境圈河口岸4个口岸优势，充分发挥了口岸集群对周边国家和国内区域市场的带动作用，不仅使珲春市的经济社会获得了大的发展，周边国家和区域的经济也同步上了一个新台阶。

一 珲春对外开放的经验与启示：自主发展

珲春的对外开放开始也是在"全国人民学深圳"的热潮中蹚过了。就在珲春开放之初，吉林省政府派出人员不远千里去香港招商引资，但是在后来的发展过程中发现香港的资金、技术和市场其实并不能完全帮助珲春发展，因此珲春不能空凭开放政策"躺赢"，必须立足自己的实际而走自主发展的路，以自己的优势充分利用周边国家的市场和资源。

珲春抓住了中韩关系友好的国际大环境，充分利用韩国的资金和市场，整合吉林的沿边区域，走出了自己对外开放的路。1992 年 8 月，中国与韩国正式建立外交关系。建交以后中韩双边关系日益密切，发展良好，两国领导人保持互访，各领域合作不断加强，1998 年中韩两国政府决定把两国关系提升为"合作伙伴关系"，2003 年中韩两国政府进一步把两国关系发展成为"全面合作伙伴关系"，加强了两国高层交往，扩大了双方各部门和各层次的对话与交流，2015 年 11 月中韩谈判已久的《中韩自贸协定》获得了双方批准，中韩正式建立中韩自由贸易区。中韩建交和友好关系的不断发展，为中韩两国经贸关系发展创造良好政治前提，1992 年中韩双边贸易额为 50 余亿美元，到 20 年后的 2012 年中韩双边贸易额达到 2500 多亿美元，比 1992 年增长约 50 倍，中国成为韩国的第一大贸易伙伴和最大的投资对象国，而韩国成为中国的第三大贸易伙伴。

从 1989 年开始有韩国企业在延边州投资，就在这一年延边朝鲜族自治州首次引进外资，其中实际利用外资 101.1 万美元。从延边地区吸引外资的情况来看，中韩建交后韩国一直是延边朝鲜族自治州的最大外商投资来源国。截至2001年，"共有23个国家和地区向延边投资，共建立580家企业，其中韩国就有414家，占71.4%"，韩国实际投资延边的资金为23935万美元①。在外商投资总额中，韩国实际投资额在总的境外投资额中所占比例一直在60%以上②。延边吸引的这些外资中主要是韩国资金③。在此基础上，珲春市以建设繁荣兴旺的口岸城市为目标，坚持投资拉动战略和开放带动战略，围绕通道建设、项目建设和城市建设三条主线，至2008年珲春市工业经济总量跃居吉林省第九位，人均地方财政收入和人均固定资产投资额分列全省第二和第一，此后一直保持这样的发展态势，2018年珲春市经济总量在吉林省排第五位。在珲春地方经济获得发展的同时，当地朝鲜族外出务工赚回的劳务汇款额同延边州的预算相等。新华网吉林频道报道："延边州外派劳务人员5年赚回18亿美金……"④这种通过对外劳务输出带来巨额收入的模式被称为"延边模式"。

珲春全面提高对外开放水平。截止到2021年，珲春对俄公路、铁路口岸分别实行"7×10"小时和"7×24"小时预约通关，全年实现过货340万吨，同比增长19.2%。海洋班列常态化进口冷冻海产品9.9万吨，较2020年增长4.4倍。珲春口岸出口整车683台、果蔬9239吨，同比分别增长355%、375%。开通跨境电商包裹国际公路运输业务，京东全球售备仓投入使用，成为阿里对俄国际退件唯一认证口岸和干线物流节点城市，完成跨境电商贸易额15亿元，同比增长52%。

珲春市对外开放充分依托周边国家的自然资源。比如，尽管珲春

---

① 沈万根：《图们江地区开发中延边利用外资研究》，民族出版社，2006，第145页。
② 〔韩〕李承律：《东北亚时代的朝鲜族社会》，崔厚泽译，世界知识出版社，2008，第321页。
③ 管延江：《延边对韩劳务研究》，延边人民出版社，2010，第107页。
④ 转引自〔芬兰〕罗澳缔《中国延边朝鲜族自治州的移民资本流动》，关祎译，《广西民族大学学报》2008年第2期，第22页。

不靠海，但是珲春依托俄罗斯和朝鲜丰富的海产品在当地形成了附加值高的海产品加工业，而这些加工的海产品几乎全部出口到韩国。比如，朝鲜罗先海域的明太鱼、鳕鱼、鱿鱼等海产品资源十分丰富，年捕捞量达85万吨，经珲春出口加工区生产的明太鱼制品已占据韩国市场的80%。截至2017年，珲春市每年进口200万~300万吨海产品，出口海产品6.9亿元。由于海产品产业规模的急速增长，珲春市成立了海产品工业园区，并于2016年获批"吉林省省级特色工业园区"，成功引进了78家海产品加工型企业、116家贸易型企业及400多家个体商户。珲春市还促成出境加工复运进境政策扩展至海产品加工行业，珲春市政府还帮助企业在吉林省率先实现产品欧盟注册认证，进一步扩大了"珲"字号海产品在海内外市场的占有份额和影响力。

珲春市充分发挥"靠边吃边"的优势，最近几年除了积极推动对外开放以外，还利用自己的边境多元文化优势发展旅游业，自2016年以来旅游业对于珲春经济的带动效应突飞猛进，之后几年珲春的游客数量增长速度大大超过了进出口总额的增长速度（见图3-11）。

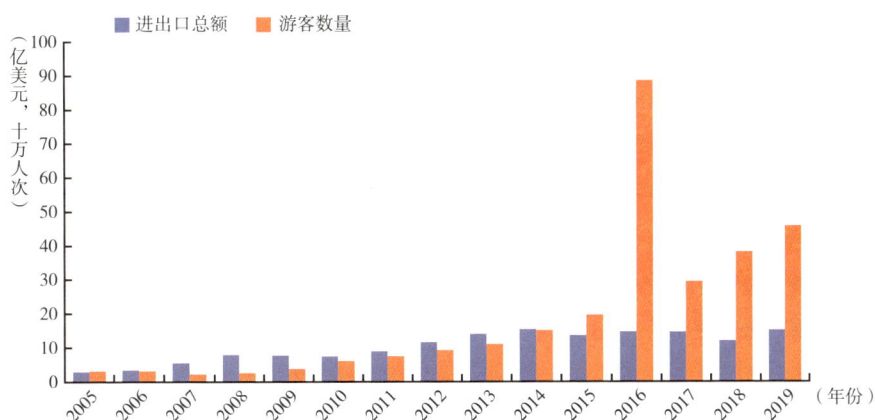

图3-11 2005~2019年珲春进出口总额与游客数量

资料来源：历年《珲春市政府工作报告》。

二 珲春对外开放的意义与未来的发展展望

珲春的对外开放是国家对外开放战略的一部分，作为边境城市的珲春，其对外开放对国家而言所贡献的不仅仅经济效益，更重要的是以珲春为窗口整合带动了吉林省和东北亚区域的整体发展，促进了边境的城镇化建设，实现了维护民族团结和稳边、固边、兴边的国家边疆发展目标，并夯实了构建周边国家命运共同体的基础。

首先，珲春的对外开放有力推动了东北老工业基地的转型升级，吸收了大量的产业工人。

珲春对外开放的 30 年同时也是东北老工业基地转型的 30 年。作为内陆边疆省区之一的吉林省，是中国的老工业基地，但是当东南沿海作为开放的龙头时，吉林则面临着远离主要市场、远离资本中心的困境，因此吉林省在以"三来一补"为主要的利用外资开放发展手段的市场格局中处于竞争劣势地位，珲春则是吉林省在对外开放格局中的一个重要战略支点。

2007 年 5 月，吉林省第九次党代会提出了要在更高起点上实施开放带动战略，明确指出图们江区域国际合作开发，是区域经济发展的一张王牌。长吉图是吉林省长春市、吉林市部分区域和图们江流域的延边朝鲜族自治州的简称，区域面积和人口均占吉林省的 1/3，经济总量占 1/2 强，是中国参与图们江区域国际合作开发的核心地区和重要支撑。2009 年 8 月 30 日，国务院批复了《中国图们江区域合作开发规划纲要——以长吉图为开发开放先导区》，做出了提升吉林省沿边开放水平的重要战略部署。该纲要明确，长吉两市为腹地，延边地区的延吉、龙井、图们为前沿，珲春为窗口。而珲春正是我国参与图们江区域国际合作开发的核心城市。

其次，珲春的对外开放带动了吉林省沿边地区的城镇化建设。从维护国家安全的角度，有利于探索我国扩大沿边开发开放的新路径。

　　珲春作为陆地边境城市，其周边区域仍然属于经济欠发达地区，尽管拥有 4 个国家级口岸，但是进口货物的消费市场仍然在东部沿海地区。现实情况是很多边境口岸城市的对外贸易类型属于"跨境贸易"，即商品从境内出口至境外和从境外进口至境内，只是在口岸城市办一下通关手续，货物和资金也只是从口岸城市"过"一下，因此这种贸易方式对当地社会和经济的带动作用十分有限，这也是为什么边境口岸城市虽然作为物流和资金流的密集通道，却很难对周围区域起到辐射和带动作用。珲春成功地打破了沿边"通道经济"的桎梏。珲春与俄罗斯和朝鲜接壤，邻国接壤地区的经济发展水平落后于我国，因此当地的初级原材料和农产品以及劳动力价格相对于我国内地而言非常有优势。珲春很好地利用了边境的优势，将原来通过转手直接进入内地的初级原材料进行深加工，提升附加值，从而为当地以及吉林周围地区的可持续发展奠定基础。

　　再次，珲春的对外开放有力维护了民族团结，起到了稳边、固边、兴边的作用。

　　珲春隶属于延边朝鲜族自治州，延边州是我国唯一的朝鲜族自治州。朝鲜族是跨境民族，珲春的对外开放对延边州经济社会发展的整体带动，促进了民族团结和边疆稳定。改革开放以来，珲春市的城镇人口比例激增。珲春市登记在册的城镇人口比例从 1978 年的 24.65% 增加到 2017 年的 78.52%。如果算上外来的 14 万非户籍人口，珲春市的城镇人口比例大致在 85%。

　　珲春市经济的发展带动了教育的投入，珲春市从 2015 年 8 月起对公办高中生实行基本免费教育，免除了学杂费和教科书费等费用。每年秋季开学前，市财政局根据高中学籍备案情况做出公用经费预算，按照每人 3500 元的标准统一拨付。2015 年 12 月，珲春市制定下发了《学前三年基本免费教育实施方案》和《学前三年基本免费教育工作相关问题解答》。截至 2017 年，珲春市共有中学 16 所，在校学生7956 人；小学 12 所，在校学生 10509 人。2017 年珲春市高中招收新生 1006 名；珲春市共有 908 人参加高考，本科录取率达 95.8%。

经济社会的发展使得珲春成为一个有吸引力、有机遇的地方。在珲春无论是务农还是经商，一般人的收入水平已经与去韩国务工的人的工资水平大致相当，加之最近几年韩元贬值，很多去韩国务工的人陆续回到珲春。

最后，珲春的对外开放夯实了构建周边国家命运共同体的基础。珲春是名副其实的东北亚地区的战略支点、"一带一路"的重要节点。

党的十八大以来，中国坚持"亲、诚、惠、容"周边外交新理念，致力于加强与周边各国"政策沟通、设施联通、贸易畅通、资金融通、民心相通"，明确表示欢迎各国搭乘中国发展的便车，让命运共同体意识在周边国家落地生根。这是珲春作为口岸城市难得的历史机遇窗口期。吉林省也紧紧抓住这样的机遇，进一步扩大对周边国家的经济、社会、文化交流。吉林省积极与俄、朝、韩、日、蒙等国增加信息交流、创造合作机会。党的十八大以来，中俄两国互办"国家年"活动，俄罗斯颁布《联邦经济特区法》，推出《2008~2013 年远东和外贝加尔地区发展规划》，并确定符拉迪沃斯托克（海参崴）为 2012 年亚太经济合作组织（APEC）峰会举办地。中、日、蒙三国联合签署了《珲春协议》，共同推动"东方大通道建设"。朝鲜与国际社会关系恶化，客观上对中国更加依赖。珲春的边境经济合作区充分发挥出口加工区的独特优势，充分利用区内的日、韩企业进行招商，与日、韩之间的经济融合度有所提升，为珲春与日、韩等周边国家更加频繁的贸易往来铺平了道路。珲春开通了珲春—扎鲁比诺—新潟—束草陆海联运航线。珲春至韩国束草航线在以往基础上继续稳步发展。珲春对俄铁路等项目逐步推进；内贸货物外运也被提上议事日程。

回顾珲春 30 年来走过的对外开放之路可以得出，吉林珲春的对外开放是没有蓝本的，"珲春之路"是在实践中逐步摸索出来的，实事求是和脚踏实地是珲春对外开放的成功经验所在。然而，伴随新冠疫情肆虐全球，对全球贸易和旅游业形成巨大打击，珲春也度过了不平凡的一段时期。但是珲春在对外开放历史上不止一次地遭遇危机，在每次危机过后珲春总能找到新的增长点。相信未来珲春一定会依靠实事求是和脚踏实地两样法宝，继续在对外开放的道路上发光。

作者：罗　静

第四章

"国境商都"
——绥芬河开放简史

　　20 世纪 70 年代末，中国政府主动实行了对外开放政策，开放空间从沿海开始，逐渐向内陆和沿边地区扩展，此外，中国抓住了 20 世纪 80 年代以来全球化所带来的发展机遇。中国沿海开放的目的是引进外资、人才与先进技术，发展我国经济。与沿海不同，沿边开放的根本目的是与周边国家开展广泛的区域合作，发挥各自商品与生产要素优势，促进本地区资源合理开发利用，振兴边疆地区经济[①]。

　　沿边城市在中国的沿边开放中占有非常重要的地位，是中国对周边国家开放的窗口和通道。中国与周边国家拥有 22000 多公里的陆地边界线，但沿边国际经济贸易主要集中在规模较大的沿边口岸城市[②]。沿边城市具有与邻国交通相通、城镇相连的优越地缘条件，但有利的地缘条件没能转化为经济优势。许多沿边地区自然资源丰裕，邻国多为资源丰富的国家，俄罗斯西伯利亚和远东是当前世界资源最丰富的

---

① 徐志尧：《沿海开放与沿边开放的比较分析》，《东北亚论坛》1995 年第 3 期。
② 王燕祥、张丽君：《中外边境毗邻城市的功能互动与少数民族地区经济发展》，《黑龙江民族丛刊》2005 年第 1 期。

地区之一。沿边开放以来，中国政府希望把沿边城市的优越地缘条件转化为经济优势，让沿边城市发挥国内和国际市场的桥梁作用，带动边疆经济发展。

绥芬河是第一批获得沿边开放城市地位的城市。沿边开放30年来，绥芬河凭借国家赋予的优惠政策，借助地缘优势，发挥着重要的桥梁和通道作用。通过沿边开放，绥芬河市不仅带动了当地经济社会发展，也惠及俄罗斯相邻地区民生，为构建中俄和谐边疆做出了重要贡献。本章分析绥芬河市在对外开放战略中的区位优势，梳理绥芬河市1992年以来沿边开放的主要历程及取得的成就，以期提炼绥芬河市沿边开放的经验启示与未来展望。

第一节
区位优势

绥芬河作为第一批沿边开放城市，具有显著的沿边开放区位优势。首先，绥芬河市开放历史悠久，与俄罗斯毗邻地区具有长期合作的需求与可能；其次，绥芬河市具有优越的地理与交通区位条件；最后，绥芬河市对外开放的主要对象国——俄罗斯自然资源丰裕。这三点正是我国设立沿边开放城市的出发点与基本考量。

一 绥芬河开放历史悠久，与俄罗斯毗邻地区有长期合作需求

绥芬河市号称"百年口岸"，具有悠久的对外开放历史。绥芬河是随着中东铁路的修建通车而兴起的城市。根据清政府与沙俄政府签

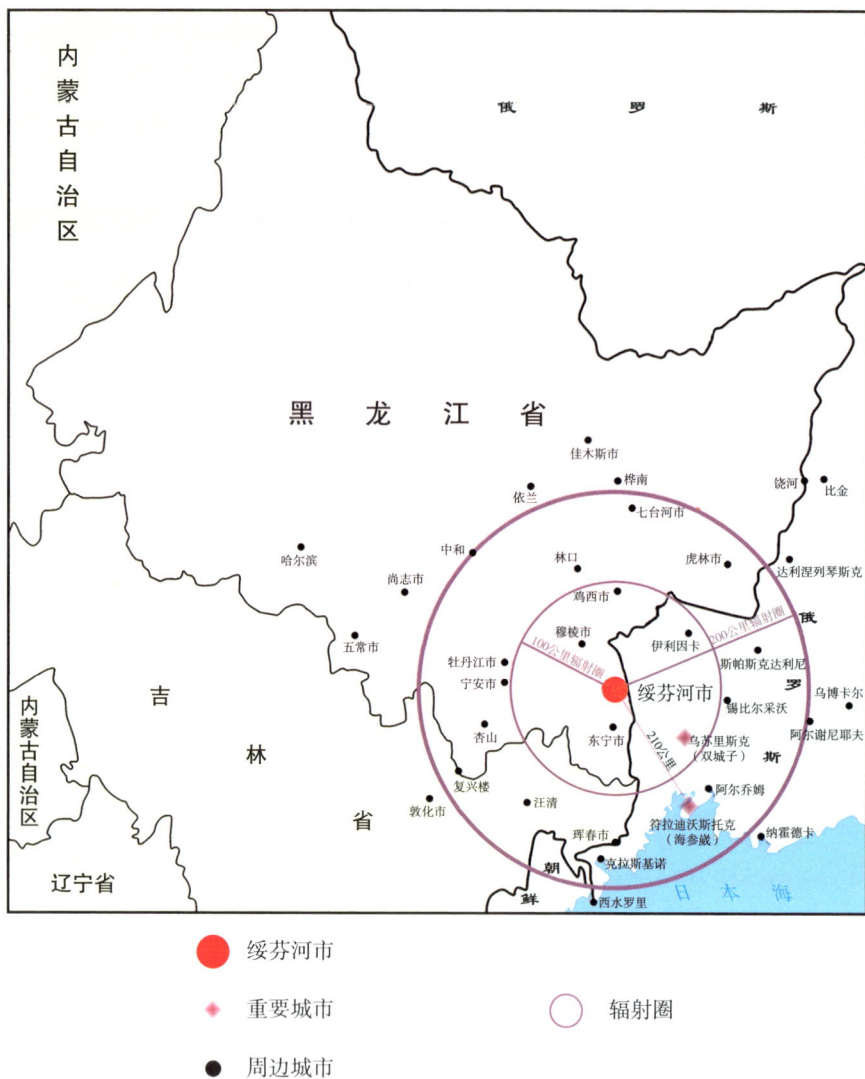

图4-1　绥芬河市区位

订的《中俄密约》，中东铁路修建通车，绥芬河成为中俄交通枢纽和通商口岸，史称"国境商都"。20世纪20年代，绥芬河口岸贸易呈现一片繁荣景象，热闹的时候，曾经有来自俄国、朝鲜、日本、英国、法国、澳大利亚、意大利、波兰、美国、丹麦、捷克等国人士在绥芬河经商和居住。当时的贸易商品主要是粮食等农副产品，称为"坐镇收购"贸易。日本侵占时期，绥芬河口岸关闭。在中苏关系友好时期，苏联援助中国重建绥芬河，绥芬河再次成为中苏间重要交往通道。随着中苏关系破裂，中苏经绥芬河进出口货物量下降。中苏关系缓和后，绥芬河铁路口岸货物吞吐量逐年增加[1]。从历史发展脉络可以看到，绥芬河与俄罗斯毗邻地区具有长期合作的基础。

　　中国选择14个沿边开放城市的第一个出发点是，相邻双方有长期合作的需求与可能。我国沿边地区同周边国家的生产力水平相近，经济结构和产业结构相似，在生产资料市场、日用轻工业品市场以及科

图 4-2　绥芬河口岸

资料来源：绥芬河市人民政府网站，http://www.suifenhe.gov.cn/channels/4305.html。

---

[1]　张成立、王云鹏：《绥芬河口岸与我国主要沿边口岸外贸对比研究》，《北方经贸》2022年第1期。

图 4-3　绥芬河口岸大国坐标

资料来源：绥芬河市人民政府网站，http://www.suifenhe.gov.cn/channels/4305.html。

图 4-4　中东铁路纪念馆

资料来源：绥芬河市人民政府网站，http://www.suifenhe.gov.cn/channels/4305.html。

技市场都有很强的互补性，双方的供求关系比较稳定，有长期合作的需求和可能，可以发挥互补互惠作用。绥芬河市与俄罗斯毗邻地区经济联系紧密，贸易互补性较强。绥芬河从俄罗斯进口能源、矿产品、木材等，对俄出口轻工业品，包括服装、鞋类等。人文往来密切，具有长期合作的需求与可能。

二 地理交通区位优越

中国选择 14 个沿边开放城市的第二个出发点是，希望这些城市利用原有的地缘优势与交通条件，直接参与国际分工合作，广泛吸引国内外人才、资金、技术等经济发展要素，发展对外经济联系，让城市成为整个沿边地区的对外开放窗口。绥芬河市地理区位优越，交通便捷。

绥芬河位于黑龙江省东南部，向东与俄罗斯滨海边疆区接壤，边境线长 27 公里，距俄对应口岸波格拉尼奇内 26 公里，距俄远东最大铁路编组站乌苏里斯克（双城子）120 公里、最大港口城市符拉迪沃斯托克（海参崴）210 公里，向东经俄远东港口群连接日本、韩国及我国南方港口，向西经俄罗斯西伯利亚大铁路抵达欧洲腹部，交通优势明显。绥芬河既是东北地区参与国际分工的桥梁纽带，也是"中蒙俄经济走廊"和俄远东大开发战略对接的重要节点。以绥满铁路为轴，向东可依托俄罗斯远东港口贯通日韩及北美，连接"冰上丝绸之路"，是目前我国通往日本海的唯一陆路贸易口岸。目前，"哈绥俄亚"跨境运输班列已经常态化运营，由哈尔滨经绥芬河、俄罗斯远东港口运达韩国釜山港、日本新潟港以及我国上海、宁波等港口，形成"东出西联、南下北上"的战略通道。2018 年哈尔滨—牡丹江高铁运营，2020 年绥东机场建成，绥芬河形成立体化

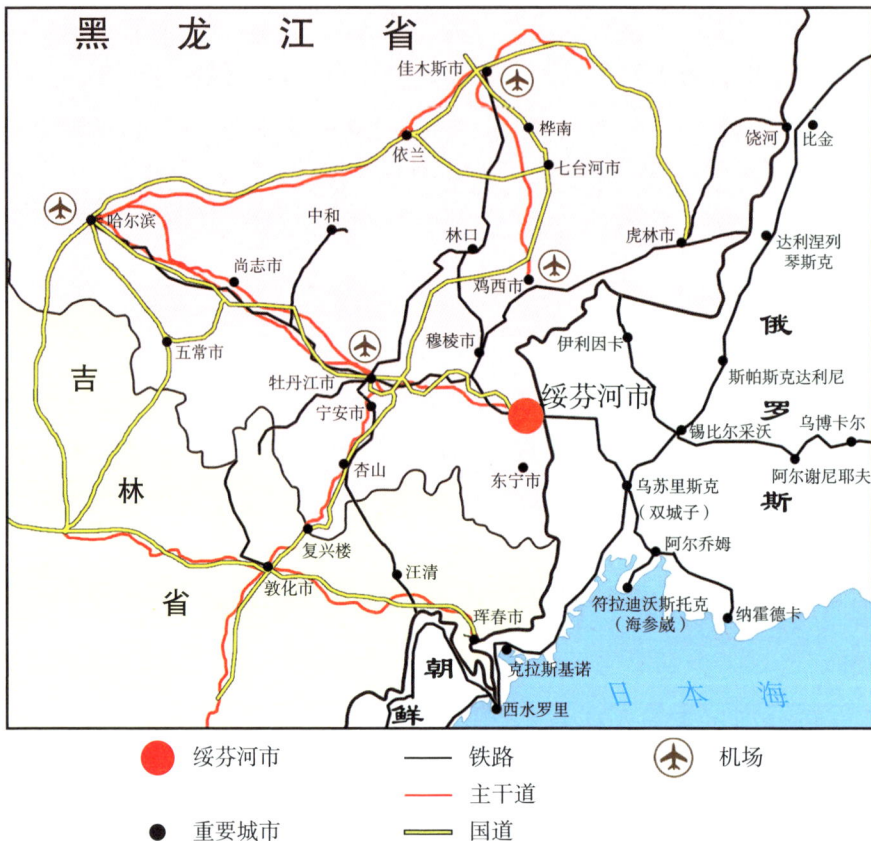

图 4-5　绥芬河市交通

国际口岸物流枢纽格局①。

　　绥芬河拥有便捷的公路口岸与铁路口岸。绥芬河市拥有绥芬河公路—波格拉尼奇内公路口岸和绥芬河铁路—格罗捷阔沃铁路口岸，对外贸易额占黑龙江省的 1/3 以上，是黑龙江省最大的口岸城市。绥芬河铁路口岸有南北两个货场，占地 27 万平方米，共设线路 86 条，综

---

①　高月：《黑龙江省经济增速放缓形势下沿边口岸功能研究——以绥芬河口岸为例》，《对外经贸》2014 年第 12 期。

合运输能力 1000 万吨 / 年，过客 100 万人次 / 年[①]。绥芬河公路口岸是
301 国道的东部起点，与俄罗斯境内的波格拉尼奇内相连。

图 4-6 三号洞双轨铁路隧道

资料来源：绥芬河市人民政府网站，http://www.suifenhe.gov.cn/channels/4305.html。

三 对象国俄罗斯自然资源丰裕

绥芬河对外开放的主要对象是俄罗斯，俄罗斯东部地区自然资源
丰裕。沿边开放政策的第三个出发点是，沿边地区多有丰富的自然资
源，过去这种资源很难得到开发利用，借助开放可以有效开发我国资
源、利用邻国资源，从资源开发到资源初级加工与深加工，化资源优

---

① 钱伟聪：《我国陆路口岸管理研究——以绥芬河口岸为例》，《国家林业局管理干部学院学
报》2018 年第 2 期。

势为经济优势。绥芬河的开放对象俄罗斯符合这个条件。

俄罗斯东部地区自然资源丰裕。俄罗斯远东联邦管区内的 5 个地区油气资源丰富。萨哈（雅库特）共和国、楚科奇民族自治区、萨哈林州、哈巴罗夫斯克（伯力）边疆区和堪察加边疆区已勘测油气田107 个。远东地区探测石油最充分的地区是萨哈林州和萨哈（雅库特）共和国，主要石油开采地在萨哈林州。远东勘测天然气最充分的地区是萨哈林州和萨哈（雅库特）共和国。俄罗斯远东最有前景的油气蕴藏地主要分布在鄂霍次克海和日本海。此外，远东地区

图 4-7　绥芬河市及周边地区资源分布

金属原料蕴藏量丰富，最大的铁矿石产地在萨哈（雅库特）共和国和阿穆尔州，主要煤矿在萨哈（雅库特）共和国。萨哈（雅库特）共和国和马加丹州的金矿占俄罗斯蕴藏量的 1/5[1]。此外，俄罗斯东部地区森林资源丰富。绥芬河市对外开放，可以借助俄罗斯自然资源优势，既帮助俄罗斯把资源优势转化为经济优势，又促进绥芬河市以及周边地区的经济发展。

在此条件下，中央政府逐步给予绥芬河市优惠的开放政策，让绥芬河市重新焕发百年口岸的活力。1992 年绥芬河被国务院批准为全国首批沿边开放城市。1999 年经中俄两国外交换文批准设立中俄绥芬河互市贸易区。2009 年设立绥芬河综合保税区。2011 年绥芬河被确定为"省直管"试点市。2016 年国务院批准设立绥芬河—东宁重点开发开放试验区。2019 年 8 月中国（黑龙江）自由贸易试验区绥芬河片区获批。

第二节
绥芬河对外开放的历程与主要成就

绥芬河市是我国沿边开放的先行者。1983 年，绥芬河等地恢复中苏贸易。后随着中苏关系解冻与 1989 年恢复正常化，绥芬河成立了第一家边贸公司，与苏联开展"坐车贸易""堆货（易货）贸易"。为规范沿边地区开放型经济建设，我国先后出台了《边境小额贸易暂行管理办法》（1984 年）、《国务院关于口岸开放的若干规定》（1985 年）、《国务院关于加快和深化对外贸易体制改革若干问题的规定》（1988

---

[1] 初冬梅、刘毅：《俄罗斯远东开发新举措与中俄沿边区域合作——以"一带一盟"对接为视角》，《欧亚经济》2017 年第 6 期。

年）。1987 年 10 月，绥芬河市政府与对应的苏联口岸波格拉尼奇内区政府签订了开展以货易货与经济技术合作的协议，使中断了 20 多年的边境贸易得以重启。1988 年绥芬河被黑龙江省政府批准升级为通贸兴边试验区。

图 4-8　1988 年 10 月公路口岸首批过货十五台星光车

资料来源：绥芬河市地方志编纂委员会编《绥芬河市志》，黑龙江人民出版社，2000。

20 世纪 80 年代末至 90 年代初，随着社会主义市场经济体制的确立，沿边口岸已经无法满足经济文化交流的需求。中国 1992 年正式实行沿边开发开放战略。作为首批获准设立的沿边开放城市，从"全民经商"和"全城贸易"发展为黑龙江省对俄贸易最大市场，从易货贸易到相继成立地方商会，绥芬河形成了"一区引领、多区联动"的国际贸易发展新格局，开辟了一条内陆沿边口岸城市开发开放之路。本节梳理绥芬河市对外开放的主要历程与所取得的成就。

一 绥芬河对外开放历程

1992 年中国实行沿边开发开放战略至今，绥芬河对外开放大致经历了 1992~2007 年的起步阶段、2007~2013 年的提升阶段，以及 2013 年至今的经略周边与共建"一带一路"新阶段。

（一）第一阶段（1992~2007 年）：起步阶段

在这段时期，中国从国家战略层面实施了西部大开发、东北老工业基地振兴等一系列发展战略，先后采取兴边富民、扶贫开发等一系列重大举措。与此同时，沿边地区开发开放也取得明显成效。这段时间里，沿边开放的目标是开拓周边市场，从而实现兴边富民。沿边开放的空间范围重点是 14 个沿边开放城市，主要内容有边贸合作，以深化同周边国家能源、原材料、矿产资源合作开发为主。该时期开放平台主要是边境经济合作区、边民互市贸易区和边境口岸。

1992~2007 年是绥芬河对外开放的起步阶段。在该阶段，国家给予绥芬河市很多政策，支持该地区的对外开放。1992 年 3 月，《国务院关于进一步对外开放黑河等四个边境城市的通知》下发，黑河市、绥芬河市、珲春市和满洲里市成为第一批沿边开放城市。针对沿边地区对外开放混乱、走私严重等现象，国家相继颁布《国务院关于边境贸易有关问题的通知》（1996 年）、《对外贸易经济合作部 海关总署关于进一步发展边境贸易的补充规定的通知》（1998 年），以保障沿边开放型经济的健康发展。1999 年中俄批准设立中俄绥芬河互市贸易区。

1990 年 10 月，绥芬河向国家申请建立边境经济合作区，1992 年 3 月获国家批准。绥芬河边境经济合作区是中国 14 个国家级边境经济合作区之一，目前建立了北山工业园区、大亚工业园区、海都机电城等进出口加工园区。园区的企业数量约 400 家，提供就业岗位 15000

个。其中投资过亿元的企业有 5 家，投资过 5000 万元的企业有 13 家。这些进出口加工园区的主要产品包括板材、机电、服装、食品四大类，

图 4-9　20 世纪 90 年代绥芬河进口木材

资料来源：绥芬河市地方志编纂委员会编《绥芬河市志》，黑龙江人民出版社，2000。

图 4-10　20 世纪 90 年代绥芬河国际旅行社

资料来源：绥芬河市地方志编纂委员会编《绥芬河市志》，黑龙江人民出版社，2000。

图4-11　20世纪90年代绥芬河百货商店

资料来源：绥芬河市地方志编纂委员会编《绥芬河市志》，黑龙江人民出版社，2000。

初步形成工贸一体化的产业体系，有效促进了绥芬河产业结构调整，增强城市的抗风险能力和综合经济实力。2000年11月，国务院批准绥芬河公路口岸对外开放，开展国际客货运输。2001年，绥芬河被国家批准为进口原木加工锯材出口试点口岸。2006年，绥芬河贸易公司从几十家发展到几百家，财政收入实现数倍增长。与其他沿边开放城市相比，在该阶段，绥芬河市在开放领域属于沿边开放城市的领跑者。

（二）第二阶段（2007~2013年）：提升阶段

2007年中共十七大报告提出"提升沿边开放"战略，中国沿边地区开发开放进入提升阶段。该阶段，中国初步提出沿边开放的空间布局。"十二五"规划明确提出，把黑龙江、吉林、辽宁、内蒙古建成向东北亚开放的重要枢纽。《兴边富民行动"十一五"规划》（2007年）

提出培育一批边民互市贸易示范点，将"引进来"和"走出去"相结合，通过口岸经济带动沿边地区贸易的总量扩张与结构升级，深化同周边国家的经济技术合作。沿边开放模式得以提升，开放模式从以点为主向"点—轴"转变，在以重点口岸、边境城市为主的基础上，积极拓展沿边省区与周边国家经贸合作的领域和空间，构筑陆路开放经济带。《黑龙江省城镇体系规划（2010—2030年）》指出，"将黑龙江省沿边开放带确定为重点区域建设发展的主要内容"。随着国家战略升级，绥芬河对外开放步入提升阶段。

在"提升沿边开放"方面，中国采取了一系列重要举措。首先是提升区域与次区域合作水平。2009年9月，中国与俄罗斯签署《中华人民共和国东北地区与俄罗斯联邦远东及东西伯利亚地区合作规划纲要（2009—2018年）》。其次是沿边各省区提出发展战略，并被提升为国家战略，然而黑龙江省没有赶上这一班列车。该阶段，沿边开放的重点是加强与周边国家基础设施互联互通建设。加快建立连接周边的国际大通道，实现公路铁路、信息网络、管道运输等基础设施与周边国家互联互通。黑龙江省提出加快开放型经济转型升级，在发展对外贸易尤其是边境贸易的同时，发展面向俄罗斯的外向型特色产业和产业基地。

该阶段，促进沿边开放的另一个举措是提升和扩大开放平台（见表4-1）。绥芬河市在原有的边境经济合作区等的基础上，建立沿边保税物流体系，建设了综合保税区。2008年5月，绥芬河向国家申请建立国家级综合保税区。2009年设立绥芬河综合保税区，2010年8月31日通过国家验收。综合保税区目前注册了45家企业，固定资产投资7905万元。2010年4月28日铁道部已经批复同意在综合保税区建设宽、标轨铁路线，并且初步确定铁路站场及货场位置。韩国釜山港湾公社、浪潮集团、哈尔滨辅业集团、省邮政物流速递公司等十余家企业签订协议入驻综合保税区，项目包括机电、IT、LED 照明设备、保健品、改性塑料、化肥加工、制冷设备、电器组装、果蔬加工、珠宝、高档家具制造、物流仓储等领域。绥芬河综合保税区将成为中俄边境最大的外向型产业集聚中心。

表 4-1 绥芬河市对外开放平台情况（截至 2020 年）

对外开放平台名称	设立年份
绥芬河边境经济合作区	1992
中俄绥芬河互市贸易区	1999
绥芬河—波格拉尼奇内贸易综合体	2004
绥芬河综合保税区	2009
进出口加工园区	2010
绥芬河—东宁重点开发开放试验区	2016
黑龙江自由贸易试验区绥芬河片区	2019

资料来源：笔者自制。

图 4-12 绥芬河综合保税区

资料来源：绥芬河市人民政府网站，http://www.suifenhe.gov.cn/channels/4305.html。

143

绥芬河中俄跨境经贸合作区的前身是绥芬河—波格拉尼奇内贸易综合体，规划面积 4.53 平方公里，中方 1.53 平方公里，俄方 3 平方公里。绥芬河中俄跨境经贸合作区 2009 年 5 月被列入国家级推进试点，中方累计投资 10 亿元，俄方投资 4 亿元。中方完成 72 万平方米的区域封闭及联检设施建设，建成 8.3 万平方米的国际商展中心和 4.9 万平方米的五星级假日酒店。俄方一侧完成 80 万平方米的区域封闭及联检设施建设，建成 8500 平方米的联络中心以及水渠、照明等配套设施。俄方的一部分区域将建成工业生产特别经济区，除保留互贸区原有功能外，将重点培育生产加工功能。未来跨境经贸合作区将集贸易、旅游、商务会展、金融、物流与加工等多功能于一体，促进人员、货物和交通运输工具在区域内的自由流动。

在中俄两国边境地区发展建设各种类型的合作园区，是实现中俄地方合作战略升级的重要举措。近年来，随着我国对俄经济合作步伐的加快，企业"走出去"已成为一种趋势。境外工业园区有助于帮助"走出去"企业规避俄罗斯政策风险，开展集群式投资合作。绥芬河市积极扶持企业"走出去"，在俄远东地区辟建了乌苏里斯克（双城子）跃进工业园区、波格拉尼奇内新北方木材加工园区和米哈伊洛夫卡工业园区，发展木材加工、建材生产、鞋类生产、电子产品研发组装等，成为中国企业在俄罗斯投资创业基地。同时，在中方一侧的牡丹江市、绥芬河市也建立了对俄出口加工园区和农业园区。这些园区对于扩大对俄贸易规模和深化对俄经济技术合作具有重要意义。但是这些园区，特别是在俄罗斯建立的园区仍处于初创阶段，园区规模和入区企业数量有限，加工产品科技附加值不高。

除了积极建设对外开放平台外，绥芬河还探索与黑龙江省内兄弟城市合作开放之路。绥芬河市与穆棱市一起探索区域经济一体化，打破区域界限，发展"飞地经济"，实现两地资源共享，借助国内国际

图 4-13 绥芬河国林木业城项目

资料来源：绥芬河市人民政府网站，http://www.suifenhe.gov.cn/channels/4305.html。

图 4-14 绥芬河实木家具产业园项目

资料来源：绥芬河市人民政府网站，http://www.suifenhe.gov.cn/channels/4305.html。

两个市场、两种资源，发展双向贸易加工落户。大连铁海联运、信富木业、好家木业、科冕木业、金跃太阳能等一批投资过亿元的项目纷纷落户穆棱，绥穆新城招商聚商效应开始显现。

（三）第三阶段（2013 年至今）：经略周边与共建"一带一路"新阶段

2013 年中共中央召开首次周边外交工作座谈会，"经略周边，打造周边命运共同体"成为中国外交政策的重要组成部分。从 2013 年开始，中国政府先后出台了一系列支持沿边开发开放的重要文件[①]，第一次系统地从国家总体战略的高度阐述和定位沿边开发开放问题。沿边开发开放被上升为国家发展与治理战略的重要组成部分。同时，在原来政策的基础上，形成了对沿边地区开发开放的政策支持体系。党的十八大拉开了新一轮沿边开发开放的序幕。《中共中央 国务院关于构建开放型经济新体制的若干意见》（2015 年 5 月）发布，确立了沿海、内陆、沿边"三位一体"的开放格局，加快沿边开发开放。以此为基础，地方政府因地制宜，纷纷制定本省区的沿边开发开放规划。

2013 年以来，在开放理念方面，中国提出"亲、诚、惠、容"周边外交新理念，强调统筹国内国际两个大局，坚持睦邻、安邻、富邻，提升与沿边国家合作水平，深化与周边国家利益整合，促进区域共同繁荣发展，稳定周边、经略周边，打造周边命运共同体。在战略思路方面，中国提出把沿海、沿江、沿边开放有机结合起来。在战略格局方面，中

---

① 参见《国务院关于支持沿边重点地区开发开放若干政策措施的意见》、《中共中央办公厅 国务院办公厅印发关于加大边民支持力度促进守边固边的指导意见的通知》、《国务院关于同意设立黑龙江绥芬河—东宁重点开发开放试验区的批复》（国函〔2016〕71 号）、《国务院关于同意设立云南勐腊（磨憨）重点开发开放试验区的批复》（国函〔2015〕112 号）、《国务院关于同意设立内蒙古二连浩特重点开发开放试验区的批复》（国函〔2014〕74 号）、《国务院关于同意设立广西凭祥重点开发开放试验区的批复》（国函〔2016〕141 号）等。

国提出东南亚、南亚、中亚和东北亚四个战略方向，以国际大通道建设为依托，以重点开发开放试验区为先导，以沿边重要口岸城镇为支撑，以边境经济合作区为载体，构建沿边地区开发开放战略格局。

该阶段国家提出，沿边开放的战略重点是加强同周边国家基础设施互联互通。在加快沿边地区交通网络建设的同时，更注重加强同周边合作，推动境内外通道衔接，包括境内外国际铁路通道建设、国际公路运输通道建设以及航空、水利、桥梁、油气管道、输电线路、通信和信息化、口岸互联互通建设等。该阶段修建的国际铁路通道主要有第二亚欧大陆桥、东北亚海路连通铁路等。建设融资平台是该阶段的另一项重要工作。金砖国家新开发银行和亚洲基础设施投资银行相继成立。在沿边开放平台建设方面，以绥芬河—东宁等 3 个重点开发开放试验区为基础，中国提出在条件比较成熟的沿边地区设立新的重点开发开放试验区，拓展边境经济合作区功能，稳步建设跨境经济合作区、边境地区产业园区与境外产业园区等。为建设沿边开放型经济，中国提出注重培育发展沿边地区外向型特色优势产业体系。该阶段将重点建设能源资源加工产业基地、面向周边市场的出口加工基地、区域性国际商贸中心，发展现代特色农业和跨境旅游业及其他服务业，提升沿边产业层次。

该阶段沿边开放的另一个特点是，周边合作的内容得到深化。除积极拓展与周边国家贸易投资合作外，中国努力推进沿边地区参与科教合作与人文交流，加强区域、次区域合作，积极与周边国家商谈建设自贸区。加快人民币的周边化、区域化和国际化步伐也被正式提上议事日程。国家沿边开放政策进行了很多创新，对财税、金融政策，产业、投资、贸易政策，土地政策，旅游政策，人才政策，行政和外事管理体制改革政策等进行创新，出台新的扶持政策。

中国沿边开放概念发生转变，从小沿边概念发展到大沿边概念。

2013 年 9 月，国务院批复《黑龙江和内蒙古东北部地区沿边开发开放规划》，将黑龙江和内蒙古东北部地区沿边开发开放上升为国家战略。将黑龙江和内蒙古东北部地区定位为国家沿边开放新高地、面向俄罗斯及东北亚开放的重要枢纽、沿边重要经济增长区域以及东北地区重要粮食安全屏障，将哈尔滨定位为沿边开发开放的中心城市。黑龙江全省范围面向俄罗斯开放，形成"沿边开发开放先导带、沿边开发开放支撑带、沿边开发开放带动区"。"两带一区"开放新格局，打破了就沿边开放论沿边开放的旧思维、旧思路、旧模式，成为中国沿边地区新一轮开发开放的最大亮点，标志着中国沿边开发开放开始从小沿边概念向大沿边概念转变①。

中央政府不断提高沿边开发开放政策地位，加大政策扶持力度。党的十九大以来，中国的战略目标是全面建成小康社会。党的十九大报告提出"形成陆海内外联动、东西双向互济的开放格局"，《中华人民共和国国民经济和社会发展第十四个五年规划和 2035 年远景目标纲要》明确提出了推动东北振兴取得新突破、支持特殊类型地区发展、积极拓展海洋经济发展空间与深度参与全球海洋治理、提升对外开放平台功能、优化区域开放布局、推进基础设施互联互通、积极营造良好外部环境多项涉及沿边开发开放的重点任务。该阶段政府依法治国能力与制度建设不断提升和完善，沿边开发开放的相关政策法律体系逐步健全，如《外商投资法》和《优化营商环境条例》于 2020 年 1 月 1 日正式施行。沿边地区有规则地步入国家"陆海内外联动、东西双向互济"的全面开放新格局。

随着"一带一路"倡议的提出和中蒙俄经济走廊的建设，中国对俄的经贸合作日益加深，尤其是位于我国东北部的黑龙江省成为我国

---

① 黄志勇：《中国沿边开放新阶段新特征及广西沿边开放新站位》，《东南亚纵横》2015 年第 1 期。

向北开放的重要窗口之一。2015年5月8日，中俄两国政府签署了《中华人民共和国与俄罗斯联邦关于丝绸之路经济带建设和欧亚经济联盟建设对接合作的联合声明》。随着2018年《中俄在俄罗斯远东地区合作发展规划（2018—2024年）》正式获批，该年两国贸易额突破1000亿美元大关。中俄两国国家政府的高度重视，为绥芬河对俄开放提供了有利的政策环境。

自由贸易试验区政策进一步推动绥芬河对外开放。黑龙江自由贸易试验区于2019年8月30日正式成立。绥芬河片区地理位置优势明显。绥芬河在中国"一带一路"倡议中，俄罗斯也将绥芬河纳为"滨海一号"交通运输走廊项目的重要枢纽城市，推出一系列促进中俄跨境物流运输的重要措施及政策。这些使得绥芬河在中国对东北亚国家开放合作中的重要作用更为突出，也为企业投资创造了更加便利良好的条件和环境。2021年绥芬河国际机场建成运营，使得绥芬河片区成为黑龙江省唯一拥有立体化铁路、公路、航空综合运输功能和运力最大的枢纽口岸，口岸综合换装能力达到3850万吨，后方铁路运输能力达到5000万吨。哈尔滨—绥芬河—俄罗斯远东港口—韩国、日本的陆海联运航线和哈尔滨—绥芬河—俄罗斯远东港口—上海、宁波、广州等港口的内贸货物跨境运输线路对实现东北亚区域经济一体化都具有极其重要的战略意义。加快绥芬河片区国际化布局和"走出去"步伐，推动农产品、汽车及零部件、轻纺产品、木制品及家具扩大进口，推动俄滨海边疆区农业合作园区等重点投资项目，推动在俄罗斯、蒙古国培育建设一批农牧业、林业和商贸物流园区，推动扩大自韩、日进口，促进企业转型升级。黑龙江自由贸易试验区建设已进入提速新阶段。2020年，自由贸易试验区外贸总额达204.9亿元，同比增长12.8%，2021年1月至7月外贸总额达128.9亿元，同比增长44.9%。截至2021年7月底，自由贸易试验区入驻企业11403家，其中新入驻外资企业占黑龙江省总数的 24.1%[①]。2021 年 7 月 29 日，绥芬河集中签约 12 个项目，总投资额 7.1 亿元人民币[②]。

图 4-15　走进木炭大港

资料来源：绥芬河市人民政府网站，http://www.suifenhe.gov.cn/channels/4305.html。

绥芬河市沿边开放三个阶段基本特点不同，具体情况可见表 4-2。

表 4-2　绥芬河市沿边开放三个阶段基本特点

	第一阶段 （1992~2007 年）	第二阶段 （2007~2013 年）	第三阶段 （2013 年至今）
国家沿边开放的目标	开拓周边市场，实现兴边富民	深化与周边国家经济技术合作，建设和谐边疆	经略周边，构建周边命运共同体
绥芬河市沿边开放的空间范围	以点开发模式为主，绥芬河市作为沿边开放城市重点	向点轴开发模式转变，构建陆路开放经济带	沿海、沿江、沿边开放有机结合起来，以大沿边为基础建立对外开放新格局

① 《黑龙江自贸试验区成立两周年成绩单亮眼》，《黑龙江日报》2021 年 8 月 28 日。
② 《中国边城绥芬河签约 12 个项目 推动国际贸易门类多元发展》，《中华合作时报》2021 年 8 月 6 日。

续表

	第一阶段 （1992~2007 年）	第二阶段 （2007~2013 年）	第三阶段 （2013 年至今）
绥芬河市沿边 开放的重点 内容	边贸合作，同俄罗斯 合作开发能源、原材 料、矿产资源	加强与俄罗斯基础设施 互联互通建设	把加强同俄罗斯基础设施互 联互通放到更加突出的战略 位置，推动境内外通道连接
绥芬河市沿边 开放的平台 建设	边境经济合作区 边民互市贸易区 边境口岸	在原有的边境经济合作 区、边民互市贸易区的 基础上，探索跨境经济 合作区，建立沿边保税 物流体系	设立新的重点开发开放试验 区，拓展边境经济合作区功 能，建设跨境经济合作区， 建立自贸区

资料来源：笔者自制。

二 绥芬河对外开放的主要成就

（一）对外贸易

对外贸易迅猛发展是绥芬河市沿边开放的重要成就。绥芬河市积极调整对俄贸易方式，由"倒包"贸易向双向加工贸易延伸，市场领域由俄远东地区向东北亚区域延伸，合作方式由商品贸易向投资合作延伸，提升对俄经贸合作水平。远大皮草厂等一批皮革加工企业成长为俄罗斯市场的知名企业。农副产品进出口生产、加工基地发展迅速，销售市场已覆盖俄罗斯远东地区，并向俄罗斯腹地拓展。绥芬河市对外贸易额在全国 14 个沿边城市中排名第二，仅次于广西凭祥。

除贸易额增长迅速外，绥芬河市对外贸易结构不断完善，商品种类日趋丰富。绥芬河市进出口商品已经有 243 个大类 3500 多个品种。从贸易主体看，绥芬河市贸易额超过亿元企业 20 多家，贸易额超过 5000 万元企业 40 多家，前 50 家企业贸易额占总额的 70%。从贸易品种看，出口商品以果蔬、服装、纺织纱线、鞋类、建材、木制品、塑料制品、机电产品等为主；进口商品以木材、化肥、纸浆、铁矿砂、煤炭等资源类商品为主，资源类商品进口占全市贸易额的80%。

绥芬河市对外贸易合作的国际市场不断扩大，已与世界185个国家和地区建立了经贸往来，主要贸易伙伴包括俄罗斯、东盟、日本、沙特阿拉伯、加拿大、美国和韩国等。绥芬河电商行业发展迅速，目前注册有7800余个电商经营主体，其中90%的电商经营主体面向全国线上销售俄罗斯商品。

俄罗斯是绥芬河市主要外贸伙伴。对俄贸易额占进出口总额主要部分，特别是21世纪的头几年，占比更高。随着中俄两国贸易往来的加深，绥芬河市对俄贸易额整体呈增长趋势，但2009年因受到金融危机影响，出现了大幅下滑。2010年对俄贸易走出困境，一路攀升。2012年达到40.8亿美元。但2015年，受到国际因素影响，绥芬河市对俄贸易出现了大幅跳水，降到了最低点16.6亿美元，这与中俄贸易整体形势呈正相关，2016年和2017年又出现反弹。但绥芬河市进出口总额却在2014年之后开始大幅下降，2019年又强势回升。受到新冠疫情影响，2020年绥芬河市（境内目的地/货源地）出口额6640万美元，同比减少21097万美元，下降76%。2020年绥芬河市（境内目的地/货源地）进口额110814万美元，同比减少7232万美元，下降6%。因此，进出口总额也同比下降（见图4-16）。

2021年上半年，绥芬河市进出口总额是76.69亿元人民币，同比增长19.5%，比黑龙江全省增速快1.1个百分点。2021年下半年，绥芬河集中签约12个项目，其中包括7个能源、木材加工项目，4个汽车配件加工、冷冻水产品加工项目，1个金融服务项目。绥芬河口岸最主要的进口大宗货物就是木材。近年来，绥芬河市全力打造百亿级木材加工产业集群，建立中俄木材加工交易中心。

图 4-16　2003~2020 年绥芬河市对俄贸易额与进出口总额

资料来源：历年《中国统计年鉴》。

（二）交通基础设施互联互通

交通基础设施互联互通是绥芬河市沿边开放的第二项重要成就。沿边开放以来，绥芬河市与周边国家相邻地区的交通基础设施不断完善，口岸建设和公路铁路建设质量不断提高，陆海联运大通道初步建成，物流体系日益完善。

绥芬河因口岸而兴起，现有公路、铁路两个国家一类口岸，是我国沿边开放重点口岸和黑龙江省对俄合作主通道。绥芬河进出口货运量连续多年占黑龙江省边境口岸总量的 80% 以上，对俄贸易额占黑龙江全省的 50% 以上。绥芬河口岸是中国进口俄罗斯木材、煤炭、粮食等大宗商品的重要口岸，也是俄罗斯糖果、酒水饮料、面包等产品销往中国市场的重要集散地。绥芬河口岸是中国首批进境粮食指定口岸，拥有冰鲜水产品、肉类、整车、钾肥等一般贸易进口资质。此外，绥芬河市还拥有诸多优惠政策，诸如俄罗斯公民凭护照免签入境、卢布现钞使用试点、进口中药材加工试点等。

除口岸外，绥芬河还努力打造陆海联运大通道，加快建设跨国物流通道，在"哈绥俄亚"国际陆海联运常态化运营方面取得了巨大进步。"哈绥俄亚"是贯通欧亚地区的大通道，具有很大的物流潜力。"哈绥俄亚"国际陆海联运大通道以哈尔滨为中心，以哈尔滨、牡丹江、绥芬河、东宁产业带为支撑，延伸至俄罗斯远东港口群，是中国"一带一路"对接俄罗斯主导的欧亚经济联盟以及韩国"欧亚倡议"的重大成果。"哈绥俄亚"国际陆海联运大通道自2016年6月正式开通以来，已累计发出94个班列，货量15.8万吨，总价值9.5亿元。

图4-17 繁忙的编组站

资料来源：绥芬河市人民政府网站，http://www.suifenhe.gov.cn/channels/4305.html。

"哈绥俄亚"国际陆海联运大通道开通后，货物从哈尔滨经绥芬河口岸和俄罗斯远东港口运到韩国釜山，比经大连港运输距离缩短了224公里，比经日本新潟港和横滨港分别缩短了1390公里、740公里，比运输到美国西海岸缩短了2000公里。对接哈欧班列的"外中外"欧亚国际运输走廊也已经贯通。同时，至我国南方港口的"中外中"内贸货物跨境运输走廊已经贯通。内贸货物进境口岸扩展至上海等15个，

图 4-18 旋转的装卸场

资料来源：绥芬河市人民政府网站，http://www.suifenhe.gov.cn/channels/4305.html。

图 4-19 起吊凌空

资料来源：绥芬河市人民政府网站，http://www.suifenhe.gov.cn/channels/4305.html。

运输商品涵盖粮食、石化、木材等多个品种。2017 年 4 月 11 日，又开通了我国太仓港至俄罗斯东方港的快航航线（从东方港到太仓港再返回东方港全程仅需 9 天），每月 3 个航次，效率最高、时间最短[①]。

物流体系日益完善。在中俄跨境电商推动下，两国跨境物流实现较快发展。2017 年中国阿里的"全球速卖通"计划在俄罗斯的 20 个城市提供"次日达"服务，在其他 50 个城市提供"三日达"服务。以菜鸟网络为代表的中方物流企业积极进军俄罗斯市场，发展本土物流业务。俄罗斯符拉迪沃斯托克（海参崴）邮政局于 2016 年 4 月调整了邮路，暂停黑河、珲春、绥芬河等 3 个陆路口岸的跨境电商业务。为应对这一变化，绥芬河开辟了国际快件运输通道，突破国外物流瓶颈。

图 4-20　龙运互贸区国际综合物流园项目

资料来源：绥芬河市人民政府网站，http://www.suifenhe.gov.cn/channels/4305.html。

---

① 庄艳华、张成立：《新时代绥芬河深化对外开放研究》，《对外经贸》2018 年第 4 期。

（三）对当地经济社会发展的贡献

14 个沿边开放城市中，仅黑河与丹东是地级市。绥芬河沿边开放对当地经济社会发展做出很大贡献。沿边开放以来，绥芬河市经济一直保持良好的增势。第三产业对经济增长的拉动作用明显。同时，绥芬河市的经济社会发展也存在明显不足，外贸依存度过高，工业空心化，在周边国际城市体系中，绥芬河的城市等级偏低，较低的人口支撑度限制了绥芬河市与周边国际区域合作的进一步发展。

第一，经济增势良好。

实行沿边开放以来，绥芬河市经济建设取得显著成效。2003~2014年，绥芬河市的经济总量整体保持良好增长态势。经济新常态以来，与全国其他城市一样，绥芬河市经济总量增速明显下行，2015 年绥芬河市经济总量出现小幅度下滑态势，由 2014 年的 133.7 亿元下跌至 2015 年的 132.1 亿元。从人均 GDP 看，从 1990 年至 2020 年，绥芬河市人均 GDP 均超过全国平均水平。2004~2014 年，绥芬河市人均 GDP 与全国平均水平差距不断加大，经历新常态后，且受新冠疫情影响，绥芬河市人均 GDP 于 2020 年接近全国平均水平（见图 4-21）。

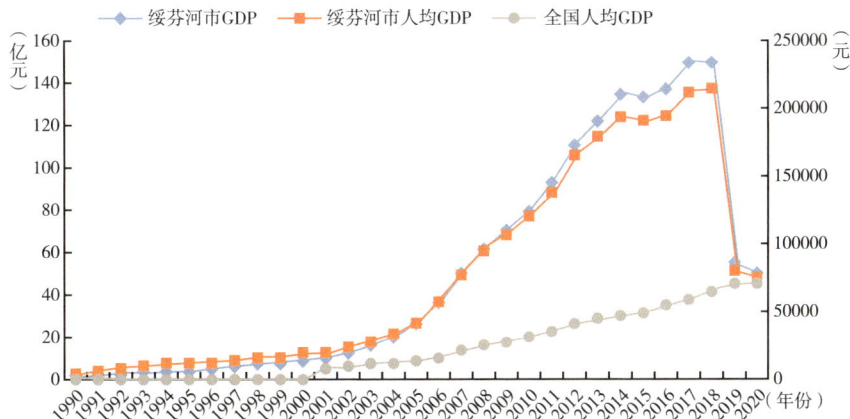

图 4-21　1990~2020 年绥芬河市 GDP、人均 GDP 与全国人均 GDP 情况

资料来源：历年《中国统计年鉴》。

图 4-22　边陲重镇绥芬河

资料来源：绥芬河市人民政府网站，http://www.suifenhe.gov.cn/channels/4305.html。

第二，第三产业对经济增长的拉动作用显著。

第三产业是沿边开放城市经济发展的主要动力，全国近一半的沿边开放城市第三产业对经济的贡献超过 60%。绥芬河市第一产业和第二产业的占比从 1994 年以来一直相当低，低于 30%。2020 年绥芬河市第三产业占比是 82.4%，第二产业占比仅为 14.9%（见图 4-23）。由此可见，绥芬河市在经济发展历程中，第二产业比重偏低，没有获得应有的发展，该市直接进入"后工业化社会"，工业基础薄弱。2020 年绥芬河市规模以上工业增加值同比增长 0.3%，规模以上工业总产值同比增长 1.2%[①]。并且，绥芬河市的第三产业主要集中于为货物流通提供服务，以及为生活生产提供服务方面，知识技术密集型服务业欠发达。因此，绥芬河市第三产业需要提升质量，实现服务业高级化。

---

① 《2020 年绥芬河市国民经济和社会发展统计公报》。

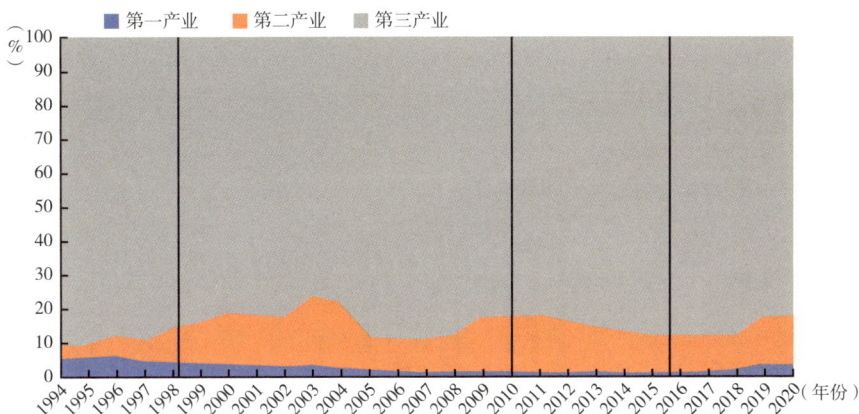

图 4-23　1994~2020 年绥芬河市三次产业比重

资料来源：历年《中国统计年鉴》。

第三，外贸依存度过高。

经过 30 年的沿边开放历程，绥芬河市的对外开放程度得到显著提升，对外贸易形式与内容基本实现了更新换代。从图 4-25 可以看到，绥芬河市对外贸易依存度过高，20 世纪最初几年的对外贸易依存度超过 100%，2019 年和 2020 年的对外贸易依存度分别高达 296% 和 266%。这意味着对外贸易额远远高于地区生产总值。对外贸易已经是绥芬河市经济发展的主要形态，是经济发展的主要动力。

第四，在周边国际城市体系中，绥芬河市等级较低。

与相邻的俄罗斯城市相比，绥芬河市 2021 年人口 6.7 万人，而乌苏里斯克（双城子）2021 年人口 17.3 万人，邻近的俄罗斯远东第二大城市符拉迪沃斯托克（海参崴）2021 年人口 60.0 万人。可以看到，绥芬河市在与境外相邻城市组成的周边国际城市体系中等级较低。城市等级低影响了绥芬河的对外辐射能力。人口支撑不足，限制了绥芬河的市场规模，难以吸引投资，限制生产能力与出口规模。另外，绥芬河市经济结构单一，主要依靠边境贸易和出口加工，缺乏高等级服务

图 4-24　绥芬河市商贸产业发展情况

资料来源：绥芬河市人民政府网站，http://www.suifenhe.gov.cn/channels/4305.html。

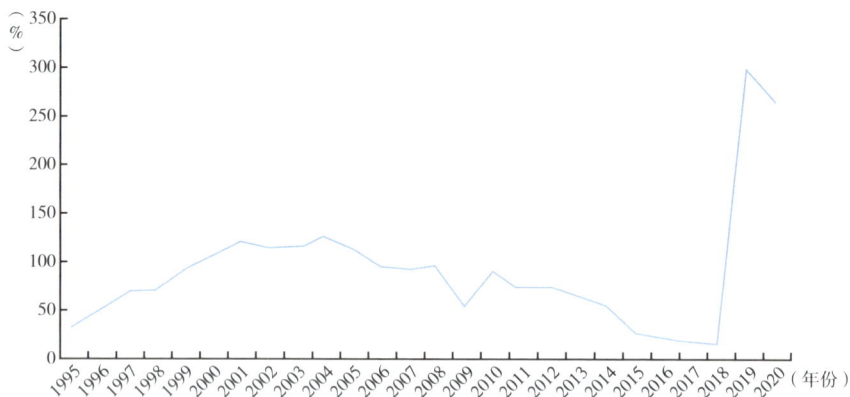

图 4-25　1995~2020 年绥芬河市对外贸易依存度

资料来源：笔者根据国家统计局数据整理而得。

业，工业空心化，这意味着绥芬河市在与境外城市互动中，无法支配物资、技术、资金与信息流。并且，绥芬河市在对外发展中，缺乏腹地支撑，与黑龙江省城市群的中心城市经济联系不足，这限制了绥芬河市的跨国远距离辐射能力 [1]。

由图 4-26 可以看到，自 1990 年以来，绥芬河市户籍人口总体呈增加趋势。然而自 2017 年以来，绥芬河市户籍人口开始出现逐年递减趋势。根据第七次全国人口普查数据，截至 2020 年 11 月，绥芬河市年常住人口 11.46 万人，全市户籍人口 68507 人，其中，城镇人口 58062 人，乡村人口 10445 人。第七次全国人口普查常住人口少于第六次全国人口普查结果（13.23 万人，2010 年），但户籍人口多于第六次全国人口普查结果（65884 人）。

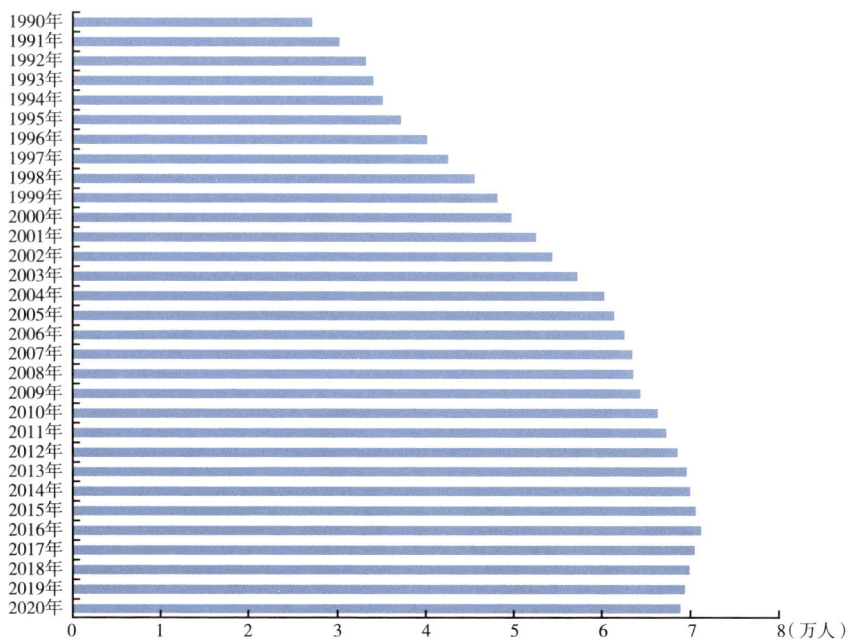

图 4-26 1990~2020 年绥芬河市户籍人口情况

资料来源：国家统计局。

---

① 朱显平、邹向阳：《论我国沿边开放城市的区域职能缺失》，《东北亚论坛》2006 年第 1 期。

（四）对俄罗斯远东地区经济社会发展的贡献

与中国毗邻地区的经贸合作对俄罗斯远东发展非常重要，历来受到俄罗斯政府高度重视。来自中国的商品极大地丰富了俄罗斯当地市场供应，方便当地居民生活。对于俄罗斯远东地区边疆区与州来说，与中国经贸合作可以补充本地商品市场。因为俄罗斯远东地区原来依赖俄罗斯经济中心的商品供应，但苏联解体以后，这种联系被中断。从中国进口商品，特别是轻工业商品，对保障远东地区居民生活来说至关重要。引进亚洲先进的农业技术对于保障远东食品安全至关重要。此外，俄罗斯远东地区可以依靠贸易顺差和过境运输费用建立货币储备。远东地区人力资源匮乏，可以依靠吸引中国劳动力到建筑业和农业部门，补充远东地区的劳动力资源。通过远东港口提供运输服务和实现进口货物再加工，也是俄罗斯远东对华合作的一个兴趣点。此外，远东工业企业愿意参与对我国东北地区苏联援建工业设施的维修与零部件生产。

图 4-27　候车时光

资料来源：绥芬河市人民政府网站，http://www.suifenhe.gov.cn/channels/4305.html。

图 4-28 2019 年中俄自行车联赛

资料来源：绥芬河市人民政府网站，http://www.suifenhe.gov.cn/channels/4305.html。

图 4-29 中俄大巡游

资料来源：绥芬河市人民政府网站，http://www.suifenhe.gov.cn/channels/4305.html。

163

随着中俄关系升温，两国决定把相毗邻地区的合作上升到国家层面。2009 年中俄两国批准了《中华人民共和国东北地区与俄罗斯联邦远东及东西伯利亚地区合作规划纲要（2009—2018 年）》，中俄边境的地方经贸合作上升至国家层面。然而，该合作规划纲要完成情况并不好，很多项目依然停在纸上。2018 年两国签署了《中俄在俄罗斯远东地区合作发展规划（2018—2024 年）》。乌克兰危机以来，俄罗斯希望加强与中国的合作。中俄相毗邻地区间合作，将为增进中俄关系奠定基础。绥芬河市的对外开放，不仅惠及当地居民，也有助于推动周边命运共同体建设，为中国和平崛起构建良好的周边环境。

第三节
绥芬河对外开放经验启示、存在的问题与未来展望

绥芬河是第一批国家沿边开放城市，形成了完整的政策体系，享受国家开放的多种优惠政策。比如，进境粮食指定口岸、进境食用水生动物试进口、对俄猪肉出口指定口岸、跨境贸易电子商务试点、对俄医疗旅游试点、卢布现钞使用试点、中俄投资贸易结算中心试点以及综保区等特殊优惠政策。绥芬河在对外开放中，有着独特的区位优势、强大的对俄贸易基础、良好的对外贸易环境。下面谈一下沿边开放 30 年来绥芬河市的经验启示、存在的问题与未来展望。

一 绥芬河对外开放经验启示

沿海地区发展历史悠久，具有较为雄厚的经济基础、国内发达的工业、先进的技术力量、重组的劳动力和便利的海上交通条件，但自

然资源缺乏。沿边地区开发较晚，经济基础比较薄弱，劳动力文化素质较低，技术力量较弱，能源交通等基础设施比较落后。沿海开放主要面向西方发达国家和亚太新兴工业化国家和地区，这些国家和地区拥有较为雄厚的资金和先进的技术；沿边地区的开放对象针对性很强，各有侧重，东北地区主要是俄罗斯、蒙古国、朝鲜等国家。为此，沿边开放不能简单复制沿海开放的经验，应立足于自身资源禀赋。绥芬河市在对外开放中具有下列经验启示。

第一，在与外部世界的积极互动中发展壮大，是绥芬河市快速发展的根本。从绥芬河市发展的历史进程看，特别是沿边开放的 30 年来，积极主动与周边国家和地区进行经济往来，是绥芬河市快速发展的重要因素。绥芬河市的兴起源于对外经济往来，绥芬河历史上的口岸开放时期，是城市快速发展的黄金时代。在被日本占领时期和中苏关系恶化时期的封闭发展，都让绥芬河市的经济社会发展几乎停滞。

第二，谨慎的渐进式开放是应对开放不利影响的一个有效方式。对外经济合作的绩效受到全球、国家、地区、次区域等诸多层次多种因素的影响。全球经济发展趋势、国家政策、地区安全局势、次区域经济发展水平等诸多影响，并非一国能够控制。在绥芬河对外开放历程中，亚洲金融危机、俄罗斯经济衰退、俄罗斯相对保守的对华经济合作政策、全球新冠疫情等因素，深刻地影响绥芬河对外开放。在面对这些不利因素时，中央政府与绥芬河市采取了谨慎的渐进式开放策略，在部分区域试点，条件成熟后逐步批准设立各种开放平台，这是稳健推进开放进程的重要举措，在发展的同时，保障了边疆经济社会安全。

第三，应对开放的不利影响，坚持在开放中解决问题，而不是退回到保护和封闭状态，是绥芬河市对外开放的又一条重要经验。绥芬河市在沿边开放 30 年中，遇到诸多不利因素，但绥芬河市一直坚持在开放中解决问题，开放的定力非常重要。例如，在应对俄罗斯政策多变方面，绥芬河市努力想办法解决问题，取得一项又一项成绩。

第四，加强与省内其他地区间统一大市场构建，推动区域一体化发展，是绥芬河市构建对外开放新格局的重要举措。2016年国务院批复成立绥芬河—东宁重点开发开放试验区，促进绥芬河—东宁协调发展，形成发展合力。打破行政区划限制，通过有偿或无偿方式推动自身项目在其他地区落地，能够充分发挥各自优势，充分利用各类资源，提高资源利用效率和水平。

二　绥芬河对外开放存在的问题

尽管取得显著的成绩，然而，在对俄合作中，黑龙江省包括绥芬河仍存在一些问题。2021年12月1日，中国社会科学院主办的"社科论坛"指出，中俄边疆地区合作效果不佳，经贸合作不容乐观，黑龙江省已经失去中俄贸易主要通道地位。中俄边贸地区贸易额占中俄贸易总额比重逐年下降，贸易结构不合理，缺少生产领域的合作，投资合作成绩无几，人文交流处于自然状态。

第一，虽然中俄两国政府高度重视边疆地区合作，签署了一系列文件，但是中俄边疆地区合作效果远不如预期。俄罗斯远东地区没能成为俄罗斯与东北亚国家经济合作平台。2019年，俄罗斯远东与中日韩三国的贸易额与2011年持平。俄罗斯远东与中国的贸易额从2011年的111亿美元下降到2019年的107亿美元，远东在中俄贸易总额中的占比也从12.4%下降到9.9%。

第二，中国东北地区对俄贸易额持续减少，黑龙江已经失去了作为中俄贸易桥梁的作用。在2019年，东北地区对俄贸易额已经比2011年减少28%。东北地区对俄贸易额在中俄贸易总额中的占比从

2010 年的 19.2% 减少至 2020 年的 16.9%，主要原因在于黑龙江。黑龙江省曾是中国内陆地区与俄罗斯贸易的枢纽。现在，中国经黑龙江向俄罗斯出口额严重下滑，从 2014 年的 90 亿美元下降到 2019~2020 年的 14 亿美元。这表明，黑龙江在过去的几年里，已经失去了作为中俄贸易主要通道的地位。

第三，中俄边疆地区贸易结构不合理，缺少生产领域的合作。从进出口结构看，俄罗斯向中国出口清单的大部分还是原材料。中俄边疆地区投资合作成绩无几。中国 80% 的投资集中在阿玛扎尔纸浆厂，而俄罗斯在中国边境地区的投资非常少。

第四，中俄边疆地区人文交流并不理想。中国旅游者到俄罗斯边疆地区数量有所增加，但非常明显，俄罗斯公民到中国边疆地区特别是黑龙江旅游人数从 2010 年 200 万人减少到 2019 年 150 万人。人文交流处于自然无序状态，缺少应有的协调。

中俄边疆地区合作进展不顺的原因主要有以下两点。

第一，中俄边疆地区传统合作模式效率低下。中俄边疆地区合作模式还是遵循百年前建立的旧模式，主要思路是双方发挥各自优势，以取得协同效应。这也成为 2009 年俄罗斯远东和东西伯利亚与中国东北签署合作规划的基石。近年来，该模式一直低效运转。在中俄两国国内发展新态势面前，还用过时的合作模式生搬硬套，自然达不到预期效果。中俄边疆地区甚至达不到最低程度的合作与协同。

第二，中俄两国领导人希望共同发展边疆地区的思想没有在实际行动中体现出来。中俄边疆地区均为相对落后的边缘地区。中俄两国都意识到了边疆地区发展的重要性，边疆合作问题也经常出现在两国领导人的联合声明或者宣言中。然而，正式话语体系和实际话语体系出现分歧。两国共同签署的文件数量众多，然而执行效率低。

绥芬河市在沿边开放战略启动之初，属于沿边开放城市的先进之列。然而，进入新常态以来，与其他沿边开放城市相比，绥芬河市逐渐落后。绥芬河市对外开放的相对滞后与新东北现象的出现几乎同步。不仅绥芬河市，黑龙江省在对俄经济合作中，也逐渐失去了火车头的作用。

三　绥芬河对外开放未来展望

第一，通过参与"一带一路"，推动绥芬河市全方位对外开放。中国边疆地区经济长期发展的主要制约因素是开放度低。边疆地区需要搭上中国新一轮对外开放列车。

为此，应完善制度设计，建立统一大市场。"十四五"时期，中国对外开放将从商品和要素层面开放扩大到制度开放，确保相互依存。绥芬河市对外开放制度需要整合发展，建立统一的营商规则，让国际大企业、技术、专业人才通过"一带一路"走进绥芬河。

需要理顺政府与市场（社会）、国企与民企、央企与中小企业之间的关系。政府负责制定市场规则，社会通过行业组织规则，让政府政策落地。通过开放，实现政府与企业关系升级。国有企业在基建和公共服务领域影响力较大，应推动国企与民企分工协作，民企发挥市场优势。进一步加强社会和地方层面的开放，让地区行业组织与周边国家和地区相对接。赋予地方行政主体更大的开放合作自主权，在关税水平、通关便利、自贸协定、市场准入、资本兑换、知识产权保护等领域获得更大的政策主动性。

充分利用自由贸易试验区制度。借鉴沿海自由贸易试验区先进经验，创新自由贸易试验区的微观制度设计，如管理模式，单一窗口，一线放开、二线管住等。自由贸易试验区建立外商投资负面清单的动态调整机制，为外商资本顺利进入提供有效渠道。促进我国先进海关技术的跨国共享。

积极参与区域产业链构建。例如，可以依托中国（黑龙江）自由贸易试验区平台，打造全国木材集散地，延伸绥芬河木材产业链。利用"互联网＋木业＋跨境电商"的商业模式，推动建设黑龙江绥芬河木材交易中心，推动跨境产业联动平台建设。利用绥芬河片区和符拉迪沃斯托克（海参崴）自由港的特殊优惠政策，吸引国内企业向绥芬河转移，将橱柜生产工序流程拆分成前后两端，分别布置于国境线两侧的绥芬河片区和滨海边疆区，建设跨境产业园区和物流服务体系，打造"俄—中""俄—美"橱柜产业跨境加工基地。除木材外，能源加工也是很有前景的产业方向。

绥芬河市在今后的对外开放中，需要更加关注科技进口与专业人才交流，充分挖掘对象国的比较优势。俄罗斯核能、航天、航空、新材料和信息技术方面具有比较优势，东部地区在新材料工艺、微电子工艺、光电子工艺、激光工艺、核工艺、无线电子工艺、动力设备、专业滑雪及生物工程等领域达到国际先进水平。绥芬河市可以多关注上述领域，加强与对象国的科技往来。

第二，进一步完善基础设施，充分发挥陆海联运优势。绥芬河境内有滨绥铁路、牡绥电气化快速铁路、绥满高速公路；对外有1条铁路和2条公路与俄罗斯远东地区相连接，直抵俄罗斯远东南部港口群。跨境货物运输班列中的"哈绥俄亚""哈绥符釜"基本实现了常态化运营，与俄罗斯"滨海一号"项目实现了对接，打通了黑龙江出海之路，为发展日韩贸易、物流、加工贸易提供了新机遇，为向国内南方港口运输货物开辟了新路径。绥芬河需要加快中外运输通道建设。把途经绥芬河的东北亚国际陆海联运大通道建设纳入国家战略，加强与俄罗斯联检机构和国内沿海港口城市合作，建立陆海联运保障机制，推进口岸管理部门信息互换、监管互认、执法互助，实现人员、资金、信息、货物往来更加便利化。推动绥芬河—格罗捷阔沃跨境铁路套轨扩能提速改造工程，积极推动绥芬河—符拉迪沃斯托克（海参崴）高速铁路纳入两国合作规划。探索与韩国港口合作，建设绥芬河集装箱内陆基地项目。为缓解公路运输紧张压力，争取在原有铁路运输、通俄公路基础上，再修建一条公路。围绕绥芬河机场建设空港经济区，尽可能多地设置国内外航线，承接国际业务，发展空港经济。大力发展现代物流体系。不断扩大口岸仓储规模和运输能力，运用先进技术建立现代化的仓储中心和物流体系，建设便捷高效的信息服务平台，将绥芬河口岸打造成区域性的商品集散地和分拨中心。加强与国内外知名物流企业的对接沟通。

第三，绥芬河市应加强城镇基础建设。绥芬河市加强城镇基础建设，不仅有利于绥芬河市对外开放，更有助于维护边疆安全。国家在财税政策、产业政策方面应给予更大支持。为加强城市建设，需要夯实城市发展的产业基础，注意公共社会福利均质化，聚集高素质人口。

第四，绥芬河市应深度参与国内大循环，真正发挥"一带一路"枢纽作用。打铁还需自身硬，为畅通国内大循环，绥芬河市需学习先进的国际经验，推动城市建设，推动公共服务高质量、均等化。绥芬河市应继续办好口岸城市市长论坛，加强沿边口岸城市合作。依托自由贸易试验区创新联盟，加强与黑龙江自由贸易试验区各片区之间的交流合作，实现协调联动。

作者：初冬梅

第五章

沿边开放的"北向支点"

——黑河开放简史

黑河市位于我国东北边陲，是国务院批准的首批沿边开放城市之一，地处东北亚区域的中心地带，以黑龙江主航道中心为界，与俄罗斯远东第三大城市阿穆尔州首府布拉戈维申斯克（海兰泡）隔江相望，是一个地域辽阔、区位优越、资源富集、美丽神奇的边境地区①。改革开放尤其是 1992 年黑河被确定为首批沿边对外开放城市以来，黑河经济社会发展取得了长足进步。地区生产总值总体呈上升趋势，人均地区生产总值亦呈现同样趋势。2021 年，黑河市地区生产总值达到 637.1 亿元② 新高，排在黑龙江省主要城市的第七位，人均地区生产总值达到 49773 元（见图 5-1），排在全省第三位，仅次于大庆与哈尔滨。

在 30 年开放发展过程中，作为沿边开放城市，黑河取得了不错成绩。目前黑河已建成 3 个国家一类口岸、1 个国家级边境经济合作区、1 个省级边境经济合作区、2 个边民互市贸易区、4 个进出口加工园区、3

---

① 黑河市地名介绍参见 http://www.tcmap.com.cn/heilongjiang/heihe.html。
② 本章关于币种有人民币和美元两种单位，因引用资料不同，使用相应的单位时存在不一致的情况。

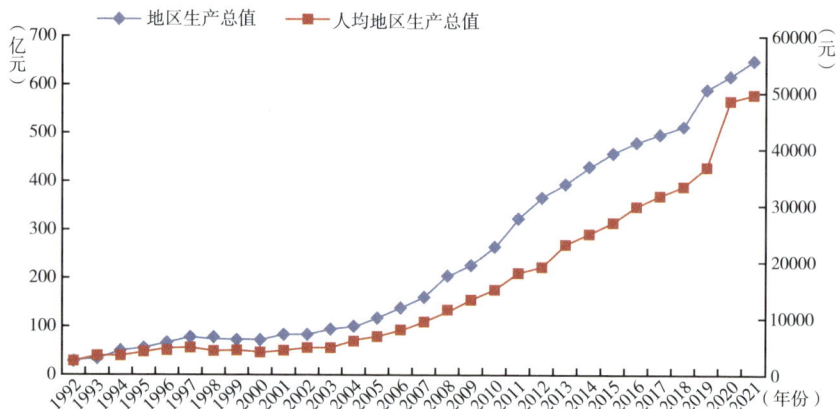

图 5-1　1992~2021 年黑河市地区生产总值与人均地区生产总值

资料来源：根据历年《黑河市国民经济和社会发展统计公报》《黑河市社会经济统计年鉴》等整理绘制。

个境外产业园区。随着 2019 年中国（黑龙江）自贸试验区黑河片区建设全面启动，片区不断完善软硬件建设，坚持差异化、特色化探索，持续改善营商环境，推动制度创新，经过两年多发展，黑河片区交出了一份优秀的成绩单。形成了营商环境优良、贸易投资便利、高端产业集聚、服务体系完善、监管安全高效的高标准高质量自贸片区。30 年来，黑河开放发展波澜壮阔，既有快速发展，也有稳步向前，还存在一定时期的徘徊不定。30 年的黑河开放发展史值得梳理分析，更需要总结思考。

第一节
黑河开放的前期实践与区位条件

一　黑河开放的前期实践

党的十一届三中全会之后，国内逐渐加快了改革开放的步伐。通过创建经济特区，积极引进利用外资，改革对外贸易体制，通过系列开放政策的尝试尤其是对外贸易体制的改革，极大地调动了各方面发展对外贸易的积极性，推动了出口贸易额的大幅度增长。我国对外贸易出口总额从 1978 年的 97.5 亿美元，增加到 1981 年的 220.0 亿美元，增长了 126%[①]。1984~1992 年，中国对外开放区域由局部试点开始逐渐扩大。1984 年和 1985 年，首批 14 个沿海开放城市和长江三角洲、珠江三角洲、闽南三角地区 3 个沿海经济开放区分别确立[②]。到 20 世纪 90 年代，在前期开放城市的基础上，中国先后开放了沿长江的 6 个港口城市、开发浦东新区、批准设立长江三峡经济开放区，带动了长江三角洲及整个长江流域的经济腾飞。尤其在 1992 年，国家实施沿边开放战略，国务院发布了一系列文件，批准黑河、绥芬河、珲春、满洲里、二连浩特、伊宁、博乐、塔城、畹町、瑞丽、河口、凭祥、东兴、丹东等 14 个城市为沿边开放城市。在沿边城市开放的带动下，沿边口岸建设也获得了长足发展。截至 2000 年，中国共开放 77 个沿边口岸，包括 46 个公路口岸、9 个铁路口岸、16 个水运口岸和 6 个航空口岸[③]。以沿边开放城市、沿江开放城市、内陆开放城市设立为标志，对外开放在全国范围内铺开，基本形成了全方位开放格局。整个 20 世纪 90 年代，中国抓住了国际产业特别是信息技术产业结构调整和转移的难得机遇，以开发浦东新区为新举措，大力引进海外直接投资，通过原始设备制造商（OEM）等形式快速参与全球产业链，推动国内产业优化升级[④]。黑河作为内陆沿边城市，本身城市发展就与俄罗斯有着

---

① 本书编写组编著《改革开放简史》，人民出版社、中国社会科学出版社，2021，第 54 页。
② 国家发展和改革委员会国际合作中心对外开放课题组：《中国对外开放 40 年》，人民出版社，2018，第 31 页。
③ 宋周莺等：《中国沿边口岸的时空格局及功能模式》，《地理科学进展》2015 年第 5 期。
④ 《〈中共中央关于全面深化改革若干重大问题的决定〉辅导读本》，人民出版社，2013，第 197 页。

密切的关系，在改革开放政策出台前后，就已经做出了大胆的尝试。

《中国名镇志丛书·瑷珲镇志》资料显示，早在 17 世纪 60 年代，中俄边境地区就有民间贸易往来①。1693 年，俄国还专门派使节赴北京觐见要求通商，清政府特准在北京建立"俄馆"。清咸丰八年（1858）中俄《瑷珲条约》对于中俄边境贸易有专门规定。19 世纪末，中国在俄境从事采金的就达 15000 余人。黑河与布拉戈维申斯克（海兰泡）间的黑龙江上的摆渡业务繁忙，中方的出口商品不仅包括当地土特产品，而且多是来自内地乃至国外的产品；进口的商品也不仅是满足本地需求，更多是运往内地。这一时期，俄方布拉戈维申斯克（海兰泡）人口已达 4 万

图 5-2　20 世纪初期充满异域风情的黑河商业街

资料来源：《黑龙江省黑河市历史照片，曾经辉煌的城市》，"庄皓文"百家号，2020 年 12 月 7 日，https://baijiahao.baidu.com/s?id=1685403578968953844&wfr=spider&for=pc。

---

① 黑龙江省黑河市爱辉区瑷珲镇志编纂委员会编《中国名镇志丛书·瑷珲镇志》，方志出版社，2017，第 54 页。

人以上，其中中国人就有 1 万多人，中国人经营的店铺有 500 多家①。

1905 年，《中日会议东三省事宜条约》议定，东三省自行开埠通商 16 处，其中包括瑷珲。1909 年，设立瑷珲海关。1911 年，俄国正式在黑河设立领事馆，级别为副领事馆。同年，日、俄、美、德、法等国客商大量涌入黑河，在黑河开设大量商号，历史上被誉为"万国商埠"。1917 年俄国十月革命后，中俄边境贸易得到延续。1931 年九一八事变后，直到 1945 年之前，日苏关系紧张，基本上没有贸易往来，瑷珲海关也于 1935 年关闭②。

新中国成立后，在中苏睦邻友好的历史背景下，黑河地区与阿穆尔州地方负责人接触频繁。1956 年，苏方首先提出开展双方边境贸易。1957 年，经中苏两国政府批准，黑河、阿穆尔州两个边境地区间的贸易开始恢复。1960 年，中苏关系开始紧张，双方边境贸易逐渐减少。到1967 年，中苏贸易往来完全中断。到了 20 世纪 70 年代后期中苏关系逐渐缓和，加之改革开放的逐步推进，双方贸易开始恢复并快速发展。

1982 年 1 月，黑河口岸经国务院批准恢复，并确定为国家一类口岸，冰封 15 年的对俄开放大门重新打开。1983 年 3 月，中苏两国政府换文确认进行边境易货贸易、省级地方贸易和国家贸易。1984 年 8 月，胡耀邦视察了黑河市，提出"南有深圳，北有黑河，能不能比翼齐飞""把黑河建设好，有可能和深圳媲美"③。为落实中央领导人指示精神，黑龙江省委确立了"南联北开、全方位开放"方针。当时的黑河地委、行署审时度势，把"建港通贸"放在对外开放工作的突出位置，制定实施了"内引外联、综合开发、建港通贸、兴边富民"经济

---

① 黑龙江省黑河市爱辉区瑷珲镇志编纂委员会编《中国名镇志丛书·瑷珲镇志》，方志出版社，2017，第 56~58 页。
② 根据瑷珲历史陈列馆相关资料整理。
③ 《南深北黑 比翼齐飞——胡耀邦与黑河》，胡耀邦史料信息网，2019 年 5 月 14 日，http://www.hybsl.cn/huinianyaobang/huainianwenzhang/2019-05-14/69747.html。

图 5-3　黑河口岸旧照

资料来源:《【走龙江大地　看今昔巨变】黑河：借势腾飞　构筑向北开放"新高地"》，凤凰网，2019 年 10 月 22 日，https://ishare.ifeng.com/c/s/7qySUgUCAXs。

图 5-4　今日黑河口岸

资料来源：2020 年 8 月笔者调研时拍摄。

发展战略，并把恢复边境贸易作为"七五"期间工作重点。这一时期，黑河对外开放进入一个快速发展阶段。1984 年 10 月黑河航站重新组建，次年 11 月黑河瑷珲机场正式投入使用。1988 年，黑河口岸开通了冰上汽车运输。1988 年 8 月，《国务院办公厅关于黑河市与苏联布拉戈维申斯克市开展"一日游"活动的复函》（国办函〔1988〕39 号）同意了黑龙江省政府相关请示，使得黑河成为全国第一个开展对苏联"一日游"的城市。1989 年，黑河被黑龙江省委、省政府确定为通贸兴边试验区。1989 年 12 月，逊克口岸被批准为国家一类口岸，次年正式对外开放。1990 年 3 月，中苏两国政府换文确认黑河口岸为国际客货运口岸，次年 1 月便正式开通旅客运输。1991 年，建立了中俄边境地区第一个边民互市贸易市场[①]。

二 黑河开放的区位条件

黑河开放之所以有丰富的前期实践，主要原因在于黑河具备重要的区位条件，尤其从对外开放的角度看，黑河开放可以说区位优势明显，这也使得黑河成为首批沿边开放城市。黑河市作为我国首批沿边开放城市之一，是黑龙江省重要的边境贸易城市之一，也是我国东北重要的边境贸易中心城市之一，城市规模大、区位优势明显、基础条件好、物产资源丰富。

黑河与俄罗斯远东第三大城市阿穆尔州首府布拉戈维申斯克（海兰泡）隔黑龙江相望，是中俄 4374 公里边境线上，唯一一个与俄联邦主体首府相对应的距离最近、规模最大、规格最高、功能最全、开放最早的边境城市。黑河与阿穆尔州首府布拉戈维申斯克（海兰泡）最

---

① 邢广程等：《"一带一路"倡议的北向支点——黑河市开放发展报告》，中国社会科学出版社，2018，第 33~36 页。

近距离仅 640 米。两座城市同处于东北亚经济圈核心地带，以两座城市为圆心，在 300 公里半径内分布着中俄 16 座城市。两座城市既是两国边境地区最密集的城市群的组成部分，更是实现中俄区域经济一体化的重要载体。

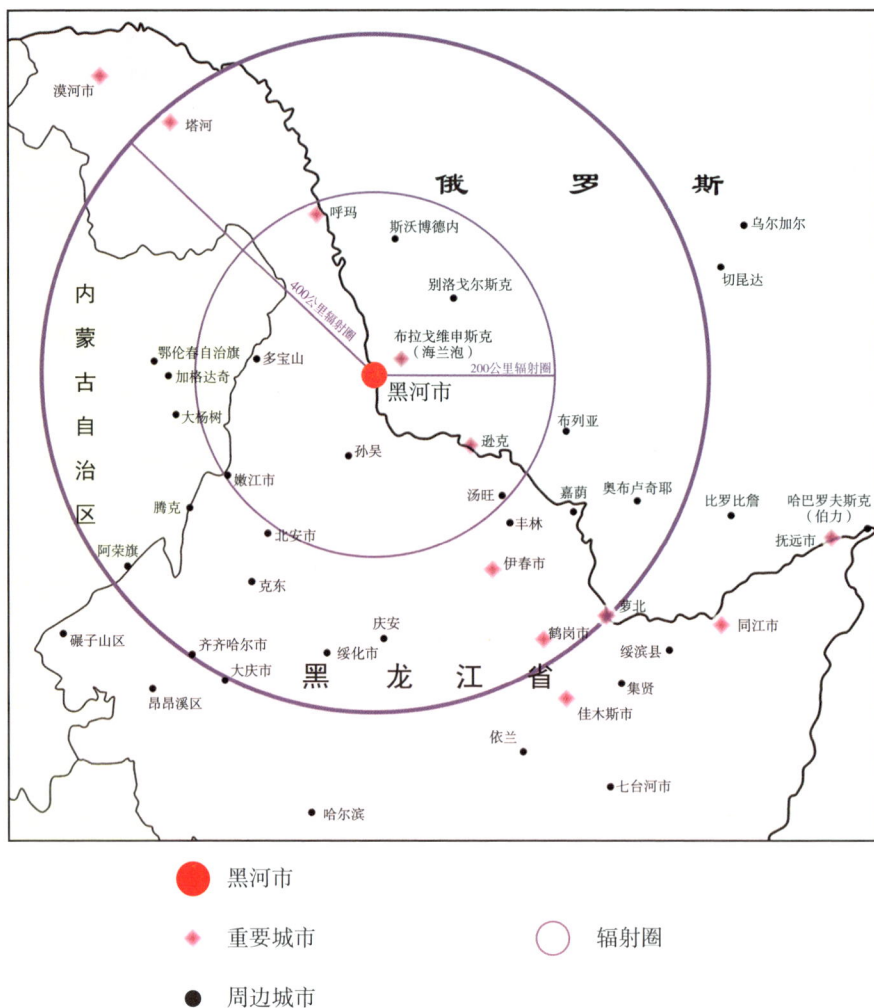

图 5-5　黑河市区位

图 5-6　黑河与俄罗斯阿穆尔州首府布拉戈维申斯克（海兰泡）隔江相望

资料来源：《世界的黑河！"中俄双子城　北国养生地"》，搜狐网，2021 年 8 月 31 日，
https://www.sohu.com/a/486782810_121009622。

黑河在我国东北地区对外开放地理格局中优势明显。沿黑龙江区域城市分布众多，大兴安岭地区、黑河、伊春、鹤岗、佳木斯、抚远、漠河、塔河组成沿黑龙江城市带，这些城市规模大小不一，人口数量不等，尤其分布区域有着明显区别。从地级城市来看，只有黑河市一市城区邻近黑龙江，人口规模、交通条件、基础设施等城市发展水平指标均较高，其他大兴安岭地区、伊春市、鹤岗市、佳木斯市的主城区均相对远离黑龙江主航道，只有其下辖的县市一定程度分布在黑龙江沿岸。从县市级城市分布来看，只有大兴安岭地区的呼玛县、黑河市的孙吴县和逊克县、伊春市的嘉荫县、鹤岗市的萝北县、佳木斯市的同江市和抚远市 7 个县市分布在黑龙江沿岸地带，所以从区位、交通等因素考虑的话，位于黑龙江沿岸地带的城市自然在产业发展过程中的关联性、融合性更强，换句话说这些关联性和融合性更强的城市在黑龙江旅游产业带中的作用和价值更大。从对外开放的角度并结合以上分析来看，黑河的区位优势体现在两个方面，其一是黑河主城区本身就在黑龙江沿岸，其二是黑河作为地级市单位又下辖两个县级单位且它们也紧靠黑龙江。

作为黑龙江省地级市，黑河对外开放基础扎实，物产资源极为丰富。除了上文中笔者总结的黑河市开放前期实践所积累的基础外，自1992年确定为我国首批沿边开放城市后，经过30年的发展，黑河在对外开放基础建设方面取得了突出成绩。目前中俄黑龙江公路大桥已建成通车，跨江索道项目加快建设，黑河与俄罗斯布拉戈维申斯克（海兰泡）在公路、索道、航空、水运、管线、电网、光缆方面的互联互通水平不断提升。黑河市与俄远东地区雅库茨克市等9个城市缔结友好城市关系，双方地方政府间机制化互动频繁，科技、文化、教育、卫生、旅游等人文交流密切，中俄文化大集已连续举办10届，成为中俄文化交流的知名品牌。

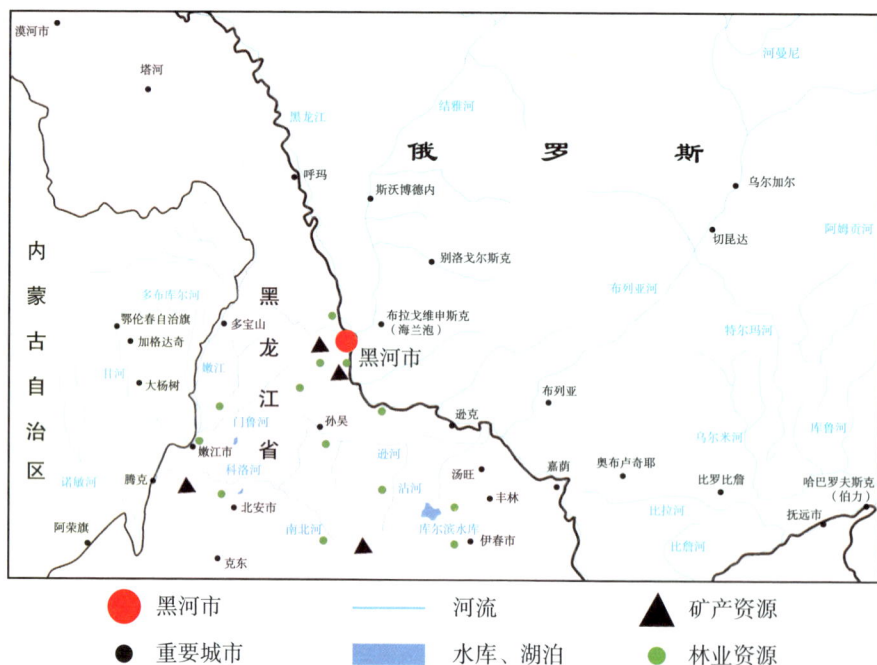

图 5-7 黑河市及周边地区资源分布

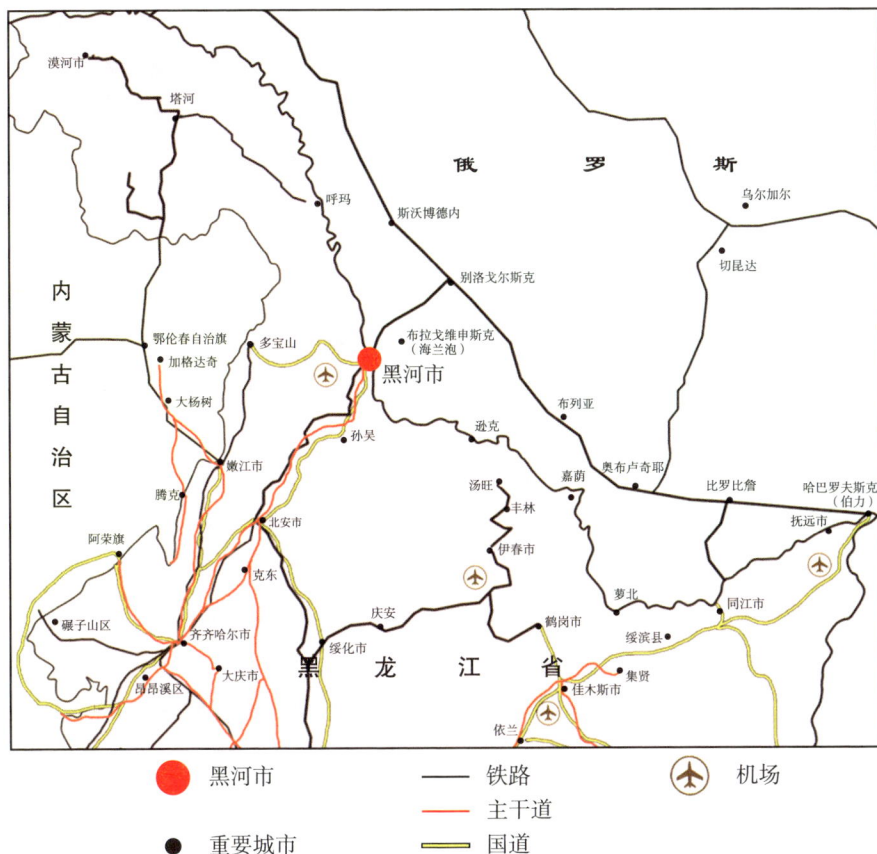

图 5-8　黑河市交通

第二节
黑河对外开放的历程与主要成就

一　黑河成为首批沿边开放城市后的发展历程

随着改革开放的深度发展，开放区域由沿海向内地和沿边地区拓展。有着前期开放基础的黑河市成为沿边城市对外开放的排头兵。

1992 年年初，邓小平先后到武昌、深圳、珠海和上海等地视察，发表一系列重要谈话，被称为"南方谈话"。南方谈话在国内外产生了巨大的影响。1992 年 2 月，党中央将谈话要点作为中央文件下发，并就全党学习邓小平南方谈话和在经济建设、思想文化建设以及党的建设等领域贯彻南方谈话精神做出了一系列决策和部署①。1992 年 3 月，《国务院关于进一步对外开放黑河等四个边境城市的通知》印发②，决定进一步对外开放黑龙江省黑河市和绥芬河市、吉林省珲春市、内蒙古自治区满洲里市四个边境城市，黑河市成为首批沿边开放城市之一。随后直到 2013 年黑河市开放发展经历了 3 个重要阶段：成为首批沿边开放城市初期黑河市对外开放的实践（1992~1993 年），黑河市开放的低谷徘徊阶段（1994~2003 年），黑河市开放的快速发展期（2004~2013 年）。

（一）成为首批沿边开放城市初期黑河市对外开放的实践（1992~1993 年）

《国务院关于进一步对外开放黑河等四个边境城市的通知》出台，赋予了沿边开放城市八项优惠政策。一是边境贸易和经济合作，按国务院批准的《关于积极发展边境贸易和经济合作促进边疆繁荣稳定的意见》和国家其他有关规定执行。省和自治区可以在其权限范围内，授予四市人民政府在管理边境贸易和经济合作方面一定权限，权限内的边贸、加工、劳务合作等经济合同由市自行审批。二是鼓励发展加工贸易和创汇农业。"八五"期间对为发展出口农产品而进口的种子、种苗、饲料及相关技术装备，企业为加工出口产品和进行技术改造而

---

① 本书编写组编著《改革开放简史》，人民出版社、中国社会科学出版社，2021，第 88~89 页。
② 《国务院关于进一步对外开放黑河等四个边境城市的通知》，国家税务总局甘肃省税务局网站，1992 年 3 月 9 日，http://gansu.chinatax.gov.cn/art/1992/3/9/art_36_146633.html。

进口的机器设备和其他物料，免征进口关税和产品税（或增值税）。三是积极吸收国内和国外的投资、促进经济发展。省和自治区人民政府可以在权限范围内扩大四市人民政府审批外商投资项目的权限。外商投资企业的企业所得税减按 24% 的税率征收。允许独联体各国投资商在其投资总额内用生产资料或其他物资、器材等实物作为投资资本。四是可在本市范围内划出一定区域，兴办边境经济合作区。边境经济合作区具体范围由国务院特区办公室会同有关部门审定。五是对边境经济合作区内产品以出口为主的生产性内联企业，其生产出口规模达到一定额度的，经经贸部门批准，给予对独联体国家的进出口经营权。内联企业的企业所得税在当地减按 24% 的税率征收，内联投资者将企业利润所得解回内地，则由投资方所在地加征 9% 的所得税。"八五"期间免征投资方向调节税。六是边境经济合作区内的内联企业和外商投资企业在独联体国家易货所得，允许自行销售，进口时减半征收关税和工商统一税。七是边境经济合作区进行区内基础设施建设所需进口的机器、设备和其他基建物资，免征进口关税和产品税（或增值税）。"八五"期间，边境经济合作区的新增财政收入留在当地，用于基础设施建设。八是"八五"期间，中国人民银行每年专项安排 4000 万元固定资产贷款（每市 1000 万元），用于边境经济合作区的建设，纳入国家信贷和投资计划①。八项优惠政策对四个城市的开放发展给予大力支持。黑河市抓住机遇，积极落实推进，加大了对外开放的力度。

1992 年 4 月 13 日，为加速黑河沿边开放城市启动工作，黑河召开了建设沿边开放城市动员大会。黑龙江省委、省政府下发了《关于赋予黑河、绥芬河边境开放城市的若干管理权限和优惠政策的通知》。这些管理权限和优惠政策涉及计划、经贸、财政等 10 个方面，共 55

---

① 《国务院关于进一步对外开放黑河等四个边境城市的通知》，国家税务总局甘肃省税务局网站，1992 年 3 月 9 日，http://gansu.chinatax.gov.cn/art/1992/3/9/art_36_146633.html。

图 5-9 1991 年的俄罗斯商品一条街（上）和今天的俄罗斯商品街（下）

资料来源："爱辉发布"公众号，2023 年 7 月 29 日。

条。5 月 28 日，黑龙江省人民政府黑政函〔1992〕44 号，批复同意辟建逊克边境经济合作区 [①]。6 月 3 日，黑河地委举行建设沿边开放城市发布会，指出自 3 月国务院批准黑河市为进一步对外开放城市后，到 5 月末，全区已经接待国内外客商团组 1282 个，共 11040 人，签订合作协议项目 158 个，协议投资达 37.37 亿元。6 月 7~8 日，黑河地委举行委员（扩大）会议，学习贯彻落实中央政治局全体会议精神和邓小平南方谈话精神，传达贯彻黑龙江省党代会精神，部署全区进一步改革开放工作。会议讨论了《中共黑河地委、黑河地区行署关于进一步深化改革扩大开放的决定》。6 月 27 日，黑河地区在第三届哈尔滨边境地方经贸洽谈会上与俄罗斯等独联体国家签订易货、经济合作劳务合同总额达到 173769 万瑞士法郎，居全省领先地位。7 月 9 日，黑龙江省人民政府致函黑河地区行署，同意孙吴县自费建设边境经济合作区，确定边境经济合作区为 6.5 平方公里，孙吴边境经济合作区原则上享有孙吴县政府一级的经济管理权限，黑河地区行署可在其权限内给予孙吴边境经济合作区一定的管理权限。8 月 10 日，经省委第 254 次常委会议决定，同意逊克享受黑河、绥芬河沿边开放城市的若干管理权限和优惠政策。这些管理权限和优惠政策涉及计划、对外经济、贸易、税收、金融、外事、工商、物价、城建、土地等多个方面，共 27 条。

1993 年 2 月 10 日，经经贸部门审批，黑河进出口公司正式成立。该公司是黑河地区第一家既有对西方国家和地区进出口经营权，又有对独联体和东欧国家进出口经营权的贸易企业。2 月 12 日，逊克县在俄阿穆尔州扎维京斯克的卡梅什卡地区创建第一个"友谊村"，创建签字仪式在奇克镇举行。6 月 6 日，《国务院关于同意开放黑龙江孙吴

[①] 1989 年 12 月逊克口岸被批准为国家一类口岸，次年正式对外开放。

口岸的批复》下发，孙吴口岸成为对外开放的国家一类口岸。孙吴县1991年取得直接对外贸易权，1992年3月被黑龙江省政府批准为二类口岸。随着孙吴口岸被国务院批准为一类口岸，黑河市形成沿江一线全方位对外开放新格局[①]。至此，黑河"三点一线"开放格局初步形成，黑河、逊克和孙吴3个国家一类口岸，沿354公里对俄边境线，形成了黑河市的沿边开放带。

图 5-10 2018 年首批从逊克口岸入境的俄罗斯游客

资料来源：《首批俄罗斯游客入境逊克口岸》，黑河新闻网，2018 年 8 月 21 日，https://heihe.dbw.cn/system/2018/08/21/058055958.shtml。

（二）黑河市开放的低谷徘徊阶段（1994~2003 年）

1993 年后期，俄罗斯方面叶利钦的经济改革导致经济紊乱，引发了政局的不稳，这导致了俄经济下滑、需求下降。政局的动乱也使得

---

① 中共黑河市委史志研究室、黑河市档案馆编《中国共产党黑河历史大事记（1921—2021）》（内部资料），2021，第 182~195 页。

政策变动频繁。与此同时，中国国内经济过热，通胀高企，内需不足。对俄经贸政策不断进行调整规范，加上双方边境地区经济落后，地方政府缺乏市场经济经验，双边经贸体制不健全，一些从事边境贸易的企业和个人缺乏信誉。诸多因素叠加在一起，给黑河的开放发展带来了挑战。在这一背景下，黑河市对外贸易出现了徘徊不前的状况，进出口货物总量多年处于较低水平，出入境人数始终没有突破历史最好水平，跨境旅游人数增长缓慢。

10 年间，黑河市对外贸易进口总额有 8 年在 1 亿美元至 1.5 亿美元之间波动，1994 年进入最低谷，仅为 7537 万美元。1996 年《国务院关于边境贸易有关问题的通知》（国发〔1996〕2 号）对边境贸易进行规范和界定，突出了边境地区特点，给边贸回升带来了机遇。在新的边贸政策促动下，黑河对俄贸易进入了小幅上升期。1996 年黑河市对外贸易进出口总额 9923 万美元，同比增长 49%，1997 年达到 1.2亿美元，1998 年和 1999 年连续两年突破 2 亿美元，但是从 2000 年开始，又连续四年下滑，始终没有突破 1.5 亿美元。这一时期，黑河市进出口货物总量有 7 年在 20 万吨上下波动，1996 年进入最低谷，仅为 15.6 万吨，1999 年上升，达到 27.5 万吨，同比增长 50.6%。紧接着，2000 年、2001 年连续两年突破 30 万吨，但随后 2002 年又猛降至 19.7 万吨的较低水平。2003 年，黑河市进出口货物总量仅为 21.7万吨。在出入境人数方面，1994 年黑河市出入境人数进入低谷，仅为 30.6 万人次，同比下降 58.7%；1995 年开始连续三年增长，其中 1995年、1997 年增幅均在 23% 以上；1998 年出现一个小的停顿，之后又连续两年增长，但幅度都不大，2000 年达到高峰 57.2 万人次，但依然比 1993 年还低 2 万人次左右，之后连续三年以 10% 左右的降幅下降，2003 年仅为 40.7 万人次。在跨境旅游人数方面，10 年间国内旅游业尽管发展势头较好，但黑河市的跨境旅游人数始终在 10 万人次左右徘徊。旅游总人数年均增长 5.3%，旅游总收入年均增长 9.6%①。

尽管这一时期，黑河市开放发展在低谷徘徊，但黑河对俄的交往与合作依然持续深化，取得了一定的进展。截止到 2003 年，黑河市累计签订对俄工程劳务合作项目 224 个，合同金额 18635 万美元，外派劳务 15923 人次。境内俄商在黑河市投资兴办的企业和机构 8 家，境外华商在布拉戈维申斯克市（海兰泡）投资的企业达到 23 家，投资总额近 1000 万美元。跨国直销自销市场体系逐步完善，大黑河岛国际商贸城、布拉戈维申斯克市（海兰泡）贸易中心、布拉戈维申斯克市（海兰泡）建筑装饰装修材料批发市场、远东国际博览中心和克拉斯诺亚尔斯克市中国商城等建成使用②。1997 年，黑河市工商联与俄布拉

图 5-11 大黑河岛国际商贸城

资料来源：2020 年 8 月笔者调研时拍摄。

---

① 邢广程等：《"一带一路"倡议的北向支点——黑河市开放发展报告》，中国社会科学出版社，2018，第 37~38 页。

② 邢广程等：《"一带一路"倡议的北向支点——黑河市开放发展报告》，中国社会科学出版社，2018，第 38~39 页。

戈维申斯克市（海兰泡）工商会建立友好商会关系，1998 年"5·15"国际家庭日互访活动开启。2002 年，黑河市成为全国实行外向型农业"走出去"战略试点城市。从这一年开始，黑河市境外农业开发步伐逐年加快。2002 年，黑河市华侨组织与俄阿穆尔州华侨联合会建立友好关系。黑河市对俄交往领域逐步扩大到政府、民间各个层面，以及文艺、体育、科技、教育等各个领域。

（三）黑河市开放的快速发展期（2004~2013 年）

为了扭转黑河对外开放发展的颓势，黑河市锐意创新。2004 年，黑河市委、市政府在反复论证的基础上科学决策，经国家和省有关部门批准，将边民互市贸易延伸扩大到整个市区，由大黑河岛的 0.87 平方公里延伸至黑河城区 15 平方公里。俄罗斯公民持有效身份证即可办签证入关，可留居黑河 30 天。同时，黑河市相继出台了《黑河中俄边民互市贸易区管理暂行办法》《黑河中俄边民互市贸易区优惠政策》。2006 年 12 月，出台了《关于保障俄罗斯公民相关权益的意见》。2007 年，《中共黑河市委　黑河市政府关于全面推进"两国一城"建设的意见（试行）》（黑市发〔2007〕6 号）印发，重点是把构建一体化发展格局作为"两国一城"建设战略的本质。"两国一城"的内涵十分丰富，具体而言，一是政府互动。即在两地政府间建立高效顺畅的定期会晤机制、部门工作协调机制和政府政策协调机制，加强互动交流协调运转。二是资源共享。即双方依托黑河和俄远东地区丰富的资源禀赋在自然和人文资源开发利用上加强合作、共同开发、互惠互利，使潜在的资源优势转化为经济优势和竞争优势。三是市场同体。即两个城市在经济发展战略上充分发挥双方的优势，把对方市场看成自己的一部分，增强辐射和带动功能，形成你中有我、我中有你的一体化发展格局，最大限度地谋取经济互补带来的利益。四是平台共用。即把黑河与布拉戈维申斯克（海兰泡）放到成为深化中俄经贸科技合作、促进东北亚区域经济一体化超级平台的高度，更好地认识和挖掘两个城市的潜力和优势，共建经贸、信息和生活平台，通过联合招商推介、扩大影响，增强两地对生产要素的吸引力。五是科教同兴。即建立和完善两地科技、教育合作交流机制，实现两地科技、教育人才合理流动、创新成果共用。六是文化共融。即继续加强两地之间在文化、体育等领域的交流与合作，推动节日同过、文化交融，使"两国一城"的理念渗透到两地人民生活的各个层面，形成牢固的社会和心理基础[①]。2008年建成新的互市贸易载体中俄自由贸易城。一系列积极政策的出台与贸易载体的建设，极大地激发了俄罗斯边民赴黑河互贸区旅游、度假、购物、经商、购房热情。黑河市对外贸易总量和质量均实现历史性突破，对外贸易结构逐步优化，对俄经济技术合作不断深化，跨境旅游也进入发展黄金期，对俄交往合作全面展开。

相关资料显示，2010年，在国家一系列积极政策作用下，全国经济逐步回升向好，黑河市对外贸易进出口总额实现28.5亿美元，同比增长50%。之后，黑河市对外贸易进出口保持迅猛发展态势，到2013年总额达到41.9亿美元（见图5-12），比2003年增长了37.4倍。黑河市对外贸易的对象覆盖191个国家和地区，比2003年增加169个。对美国、韩国、日本等国家的贸易大幅上升，减轻了对俄罗斯市场的过度依赖，降低了对外贸易风险。从大宗贸易商品的进出口结构看，进口大宗贸易商品中，化工原料居首位；出口大宗贸易商品中，机电产品从2003年的第五位跃居到2010年的首位，服装、农副产品、家具、纺织、鞋类仍然是主要出口商品；钢材从主要进口商品变成主要出口商品，塑料制品和高新技术产品逐步发展成为主要出口商品。黑

---

① 张晶川：《构建"两国一城"实现共同繁荣》，《西伯利亚研究》2007年第5期。

河市对俄经济技术合作不断深化，经济技术合作规模不断扩大，合作开始向大项目拓展，重点建设项目进展顺利。

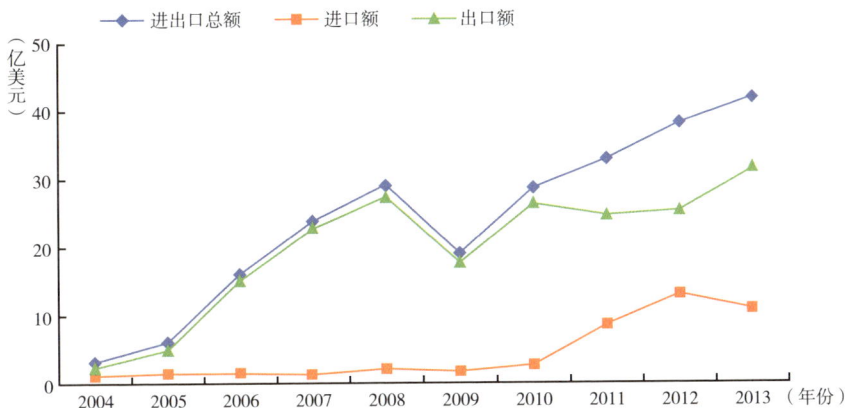

图 5-12　2004~2013 年黑河市对外贸易数据

资料来源：根据历年《黑河市国民经济和社会发展统计公报》数据整理绘制。

这一时期，黑河市委、市政府瞄准旅游产业做发展文章，先后出台了《关于加快黑河旅游业发展的若干意见》《黑河边境旅游市场管理办法》《黑河市一日游管理办法》，边境旅游业获得了快速的发展。截至 2012 年，边境旅游总人数达到 110.5 万人次的历史最好水平。2013 年也保持在 87.3 万人次的高位 ①。

为了进一步强化对俄合作，2010 年以来，黑河市政府坚持"官民并重，配合发展"，全面加强对俄合作。2011 年，立足找准、巩固和提升黑河市在对俄枢纽带中的地位，为了推进对俄合作向更高层次、更宽领域、更大规模转型升级，黑河市政府组织国家和省内知名企业家两次赴俄考察，达成实质性合作协议 6 项、意向性合作协议 7 项。同年 7 月，根据国家"十二五"规划及省、东北亚经济贸易开发

① 邢广程等：《"一带一路"倡议的北向支点——黑河市开放发展报告》，中国社会科学出版社，2018，第 39~43 页。

图 5-13　位于黑河市爱辉区通江路 88 号的黑河旅游服务中心

资料来源：《醉美黑河——中俄民族风情园（上）》，美篇，2020 年 10 月 2 日，https://www.meipian.cn/36mxajjn。

区、绥满沿边开放带规划，立足促进双边发展和服务，黑龙江省和全国制定出台了关于加强对俄工作的若干意见，并组建了对俄经贸咨询公司[①]。

二　新时代黑河开发开放的转型升级

《中共中央关于党的百年奋斗重大成就和历史经验的决议》指出，党的十八大以来，中国特色社会主义进入新时代，以习近平同志为核心的党中央"推动党和国家事业取得历史性成就、发生历史性变革"。

[①] 邢广程等：《"一带一路"倡议的北向支点——黑河市开放发展报告》，中国社会科学出版社，2018，第 44 页。

在新时代的背景下，黑河市对外开放进一步转型升级，面对新时代党和国家发展战略及百年未有之大变局，黑河市开放发展适时把握机遇转型升级，这一过程中黑河开放迎来了重大机遇。

（一）"一带一路"倡议实施与黑河市的迎合发展

2013 年 9 月和 10 月国家主席习近平分别提出建设"新丝绸之路经济带"和"21 世纪海上丝绸之路"的合作倡议。在"一带一路"倡议的基础上，中国提出把丝绸之路经济带同俄罗斯跨欧亚大铁路、蒙古国草原之路倡议进行对接，打造中蒙俄经济走廊。中蒙俄经济走廊有两个通道：一是华北通道，从京津冀到呼和浩特，再到蒙古国和俄罗斯；二是东北通道，沿着老中东铁路从大连、沈阳、长春、哈尔滨到满洲里和俄罗斯赤塔。2016 年《建设中蒙俄经济走廊规划纲要》公布，标志着"一带一路"框架下的第一个多边合作规划纲要正式启动实施。根据《建设中蒙俄经济走廊规划纲要》，中蒙俄三国的合作领域涉及交通基础设施发展及互联互通、口岸建设和海关、产能与投资合作、经贸合作、人文交流合作、生态环保合作、地方及边境地区合作共七大方面。

为迎合"一带一路"倡议与中蒙俄经济走廊建设，黑河市重点推出了"一桥、一道、一港、一管"建设。这将使黑河市成为"一带一路"与中蒙俄经济走廊上对俄新的国际公路大通道、空中大通道和中国东北油气战略通道。特别是黑龙江公路大桥的建设，开创了黑河市乃至整个黑龙江省深化对俄合作前所未有的广阔前景。同时，超前谋划跨境铁路大桥和国际陆海联运通道，启动黑龙江公路大桥桥头区开发，以基础设施互通提升经贸、旅游、金融、物流、现代服务等产业互通水平，进一步加速黑河市由"地理大通道"向"经贸大通道"转型升级。

图 5-14　黑河黑龙江公路大桥

资料来源：2020 年 8 月笔者调研时拍摄。

在政策方面。交通基础设施互联互通进一步深化，黑河市加快推进中俄跨境铁路大桥、黑龙江公路大桥、跨境索道、黑河机场等交通基础设施建设，构建拥有内外联通、安全畅通立体通道的跨境互联互通网络。口岸建设及海关检验检疫监管更加便捷。黑河市将进一步深化口岸对俄合作，加强口岸基础设施建设，推进口岸货场联建、保税仓储等设施改造，探索联合检查、一次放行通关模式，促进口岸通行安全便利，把本地区建设成为沿边地区重点专业、特色口岸，打造面向俄罗斯和东北亚开放合作的重要平台。产能与投资合作进一步拓展，黑河市将进一步拓展对俄资源、能源合作，推进中俄东线天然气管道、中俄原油管道二期工程、阿穆尔—黑河边境油品储运与炼化综合体等项目建设，加大对俄购电力度，拓展中国资源安全供应渠道，为吸引战略性投资主体、促进产能合作升级创造条件。自由贸易试验区将进一步深化经贸合作，黑河市加强商贸、物流等领域对俄交流合作，推进对俄物流支干线、海外仓项目及机电产品会展中心项目建设，打造物流品牌和提升物流产业竞争力，进一步拓展国际市场，发展外向型经济，带动设备、技术、标准、产品和劳务输出。人文交流合作更加多样，黑河市将引进俄教育、医疗、科技等优质资源，提升联合办学水平，推广中医非药物疗法，推进科技成果转化，提升中俄文化大集等对俄交流载体的影响力和示范性[①]。

在大项目建设方面。铁路通道建设、公路通道建设、水运通道建设、航运通道建设、管线通道建设、电网通道建设将迎来大发展。其中哈尔滨至黑河铁路过境通道是黑河市黑龙江公路大桥能够顺利开工建设的最大前提。以中蒙俄经济走廊建设为契机，黑龙江省提出以哈尔滨港和佳木斯港为枢纽，黑河、抚远等口岸港口为节点，建设黑龙江、松花江和乌苏里江航道等重要水路运输通道及江海联运通道。这为黑河市加快港口改造，大力发展对俄水运和出海航运提供了有利机遇。黑龙江省提出建设以哈尔滨太平国际机场为枢纽，齐齐哈尔、牡丹江、佳木斯、黑河、漠河、抚远等支线机场为节点的中俄、中欧、亚洲等航线。这为黑河市开放黑河国际空港、发展对俄航线、进行瑷珲机场改造、提高空运能力提供了有利机遇。国家提出建设从漠河过境的中俄漠大原油运输管线，从黑河市过境中俄东线天然气运输管道，为黑河市引入俄天然气、建设"燃气黑河"提供了有利机遇。国家提出建设黑河中俄边界跨境国际输电线路，以及哈尔滨—唐山北电南送输电线路，这为黑河市保持俄电加工园区用电优势，大力发展俄电加工提供了有利机遇[②]。

---

① 邢广程等：《"一带一路"倡议的北向支点——黑河市开放发展报告》，中国社会科学出版社，2018，第125~126页。

② 邢广程等：《"一带一路"倡议的北向支点——黑河市开放发展报告》，中国社会科学出版社，2018，第127~128页。

图 5-15 位于黑河的黑龙江游船码头

资料来源：2020 年 8 月笔者调研时拍摄。

　　冰上丝路也给黑河的开放发展带来了新机遇。"冰上丝绸之路"这一概念由俄罗斯首先提出，俄方基于战略考量，邀请中国参与俄罗斯北方海航道及北极的开发利用，并提议将其纳入中国"一带一路"倡议框架内。中俄冰上丝绸之路建设主要包括北方海航道利用和北极能源开发两方面内容。黑河作为中俄合作的前沿、桥头堡，融入冰上丝绸之路具有先天的优势，具备成为支点城市的基础优势。一方面，黑河市将依托产业技术优势，吸引境内外企业来黑河投资发展；另一方面，黑河市良好的金融服务将极大地促进中俄沿边贸易投资便利化。总之，黑河市依托优越的地理位置、日臻完善的交通基础设施、合理的产业布局等优越的基础条件，将成为中俄冰上丝绸之路的支点城市，发挥示范效应，也将成为冰上丝绸之路有关政策落地实施的试验区，黑河市经济将实现跨越式发展。

（二）新一轮东北老工业基地振兴和沿边发展等政策机遇

党的十八大以来，党中央高度重视东北振兴问题，在前期政策基础上进一步出台新的政策支持东北振兴。相继出台了《国务院关于近期支持东北振兴若干重大政策举措的意见》《中共中央　国务院关于全面振兴东北地区等老工业基地的若干意见》《推进东北地区等老工业基地振兴三年滚动实施方案（2016—2018年）》等。

2018年9月习近平总书记在对东三省调研期间，就推动东北全方位振兴问题做了重要指示，指出"东北地区是我国重要的工业和农业基地，维护国家国防安全、粮食安全、生态安全、能源安全、产业安全的战略地位十分重要"[1]。下一步，特别是"十四五"时期，要有新的战略性举措，推动东北地区实现全面振兴。东北地区建设现代化经济体系具备很好的基础条件，全面振兴不是把已经衰败的产业和企业硬扶持起来，而是要有效整合资源，主动调整经济结构，形成新的均衡发展的产业结构。要加强传统制造业技术改造，善于扬长补短，发展新技术、新业态、新模式，培育健康养老、旅游休闲、文化娱乐等新增长点。要促进资源枯竭地区转型发展，加快培育接续替代产业，延长产业链条。要加大创新投入，为产业多元化发展提供新动力。东北地区国有经济比重较高，要以改革为突破口，加快国有企业改革，让老企业焕发新活力。要打造对外开放新前沿，多吸引跨国企业到东北投资。开放方面国家可以给一些政策，但更重要的还是靠东北地区自己转变观念、大胆去闯。要加快转变政府职能，大幅减少政府对资源的直接配置，强化事中事后监管，给市场发育创造条件。要支持和爱护本地和外来企业成长，弘扬优秀企业家精神。东北振兴的关键是

---

[1]　《习近平：以新气象新担当新作为推进东北振兴》，新华网，2018年9月28日，http://www.xinhuanet.com/politics/leaders/2018-09/28/c_1123499376.htm。

人才，要研究更具吸引力的措施，使沈阳、大连、长春、哈尔滨等重要城市成为投资兴业的热土。要加强对领导干部的正向激励，树立鲜明用人导向，让敢担当、善作为的干部有舞台、受褒奖。党中央的高度重视和一系列支持政策的出台为黑河开放发展带来了契机。黑河市应当在吃透政策的基础上，在转变执政观念、完善体制机制、优化产业结构、整合区域资源、加大创新力度、吸引留住人才、鼓励干事创业等众多领域把握机遇、锐意进取。

除了东北振兴之外，近年来党中央、国务院在沿边重点地区开发开放、兴边富民、守边固边等方面给予了很多支持，作为沿边重点地区的黑河市应当借助政策优势，协调各方，快速发展。2015 年 12 月，《国务院关于支持沿边重点地区开发开放若干政策措施的意见》印发，提出了多项支持沿边重点地区开发开放的政策措施，为扩大沿边开发开放带来了重要机遇。其中在提升要素流动便利化水平、推动特色优势产业发展、促进旅游业繁荣发展、加强基础设施建设、加大财税支持力度等众多领域都为黑河的开放发展提供了重要的契机。2017 年，国务院办公厅印发《兴边富民行动"十三五"规划》，就推动边境地区发展进行系统谋划，提出一系列政策举措，为黑河市加快振兴发展和扩大开放带来完善交通设施、发展旅游康养产业、争取政策资金支持等方面的机遇。2017 年 9 月，中共中央办公厅、国务院办公厅联合印发《关于加大边民支持力度促进守边固边的指导意见》，提出一系列有利于边境地区发展的政策举措。这将为黑河开发开放、改善边民生产生活条件、提升边民基本公共服务水平、促进边民就业增收、加强边境地区重大基础设施建设、加快沿边开发开放步伐等带来机遇 ①。

---

① 邢广程等：《"一带一路"倡议的北向支点——黑河市开放发展报告》，中国社会科学出版社，2018，第 130~132 页。

图 5-16　黑河市开展"网助乡村振兴 礼赞建党百年"网络达人采风活动

资料来源：《黑河市开展"网助乡村振兴 礼赞建党百年"网络达人采风活动》，搜狐网，2021 年 9 月 19 日，https://www.sohu.com/a/490821180_121106822。

　　基于以上背景，黑河市将打造国家兴边富民行动创新实践区作为"十四五"时期的发展定位，主要从以下六个方面发力。一是聚焦产业兴边，全力推动特色优势产业发展。做好全季全时全域旅游，着力打造宜居宜养边境旅游目的地。做大做强冰雪经济，打造国际寒区试验产业新高地。二是聚焦开放睦边，做活更高层次的开放型经济。全面加强黑河—珠海—布拉戈维申斯克（海兰泡）"两国三地"人文交流和产业合作，持续深化中俄文化大集等机制性活动。三是聚焦强基固边，提升经济社会发展承载能力。加快推进现代交通体系建设，补齐基础设施建设短板，大力推进智慧城市建设，建设美丽县城，打造特色小镇。四是聚焦民生安边，提升民生福祉和社会治理能力。推进市卫生健康中心项目、"三馆一中心"、普惠型养老机构建设。五是聚焦生态护边，夯实祖国北疆生态安全屏障。六是聚焦团结稳边，深化民族团结进步创建[1]。

---

[1]　邵晶岩：《黑河打造对俄开放新高地》，《黑龙江日报》2021 年 7 月 16 日。

（三）黑龙江自由贸易试验区黑河片区的确定和黑河开放的新格局

2019 年 8 月 2 日，《国务院关于印发 6 个新设自由贸易试验区总体方案的通知》印发，中国（黑龙江）自由贸易试验区正式设立。2019 年 9 月 17 日，中国（黑龙江）自由贸易试验区黑河片区挂牌成立，这标志着我国最北自由贸易试验区片区的建设正式启动。黑河片区占地面积 20 平方公里，分为四个功能区：综合保税区，以黑河保税物流中心（B 型）为核心，规划面积 3 平方公里，发展保税仓储物流产业，电子商务、保税期货交割、保税展示销售服务，保税加工产业；跨境产业集聚区，发展机电产品进出口制造、粮食绿色食品加工、木材制品加工、电力石油天然气煤炭矿产品等能源资源进口及加工利用产业；跨境经贸旅游示范区，以大黑河岛为主体，规划面积 0.92 平方公里，建设以经贸旅游中心、康养教育中心、休闲度假中心为重点的跨境休闲旅游度假示范区；产城融合区，利用东部新城区功能，建设设施齐全、功能完善的城市金融服务中心、商业服务中心，形成产城一体化功能区。黑河片区集中打造七个产业发展平台：国际合作政策平台、跨境物流平台、互市贸易平台、投融资平台、跨境电子商务平台、科技和人才服务平台、涉外法律服务平台[①]。

黑河片区自挂牌成立以来，按照总体方案要求及省委、省政府战略部署，大胆闯、大胆试、自主改，积极复制推广上海、广东等成功经验，先行先试各类改革措施，在加快转变政府职能、优化营商环境、推动投资贸易自由化便利化、降低企业成本等方面取得了一些成效，

---

① 《黑河市人民政府关于印发〈黑河市国民经济和社会发展第十四个五年规划和二〇三五年远景目标纲要〉的通知》，黑河市人民政府网站，2021 年 4 月 16 日，http://zwgk. heihe.gov.cn/nry.jsp?urltype=egovinfo.EgovInfoContent&wbtreeid=1001&indentifier=01525685-1-02_Z%2F2021-0416001。

图 5-17 中国最北自由贸易试验区——中国(黑龙江)自由贸易试验区黑河片区

资料来源:《"笨功夫"干出"精细活"——中俄边城黑河跑出向北开放"加速度"》,新华社客户端,2020年9月4日,http://xhpfmapi.zhongguowangshi.com/vh512/share/9376304。

初步形成了具有黑河特点的自由贸易新模式。自由贸易试验区不断优化营商环境,打造多个平台和互市贸易产业园区,扩大对外开放。目前已经引进了 15 家落地加工企业,包括进口粮食、中草药加工企业。另外,黑河被批准为跨境电商零售试点城市,通过这些产业的升级,黑河片区的对外贸易总额已经连续两年实现两位数的快速增长[1]。

如今,一个营商环境优良、贸易投资便利、高端产业集聚、服务体系完善、监管安全高效的高标准高质量自贸片区正在中国东北部边境崛起。一批具有龙江特色的制度创新成果,正为全国自由贸易试验

---

[1] 《共建"一带一路"塑造中俄跨境电商新格局 中国(黑龙江)自贸区黑河片区打造向北经济增长极》,网易网,2020年7月14日,http://hlj.news.163.com/20/0714/20/FHH7SD1O04239DI4.html。

区建设奉献可复制、可推广的"黑河样本"。这一过程中，黑河围绕着自由贸易试验区建设，在多个方面取得了突出成绩。

第一，提升站位强化统筹，引领自贸片区高水平发展。黑河片区在挂牌成立伊始，便被赋予了建设跨境产业集聚区和边境城市合作示范区的发展定位，也再一次担当起了扩大对外开放的国家使命。为了把"金字招牌"擦得更亮，黑河市在京津冀、长三角、珠三角、粤港澳大湾区，特别是北京、上海、珠海等地加强推介，叫响"最北自由贸易试验区"。中国铁建、中国铁工、中国医药等 23 家央企国企和建龙重工、紫金矿业、华为等 30 家大型民企落户或参与黑河片区建设，新增企业 1400 余家。第二，首创探索差异发展，打造高水平对外开放新高地。黑河片区围绕改革开放大局，以制度创新为核心，立足对俄和沿边特色优势，在服务保障上下功夫，努力为全国自由贸易试验区建设奉献更多可复制、可推广的成功经验。近年，黑河片区共发布制度创新案例 35 项。其中，国际文化艺术品保税交易平台等 3 项案例被全省复制推广；中俄跨境集群入选 2020 年商务部最佳案例；"党旗引领·创新自贸"党建引航工程入选全国首届自由贸易试验区党建创新典型案例；"多仓联动"模式入选"中国改革 2020 年度 50 典型案例"，是全省唯一入选案例。创新推出招商引资十条、互市贸易九条等高含金量"政策包"。完成全省首批俄罗斯进口大豆边民互市贸易落地加工压力测试、全国首单俄罗斯中药材进口、全国首家互市贸易落地加工中药材 GMP 认证企业建设。依托边境人才管理改革试验区，引进人才 3758 人，2020 年面向全国优选，一次性引进浙大、吉大等高校全日制研究生 216 人。对标世行标准，深化"放管服"改革，推出"证照联办""证照分离""企业开办零成本"等多项举措，与横琴片区合作推出政务事项"跨省通办"。第三，打造平台内外联动，加快建设跨境产业集聚区。黑河创新推进"互联网+"对俄合作，跨境电商产业园入驻平台类、应用类、服务类企业 280 余家，交易额年均增长 22%，涌现出中机网、俄品多、丰泰粮油等一批知名电商企业。打造沿边金融发展服务平台，创新推出"边民创业担保贷款"，在全国首创"自贸 E 贷"，积极开发"海关税款担保"等金融产品，2020年跨境人民币结算实现 21.8 亿元，增长 12.8%，居全省地级市首位。依托"中俄双子城"优势，与俄阿穆尔州携手推进跨境能源资源综合加工、绿色食品、商贸物流、旅游、健康、沿边金融和跨境木材、俄电加工、绿色新材料制造、机电制造"6+N"跨境产业集群，境外 3个园区入驻企业 75 家，别列佐夫卡石化建材园和北丰农业产业园纳入俄罗斯超前发展区；境内新丝路跨境木业、宝康医药等项目试生产，维塔斯等企业入驻进口中医药公共服务平台，国源豆业、丰泰粮

图 5-18 黑河边民互市贸易交易结算中心

资料来源：《【幸福东北】踏访边城黑河：开放承载能力增强，中俄经贸合作持续推进》，新浪网，2020 年 9 月 24 日，http://news.sina.com.cn/o/2020-09-24/doc-iivhuipp6207797.shtml。

油等项目有序推进，上海归尚能源等项目启动前期工作。利源达集团300 多款车型取得俄罗斯 OTTC 认证，销售网络覆盖俄罗斯全境，与沈阳新松自动化研究所合作开发了对俄出口专用车自动化生产线，将有效提高加工效能。第四，立体互通物畅其流，全力打造沿边口岸物流枢纽。深入落实国家自由贸易试验区发展战略，打造大桥经济，构建双循环发展体系，探索符合自身特色的差异化发展之路是国家赋予黑河片区的神圣使命。随着中俄东线天然气运输管道首站落户黑河，黑龙江公路大桥如期竣工，世界首条跨境索道和北黑地方铁路电气化升级改造项目加快建设，我国至俄罗斯远东地区最便捷的国际通道即将打通。黑河将成为黑龙江省对俄国际商贸、物流、金融资源的协同中心①。

第三节
经验总结和未来展望

　　新时代黑河开发开放转型升级过程中存在很多机遇，但也面临诸多挑战，如当前黑河市基础设施条件和体制机制的滞后性。经过多年的发展，尽管从城市发展的角度看，黑河的基础设施已经发生重大改变，也达到了一定的水平，但从对外开放和贸易发展的角度看，黑河市当前的对外开放依然存在一定的瓶颈问题。黑河市的开放活力一定程度受到体制机制的制约。面对新的复杂局势，尤其一些不确定因素，黑河开放发展的抗风险能力尚待加强，人口和人才的流失也给黑河市开发开放带来了诸多挑战。黑河在新的局势下，还应当抓住构

---

① 吕游:《打造全国自贸区建设的"黑河样板"——黑河自贸片区走出扩大对外开放高质量发展的创新路》,《黑河日报》2021 年 6 月 7 日。

建双循环新发展格局和建设全国统一大市场机遇，加大对内开放的力度。

一　进一步强化基础设施建设，打破深化开放的瓶颈

尽管经过多年的积累，黑河市作为一座边境地区地级城市，基础设施等条件实现了极大的改善，但是从开放的角度看，在支持开发开放方面的基础设施建设还存在一定的不足。一方面，面向俄罗斯的大通道建设水平尚需提升，无法适应深化开放的需要，以黑河市为枢纽的国际航空通道尚未形成。另一方面，黑河位于祖国的东北边疆，这一地理区位反而变成了对内开放劣势，面向内地的交通运输成为制约发展的重要不利因素。

具体而言，第一，在对外开放方面表现在对俄大通道建设明显不足，也存在不平衡。当前公路、铁路与航空建设存在严重不足。黑河—布拉戈维申斯克（海兰泡）界河公路大桥建桥协议由中俄两国政府于1995年6月签署。大桥全长19.9公里，其中俄罗斯段长13.4公里，中方境内长6.5公里，计划于2019年12月竣工通车。中俄双方对该项目的投资额分别为140亿卢布和52亿卢布。2015年9月，在中俄两国元首共同见证下，两国交通运输部门签署了《〈建桥协定〉修订议定书》。2016年12月，黑河—布拉戈维申斯克（海兰泡）界河公路大桥正式开工建设。2019年5月31日，黑河—布拉戈维申斯克（海兰泡）界河公路大桥合龙。同年，国务院批复中国（黑龙江）自由贸易试验区黑河片区成立。跨境大桥合龙、自贸片区获批，本应是相得益彰的事情，但是时至今日大桥早已具备通车条件，却迟迟未发挥作用。2021年9月，黑河市的黑河公路口岸顺利通过国家验收，商务部新闻发言人指出，黑河公路桥已具备通车条件。黑

河公路口岸性质为国际性常年开放公路客货运输口岸。此次该项目通过验收，待中俄两国外交换文后将正式开通。据了解，黑河水运口岸已发展成为中俄边境线上过客过货能力较强的口岸之一。作为黑河口岸的重要组成部分，黑河公路口岸对外开放后，将实现真正意义上的一年四季通关，也将进一步推动中俄经贸等领域往来，促进区域互联互通[①]。希望在中俄各方努力下，大桥尽快发挥作用，促进两国经济、文化交流，造福两国人民。除了公路交通，黑河对外交流中的铁路和航空建设也存在明显的不足。黑河与布拉戈维申斯克（海兰泡）之间缺少一座铁路大桥，致使这条最便捷的中国东部沿海发达地区与俄罗斯资源能源最富集腹地直接贯通的通道至今没有铁路大动脉。其实早在 2018 年 5 月，当时的俄罗斯阿穆尔州代理州长马林娜·杰久什科在接受俄罗斯卫星通讯社采访时就表示，如果黑河—布拉戈维申斯克（海兰泡）界河公路大桥开通后仍然需要扩大物流能力，或将着手建造连接两市的铁路桥[②]。同年 9 月，时任俄罗斯阿穆尔州代理州长瓦西里奥尔洛夫也认为，该地区需要通往中国的铁路桥，作为在建黑河—布拉戈维申斯克（海兰泡）界河公路大桥的补充[③]。此外，黑河瑷珲机场目前内部航线少，更是没有一条国际航线，以黑河为枢纽的国际航空通道尚未形成，这与黑河作为重要边境开放城市和自贸片区的地位不匹配。

第二，黑河面向内地的交通运输不够便利。首先，黑河市地方铁路运力亟须提升。当前黑河市地方铁路客运量为 154.8 万人次，货运

---

① 《商务部：黑河公路桥已具备通车条件》，"环球网"百家号，2021 年 9 月 9 日，https://baijiahao.baidu.com/s?id=1710409339174874016&wfr=spider&for=pc。

② 《俄官员：需要时可建俄中跨阿穆尔河铁路桥》，俄罗斯卫星通讯社网站，2018 年 5 月22 日，https://sputniknews.cn/20180522/1025459376.html。

③ 《俄阿穆尔州代理州长：该地区需要通往中国的铁路桥》，"东北网"百家号，2018 年 9月 5 日，https://baijiahao.baidu.com/s?id=1610747170018960837&wfr=spider&for=pc。

量为 140.2 万吨，这远不能满足进出口和地方货运运力需求。其次，黑河境内国道丹阿公路部分路段技术等级偏低。国道丹阿公路在黑河境内为 336 公里，其中一级公路 45.3 公里，二级公路 187.2 公里，三级及以上公路 103.5 公里。近几年尽管交通运输部门对部分路段进行了改造升级，但是目前依然有百余公里技术等级偏低[①]。这条公路连接黑河市这个国家一类口岸，也是沿边重要的边防公路和景观旅游道路，意义重大。最后，黑河港的地理位置制约企业发展。黑河港位于黑河市的西部，目前是黑龙江省最大的对俄运输港口，但由于该港区没有铁路专用线，而且没有干线公路直达港口，港口优势得不到充分发挥，严重制约了港口企业的发展。与此同时，水上物流和陆上物流难以实现联通联运，黑河市综合运输发展难以取得突破[②]。

　　除了以上有关交通等的基础设施建设不足外，黑河在口岸等相关软硬件建设方面也存在一定的落后情况。诸如水运口岸建设相对落后，功能和配套不能满足需要。在货检方面，没有海关监管仓库，没有口岸铁路专用线，出入境货物需要二次倒运，港口的装卸设施不配套。这些问题一方面不符合国家海关总署进出口货物监管规定；另一方面大大降低了进出口货检效率，增加了时间和资金成本。在旅检方面，码头泊位不足，存在多艘入境船只在江中待检的情况，即便进入旅检通道后，也是民贸人员、公务人员、旅游人员混在一起，共用旅检通道，造成拥挤，严重降低了通关速度[③]。

　　未来在深化开放过程中，黑河市应当基于以上问题，抓住契机，积极与国家和省相关部门沟通，分阶段有步骤地解决以上问题。从近

①　数据和相关情况，来自黑河市交通运输局。
②　邢广程等：《"一带一路"倡议的北向支点——黑河市开放发展报告》，中国社会科学出版社，2018，第 161~162 页。
③　邢广程等：《"一带一路"倡议的北向支点——黑河市开放发展报告》，中国社会科学出版社，2018，第 159~160 页。

期看，应当加大对水陆口岸基础设施的投入力度，对货检和旅检各环节进行软硬件改造，保证水上通关的畅通和高效。另外，还要保持与对岸的沟通协调，尽快发挥黑河—布拉戈维申斯克（海兰泡）界河公路大桥作用，将黑河对外开放提上一个新高度。从远期看，应积极与俄方沟通，就铁路桥建设积极对接，尽快将铁路桥建设提上议事日程，必要时积极推进开通黑河国际航空港。积极借助构建双循环新发展格局和建设全国统一大市场机遇，完善对内开放的基础设施建设，尽快在铁路、公路、港口升级和异地搬迁等关键领域取得突破。

二 进一步发挥政策叠加优势，改变人口减少和人才流失现状

人口是边境地区安全稳定与持续发展的基本前提。21 世纪以来，尤其是近年来，东北地区人口大幅减少，人口外流严重，出生率持续走低，老龄化速度加快。黑河作为东北边疆城市，人口流失更为严重，这给黑河地区的安全与经济社会发展带来巨大挑战。

2020 年第七次全国人口普查数据显示，黑河市常住人口 128.6 万人，与 2010 年第六次全国人口普查数据相比，累计减少 38.8 万人，下降 23.2%。与全国、全省比较，增速低于全国 28.5 个百分点，低于全省 6.3 个百分点。常住人口密度为每平方公里 18.7 人，比全国（150.4 人）少 131.7 人，比全省（67.3 人）少 48.6 人，人口密度不足全国的 1/8，约为全省的 1/4。全市近 10 年户籍资料显示，只有在 2011 年自然增长率为正，其余年份自然增长率均在 -2.9‰ 至 -0.4‰ 范围内波动。极低的出生率导致黑河市少子化严重，这种情况下，黑河市即使不考虑人口净流出的影响，人口也会呈现负增长。问题是黑河市的人口流出也是非常严重的，户籍资料（无 2011 年数据）显示，

净迁出人口整体呈上升趋势。10 年间人口累计迁出 17.70 万人,累计迁入 11.46 万人,迁出人口为迁入人口的 1.54 倍,累计净迁出 6.24 万人(见表 5-1)。现实中,存在大量外出务工适龄劳动力、随迁家属、异地养老以及大学生异地就业的人口,因大城市落户难或不愿放弃黑河户口,户籍仍留在本地,但不在本地就业和居住,实际已不是黑河市常住人口。

表 5-1 2010~2020 年黑河户籍人口变动情况

单位:万人

	2010年	2011年	2012年	2013年	2014年	2015年	2016年	2017年	2018年	2019年	2020年
迁出	2.31	—	1.98	2.05	1.05	2.18	1.70	1.58	1.81	1.40	1.64
迁入	2.19	—	1.76	1.50	0.64	1.68	0.91	0.86	0.78	0.52	0.62
净迁出	0.12	—	0.22	0.55	0.41	0.50	0.79	0.72	1.03	0.88	1.02

2020 年黑河市 20~50 岁常住人口 53.4 万人,与 2010 年相比,减少 36.6 万人,占减少总人口的 94.3%。数据反映,流出人口以青壮年劳动力为主,低年龄组和高年龄组的流出人口相对较少,流出人口中 35% 举家搬迁,14% 出于个人就业原因。据不完全统计,流出人口中接受过高中及以上教育的比例很高,近 3 年大学生毕业返乡率不足 30%,同时户均人口规模不断变小,"二代户"比重下降,"一代户"比重上升,都在说明黑河市人才不断外流,人才流失现象严重[1]。

黑河人口减少和人才流失原因相对清楚,主要是产业发展不均衡,二三产业占比较少、发展缓慢;公共财政收入与支出悬殊,主要依靠国家和省财政转移支付在发展,自我供血与保障能力不足;公共服

---

[1] 本部分的数据和表格均引自《边境口岸城市黑河人口发展现状、成因及对策》,黑河市人民政府网站,2022 年 4 月 15 日,http://www.heihe.gov.cn/info/1092/127164.htm。

务水平较低，服务供给缺位，使得城市缺少发展活力，对人才的吸引力降低；人口增长的扶持政策不完善、力度不够，产生的积极效应不明显。

人口的减少和人才的流失严重影响了包括开放在内的城市发展的各个方面。下一步黑河市应当进一步发挥政策叠加优势，在保证人口增长和吸引人才上下功夫。首先，要在国家生育政策基础上，进一步依据黑河地区特点鼓励生育，提高生育率，确保将二孩、三孩生育医疗费用和生育津贴纳入生育保险保障范围，及时足额支付各项待遇，切实解除生育医疗费用带来的后顾之忧，进而在直接性补贴、教育、医疗、个税等方面给予政策支持。其次，国家和黑龙江省要大幅度提高黑河地区边境津补贴水平，将重要地区的艰苦边远地区津贴类别提高一个档次，给予边境地区干部、职工和军转干部相应鼓励。最后，积极调整产业结构，在育产业、办企业上给予重点支持，发挥人才蓄水池作用，尊重人才，真正做到吸引和留住人才。

针对开放方面，应当出台扶持边境口岸城市产业发展的税收政策，通过为企业减轻税负，促进特色产业发展，拉动就业，提高收入，留住和吸引人口尤其是人才，构建符合国家产业政策、具有黑河独特优势、支撑强劲有力的现代产业新体系，形成黑河高质量跨越式发展的强大动能。加大对边境口岸城市互联互通基础设施、城市基础设施、产业基础设施和公共服务基础设施建设支持力度，增强城市功能和综合承载力。

三 进一步提高制度创新水平，解决体制机制突出问题

习近平总书记在《推动形成优势互补高质量发展的区域经济布局》

一文中"关于推动东北全方位振兴"一节强调:"东北地区国有经济比重较高,要以改革为突破口,加快国有企业改革,让老企业焕发新活力。要打造对外开放新前沿,多吸引跨国企业到东北投资。开放方面国家可以给一些政策,但更重要的还是靠东北地区自己转变观念、大胆去闯。要加快转变政府职能,大幅减少政府对资源的直接配置,强化事中事后监管,给市场发育创造条件。要支持和爱护本地和外来企业成长,弘扬优秀企业家精神。"① 当然,总书记提出的问题是东北地区发展整体上存在的一些突出问题,其中体制机制问题是重要内容。黑河开放制度创新已经取得了很大的成果,但是在细节和关键环节上依然存在问题,需要尽快解决。

首先,中企在俄投资缺少政策和法律保障,心存顾忌。当前国家虽然积极鼓励对俄经济技术合作,但是对在俄投资企业融资以及风险防范缺乏相应的扶持政策。到俄投资企业普遍缺少熟悉俄罗斯法律体系、熟悉以税法为核心的经济法规、熟悉相关行业和企业的技术标准、能够熟练掌握俄语的人才。由于俄罗斯政策不稳定,投资风险高,有实力的大企业大集团往往不敢贸然投资。其次,边境经济合作区先行开放的政策存在效应减弱和"最后一公里"落地难的突出问题。自1992年黑河边境经济合作区成立以来,国家及有关部门给予了合作区发展大量的资金和财税政策支持,这些政策在一定时期对边境地区经济社会发展,尤其是对外贸易方面起到了重要的推动作用。但是,时至今日,除国家明令取消的之外,一些优惠政策已经超过使用期或已经不符合边境经济合作区发展要求。而且由于原主管部门国务院特区办公室进行了机构改革,多年来从国家层面一直未出台新的支持政策,边境经济合作区作为特殊的经济区域始终缺乏相应的政策支撑,在对

---

① 习近平:《推动形成优势互补高质量发展的区域经济布局》,《求是》2019年第24期。

外开放和发展外向型经济方面已经失去了应有的窗口和示范、带头作用。此外，国家层面针对进一步促进沿边开放出台了很好的政策，但是政策还停留在国家部委层面，无法落地，存在"最后一公里"落地难的问题。最后，与俄罗斯相比黑河沿边开放政策性优惠远落后于俄方跨越式发展区和自由港。近年来俄罗斯大力推动远东开发开放，出台了一系列具有较大力度的优惠政策。其中对于 18 个跨越式发展区，俄在所得税、财产税、土地税、增值税、矿产开采税等诸多方面均给予了极大的政策优惠。在自由港建设方面对入港经营者标准、经营项目、税费等各方面也给予政策支持。相比较而言，黑河现行的投资开发政策优惠幅度较小，无法和俄方匹配，缺乏吸引力①。

体制机制创新是一个不断摸索完善的过程，需要依据中国国情和地方特征有步骤地展开，黑河方面当前已经做了很多工作，上文笔者也有所提及。下一步，从自由贸易试验区发展的角度，黑河片区也做了深入的思考。黑河片区将深度融入共建"一带一路"，围绕自贸片区战略定位，紧密结合黑河独特的区位优势，突出城市功能和产业特色，打造黑龙江省向北开发开放新的经济增长极。一是紧扣制度创新这一核心，形成可复制、可推广的"黑河模式"。深入推进投资贸易自由化、便利化改革，加快制定出台更多能操作、可量化、高透明、易评估的创新服务举措，以更大力度推动政府改革、推进简政放权、推出便利化措施，为黑龙江省对外开放和沿边经济发展提供新经验。二是突出政策创新这一关键，以更宽松的政策体系聚人聚财聚项目。聚焦对外开放、新旧动能转换、交通枢纽建设、城市综合服务功能提升等方面，研究推出一个开放水平更高、自由化程度更大、便利化措施更全、辐射面更广的政策体系，吸引人流、物流、资金流、信息流加速

---

① 邢广程等：《"一带一路"倡议的北向支点——黑河市开放发展报告》，中国社会科学出版社，2018，第 171~181 页。

集聚，打造更具国际市场影响力和竞争力的特殊经济功能区。三是强化金融创新这一支撑，培育发展新动能。支持金融机构在黑河推进跨境金融合作和业务创新，开展人民币跨境结算清算业务，扩大卢布现钞兑换及使用范围，使金融服务助推企业发展，促进中俄两国产业合作及跨越发展提质升级。四是打造离岸经济这一引擎，拓宽对外开放新空间。整合国内国际两个市场、两种资源，依托俄布拉戈维申斯克（海兰泡）"大学城"科研力量，建设国际创业创新中心，开展科技研发与产业化国际合作，吸纳外部创新成果，进一步密切与俄罗斯经济联系，加快发展总部经济，形成辐射推动效应①。

四　进一步扩大对内开放，抓住构建双循环新发展格局和建设全国统一大市场机遇

鉴于当前东北经济整体增长乏力，区域市场预期不明朗，东北地区经济转型压力大，各方对东北地区产业发展、对外贸易等投资谨慎性增加。此外，国际局势变幻莫测，俄罗斯方面政策不稳定性增强。黑河开放应该转变观念，在重视对外开放的同时，应当将重心一定程度转向国内市场，抓住构建双循环新发展格局和建设全国统一大市场机遇。

党的十九届五中全会通过的《中共中央关于制定国民经济和社会发展第十四个五年规划和二〇三五年远景目标的建议》提出，要加快构建以国内大循环为主体、国内国际双循环相互促进的新发展格局。这一新发展格局的形成，有着深刻的历史背景，2008 年世界金融危机

---

① 《共建"一带一路"塑造中俄跨境电商新格局 中国（黑龙江）自贸区黑河片区打造向北经济增长极》，网易网，2020 年 7 月 14 日，http://hlj.news.163.com/20/0714/20/FHH7SD1O04239DI4.html。

之后，全球经济步入一个新时期、新阶段，由于经济增长长期乏力，全球化的一些成本全面显化，收益下降，进一步导致保护主义、民粹主义、孤立主义等抬头。新冠疫情的发生，使各国原本存在的差异和猜忌进一步暴露，加剧了分歧、对立和撕裂。这是自第二次世界大战结束 70 多年以来，范围最广也是最严重的一次全球性危机，使全球供应链出现了本地化、区域化、分散化的趋势。在此背景下，简单地以原有全球化策略进行发展变得不符合实际。因此，在全球化重构的时代，我们在战略和政策上必须进行调整①。以国内大循环为主体，立足国内循环，办好自己的事情，有利于更好地推动国际循环，形成双循环互动。

2022 年 4 月 10 日，《中共中央 国务院关于加快建设全国统一大市场的意见》发布。该意见明确，加快建立全国统一的市场制度规则，打破地方保护和市场分割，打通制约经济循环的关键堵点，促进商品要素资源在更大范围内畅通流动，加快建设高效规范、公平竞争、充分开放的全国统一大市场，全面推动我国市场由大到强转变，为建设高标准市场体系、构建高水平社会主义市场经济体制提供坚强支撑。根据该意见，加快建设全国统一大市场的工作原则是：立足内需，畅通循环；立破并举，完善制度；有效市场，有为政府；系统协同，稳妥推进②。

黑河作为边境开放城市，显然在双循环新发展格局中有着得天独厚的条件，理应成为联通中俄的国内国际双循环示范区。黑河地处东北亚中心地带，既是国内大循环的重要端点，也是我国向北开发开放的关键节点，在新发展格局中将发挥重要的枢纽作用。要积极融入国

---

① 张占斌：《构建双循环新发展格局应把握好的几个关键问题》，《国家治理》2020 年第 3 期。
② 《中共中央 国务院关于加快建设全国统一大市场的意见》，中国政府网，2022 年 4 月 10 日，http://www.gov.cn/zhengce/2022-04/10/content_5684385.htm。

内大循环。加快北黑铁路升级改造等重大交通基础设施建设，提高与国内省内主要城市群之间的人流、物流效率，大力承接产业转移、公共服务转移，巩固提升嫩江、北安等区域中心城市的承载力和辐射力，打造绿色农产品、旅游康养和产业发展配套基地。要深化对俄开放合作。充分发挥自贸片区引领辐射作用，积极对接俄罗斯"超前发展区"和"自由港"政策，用足用好中俄两个市场、两种资源，加快发展对俄进出口加工产业，探索"边境贸易＋跨境电商"转型升级新模式，推动对俄开放合作向更深层次、更广领域、更大范围拓展。要牢牢把握扩大内需这个战略基点。抢抓国家"两新一重"建设机遇，加快推进 5G、智慧黑河等新型基础设施建设，发展在线教育、远程办公、网上零售等新业态，形成新消费亮点和经济增长点，使提振消费与扩大投资有效结合、相互促进①。

为了更好地适应和融入全国统一大市场，黑河应当及早谋划，主动抢占发展先机。按照全国统一大市场建设的原则和目标，在立破并举、完善制度、畅通循环等各方面做好保障工作，要加强发展政策、产业导向、市场需求等方面的趋势性、前瞻性研究，结合地区特色、发展优势，扬长避短，力争尽快找准发力点、主攻点，主动对接与落实相关政策，赢得更多政策"红利"，并将其转换为发展优势，造福社会。

除了以上情况外，30 年来黑河开放发展还存在诸多不确定性因素，给开放发展带来了一定的阻力。20 世纪 90 年代中后期到 21 世纪初，俄罗斯方面叶利钦的经济改革导致经济紊乱，加之国内经济过热，通胀高企，内需不足，使得黑河开放受到了很大的影响，将近十年黑河对外贸易额在低谷徘徊。2009 年因金融危机，俄罗斯卢布贬值，也

---

① 李世峰：《奋进新时代 开启新征程 谱写黑河新发展阶段高质量发展新篇章》，《黑河日报》2020 年 11 月 26 日。

使得当年对外贸易额降幅较大。近年来由于新冠疫情，黑河对外贸易额也是出现了明显的波动。未来黑河应当在基础设施建设、制度创新、留住人口、吸引人才、对内开放方面多措并举，抓住构建双循环新发展格局和建设全国统一大市场机遇，进一步提高抗击风险能力，消除或减少风险因素对开放的影响，实现新一轮开放发展的转型升级。

作者：朱　尖

第六章

"东亚之窗"

——满洲里开放简史

满洲里是中国最大的陆路口岸，其开埠时间早，号称"百年口岸"。满洲里坐落于大兴安岭北麓，归内蒙古自治区管辖，是内蒙古自治区的计划单列市。满洲里拥有铁路、公路和航空口岸，利用陆路和航空同国内各大城市和国外各大城市通运，成为东北亚地区的交通咽喉，具有得天独厚的区位优势和优越的互联互通条件。

满洲里有着丰厚的国际贸易发展基础、浓厚的红色历史底色，在各个历史时期均扮演过关键的角色。改革开放以来，满洲里是中国向北开放的桥头堡、内蒙古和东北三省外贸发展的重要窗口。新时期以来，满洲里是国家实施"走出去"战略的重要依托、"中蒙俄经济走廊"建设的关键节点，备受国家、自治区和地方政府的重视，成为国家推动对外开放和开发边疆地区的重要平台。

满洲里的城建、开埠和发展以及新中国成立以来的开放与发展是一段波澜壮阔的历史，牵涉到政治、经济、军事、国际关系等多个方面，是过去中国对外开放和开发边疆历史的浓缩，是新中国成立、改革开放和新时代以来各项成绩的集中体现。因此，简单回顾满洲里城建、开埠和发展的历史，叙述满洲里的开放历程和城市发展情况，既能够显示满洲里本地的丰厚历史底蕴和可歌可泣的英勇征程，也能够直观地反映新中国成立以来其在各个历史时期对外开放和边疆开发的成就。这里我们参考前人研究成果，利用有关部门的经济数据，略为叙述满洲里的城建、开埠和发展的历史，以展现数十年开发开放的锦绣业绩。

第一节
满洲里的自然环境、历史基础和区位优势

满洲里位于内蒙古自治区呼伦贝尔市西北境，东面与新巴尔虎左

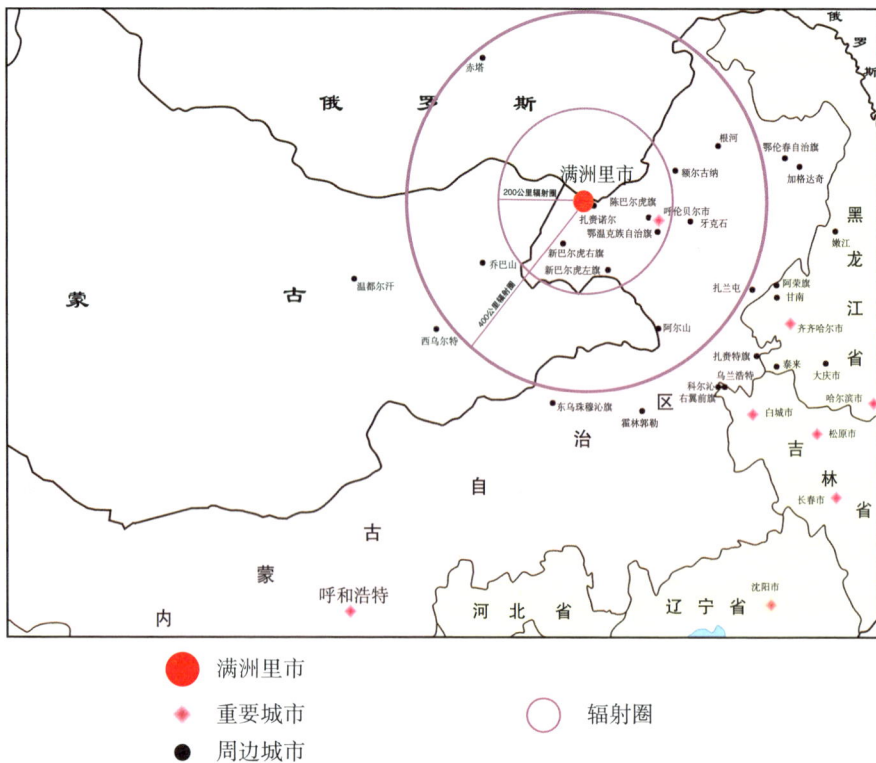

图6-1 满洲里市区位

旗接壤，南面和西面与新巴尔虎右旗为邻，北面则同俄罗斯联邦水陆相连。全市东西最长 50 公里，南北最宽 34 公里，土地面积为 732.65 平方公里。满洲里东向遥望大兴安岭，南邻呼伦湖，立于草原中心，自然条件优越，地理位置特殊。

满洲里境内有呼伦湖、哈拉诺尔湖、查干湖、无名湖、小北湖、海拉尔河、达兰鄂罗木河、新开河、灵泉、霍尔津山、小尤沿山、鱼脊山、达永山、二子山、敖尔金草原、二卡湿地等自然地貌和自然景观，可谓山清水秀，具有"大氧吧"之称。呼伦湖方圆八百里，是内蒙古第一大湖，中国黄河以北第一大湖。二卡湿地是跨界自然地貌，

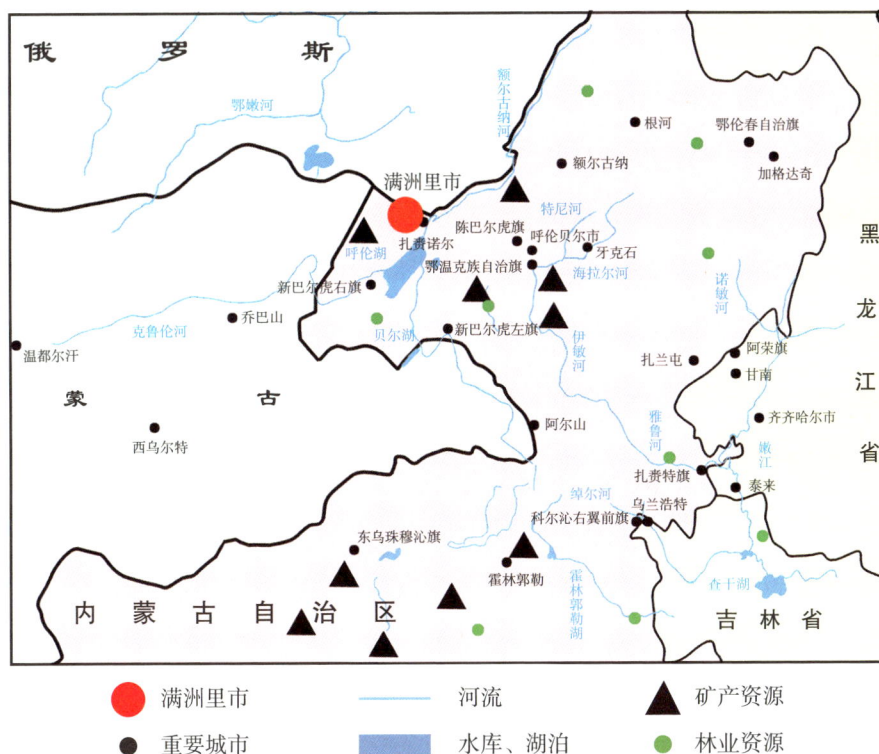

图 6-2 满洲里市及周边地区资源分布

一半在满洲里境内，另一半在俄罗斯境内[①]。满洲里市所辖扎赉诺尔煤矿是内蒙古的重要煤矿，总储量为 101 亿吨，是国家规划的煤化工基地之一。满洲里冬天的冰雪资源较为丰富，这成为发展旅游业的一大基础条件。

在历史上，满洲里是早期人类活动的舞台，境内有蘑菇山旧石器遗址和扎赉诺尔人头骨化石遗址。满洲里是游牧民族的摇篮，在特殊的历史时期，也曾有俄罗斯、日本等域外国家涉足满洲里，成为满洲里的特殊经历。

满洲里的城建史由修通中东铁路（又称东清铁路、东省铁路等）肇始。1894 年清朝败于甲午战争，被迫签订《马关条约》，割让辽东半岛。出于遏制日本的扩张步伐，俄罗斯联手法、德两国，强力调停中日关系，逼迫日本归还辽东半岛。这为中国倒向俄罗斯创造了条件。1896 年 6 月 3 日，中俄两国签订《中俄御敌互相援助条约》(《中俄密约》)，同年 9 月 8 日签订了《中俄合办东省铁路公司合同章程》。通过这两份文件的签署，俄国有了在中国境内铺设铁路的权力。"东清铁路于 1897 年 8 月 27 日破土动工，以哈尔滨为中心，分东、西、南部三线，由六处同时开始相向施工。"[②]1903 年 7 月 14 日，东清铁路全线通车。中东铁路是俄罗斯西伯利亚大铁路中国境内的支线[③]，该铁路从满洲里进入中国境内，在两国边界上设立火车站，这就是满洲里站，由此有了满洲里这个地名和满洲里这个城址。满洲里站成为这条铁路上的重要站点，也是满洲里市产生、发展与开放的滥觞。俄方组织修建铁路时，雇佣很多中国的工人。当时，满洲里附近没有城镇居所，因此修路工人主要在蒙古包、帐篷和地穴里居住。1900 年 6 月，满洲

---

① 徐占信编著《满洲里一本通》，内蒙古文化出版社，2017，第 5 页。
② 徐占江、徐占信：《边城满洲里》，内蒙古文化出版社，1992，第 29 页。
③ 乌云格日勒：《铁路交通与中俄贸易——以 20 世纪初期呼伦贝尔为中心》，《满族研究》2017 年第 2 期。

里地区出现俄式房屋。1901~1902 年建成满洲里站。当时，俄罗斯人非常重视满洲里，称之为"东亚之窗"，围绕满洲里站，开发利用铁路辖地，积极推进城镇建设。"满洲里车站建成后，以候车室为中心近9 平方公里左右的地段为'铁路附属地'，并以此为中心开始逐渐形成一个小城镇。"1904 年开始，俄方着力建设满洲里城镇，由此道南 1~4 道街和道北 1~6 道街形成雏形[1]。同时，俄罗斯人在火车站以南发现扎赉诺尔煤矿，开始开采煤炭，用作火车的燃料。另外，清朝在满洲里站以西地方择地营建房屋，派驻边垦局。总之，铁路管理当局、中方

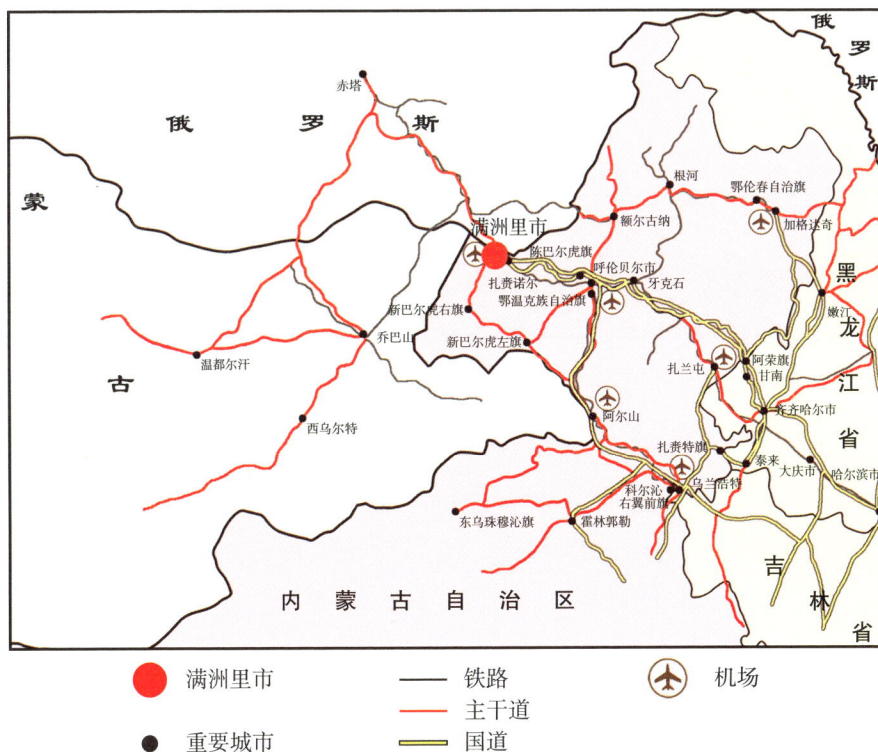

图 6-3 满洲里市交通

---

① 徐占江、徐占信：《边城满洲里》，内蒙古文化出版社，1992，第 33 页。

边垦局和煤矿等不同机关的设施合而成为一座边境小镇，为日后满洲里的发展奠定了基础。

满洲里的建制历史颇具特色，曾有中国行政机关和俄方主导的铁路管理当局并存的二元格局。1903年7月14日，东清铁路全线通车，东清铁路建设局把铁路移交给东清铁路管理局，由后者负责东清铁路的运营和管理。在铁路附属地，俄方主导组建治安机关。1908年5月，俄方成立满洲里公共理事会，受中东铁路公司民政处管辖，行使地方行政职权，执行俄国法律，征收税捐、驻军、设警、置监狱。公共理事会是铁路管理当局的行政机关，由俄方主导。1903年，清朝设立满洲里铁路交涉分局，主要负责中俄交涉事务，受辖于哈尔滨铁路交涉总局。1908年1月，满洲里边垦局成立，受辖于呼伦贝尔边垦总局。同年10月23日，设置胪滨府，以管辖铁路附属地以外的地区。1909年9月，清朝裁撤满洲里边垦局。边垦局以及后来的胪滨府是中国的行政机关，同铁路管理当局并存，管理铁路附属地以外地区的行政事务。1912年2月4日，陈巴尔虎旗总管车和扎攻陷胪滨府，驻满洲里，受"呼伦贝尔自治政府"领导。但其辖地不涉及铁路附属地，铁路附属地仍归俄方主导的铁路管理当局管辖。1920年，呼伦贝尔自治政府取消"自治"，2月18日，设立胪滨县，但仍不管铁路附属地。1923年4月，中华民国政府对满洲里铁路交涉分局进行改革，将其改为满洲里市政分局，而原有的满洲里公共理事会向该分局移交各项权力。这是满洲里铁路管理当局与中国地方政权分辖分管体制的终结，铁路附属地名义上归中国地方政权管辖。1927年3月，满洲里被认定为市，5月15日建市政公所。1933年1月1日，"满洲国"设立兴安分省驻满洲里办事处，后改为新巴尔虎右旗驻满洲里办事处。1936年1月1日，裁满洲里市，市政公所和市政分局改为市政管理处，归新巴尔虎右旗管辖。1940 年 4 月 30 日，成立满洲里街。1941 年，将扎赉诺尔从新巴尔虎右旗划出，成立扎赉诺尔街。1942 年 1 月 4 日，满洲里街改为满洲里市。1945 年 1 月 1 日，扎赉诺尔街改为扎赉诺尔市。8 月 9 日苏军进入满洲里市，8 月 12 日组建满洲里市政府，8 月 19 日苏军扶持建立扎赉诺尔市政府。10 月 1 日，呼伦贝尔自治政府成立，满洲里和扎赉诺尔双双归之。1946 年 5 月 16 日，中共西满军区护路军司令员郭维城、第三团团长迟万钧率领部队进驻扎赉诺尔市，17 日进驻满洲里。8 月 5 日接管满洲里市，9 月 24 日接管扎赉诺尔市，分别建立了人民政权。1948 年 1 月 1 日，呼伦贝尔取消自治，改建为呼伦贝尔盟，隶属内蒙古自治政府，满洲里和扎赉诺尔随之归内蒙古自治区管辖。1949 年 4 月 11 日，扎赉诺尔并入满洲里市。1951 年 1 月 17 日，为了应对急需中的抗美援朝战争物资运输，成立满洲里军事管制委员会，11 月 8 日改为满洲里市军政委员会。1953 年 4 月撤销军管，5 月 10 日恢复满洲里市建制。1969 年 8 月 1 日到 1979 年 7 月 1 日，满洲里曾随呼伦贝尔盟划归黑龙江省。1985 年，内蒙古人民政府批准满洲里为准地级市[①]。满洲里市共辖 6 个乡级行政区，包括东山街道、道南街道、道北街道、兴华街道、敖尔金街道等 5 个街道和新开河镇。此外，满洲里市还代管呼伦贝尔市扎赉诺尔区。

满洲里的开放跟日俄战争有关。1905 年 9 月 5 日，日俄签订《朴次茅斯条约》，分割在中国东北的利益。1905 年 12 月 22 日，中日两国签订《中日会议东三省事宜正约》，承认《朴次茅斯条约》中日本所得各项权利，并允许开放东北 16 处商埠。1907 年 6 月 8 日，清朝

---

① 有关满洲里市的建制沿革，主要参考了下列前人研究成果：徐占信主编《满洲里市要览 2012》，2012；满洲里海关志编委会编《满洲里海关志 1949-1999》，远方出版社，1999；满洲里市志编纂委员会编《满洲里市志》，内蒙古人民出版社，1998。

外务部通知奉天之新民屯、铁岭、通江子、法库门，吉林之长春、吉林省城，黑龙江之齐齐哈尔、满洲里等地宣布开放[①]。这是满洲里作为开放商埠的开始。满洲里的开放带来商业活动的兴隆，使其成为一大商业中心。一时海内外商人会集，人口增长，商业活动繁盛，成为中、俄、日，乃至欧洲其他国家前来贸易的场所。1908 年 2 月 5 日，清政府成功设立满洲里海关，开始收取关税。当时，经满洲里进出口的货物有莫斯科的布匹、床单、成装、皮革及其制品、百货、白铁、橡胶制品；彼得堡的药品、乐器、烟、器皿、扑克牌、糖果；下诺夫哥罗德的毡靴、皮便帽、马车具、玩具；敖德萨的白铁制品、食品、药品、马车、旅行用品；里加的橡胶、化妆品、烟；基辅的糖、蜜饯；维亚特卡的短皮袄、手套；明斯克的火柴；巴库的煤油；库尔干、鄂木斯克的奶油以及伊尔库茨克和赤塔的货物[②]。满洲里的国际铁路使其成为中国与苏联的交通咽喉，为南来北往的旅客提供便利。当时，苏共和中共两党在满洲里和苏联的 86 号站（今后贝加尔斯克市）设立秘密交通站[③]，协助双方人员安全过境。有不少中共要员经满洲里前往苏联，如 1920 年中共早期党员王维舟、1922 年 9 月陈独秀等人、1924 年 6 月李大钊、1928 年 4 月中共六大代表包括周恩来夫妇等人，都经满洲里前往苏联。另外，1936~1939 年，伪满洲国和蒙古人民共和国的代表多次在满洲里举行边界谈判。可以说，满洲里见证了不少中共党史、中苏关系和东北亚国际关系，乃至第二次世界大战中的大事。

满洲里的开放形势在日本占领时期式微，直到 1945 年苏联出兵，日本投降。

1945 年 8 月 8 日，苏联对日宣战。8 月 9 日凌晨，苏军击溃满洲

---

① 满洲里海关志编委会编《满洲里海关志 1949-1999》，远方出版社，1999，第 5 页。
② 满洲里海关志编委会编《满洲里海关志 1949-1999》，远方出版社，1999，第 5 页。
③ 徐占信编著《满洲里与红色之路》，内蒙古文化出版社，2009，第 19 页。

里驻扎日军。8 月 12 日，在苏军的扶持下，组建满洲里市临时政府。1946 年 5 月，苏军回国。中共东北局西满分局组建西满军区护路军，由郭维城任司令员，5 月 17 日进驻满洲里，成立满洲里铁路后方办事处，接管滨洲铁路。由此，满洲里成为中共后方基地，开始对联通苏联、支援东北战事发挥作用。1946 年 6 月，内战全面爆发。8 月 5 日，护路军取缔了满洲里市临时政府，建立了人民政权。11 月 20 日，成立西满军区驻满洲里办事处，以办理对苏联进出口货物事宜。"西满军区驻满洲里办事处成立不久，即开始了出口业务，从哈尔滨发来的第一列车出口粮食是面粉。第一列车面粉开始了我党对苏联的大宗合同贸易，并第一次接触到苏联铁路运输的交接证件，从而使我们党的一些干部从满洲里开始学会谈判、签合同，进行国际贸易，为我党培养了一大批从事对外贸易工作的骨干。"[1] 这是满洲里在中共、新政权发展以及中国对外贸易历史上的另一项特殊贡献。1949 年 12 月，毛泽东等人经满洲里赴苏联，出席斯大林七十大寿庆祝会。1950 年 2 月 14 日，双方签订《中苏友好同盟互助条约》[2]，并商定苏联援助中国的重大项目。1950 年 6 月 25 日，朝鲜战争爆发，不久中国人民志愿军入朝参战。苏联、东欧社会主义国家、蒙古人民共和国纷纷输送物资，支援抗美援朝战事，其中很多物资经过满洲里转运朝鲜。满洲里成为朝鲜战争至关重要的战略物资转运枢纽，朝鲜在满洲里设立办事处。1951 年 3 月 14 日，中苏两国签订《中苏铁路旅客、行李和货物联运协定》《中苏国境铁路协定》，实现了"一票直达"的两国铁路联运。苏联援助的 156 个项目设备、物料以及相关人员基本上都经满洲里进出。1953 年后，苏联和东欧社会主义国家援助越南的物资也由满洲里转运，足见满洲里口岸在那一时期的重要性。

---

[1] 徐占信：《满洲里与抗美援朝战争》，内蒙古文化出版社，2006，第 6 页。
[2] 徐占江、徐占信：《边城满洲里》，内蒙古文化出版社，1992，第 166~181 页。

总之，满洲里的诞生和发展跟 19 世纪末 20 世纪初的中、日、俄三方博弈及中东铁路修建有直接关系。满洲里成为国际铁路枢纽和边境开放商埠之后，得到迅速的发展，成为足以影响东北亚局势的重要战略运输枢纽，尤其在新中国初期建设和抗美援朝战争中发挥了关键作用。随着 1960 年开始的中苏论战、中苏关系破裂以及后来"文革"的发生，满洲里的国际贸易中止。但是，由于有国际铁路一直运营，满洲里的区位优势仍然存在，而且随着中国本身的发展，满洲里周边的城镇陆续发展起来，为满洲里日后的发展提供了基础建设条件。

近年来，随着中国的经济发展以及中国着力推动高质量的开放和日益扮演世界经济发展引擎，满洲里作为中国向北开放的门户、作为中国最大的陆路港口，其区位优势更加凸显出来。

首先，满洲里是中国北方边境地区的第一大开放城镇，对周边地区的经济带动作用非常明显。满洲里距海拉尔 192 公里，距牙克石 285 公里，距额尔古纳 299 公里，距扎兰屯 533 公里，距新巴尔虎右旗 118 公里，距阿尔山 443 公里。不仅满洲里市辖地的发展仰赖满洲里的开放，它的临近旗县也从满洲里的开放中得到发展红利。例如，满洲里的边民互市为临近旗县的民众带来了开放的便利，在临近旗县民众中催生出外贸产业链，产生了经济上的效益，造就了生活上的方便。其次，满洲里是中国北方、东北地区连接蒙古国东部和俄罗斯西伯利亚地区的交通枢纽，是中、俄两国之间重要的通道，因此，满洲里在俄罗斯素有"东亚之窗"美誉。满洲里距齐齐哈尔 654 公里，距哈尔滨 1009 公里。此外，满洲里距离俄罗斯的赤塔、乌兰乌德不远，距离蒙古国乔巴山、乌兰巴托也较近。满洲里连接东北三省，进而同环渤海地区相贯通，经济腹地辽阔，贸易辐射面积宽广，在国内外互联互通和与国际接轨中的地位不可替代。满洲里是全国最大陆路口岸，承担着中俄贸易 65% 以上的陆路运输任务。满洲里的发展和开放对东

图 6-4　中俄边界 0 号界碑

图 6-5　满洲里国门

北振兴、西部大开发乃至"中蒙俄经济走廊"建设具有重要的作用。最后，满洲里在世界政治经济版图上占据极其关键的位置，对连接东北亚经济圈、中国东南经济发达地区和东欧、西欧市场具有举足轻重的意义。东北亚经济圈是当今世界上数一数二的制造业中心、当仁不让的世界工厂，这里聚集了密集的产业集群，具备了完备的产业链，拥有天然优质的黑土地和源源不断的粮食供给。在西端，欧洲拥有领先世界的高新技术和广阔的消费市场。在东西两端的中间是广袤的蒙古高原和西伯利亚平原，是世界公认的资源最富集的地区，现代工业的发展和现代化生活的必备资源煤炭、石油等资源高浓度地聚集在这一地区。这一地区的矿藏资源开采难度低，开采成本低，运输成本低，辐射面广，是亚欧大陆东西两端的两大市场之必需。亚欧大陆桥连接亚欧大陆东西两端，从太平洋西岸的俄罗斯远东哈巴罗夫斯克（伯力）港到大西洋东岸的荷兰阿姆斯特丹港。亚欧大陆桥的东西两端具有很强的经济互补性，从世界经济版图上看，这两个地区必然要高密度地连接。满洲里正好坐落在亚欧大陆桥东端，拥有连接东北亚地区和欧洲的铁路，拥有连接亚洲公路网的公路和开通国际航线的航空设施，因此，满洲里的开放和畅通无阻就是东北亚经济圈和欧洲市场的开放与流通。虽然现阶段有乌克兰危机、俄欧纷争等国际领土争议、民族矛盾和地缘政治博弈，但这并不妨碍长远的历史进程。满洲里的发展历程能够充分证明这一点。可以说，满洲里的区位优势决定它的开放，决定满洲里对周边地区的发展具有带动作用、对中蒙俄三国合作具有战略支点意义，对连接东北亚经济圈、亚欧大陆资源富集区和欧洲市场具有门户作用。在地区发展、国际区域合作层面乃至世界经济版图上，满洲里都占据着关键位置，区位优势无与伦比，大力开放的必要性和效益性不言自明。这种必要性和战略意义，不仅为满洲里的一百年历史所充分证明，还会为未来的发展所充分表明。

第二节
满洲里的开放经过及开放成就

满洲里是中国最大的陆路口岸城市，承担着北方陆路国际运输的大部分。改革开放以来满洲里的经济社会发展与对外开放有着波澜壮阔的飞跃历程，大致可分为 1978~1991 年、1992~2000 年、2001~2011 年和 2012 年以来等几个历史发展阶段，分别对应改革开放、全面建设社会主义市场经济、加入世贸组织和新时代中国特色社会主义建设等党和国家事业的重大历史转折点。

1978 年 12 月 18 日至 22 日，党的十一届三中全会召开，审议通过《中国共产党第十一届中央委员会第三次全体会议公报》，明确表示："把全党工作的着重点和全国人民的注意力转移到社会主义现代化建设上来"，"在自力更生的基础上积极发展同世界各国平等互利的经济合作"。这次大会无论在中共的历史上，还是在中国的历史上，都具有划时代的意义。这次会议做出了把党和国家的工作重心转移到经济建设上来、实行改革开放的历史性决策。这种转变是中国领导层的一次了不起的大觉醒。十一届三中全会开启了中国的改革开放。中国的经济体制转向改革与开放，全国上下、各行各业以极大的热情投入经济建设，社会面貌为之一变。

十一届三中全会的成功召开及改革开放国家大计的确定，使作为边境口岸的满洲里迎来了新的发展局面。

1983 年，满洲里同苏联恢复了边境贸易关系。1985 年，同蒙古国建立了边境贸易关系。同年，全面实行自营出口，出口到苏联、新加坡、马来西亚、罗马尼亚、埃及等。1988 年，满洲里市成为呼伦贝尔盟经济体制改革试验区的窗口城市，并同苏联赤塔州后贝加尔斯克区签订第一项易货贸易合同，从此打开国门，迎来对外开放的新时代。

满洲里市同苏联的外贸持续增长，1991 年时已经达到 1.89 亿美元[1]。

开放的头几年，满洲里的出口商品结构发生了很大的变化。原来，出口商品以果菜等农产品为主，后来轻工业产品逐渐增多，包括服装、食品等。1984 年出口商品 20 多种，2001 年时出口商品种类达到 27 类 100 多种。满洲里在对外技术合作、劳务输出、本地运输服务和境外承包工程等方面也有很大的发展。

满洲里还举办进出口商品交易会，从 1988 年开始每年一届，到 2000 年时一共举办 13 届。进出口商品交易会促进贸易，创汇效益明显，品牌打造效应良好，同时为旅游等其他行业的发展创造条件。

图 6-6　1992 年进出口盛会

1992 年，国家正式确立建立社会主义市场经济体制的政策，经济体制开始了全面的转轨，大大激发了人民参与经济建设的热情，各种

---

[1]　徐志红主编《改革开放的满洲里》，内蒙古文化出版社，2002，第 2 页。

国内经济政策和对外贸易政策变得更加灵活。满洲里市借助国家给的新的对外开放定位，开启了新的发展历程，国民经济和进出口贸易得到了进一步的发展。

1992 年，满洲里成了国家首批沿边开放城市之一，跟南方的深圳同被列为国家优先发展的口岸城市。自此，满洲里踏上了大力开放和力争发展的历史征程。同时，内蒙古自治区把满洲里列为计划单列市，从而给了满洲里独立的经济管理与规划权限。1992 年 5 月，满洲里市外贸局获得边贸经营权，北方贸易总公司成立，从事对外大宗贸易。当时，苏联解体不久，俄罗斯和东欧社会主义国家的经济出现困难，尤其日常用品等轻工业制品严重短缺，满洲里的外贸主体根据自身的条件和全国的对外开放形势布局，积极筹划对俄外贸，从俄罗斯和东欧社会主义国家进口机械和工业原材料，出口中国的轻工业产品，满洲里的外贸额大增。1992 年的贸易额比上年增长了 88.2%。满洲里的外贸公司如雨后春笋般涌现，提出各种外贸经营策略，如"易地增值""投入产出""适销对路""南联北开""双向开放"等。贸易对象涉及俄罗斯等独联体各国、波兰、匈牙利、保加利亚、法国、日本、蒙古国、新加坡，以及中国港、澳、台。1994 年，满洲里贸易额达到 2.66 亿美元。1996 年，国务院制定颁布边境小额贸易和边民互市贸易的管理办法。管理办法的一项内容是促进现汇贸易。满洲里市出台相应政策，积极协助企业获得边境贸易权和专营产品出口权。当年进出口贸易总额达到 3.15 亿美元。1998 年外经外贸实施"以出为主"的战略，开始开拓境外市场，先后在赤塔建立果蔬批发市场，在乌兰乌德建立中国商品分拨中心，在后贝加尔斯克建立金龙合资公司，全年贸易总额达到 3.64 亿美元。1999 年，贸易总额达到 4.06 亿美元，其中现汇贸易有 2.01 亿美元。当年，满洲里海关开始统计旅游携带大额商品，开始实施退税业务。2000 年，外贸企业户数增加，商品结构优化，订单额度提高，全年贸易额达到 21.2 亿美元，增长 87.2%，边境贸易进出口总额达到 6.98 亿美元，增长 72.2%，其中现汇贸易进出口总额 5.22 美元，增长 1.6 倍。2001 年，进出口贸易总额 19.4 亿美元，边境贸易总额 9.4 亿美元[①]。

1992 年 3 月，成立东湖区。东湖区是满洲里的农业开发区，当时叫作郊区，1993 年 3 月改为东湖区。1999 年 5 月，内蒙古自治区提升东湖区为自治区级创汇农业开发。东湖区拥有优质的天然草场、肥沃的土地、丰富的矿产、可观的淡水资源和潜力巨大的生态旅游资源。东湖区借助区位优势和资源优势发展出口创汇农业。

1998 年，开通温州—俄罗斯集装箱直达班列。当年，开始了中俄地方银行国际结算业务。经过多年的开放，满洲里的对外贸易多元化格局形成，经营主体中国有、民营和私营共同发展，贸易形式有现汇贸易、边境小额贸易、边民互市贸易、承包工程和劳务合作、利用外资、外贸运输等多种。满洲里的贸易带动地方和全国工业产品的出口，赚取外汇，还带动旅游业，多家跟旅行有关的企业得以建立，投入运营。满洲里的开放为发展当地旅游业创造了条件。满洲里市党委、政府也充分利用当地游客资源和旅游资源的优势，积极推动旅游业的发展。满洲里的自然风光、历史遗迹和城市建筑成为旅游开发的对象。借助边境口岸的有利条件，着力打造三国风情的旅游品牌，设计开发多条旅游路线，发展相关服务行业，吸引国内外的游客。由于具备区位优势和正确积极的产业规划，满洲里的旅游业初具规模，有效辅助外贸产业，为当地创造外汇收入、增加人气。2017 年，满洲里入选全国"十大全域旅游目的地"，是当年内蒙古自治区唯一入选的城市。

1992 年国务院批准设立满洲里中俄互市贸易区。这是当时的唯

---

① 徐志红主编《改革开放的满洲里》，内蒙古文化出版社，2002，第 1~6 页。

——一个跨国界的国家级开发区。该互市贸易区从 1992 年 5 月 10 日开始建设，1996 年 11 月 18 日中方一侧投入运营，2014 年 8 月 22 日中俄双向开通。中方区域有商贸服务、旅游购物、餐饮娱乐、商品展示、经贸洽谈和国际金融结算等业务，现有多家大型企业入驻开业。互市贸易区有国际贸易、边民贸易、出口加工、仓储物流、金融服务、旅游休闲等多项工程，集铁路、公路和航空口岸于一体，集结出口加工、商贸旅游、仓储物流等产业群，成为中俄边境地区人员、货物、资金与信息交换的枢纽地。

2001 年，中国正式加入世界贸易组织，成为国际市场的重要组成部分。中国的经济凭借自身的巨大体量、活跃的市场需求和建设热情，以及国家推行的各项积极政策，开始了史无前例的快速发展历程。满洲里作为国家向北开放的窗口，自然得到国家的大力支持，迎来了一次新的发展。满洲里的地区生产总值和进出口贸易额持续稳定发展，人均收入年年提升，市区和郊区的各种基础设施大大改善，各经济部门进一步完善，一些新的产业部门得到发展。

2010 年，《中共中央 国务院关于深入实施西部大开发战略的若干意见》发布。2011 年，《国务院关于进一步促进内蒙古经济社会又好又快发展的若干意见》发布。2012 年，满洲里重点开发开放试验区正式启动。满洲里重点开发开放试验区的目的是建设沿边开发开放的排头兵、亚欧陆路大通道重要的综合性枢纽、沿边地区重要的经济增长极、边疆民族地区和谐进步的示范区。具体建设内容包括：推动满洲里综合保税区建设，自治区财政安排专项资金用于综合保税区基础设施建设；积极推动建立中俄跨境经济合作区；加大口岸建设投入，设立口岸建设专项资金，重点支持满洲里口岸基础设施和电子口岸建设，协调开通二卡—阿巴盖图公路口岸；支持联检联运监管改革，创新海关、检验检疫、边防检查、交通运输等监管模式，简化货物、人员、车辆通关监管查验流程，推进 ATA 单证册制度实施；推动满洲里—赤塔电气化铁路、满洲里—伊尔施铁路、满洲里—阿日哈沙特—乔巴山铁路、满洲里—阿拉坦额莫勒—阿木古郎—阿尔山高等级公路、满洲里—黑山头—拉布大林—室韦公路、满洲里—赤塔高等级公路建设；改扩建满洲里西郊国际机场，推动开通满洲里至俄罗斯红石、赤塔、乌兰乌德、伊尔库茨克和蒙古国乌兰巴托、乔巴山等城市的国际客货运输线路，增开国际和国内客货航线。满洲里要面向东北亚区域国际贸易，以跨境旅游建设为突破口，打造试验区"四基地、一中心、一平台"，主攻木材加工产业。

图 6-7　2012 年满洲里开放与交流活动

近年来，国际形势风起云涌，呈现出百年未有之大变局，国家在面临各项挑战之外，还遇到前所未有的发展机遇。因应国家开放与经济建设的需要，中国政府做出各项外交努力，推出各项顶层设计，以合作共赢为理念，提出新的国际合作倡议，做出治理全球危机的理论探索。"一带一路"便是这种努力的重要内容。2013 年 9 月，习近平在出访哈萨克斯坦之际提出"丝绸之路经济带"建设倡议；10 月，他在访问印度尼西亚时又提出了"21 世纪海上丝绸之路"建设倡议。2014 年 9 月 11 日，习近平在出席中俄蒙三国元首会晤时提出"中蒙俄经济走廊"建设倡议。习近平提出的国际合作倡议得到国内学界、政界和商界的热烈讨论，也引发国际社会的强烈共鸣。基于"一带一路"开放与合作共赢的精神，国内逐渐形成一系列共识和实施蓝图。2015 年 3 月 28 日，国家发展改革委、外交部、商务部等三部委联合发布《推动共建丝绸之路经济带和 21 世纪海上丝绸之路的愿景与行动》[①]。三部委发布的文件是纲领性的，具有指导意义，其中把"一带一路"分为六大板块，分别对应六个方向，兼顾各个沿边沿海地区，对每一个地区给予了相应的战略定位。因此，在"一带一路"建设蓝图里，沿边沿海地区均得到了相应的建设、发展和开放的战略地位和致力方向。这份纲领性文件指出，"中蒙俄经济走廊"分为两个方向：一是由华北京津冀到呼和浩特，再到蒙古国和俄罗斯；二是由大连、沈阳、长春、哈尔滨到满洲里，再到俄罗斯的赤塔。这里满洲里显然是"中蒙俄经济走廊"的出境连接点。

2013 年 1 月，内蒙古自治区出台 38 条扶持政策，对满洲里的支持力度较大。同时，外交部也给满洲里下放关于出入境管理、外事审批等方面的权限。目前，满洲里口岸有了航空口岸、铁路口岸和公路口岸的落地签证，实现了边境旅游的异地办证。

2014 年 9 月 18 日，公安部下发文件同意委托满洲里市公安局受理、签发外国人签证证件，标志着满洲里市申请多年的外国人签证和居留许可审批业务得到批准。随着满洲里的经济社会发展和中俄关系的日益向

---

① 国家发展改革委、外交部、商务部：《推动共建丝绸之路经济带和 21 世纪海上丝绸之路的愿景与行动》，《人民日报》2015 年 3 月 29 日。

善，来满洲里工作、生活、经商、探亲、学习的外国人不断增多，受理、签发外国人签证证件工作在该市的开展，必将给当地对外交往及外国人管理、服务工作带来极大便利，将会更好地吸引外国专家、人才到该市投身经济文化等领域建设，吸引国外商家到满洲里市投资，进一步提升满洲里的国际知名度，加快推进满洲里重点开发开放试验区建设步伐。

2014 年，国务院发布《落实"三互"推进大通关建设改革方案》，优化通关机制，随后满洲里口岸逐渐完成"单一窗口"建设，推进"一站式作业"，推行"联合查验、一次放行"。2015 年 12 月 24 日，《国务院关于支持沿边重点地区开发开放若干政策措施的意见》发布，出台相关措施，支持重点开发开放试验区的建设。文件的附件《沿边重点地区名录》里提到的 9 个重点开发开放试验区里包括满洲里重点开发开放试验区，72 个沿边国家级口岸里包括满洲里，28 个边境城市里包括满洲里，17 个边境经济合作区里包括满洲里边境经济合作区。随着中俄贸易的迅速发展和口岸运输能力的日益提高，满洲里铁路口岸的进出口量大大增长，货物包括原油、煤炭、金属矿石、木材、化肥，为国家和地方的发展输送了丰富的原料物资。

满洲里得以开放的一大条件是口岸地位和固有的交通条件，尤其以铁路为主。满洲里现有铁路、公路和航空三个口岸。

铁路是满洲里对外开放的基础条件，历史悠久，时至今日仍然是满洲里经济发展和对外开放的命脉。满洲里的贸易往来主要依靠铁路。目前，满洲里铁路投入使用不少科学设备，建设完成信息化平台，科学提高执法互助服务水平，大大满足海关高标准的管理要求。

满洲里的公路也很发达，有 203 省道、301 国道和 G10 绥满高速。1988~1989 年，满洲里—后贝加尔斯克间公路货物运输和旅客运输相继开通，由此满洲里口岸有了铁路和公路运输双重功能。301 国道由满洲里起程，经过哈尔滨、大庆、扎兰屯、牙克石、海拉尔，最终到黑龙江的绥芬河。这条公路向西由满洲里出境，途经俄罗斯蔓延到达欧洲。2016 年，增开至赤塔国际道路客运线路。2017 年，满洲里公路口岸进出境客车卡口自动核放系统 2.0 版和公路口岸进出境货车卡口智能核放系统 2.0 版上线运行。

2013 年 9 月，满洲里站经办国境第一列中欧班列"苏—满—欧"（苏州至华沙）。这在满洲里看来是一件标志性事件，翻开了满洲里连接亚欧大陆的历史篇章。满洲里连接西伯利亚大铁路及中国东北铁路网，运输路线可以达到欧洲。由于特殊的地理位置和便捷的交通条件，满洲里成为中欧班列的重要出境口岸。满洲里经办出境的中欧班列已有 57 条，进出口货物品类齐全，包括工业机械、化工产品、电气产品、农副产品、金属制品、生活用品，一应俱全，供应俄罗斯和东欧社会主义国家的市场需求。国内开办中欧班列经过满洲里的城市包括广州、天津、苏州、长沙、赤峰，开往亚欧大陆上的 10 多个国家，包括俄罗斯、波兰、捷克、德国、荷兰、比利时等国。

图 6-8　满洲里过境的国际班列

满洲里的航空线路开通较晚，是以西郊国际机场为起点。满洲里西郊国际机场于 2005 年 2 月 25 日正式通航，2009 年作为一类航空口岸对外开放，共开通航线 10 条，通航城市 9 个。

满洲里市成为开放城市后，国家给予多项促进开放发展的政策，其中包括批准建设数个产业园区。满洲里现有开发区（功能区）5 个，分别为中俄互市贸易区、边境经济合作区、东湖区、国际物流产业园区、敖尔金区等 5 个管理区。另外，满洲里口岸还有综合保税区。

国际物流产业园区是满洲里的口岸经济基地，以国际物流和服务为主。该产业园区的规划面积为 25 平方公里，位于机场路以西至边境。国际物流产业园区包括国际货场、生产性服务业及出口加工业。此外，在铁路沿线也要建设新国际货场，包括 4 平方公里的集装箱专办站及煤炭、汽车、化学品等专业装卸场以及以产品展示平台为主的生产性服务业。"国际物流产业园区则是满洲里市新兴口岸经济功能区，区内建有宽、准轨铁路，联通俄罗斯西伯利亚铁路和我国滨洲铁路。园区内设有占地 20.39 平方公里，国内规模最大的俄罗斯资源、能源进口储运基地和流通加工区、配套服务区，为园区发展国际物流、国际贸易等外向型产业奠定基础。"[1]

敖尔金是满洲里的牧业开发区。敖尔金区位于满洲里市南部，总面积 96 平方公里，草场面积 14.4 万亩，通湖大道贯穿全境，是满洲里的一座卫星新城。敖尔金区的前身是 1954 年始建的满洲里波利兹雅牧场，后经数次调整改革，2014 年设立敖尔金区。敖尔金区以牧业和旅游业为主，区内有蒙古风情旅游度假村。

满洲里的综合保税区为免税开发区。2015 年成立满洲里综合保税区，其为内蒙古自治区第一个综合保税区。综合保税区有"内陆口岸"

---

① 孙英鑫、王忠岩：《满洲里依托陆路口岸发展国际物流园区 打造亚欧货运新通道》，东北网，2015 年 6 月 11 日，https://heilongjiang.dbw.cn/system/2015/06/11/056577725.shtml。

功能，对外贸易优势凸显，综保区的设立是内蒙古向北开放的重要突破，也意味着满洲里口岸、进出口产业、对外贸易的优化升级。

满洲里利用边境口岸的有利地位，依托介于环渤海经济区、东北亚经济圈的区位优势，充分利用铁路、公路、航空设施，大搞互联互通，积极融入"中蒙俄经济走廊"建设，大力发展外向型经济和口岸服务经济，经过 30 年的开放发展，在经济建设、社会建设等方面取得了巨大的成就。据初步核算，2019 年满洲里市地区生产总值实现 148.6 亿元（见图 6-9），按可比价计算，同比增长 3.9%，人均地区生产总值 65568 元，按可比价计算，同比增长 3.6%[①]。截至 2020 年 11 月 1 日零时，常住人口 150508 人，有蒙古、汉、回、朝鲜等 20 多个民族。满洲里综合保税区 2021 年进出口贸易额达 11.7 亿元，同比增长 11.2%[②]。1995~2021 年满洲里进口额和出口额大体呈增长趋势（见图 6-10）。

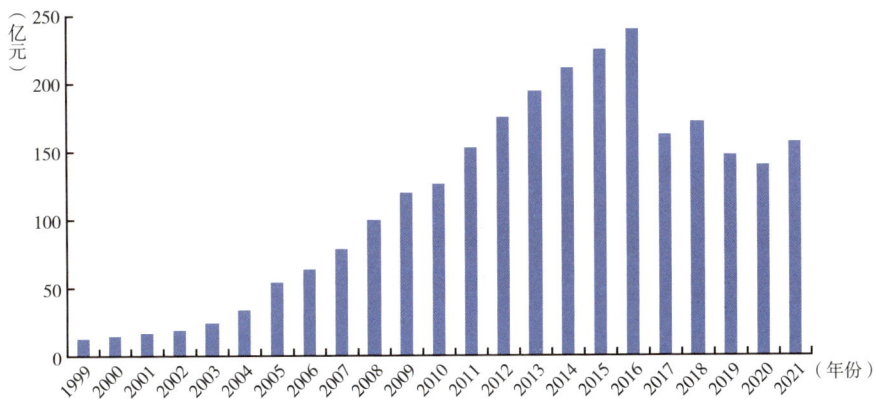

图 6-9　1999~2021 年满洲里地区生产总值

---

① 满洲里市档案史志馆编《满洲里年鉴 2020 卷》，中国文史出版社，2021，第 39 页。
② 《2021 年满洲里综合保税区进出口贸易值破 11 亿》，内蒙古自治区人民政府网站，2022 年 2 月 14 日，https://www.nmg.gov.cn/zwyw/gzdt/msdt/202202/t20220214_2005412.html。

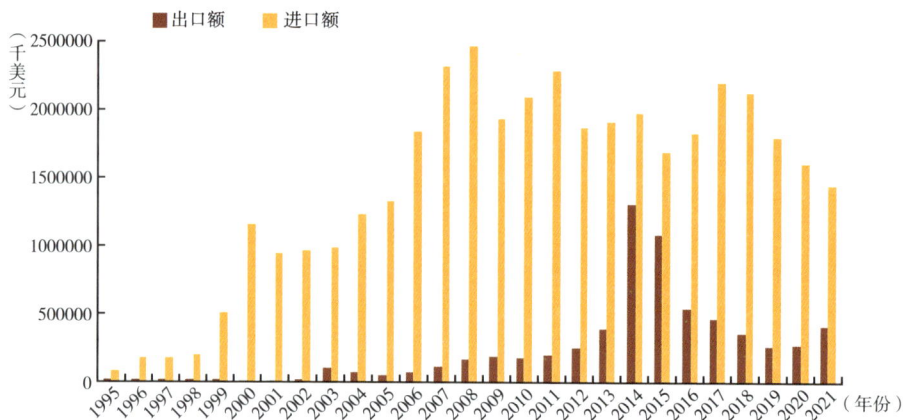

图 6-10　1995~2021 年满洲里进口额和出口额

　　随着国家"一带一路"建设的实施，满洲里的口岸地位、区位优势得到进一步凸显，满洲里成为国家向北开放的最大窗口。满洲里成为开行中欧班列的重要枢纽、陆路运输的最大口岸。

图 6-11　2019 年满洲里开放与交流活动

然而，满洲里的发展并不是没有问题。据《满州里市经济和社会发展统计公报》，近年来满洲里的外贸、口岸过货量和人口呈现下降趋势。这既有 2020 年以来新冠疫情的缘故，也有俄罗斯经济受制裁持续低迷的缘故，还有满洲里本地人口流失、产业结构单一的缘故。这些问题需由政府、商界和学界共同商讨，合力解决。

第三节
满洲里开放的经验与启示

满洲里作为边境口岸城市，它的发展不仅同全国的经济社会发展相关联，还同中国跟俄罗斯等邻国的关系发展有很大的因果关系。满洲里的开放发展历程就是中国改革开放的缩影，其所取得的成就就是中国改革开放大业在北部边疆的推进。

满洲里市的肇始和发展跟中东铁路的修建以及中俄两国的关系发展具有渊源关系。中东铁路修通并设立满洲里站以来，满洲里作为边境口岸，历经数次重大的政治变乱和政权更替，行政建制几经变革，领土面积多次盈亏，人口不断增加，经济总量不断攀升，口岸地位日益提高，成为中国北部边境口岸发展及整个北部边疆开发与发展历史的缩影。

满洲里市坐落于边境线上，为中俄两国的铁路咽喉，西与蒙古国近在咫尺，是中国向北开放的门户，也是东北亚重要的陆路口岸。满洲里市境内的中俄边境线全长 54 公里，有具有百年历史的中东铁路，如今也有中俄公路和通往数国的航线，拥有天然的边境口岸、发展对外开放的优势区位。

1950 年，中苏两国签订《中苏友好同盟互助条约》，按照条约规

图6-12　满洲里站进出口盛况

定，中苏两国间的经济互助，尤其是苏方给予中国的经济援助启动，而当时的中东铁路是中苏之间人员、物资交流的交通干线，满洲里作为中东铁路边境枢纽自然成为两国经贸交流的主要口岸，为外贸运输和国家建设做出重要贡献。如今，满洲里是中国最大的陆路口岸城市，是中国向北开放的最大门户。满洲里的市容市貌及经济发展，表现出中、蒙、俄三国风情，被誉为"东亚之窗"。满洲里是内蒙古自治区计划单列市，由呼伦贝尔市代管。满洲里也是国务院确定的重点开发开放试验区和边境旅游试验区。

满洲里是中国最大的陆路口岸、最大的向北开放窗口、"一带一路"的重要节点。满洲里的发展是中国发展的一部分，满洲里的开放是全国开放的重要组成部分，满洲里的未来对中国的未来非常重要。因此，国家、自治区和本地三级政策制定者应着眼于未来发展，立足于全盘的布局，采取各种有效措施，推动满洲里的发展，扩大满洲里的开放。

一要坚持满洲里的开放地位。给满洲里以各种优惠政策，使满洲里的发展热情和开放力度不减当年。开放是国家发展的重要条件，满洲里的开放事关全局，因此国家应一如既往地坚持满洲里的开放，大力弘扬改革开放的伟大精神。

二要坚持"一带一路"建设。大力增加"中蒙俄经济走廊"框架内的国际合作事项。"一带一路"是中国为世界人民贡献的一种发展思路，受到全世界的广泛关注。经过十年的宣扬与推动，"一带一路"得到了很多国家的响应，取得了丰硕的合作成果。满洲里是"一带一路"的重要节点，在中蒙俄三国的交流与合作中举足轻重。中蒙俄三国应以满洲里为连接点，进行广泛的经贸交流和文化交流。

三要融入全国市场。中国领导人和政府一直重视市场建设，改革市场经济体制，着力于打造公平高效的市场运作机制。党的历届全国人大以及国务院的历次决定、决议、意见都要求社会主义市场经济体制的健全和完善，强调市场经济体制的理论研究和实践经验的归纳，不断推进中国市场的有效运行，并高度重视国内市场与国际市场的对接。党的十八届三中全会提出，建设统一开放、竞争有序的市场体系。党的十九大提出，清理废除妨碍统一市场和公平竞争的各种规定和做法。党的十九届四中全会提出，建设高标准市场体系，完善公平竞争制度。党的十九届五中全会提出，健全市场体系基础制度，形成高效规范、公平竞争的国内统一市场。2021 年 12 月 17 日，习近平总书记主持召开中央全面深化改革委员会第二十三次会议时强调："构建新发展格局，迫切需要加快建设高效规范、公平竞争、充分开放的全国统一大市场，建立全国统一的市场制度规则，促进商品要素资源在更大范围内畅通流动。"[1] 2022 年 3 月 25 日，《中共中央 国务院关于加快

---

① 《习近平主持召开中央全面深化改革委员会第二十三次会议强调 加快建设全国统一大市场提高政府监管效能 深入推进世界一流大学和一流学科建设》，人民网，2021 年 12 月 17 日，http://politics.people.com.cn/n1/2021/1217/c1024-32311126.html。

建设全国统一大市场的意见》发布，要求加快建立全国统一的市场制度规则，打破地方保护和市场分割，打通制约经济循环的关键堵点，促进商品要素资源在更大范围内畅通流动，加快建设高效规范、公平竞争、充分开放的全国统一大市场。这旨在推动经济发展，完善社会主义市场经济体制，最大限度地发挥市场的决定性作用，以促进国民经济的健康稳定发展，无可否认有其必要性和迫切性。

四要在推动建立统一市场过程中给满洲里以特殊的地位和政策倾斜。建立统一市场是国家宏观层面的原则性要求，并非为了大行市场经济平均主义，大搞无差别地任由市场作用主导一切。当下，中国国民经济仍面临诸多不平衡现象，例如，贫富不平衡、城乡不平衡和区域不平衡。在某种程度上，这些现象是由市场经济体制造成的。如果完全发挥市场作用，任由其发展，由于市场主体的逐利本性，自由流动的各种要素势必流向相对发达的地区，进而加剧固有地区间不平衡的现象，甚至造成新的不平衡。例如，落后、贫困、偏远地区的人才、资本和产业外流，导致这些地区人口空心化、资本空心化和产业空心化。社会上流行的"投资不过山海关"的说法以及与之相关的东北的衰落即是明证。这种现象如果在边疆地区大量出现的话，不仅对边疆地区的经济社会产生不利影响，甚至会在一定程度上影响国家的领土安全。因此，像满洲里这样的边境口岸以及该口岸辐射地区，在兼顾市场要素自由流通、融入全国统一市场的同时，必须从地区实际情况出发，从国家顶层设计到地方的具体措施，有必要想出万全之策，稳住当地的人口总量、资本可融性和产业可持续性，保证当地人民安居乐业，地区社会事业和基础设施得以稳步发展。2020年疫情发生以来，由于中蒙俄之间的贸易额出现下降，增长乏力，加之俄罗斯连年受欧美制裁，满洲里等北方边境口岸普遍出现发展缓慢的迹象。满洲里是中国向北开放的首屈一指的重要口岸、"中蒙俄经济走廊"建设布局中的重要枢纽，也是近年来热烈讨论的"冰上丝绸之路"的重要节点，满洲里口岸是否繁荣发展关系到国家对外开放战略、沿边开放发展布局、"一带一路"的建设成效和北方特别是东北地区"走出去"发展战略的成功与否。因此，国家很有必要加大力度扶持满洲里，明确崭新的发展定位，采取有效措施，推动口岸以及满洲里当地的产业化发展。满洲里是城市，本身拥有国境贸易、加工产业和旅游产业。满洲里还拥有已成体系的兼具中蒙俄三国风情的城市面貌。所以，满洲里的扶持可以有多种角度，采取多种软硬措施。例如，加大放权力度，赋予满洲里包括国际贸易、交通运输和国际旅客管理等方面的权力，使满洲里根据本地实际情况，灵活调适各种经济发展工具，对外积极开拓境外市场，对内则带动内地相关产业，推动内地产业的国际化发展。

中国的市场经济体制、市场单元的联通性、生产要素的配置效率以及市场监管等方面与经济高质量发展的要求有一定的距离。只有加快国内统一市场的建设，保证地区联通、行业协作和要素流动，方能实现高层次的分工合作，推动经济高质量发展，为国民经济的健康发展夯实基础。满洲里等边境口岸城市介于国内市场与国际市场的衔接点上，主要依靠交通运输的互联互通谋求本地发展。这些城市的主要特色和优势是较好的联通设施，短板却是地处内陆腹地，人口总量有限，生态承载能力有限，受限于对岸的经济规模和市场规模。满洲里的对岸为俄罗斯和蒙古国，其均为资源输出型国家，而且满洲里能够辐射的地区普遍地广人稀，气候条件不理想，基础设施严重落后。因此，满洲里的发展不能光靠市场的自由配置，还需靠国家出台特殊优惠政策，确保当地市场要素的长期留住与积极发挥作用。

五要有本地的发展道路和产业布局。学界有人总结归纳了中国边境开放存在的问题，包括外贸市场规模亟须扩大和结构有待优化，产业集聚发展受到制约；基础设施建设滞后，招商引资难度较大；高端要素缺乏，创新发展能力不强；体制机制不够畅通，政策优势尚待转化[①]。满洲里是中国最大的陆路口岸、重要的边境口岸城市，担负着连接中国东北与俄罗斯外贝加尔湖地区、连接东北亚与欧洲的使命。满洲里的本地发展和作为口岸城市、向北开放窗口的发展，对国家的整个对外开放格局和北部边疆地区、东北边疆地区的发展具有举足轻重的作用。以上所述的各项问题，在满洲里的发展中均不同程度地出现，所以如何利用好国家提倡的双循环战略、建立完善全国统一大市场的利好政策，立足国内国际的经济发展和产业发展实情谋划地区发展道路，是今后满洲里发展的根本问题。满洲里本地拥有良好的生态条件和基础设施，也有一定的国际互联互通与国际物流产业基础，这些都是满洲里赖以运筹未来的底气。建立完善全国统一大市场是一项利好的政策，满洲里完全可以利用口岸城市的地位和便利的国际联通设施，放开手脚发展物流运输等行业，一则能够加快统一市场要求的市场要素的充分流动，二则能够为本地的发展积累产业资粮。总之，满洲里的未来仍然可期可望，在未来的统一市场和产业分工中会有一席之地。

六要加强基础设施建设。铁路、公路和航空以及河道通航是满洲里的交通条件。满洲里的中东铁路具有百年历史，历史地位和意义是多方面的，总的来说满洲里的铁路对中国北方的发展、东北的发展以及东北历史进程产生了强烈的影响。如今满洲里的铁路得到更新，公路和航空空前发展。然而，基础设施的建设永无止境，需要不断地更新换代。满洲里的开放事关北方特别是东北地区的"走出去"战略，重要性非同一般，因此满洲里的基础设施必须跟上时代发展步伐，充分发挥互联互通的作用。在这一方面，国家、自治区和本地三级政策

---

① 曹立主编《沿边开放发展报告（2020~2021）》，社会科学文献出版社，2021，第40~41页。

制定者有必要深度联动。

　　总之，满洲里是历史发展的结果，也是 100 年以来中国人民勤劳勇敢开拓与建设的成果。满洲里的未来将建基于过去的成就，更将得力于今天的谋划与开拓。

作者：乌兰巴根

第七章

"北疆明珠"
——二连浩特开放简史

二连浩特是中国正北方的陆路口岸，城建与开埠已有半个世纪之久。二连浩特坐落于锡林郭勒大草原北缘，归内蒙古自治区管辖，是内蒙古自治区的计划单列市。二连浩特拥有铁路、公路和航空口岸，利用铁路、公路和航空同国内各大城市和国外各大城市通运，成为中国、蒙古国和俄罗斯三国之间的运输咽喉，享有得天独厚的区位优势和广阔的互联互通前景。

二连浩特有着雄厚的国际贸易基础，厚积数百年的历史底色，在各个历史时期扮演过显眼的角色。改革开放以来，二连浩特是中国向北开放的桥头堡、内蒙古和华北地区外贸发展的重要窗口。新时期以来，二连浩特是国家实施"走出去"战略的重要依托、"中蒙俄经济走廊"建设的关键节点，备受国家、自治区和本地政府的重视，成为国家推动对外开放和开发边疆的重要平台。

二连浩特的城建、开埠和发展是一段有趣的历史，牵涉到政治、经济、国际关系等多个方面，是新中国成立以来中国对外开放和开发边疆历史的一个大的脚印，是新中国成立、改革开放和新时代以来各项成绩的集中体现。因此，简单回顾二连浩特的城建历史，叙述二连浩特的开放历程和城市发展史，既能够发掘二连浩特地区丰厚的历史底蕴和艰难创业的曲折征程，也能够直观地反映新中国成立以来各个历史时期其在对外开放和开发边疆方面的成就。这里我们参考前人研究成果，利用有关部门的经济数据，略为叙述二连浩特的城建、开埠和发展的历史，以展现数十年开发开放的可歌业绩。

第一节
二连浩特的自然环境、历史基础和区位优势

二连浩特位于内蒙古自治区锡林郭勒盟西北部，枕于中国北部国境线中部。二连浩特东边与苏尼特左旗交接，西面和南面为苏尼特右旗所环抱，北面则同蒙古国扎门乌德市隔岸相望。二连浩特市土地面积 4015 平方公里，其中城建面积 11 平方公里。

二连浩特地区位于内陆腹地，远离海洋，常年受蒙古—西伯利亚高压影响，因而具有温带大陆性季风和干旱荒漠草原气候。春季干燥缺雨，夏季短暂炎热，秋季天高气爽，冬季干冷风大。年均降水量 142.2 毫米，无霜期 90~120 天。二连浩特市境内没有地表河流，地下有古河道。现在，二连浩特一大自然劣势是缺水，这给二连浩特的城市发展和产业发展带来了一定的不利影响。

二连浩特自然环境中的最大特色是所在地区的地质构造，即二连盆地。二连盆地位于内蒙古自治区的中北部，介于大兴安岭和阴山山脉之间，长约 1000 公里，宽 20~220 公里，是中国境内大型沉积盆地之一。二连盆地与戈壁盆地、海拉尔盆地、开鲁盆地、赤峰盆地、河

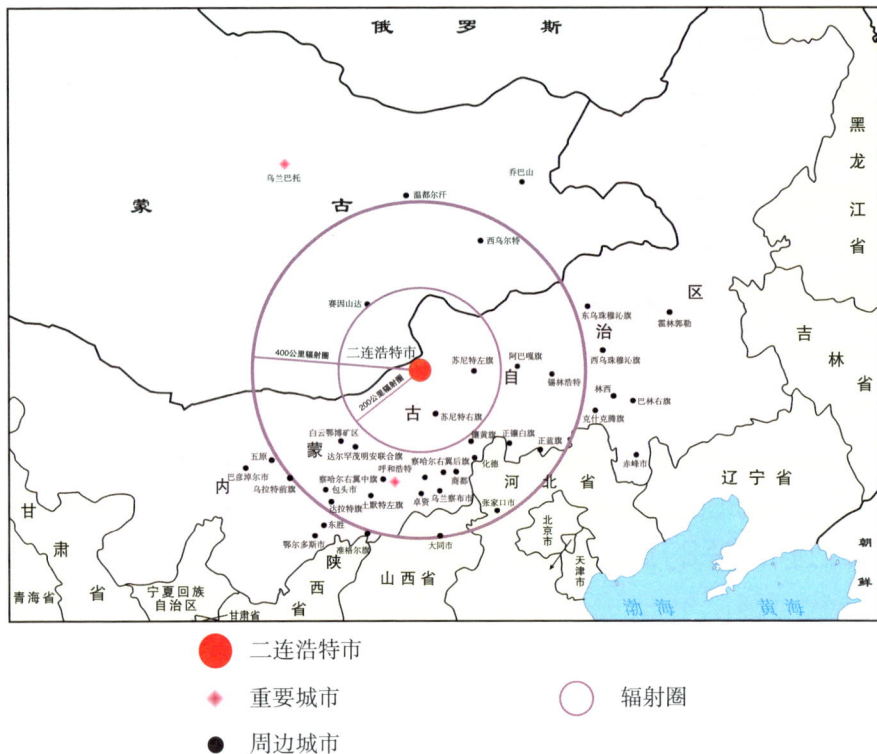

图 7-1　二连浩特市区位

套盆地等遥相呼应，形成了一大中生代沉积盆地群。据地质学家和古生物学家的探索证明，二连盐池位于二连盆地的中心位置。该湖地下中生代地层特别完整，具有厚达 80 米的白垩纪（距今 1.45 亿~0.66 亿年）晚期堆积物，被认为是白垩纪晚期化石埋葬的标准地层，人称"二连达布苏组"，享有亚洲"标准地质剖面"的美誉[1]。在白垩纪，二连盆地上遍布湖泊和沼泽，气候湿热，是当时地球统治者恐龙的理想栖息地。1893 年，俄国著名的地质学家奥勃鲁契夫在二连地区首次发

---

① 朱家康、谭静江：《北疆明珠——二连浩特》，二连浩特市对外文化交流协会，1990，第 5 页。

现恐龙化石，开启了世界古生物学家的长期探索，使二连浩特地区成为地质学家、古生物学家经常光顾的地方，进而使二连盆地成为矿产勘探的重要目的地。据 2019 年中国地质科学院专家的实地勘探结果，二连盆地具有形成油气的较好生烃条件与物质基础，具有良好的页岩气资源前景[1]。二连盆地的地质构造和形成特点决定了二连浩特地区的地表富有盐碱资源，而正是这些盐碱成为二连浩特发展起来的资源基础，而二连浩特这个地名也是来自资源开采地的名称——额仁达布散淖尔（二连盐池）。

图 7-2 二连浩特恐龙化石出土地

额仁达布散淖尔位于二连浩特市区东北方向 9 公里处。该湖东西约 4 公里，南北约 3 公里，周围高台地，地势比二连浩特市区低很多。现在，湖的大部分已经干涸，只有一小部分尚有少量的水。

"额仁达布散淖尔"意为"色彩斑斓的盐湖"（现译二连盐池）。"额仁"（eriyen; ereen）是蒙古语，意为"斑斓"，是对荒漠戈壁景色的一种描述，延伸为海市蜃楼之意。汉文史料里提到的"玉龙"、

---

[1] 施立志：《二连盆地取得新层系油气地质调查重要进展》，中国地质科学院矿产资源研究所网站，2019 年 7 月 30 日，http://www.imr.cgs.gov.cn/dzky/cgkx_2713/201907/t20190730_488208.html。

图 7-3　二连浩特市及周边地区资源分布

"伊林"和现用市名"二连"均为蒙古语"额仁"的不同音译。"达布散"还有"达巴苏""达布苏"等不同译法，都是蒙古语盐（dabusu;davas）的音译。淖尔是蒙古语湖（nuur）的音译。过去泛称这一片地区为 Ereen，域内有二连盐池等地貌。后来，这里修建铁路，设立火车站，营建城市，从而有了二连浩特这一城名。"二连浩特"是蒙古语的音译，其中"浩特"跟"呼和浩特""锡林浩特""乌兰浩特"等城名中的"浩特"相同，意为"城市"。

额仁达布散淖尔盛产的盐巴是当地人自古采掘的天然资源。正是由于这种资源，该地区成为人类定居点，继而开启了二连浩特的城建史。旧时，当地牧民自发前来采盐，旗里也派驻专员采盐，销往其他盟旗乃至内地。牧民和旗员一年一度采盐，并不常住湖畔。因此，只有采盐的季节，稍有人丁聚集。清嘉庆二十五年（1820），清朝在这里设置驿站，称"伊林站"。伊林站是清朝兵部设立的通往漠北乌里雅苏台、科布多等地的阿尔泰军台中的一座。在台站，常驻驿卒，传递往来军报，有时还负责迎送朝廷官吏。驿站的设立给二连地区带来了少量常住人口，但是驿站人数有限，尚不能成大气候。据1892年旅行者的观察，当时有人在额仁达布散淖尔湖畔扎下蒙古包，作为临时居所，专为哲布尊丹巴呼图克图的驼队南下北上供应食宿。光绪十五年（1889），清政府架通北京至库伦（今蒙古国首都乌兰巴托）的电报线。电报线途经二连地区，设立电报局，并将该地标入当时的地图，译作"二连"。1918年4月，张家口的商人景学铃创办大成汽车公司，在张家口和库伦之间开通运输线路。这条交通线被称为"张库大道"，是当时国内最长的汽车营运路线。汽车公司在"哀饮大北数"设置打尖站，站名"滂北"。"哀饮"是"额仁"的另一种音译，"大北数"是蒙古语"盐"的音译，"哀饮大北数"指的是"二连盐池"[①]。张家口到库伦的汽车单程5天。当时，电报局和车站比邻而居。20世纪的头几十年，苏尼特右旗的札萨克衙门在额仁达布散淖尔北岸设立采盐机关，每年派遣1名官员带领60名兵丁采盐，销往其他盟旗和内地。另外，湖的东岸建有寺庙（Lochin Sum; Locin Süm-e），香火鼎盛时期曾有以转世喇嘛为首的50~60名僧人，拥有4座庙属仓库。该寺庙是采盐人进香祈求好运之处[②]。总之，早期的二连地区是以盐池为中心，有驿站、电报局、车站、采盐机构和寺庙，人丁并非特别兴旺。后来，由于日本

---

① 朱家康、谭静江：《北疆明珠——二连浩特》，二连浩特市对外文化交流协会，1990，第4页。

② Erdemtü nar, *Eriyen Qota-yin Soyol Teüke-yin Materiyal*, 2, Eriyen Qota-yin ulus Törö-yin Jöblelgen, 2015, n. 26-27.

占领，电报局、车站等都撤走，采盐机构也遭解散，所属地区逐渐荒废落寞。

图 7-4　驼队

图 7-5　戈壁骆驼

　　二连浩特真正的城建史由集宁—二连铁路（以下简称"集二线"）的修建开始。1952 年 9 月 15 日，中、苏、蒙三国签订关于修通中国集宁到蒙古国乌兰巴托的铁路、开办三国铁路联运的协定。1953 年 5 月，中国开始修建集宁经二连地区到边界的铁路，1955 年 12 月 1 日竣工；1955 年底，苏、蒙工程队修成蒙古国乌兰巴托经扎门乌德到边界的铁路。1956 年 1 月 3 日，在中蒙边境上举行了铁路接轨典礼，4 日中、苏、蒙三国发表联合公报，宣布乌兰巴托至集宁铁路建成，开始办理货物联运。在这条国际铁路上，中国边境设立二连站，蒙古国边境设立扎门乌德站。由于火车线路经由地在二连盐池偏西，火车站离二连盐池向西 9 公里，二连站成了二连地区人口聚集之地，开启了新的城建史篇章。当时，集二线铁路用的是苏联的宽轨铁路，货物换装业务在集宁市进行。1965 年 10 月，集二线全线改铺标轨，因此二连浩特承担起货物换装业务。1956~1965 年是新建的二连浩特这条国际铁路的运输鼎盛时期，1959 年运输货物 260 万吨，超出了二连站原定的吞吐量。由于中苏关系恶化，1966~1982 年，二连浩特铁路运输

图 7-6　二连浩特铁路口岸

跌入谷底，运输量长期徘徊在 30 万~70 万吨。1964 年，二连浩特国际邮件交换站启用，国际邮件可通过二连浩特口岸中转至蒙古国、苏联等国家。

二连浩特的行政建制跟铁路的修通及设立二连站有关。有了铁路、火车站和国际物资运输通道，二连地区开始聚集人口，相应有了行政建制。1956 年 4 月 3 日，锡林郭勒盟在苏尼特右旗成立二连镇。1957 年 7 月 14 日，由自治区做出决定，将二连升格为旗县级，于"二连"加缀"浩特"一词。1966 年 1 月，内蒙古自治区申报国务院，经批准成立二连浩特市。1969 年 11 月，内蒙古自治区令二连浩特市划归乌兰察布盟管辖。1980 年 5 月，划回锡林郭勒盟。1985 年 1 月，内蒙古

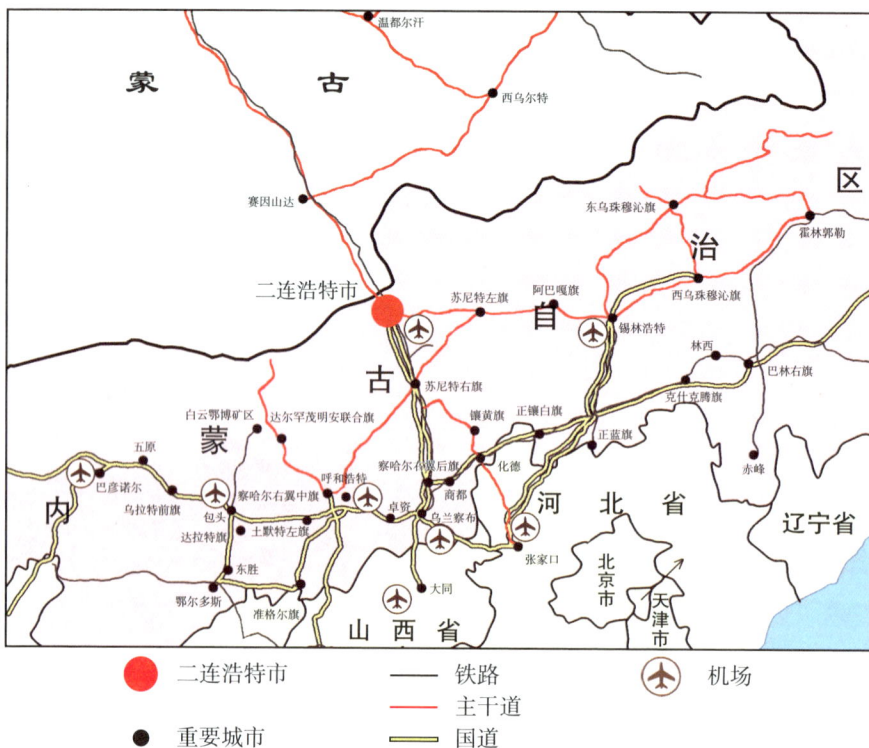

图 7-7　二连浩特市交通

自治区将二连浩特升为准地级市，并列为计划单列市。1985 年 6 月，经国务院批准，二连浩特成为甲类开放城市。1992 年，二连浩特市成为沿边开放城市。现在，二连浩特下辖 1 个苏木（5 个嘎查）、8 个社区。根据第七次全国人口普查数据，截至 2020 年 11 月 1 日零时，二连浩特常住人口为 75794 人。

二连浩特的区位优势自古有之。二连地区是大漠南北的交通咽喉，大漠南北的路人、旅蒙商等基本都经由二连地区南来北往。不仅蒙古国平民、官吏和僧人，以及清朝官吏和军人经由二连地区行走，还有外国旅行家、公使、探险家经过二连穿行大漠。在清代，由北京通往漠北军事重镇乌里雅苏台和漠北政治中心库伦的阿尔泰军台经由二连地区，在该地区设立驿站。后来，北京联通恰克图的电报线也经过二连浩特地区，在该地区设立电报局。1918 年的大成汽车公司开辟张库运输线，也在二连地区设立车站。由于二连地区的交通咽喉地位，革命时期的共产党人曾由此处进出边界。例如，内蒙古人民革命党的创始人、革命家吉雅泰同志 1933 年冬天从苏联经蒙古人民共和国回国，

图 7-8 二连浩特国门

经由二连盐池以东的查干敖包进入内蒙古。1945 年 8 月，苏蒙联军经查干敖包附近穿越国境线，进攻盘踞在内蒙古和河北等地的日军。1950 年 6~7 月，吉雅泰同志再次经二连地区前往蒙古人民共和国，出任中华人民共和国驻蒙古国大使。可以说，二连地区自古以来就是大漠南北的交通要道、人与货物南下北上的必经之地。在修通铁路以前，二连地区的交通以二连盐池以及再往东的查干敖包为中心，修通铁路以后以二连站为中心。

随着中国的经济发展、对外开放事业的不断推进以及以"一带一路"为核心的国际合作格局的日见成效，二连浩特作为中国北方窗口，它的区位优势和战略地位得到进一步凸显。

二连浩特离锡林浩特、集宁、呼和浩特不远，而且具有良好的铁路、公路条件。另外，二连浩特离北京 690 公里，是离北京最近的边境陆路口岸。二连浩特离蒙古国口岸城市扎门乌德 9 公里，离蒙古国首都乌兰巴托 714 公里。由北京经二连浩特到莫斯科比满洲里线路要近 1140 公里，并且二连线串联中、蒙、俄三国首都，战略意义非常明显。铁路是二连浩特的交通生命线。北京至乌兰巴托、北京至莫斯科、二连浩特至乌兰巴托的国际列车每周对开若干次。近年来，由于中欧班列的陆续开通，二连浩特成为中欧班列的出境口，交通意义十分耀眼。经过数十年的发展，二连浩特的公路网也比较发达。二连浩特公路向南通过 208 国道与呼包、京藏高速相连，向东通过二满公路与锡林浩特相接，向北通往蒙古国的扎门乌德市。近十几年以来，二连浩特又有了航空交通。2010 年 4 月 1 日，二连浩特的赛乌素国际机场建成通航，现首都航空、华夏航空、鄂尔多斯通航、新疆通航、匈奴航空等航司已开通航线，航运达北京、乌兰巴托、呼和浩特、通辽、赤峰、乌兰察布、锡林浩特等国际国内城市。

总之，二连浩特位于中国正北方，边境线长达 72.3 公里，拥有得

图 7-9 二连浩特赛乌素国际机场

天独厚的交通枢纽地位和较为完备的交通设施。这一切造就了二连浩特独特的区位优势，使其成为国家向北开放的重要窗口。

第二节
二连浩特的开放经过及开放成就

二连浩特是中国对蒙古国的陆路口岸城市，承担着中蒙之间陆路国际运输的大部分。改革开放以来二连浩特的经济社会与对外开放经历了飞跃式发展，大致可分为 1978~1991 年、1992~2000 年、2001~2011 年和 2012 年以来等几个历史发展阶段，分别对应改革开放、全面建设社会主义市场经济、加入世贸组织和新时代中国特色社会主义建设等党和国家事业的重大历史转折点。

20 世纪 70 年代中期，中国和蒙古国的铁路代表团在二连浩特举行谈判，开通了北京到乌兰巴托的两国铁路联运。这是中苏关系恶化以后时隔十年再次打开国门，突破僵局，中国北部边疆地区局部走向开放。尽管当时的开放幅度非常有限，贸易量不大，但开放的勇气难能可贵，充分显示了双方的经贸交流意愿。

党的十一届三中全会的成功召开，更是使二连浩特的发展迎来了新的局面。

1983 年，中苏两国邦交正常化，随之中蒙关系也正常化。1984 年 9 月，时任中共中央总书记的胡耀邦同志视察二连浩特，提出"南有深圳，北有二连"[①]，明确传达开放二连浩特的信号。缘是，二连浩特的知名度迅速提高，国外各大媒体纷纷探访报道。10 月 1 日，二连浩特市人民政府邀请蒙古国扎门乌德市代表团前来参加新中国成立 35 周年庆典，恢复了两市中断 18 年的友好往来。1984 年 10 月 12 日，中共二连浩特市委决定成立对外开放经济开发指挥部，市长灵嘎同志任总指挥。不久，中共锡林郭勒盟委成立锡盟开发建设二连口岸工作组，由盟委副书记博彦额穆和担任组长。同年 12 月 25 日，内蒙古自治区党委第三次常务会议上，党委书记周惠、自治区主席布赫等同志听取二连浩特、满洲里两市关于对外开放问题的汇报，同意该两市按甲类城市对外开放，并报国务院审批；同意升格该两市为准地级市，由自治区计委、各盟和相关部门着力制定两市社会经济发展规划，为基础设施建设做好准备，给两市各拨 22 万元，改善城市，维护基础设施。这是二连浩特正式对外开放的开始。1984 年，国家计委批准，启动分期改造二连浩特火车站，以扩大火车站和货场的容量。1985 年 6 月，经国务院批准，二连浩特成为甲类开放城市。

中苏关系、中蒙关系的正常化以及胡耀邦同志的视察，为二连浩特的开放奠定了政治基础。凭借本地的积极争取、自治区层面的鼎力支持和国家层面的政策匹配，二连浩特开始在对外开放与社会建设的

---

① 《历史人文》，二连浩特市人民政府网站，2023 年 2 月 14 日，http://www.elht.gov.cn/zjel/elgk/lsrw/。

图 7-10 二连浩特火车站进出口货物

路上大踏步前进。1985~1989 年，二连浩特基本建设累计投资 4364.7 万元。市政府注重城市建设，制定第三次城市建设规划，数年之间二连浩特的城市面貌改善了很多，例如，火车站改造工程完成，火车站的空间布局、外观和功能更趋现代化，城市布局错落有致。开放之际，二连浩特面临的最大问题是缺水。当时就连市民的日常用水都是依靠外输。1980 年，内蒙古自治区投资 600 万元，建成齐哈日格图到市区的输水管线，全长 56 公里，日输水 2000 吨，二连浩特供水问题得到缓解。1985 年，二连浩特投资 63 万元，在齐哈日格图水源地开凿新井，1989 年又投资 91 万元，改造原有输水管线，提高输水量，达到日输水 4000 吨。1986 年，投资 60 万元，修建城市排污系统。1988 年，华北电网供电工程动工，1989 年 10 月竣工通电，结束了二连浩特使用柴油机供电的历史。1985 年之后，二连浩特的工业企业得到发展，有了化工厂、萤石矿厂、农机厂、盐厂、食品加工厂、自来水公司、印刷厂和塑编厂等 8 家国营企业，另外还有 5 家集体企业。1986 年，二连浩特市区建起自由市场一条街，集工、商、服务等于一处，生意兴隆，人气旺盛。铁路是二连浩特的命脉，铁路运输服务水平大大提升。从 1983 年开始，二连浩特铁路运输走出低谷，开始反弹。1983 年，二连浩特进出口货物量突破 100 万吨。1985~1988 年，进出口货物量一直保持在 150 万吨以上。铁路国际旅客数量猛增，运输收入一路增长。1989 年，二连浩特到蒙古国扎门乌德的过境公路货物运输开通。1988 年 5 月，二连浩特市边境贸易公司成立，同蒙古国开展边境易货贸易，1989 年成交额达 1066 万元。20 世纪 80 年代头几年，二连浩特实行农牧业的承包制，原有农业生产队和牧业生产队解散，土地和牧畜归个体承包经营，其中包括原有集体所有的赛乌苏蔬菜农场。20 世纪 80 年代中期，工商企业推行承包制，极大地调动了人们的积极性，国内商业活动以及对外贸易日益发展起来 [1]。

1992 年是中国经济历史上的重大转折点，这一年中央正式确定建立社会主义市场经济体制，邓小平发表南方谈话，全国上下统一思想，大大加快了改革开放的步子。二连浩特作为边境城市，自然从大转变中获得了不少的政策红利。

1991 年底，锡林郭勒盟和二连浩特吹响"大边贸"的口号，开始大力发展边境贸易 [2]。1992 年，二连浩特市被国务院列为沿边开放城市。二连浩特的开放等级和开放布局发生了质的飞跃。开放城市的一大配套政策是设立边境经济合作区，这标志着对外开放从过去以贸易公司的进出口经营方式为主升级到边境开放，开展以经济区为主的定点开发经营。边境开发区在边境城市划出园区，匹配各项优惠政策，

① 朱家康、谭静江：《北疆明珠——二连浩特》，二连浩特市对外文化交流协会，1990，第29 页。
② 孙海涛：《口岸春天里的两个瞬间——二连浩特市沿边开放纪实》，内蒙古人民出版社，1994，第 56 页。

广兴招商引资，吸引市场主体投资。由此，二连浩特走上产业园区建设的道路，在市辖地上建立合作区、互市区、产业园区等不同规格、不同级别的园区，吸引资本、人口和人才，推动城市的发展。

1993 年国务院特区办公室批准设立二连浩特边境经济合作区。合作区在二连浩特市区北端防风林带以北，仓储运输公司验关库以南，市区通向国门公路以西。总规划面积约 3 平方公里。该地段交通便利，距市中心 1 公里，距国境线 2.5 公里，邻近公路口岸联检楼与仓储运输公司验关库，是国内外客商投资的最佳场所、向北"走出去"的理想之地。二连浩特边境经济合作区采取灵活的规划，基建设施达到"四通（道路、上水、下水、供电）一平"的水平，分为公建区和生产区等两个功能区，其中公建区由职员住宅区、商业文化娱乐区及行政管理金融贸易区等组成，生产区则主要是工业生产、生产服务和科研用地。2002 年，合作区改建为工业园区，占地面积 18 平方公里，设城东、城北两个功能区，园区内设有出口产品加工区和口岸加工区。2006 年，70 家企业进驻加工区，包括加工、仓储物流、商贸服务等企业。2008 年，新进驻 11 家企业。2010 年，入驻园区的企业共达 92 家[1]。

1994 年 8 月，胡锦涛视察二连浩特，做出重要指示："在边字上做文章、在开放上下功夫、在内联上求发展。"[2] 胡锦涛的视察和指示为二连浩特的边境开放打了底气。

边民互市贸易是边境城市独有的贸易便利条件。1984 年，二连浩特开放以来，中蒙边民之间的互市贸易发展起来。二连浩特的边民互市贸易原无定所，以摆地摊为主。后来，按照政府的引导，集中在新华大街上，都是露天地摊交易。1991 年，建成一处半封闭式的互市贸易区。1993 年建立新的全封闭式互市贸易区，集互市、住宿等于一体，

---

① 张耀增编《二连浩特市志（2000—2010 年）》，中国文史出版社，2019，第 243~244 页。

② 《诠释"8337"发展思路的六个视角》，人民网，2013 年 8 月 2 日，http://theory.people. com.cn/n/2013/0802/c40531-22427657.html。

1997 年扩建，2004 年失火被毁。2005 年在原址上建成温州商城。由于边民互市贸易日趋发展，二连浩特陆续有了更多的商城，包括建筑面积 2 万多平方米的义乌商城、建筑面积 4.2 万平方米的欧华国际商贸城、建筑面积 3.5 万平方米的天利国际商贸城、建筑面积 1 万平方米的华东商贸城等。2015 年市政府投资在边境线上建立 8 万平方米的互市贸易区，2016 年启动，并给予税收优惠[①]。

2002 年 3 月，市政府将赛乌苏蔬菜农场更名为赛乌苏科技园区。赛乌苏科技园区是二连浩特政府多年着力打造培育的产业园区之一。该园区在二连浩特市区向南 28 公里的地方，面积约 650 亩。赛乌苏科技园区源于当时的赛乌苏蔬菜农场，赛乌苏蔬菜农场始建于 1958 年，由丰镇招募 18 名菜农创办。当时为锡盟几个重点国营农场之一，由锡盟农牧场管理局直接管理和领导。1959 年，试种蔬菜取得成功，当年蔬菜产量达到 22 万公斤。1961 年，国营农牧场全部下马，其中，国营农场划归二连浩特管理，为集体所有制经济。1975 年，改为知青农场，由农牧局管理。1979 年，知青返城，又恢复集体所有制经济。1983 年，全面推行家庭联产承包责任制。赛乌苏蔬菜农场一直作为农牧局的二级单位，由农牧局聘用菜农进行管理，但是由于种植面积小、科技含量低，仅为二连浩特市提供大量的夏、秋季新鲜蔬菜，而且难以满足市民大量的吃菜需求。1997~1999 年，市政府为农场建设日光温室 50 座，提高了蔬菜生产的科技含量，增加了农民的收入。

二连浩特在发展外贸、推进边境开放的同时，努力开发利用本地资源，打造本地的特色旅游产业。恐龙地质公园就是其中一例。到目前为止，二连浩特地区发现恐龙化石共有 20 余种，2005 年发现窃蛋龙类恐龙——二连巨盗龙，为世界最大。这一发现改变了古生物考古界对于恐龙向鸟类演化的传统理论，是近年来中国古生物化石发现与研究对鸟类

---

① 邢素林等：《窗口回眸》，内蒙古教育出版社，2017，第 33~41 页。

起源研究的一大贡献。二连浩特利用恐龙化石出土一事，大力宣传，发展旅游产业，修建公园、博物馆，增添城市景观，加厚城市文化底蕴。二连盆地白垩纪恐龙国家地质公园位于二连浩特市区向东北 9 公里的地方。该地在著名的二连盐池附近。地质公园占地 243.2 平方公里，其中 29.9 公顷为核心区域。园内已经建有恐龙科普馆、恐龙化石埋藏馆，另外一起建设矿物晶体馆等地质知识馆，以及伊林驿站遗址博物馆。2006年，地质公园被评为自治区级地质公园，2009 年 8 月晋升为国家级地质公园。二连盆地白垩纪恐龙国家地质公园是集遗址保护、科普教育、旅游参观于一体的综合展馆。恐龙成为二连浩特的一大旅游招牌[1]。

党的十八大以来，中国对外开放的格局发生了新的变化，呈现出新的气象。因应国家开放与经济建设的需要，中国政府做出各项外交努力，推出各项顶层设计，以合作共赢为理念，提出新的国际合作倡议，做出治理全球危机的理论探索。"一带一路"便是这种努力的重要内容。2013 年 9 月，习近平在出访哈萨克斯坦之际提出"丝绸之路经济带"建设倡议；10 月，他在访问印度尼西亚时又提出了"21 世纪海上丝绸之路"建设倡议。2014 年 9 月 11 日，习近平在出席中俄蒙三国元首会晤时提出"中蒙俄经济走廊"建设倡议。习近平提出的国际合作倡议得到国内学界、政界和商界的热烈讨论，也引发国际社会的强烈共鸣。基于"一带一路"开放与合作共赢的精神，国内逐渐形成一系列共识和实施蓝图。2015 年 3 月 28 日，国家发展改革委、外交部、商务部等三部委联合发布《推动共建丝绸之路经济带和 21 世纪海上丝绸之路的愿景与行动》[2]。三部委发布的文件是纲领性的，具有指导意义，其中把"一带一路"分为六大板块，分别对应六个方向，

---

① 参见田明中等人的科普宣传作品。田明中、张瑞新主编《恐龙之乡——二连浩特国家地质公园》，中国电影出版社，2012。

② 国家发展改革委、外交部、商务部：《推动共建丝绸之路经济带和 21 世纪海上丝绸之路的愿景与行动》，《人民日报》2015 年 3 月 29 日。

兼顾各个沿边沿海地区，对每一个地区给予了相应的战略定位。因此，在"一带一路"建设蓝图里，沿边沿海地区均得到了相应的建设、发展和开放的战略地位和致力方向。这份纲领性文件指出，"中蒙俄经济走廊"分为两个方向：一是由华北京津冀到呼和浩特，再到蒙古国和俄罗斯；二是由大连、沈阳、长春、哈尔滨到满洲里，再到俄罗斯的赤塔。显然，二连浩特是北京—呼和浩特这一方向上的关键节点。

2014年6月5日，经国务院批准，二连浩特设立重点开发开放试验区。这是国家在新形势下的沿边开放部署，以加快向北开放的步伐，推动内蒙古向北开放平台建设，优化沿边开发开放布局，提升中、蒙、俄经济合作水平，巩固二连浩特市在国际通道上的枢纽地位，为"中蒙俄经济走廊"建设开辟新的天地①。

针对重点开发开放试验区的要求，内蒙古自治区出台了相关配套政策文件，即2014年10月16日内蒙古自治区人民政府发布《关于支持二连浩特国家重点开发开放试验区建设的若干意见》。这份文件列出了通关政策、产业发展政策、财税政策、基础设施建设政策、金融政策、用地政策、公共服务政策、人才政策、其他政策等9个方面的37条具体政策。在通关政策方面，推进二连浩特与扎门乌德中蒙海关联合监管试点，加快实现中蒙海关《载货清单》数据电子化传输；放宽商品进口管制，增加进口配额；放宽试验区对蒙古国粮食、石油产品出口限制；在试验区设立边境旅游异地护照办理中心；支持试验区加强与蒙俄过境运输合作，推动中蒙俄三国签订公路运输协定。产业发展政策包括按照"两国一区、境内关外、封闭运行、互动发展"模式，加快推进二连浩特—扎门乌德跨境经济合作区建设；立足环境资源承载力和环境容量，优化试验区产业定位、布局和规模；支持试验区发

---

① 《国务院批准设立二连浩特重点开发开放试验区》，内蒙古新闻网，2014年6月7日，http://inews.nmgnews.com.cn/system/2014/06/07/011475903.shtml。

展风电、光电等新能源产业；支持试验区国际商贸物流基地建设，推进大型进口资源集散中心和出口商品专业市场建设；建立边境地区专项转移支付增长机制；支持设立二连浩特—扎门乌德跨境文化旅游合作区，建设国家恐龙地质公园、综合博物馆、驿站博物馆、国门景区，开展重走"茶叶之路"系列活动。财税政策包括2014~2024年，自治区财政安排专项资金支持试验区建设，以2014年2亿元为基数，以后年度逐年增加；2020年以前，对设在试验区的部分加工制造类项目免征企业所得税地方留成部分；自治区口岸建设专项资金向试验区倾斜。基础设施建设政策包括加快集二线铁路双幅电气化改造和二连浩特—锡林浩特、二连浩特—巴音花铁路建设，推动二连浩特—乌兰巴托—乌兰乌德铁路双幅电气化改造；支持二连浩特国际航空港建设，开通至乌兰巴托、伊尔库茨克等城市航线；推动二连浩特—扎门乌德公路口岸跨境皮带矿产品专用通道建设；将试验区供水保障纳入自治区水资源开发利用规划。金融政策包括积极推动跨境人民币业务创新；开展双边跨境保险业务合作；等等。用地政策包括依法适时开展土地利用总体规划评估修订；土地计划指标向试验区倾斜，实行计划单列，支持试验区对未利用地进行综合开发；支持将试验区列入国家工矿废弃地复垦调整利用试点范围。公共服务政策包括组建二连浩特口岸商务职业学院，办好二连浩特国际学院；支持试验区蒙中医药事业发展；建立城市综合服务管理数字平台；加大京津风沙源、退牧还草等工程建设力度；等等。人才政策包括支持试验区培养和引进对蒙政策研究、国际商贸、电子商务、旅游、金融、外语、法律等领域人才，对高层次人才在编制、职称晋升等方面给予支持；对试验区公务员招考、事业单位公开招聘给予政策倾斜，支持开展公务员聘任制试点；鼓励区直部门和单位选派优秀干部和专业技术人才到试验区挂职或任职，支持试验区选派干部到沿海开放地区挂职锻炼；贯彻落实艰苦边远地区津补贴动态调整机制，稳步提高试验区公务人员工资水平。其他政策包括将试验区纳入自治区人民政府与蒙古国经济发展部"常设协商工作组"会议机制成员单位。

作为"中蒙俄经济走廊"的关键窗口，二连浩特按照中央顶层设计精神和自治区的区域开放发展部署，制定本市发展与开放规划，全面对接"中蒙俄经济走廊"建设，深度融入互联互通的大潮，精于运筹，勇于开拓，深度发掘发展潜力，充分利用本地优势，在经济社会建设和对外开放方面取得了良好的成就。

二连浩特现已有铁路、公路和航空三个口岸，以及边境经济合作区、边民互市贸易区、科技园区和恐龙地质公园，城市发展规划独具特色，市辖区域布局合理，基础设施较为完备，互联互通日趋改善。二连浩特口岸是日本、韩国、东南亚各国对蒙古国、俄罗斯进行转口贸易的重要通道，是蒙古国借道中国出海（天津港）的必由之路。2013年，郑州、成都等地开通经二连浩特到欧洲的货运专列，到2021年11月3日，二连浩特铁路口岸接运出入境中欧班列共2290列次，累计接运中欧班列8122列次。在第二届亚洲交通运输部长论坛上，二

图7-11　二连浩特过境中欧班列集装箱

连浩特被选为首批国际陆港城市。在公路建设方面，二连浩特是二广高速（G55）和208国道起点。二连浩特已形成公路、铁路、航空立体运行的国际运输设施。

2012年，二连浩特举办中蒙俄民族时装节，打出"名模与恐龙"的口号[1]。

在改革开放以来的数十年中，二连浩特得到了长足的发展。2001年GDP达到5.17亿元，2016年达到峰值109.66亿元，2019年二连浩特全市GDP完成66.25亿元（见图7-12），人口72514人，增长5.96%，进出口贸易额达到268.6亿元，固定资产投资增长8.9%[2]。1995~2021年二连浩特进口额与出口额总体呈上升趋势（见图7-13），但由于近年来蒙古国经济不景气、俄罗斯受制裁经济萧条，以及中蒙之间其他口岸的陆续发展，二连浩特的贸易增速有所减缓，自2017年以来，二连浩特的GDP出现下滑。这虽然在国家改革开放大布局中微不足道，但也不能不警惕。

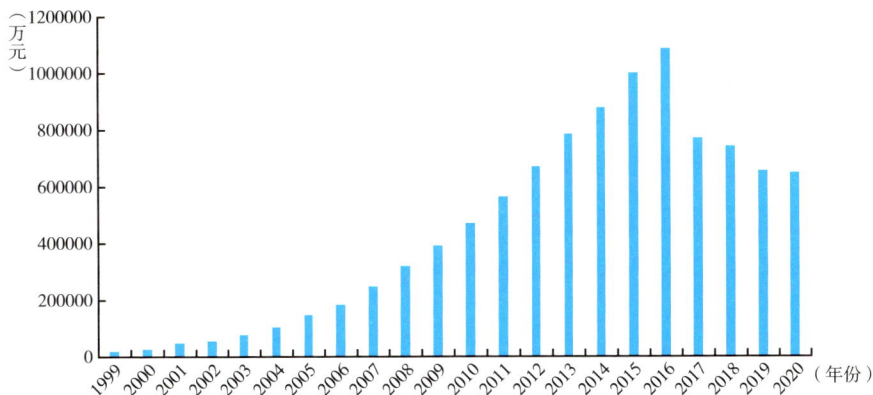

图7-12 1999~2020年二连浩特GDP

资料来源：二连浩特市统计局。

---

① 包崇明主编《2012中国二连浩特中蒙俄民族时装节》，内蒙古自治区民族服饰协会，2012。
② 二连浩特市档案史志局编《二连浩特年鉴2020卷》，中国文史出版社，2020，第283~286页。

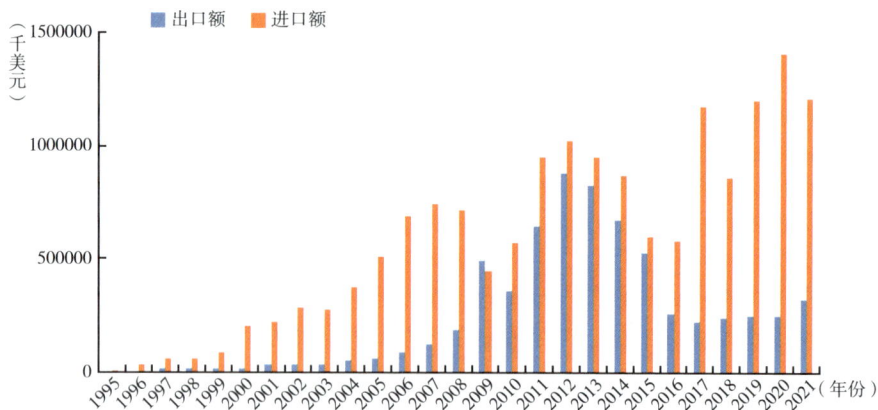

图 7-13　1995~2021 年二连浩特进口额与出口额

资料来源：二连浩特市统计局。

第三节
二连浩特开放的经验与启示

二连浩特作为边境口岸城市，它的发展不仅同全国的经济社会发展相关联，还同中国跟蒙古国、俄罗斯等邻国的关系发展有很大的因果关系。二连浩特的开放发展历程就是中国改革开放的缩影，其所取得的成就就是中国改革开放大业在北部边疆的推进。

二连浩特的开放对中国向北开放格局产生了深远的影响，在国家层面上保障了北部边疆地区的开放性，使边疆地区加强对外交流，使边疆地区人民享受开放带来的好处，对北部边疆地区的社会发展、人民生活的改善和安定团结起到了很大的作用。1984 年二连浩特的开放，恢复了二连浩特与对岸城市隔绝 18 年的友好往来，两国边境人民以经贸为纽带筑起了互惠有利的长久往来，进而使边境口岸呈现出了安定、繁荣与祥和的局面。二连浩特的开放、建设及日益壮大，筑牢了中蒙两国的经济关系，为日后的发展奠定了扎实的经济基础和经贸关系框架，从而深度改善了两国关系，使两国人民的亲和力得到提升。二连浩特的门户开放、贸易量的剧增和运输能力的逐步提高，为国家带来了稳定的能源、资源补给，使国家获取能源、资源的渠道多样化，对国内工业发展和人民生活改善发挥了重要作用。二连浩特是中国向北"走出去"的大门户，中国的工业商品、农业产品、资本和技术乃至人文成就通过二连浩特源源不断地向北走出国门，为包括蒙、俄在内的对岸国家带来了充盈的生活用品、生产资料和文化娱乐方式。二连浩特继承了万里茶道、草原丝绸之路等历史遗产，以现代化的设施为基础，在国际化、全球化的大环境中，拉近中国与北方邻国、西方各国之间的距离，为国家开展睦邻友好的国际合作和外交往来创造了雄厚的物质基础和难分难舍的交流纽带。从这一点上讲，二连浩特的开放发展对国家具有很大的贡献。这也是国家主动开放二连浩特乃至开放沿边各城市的意义所在。从二连浩特的例子可以看出，国家主动开放边境，同邻国进行友好、互惠互利的经贸交流，对国家的建设、对国家外交关系和边境地区有百利而无一害。

　　二连浩特开放发展的例子告诉我们，开放边境城市的历程并非一帆风顺、一路坦途。边境的开放必须考虑国家投资建设的能力、边境城市的环境承载能力和对岸国家的发展情况。在二连浩特的开放过程中，国家投资建设城市基础设施、自治区投资建设城市生活设施占了很大的比重。正是由于国家的大力资助和自治区层面的积极支持，才有了二连浩特现在的市容市貌和经济贸易成就。二连浩特是一座荒漠边缘上的城市，周边没有大型河流湖海，水资源严重缺乏，本地粮食供给和农产品供给先天性严重不足。这在二连浩特建设初期特别明显，成为二连浩特城市发展和各行各业发展的卡脖子问题。20 世纪

80 年代，内蒙古自治区出资修建引水管道，大大地缓解了缺水问题，强化了市民扎根边疆的信心，进而推动了二连浩特今天的人丁兴旺和贸易繁荣。

图 7-14　二连浩特街景

　　二连浩特是中国较早开放的城市之一，意味着其享受到的政策红利甚多。在这方面，国家的顶层设计至关重要。若没有国家顶层设计的宏观把握和打破僵局的魄力，作为荒漠上的小镇，二连浩特很难摆脱落寞的命运。毕竟，在蒙古高原的历史上，太多像二连浩特一样的草原城市沦为荒城，最终遭到废弃。正是由于 20 世纪 80 年代中国领导团体的魄力和高瞻远瞩的全局规划，二连浩特才得到了新的生命力，一夜之间成为号称"南深圳，北二连"的具有国家级规格的开放窗口。中国对外开放由南到北、由东到西层层推进，基本形成了经济特区—沿海开放城市—沿海经济开发区—沿江和内陆开放城市—沿边开放城市这样一个全方位、多层次、宽领域、有重点、点线面结合的对外开放格局①。二连浩特是在这一格局中重要的一个点，而且是北方少数几个影响国家对外开放全局的关口之一。因此，二连浩特的开放和发展充分显示了当年国家开放格局的正确性和前瞻性，也证明了全国一盘棋、积极融入全球化、深度开展国际合作的重要性。

21 世纪已过超 1/5 的今天，二连浩特的发展本身是全国发展的一部分，二连浩特的开放是全国开放的一部分，二连浩特发展的未来也是全国发展的未来的一部分。因此，对二连浩特未来发展的谋划既要有二连浩特本地的视角，也要有全国发展与开放的视角，只有将二连浩特的发展放于全国发展及全国开放的大局中，才能准确把握地方层面的发展诉求和全国整体发展之间的关系。其中国家层面大的政策框架、自治区层面的谋划以及二连浩特本地的实际操作需要相辅相成、深度联动。

一是中国必须坚持对外开放，持续给二连浩特以优惠政策。中国是世界第二大经济体，中国的建设成就首先应该归功于中国人民的勤劳智慧，其次应该归功于对外开放，向国际接轨，充分利用国际合作的便利条件。对外开放造就了中国今天的繁荣发展，激发了中国人民的建设热情和"走出去"的勇气。正是由于二连浩特等一众沿海、沿边城市的开放和发展，才带动了全国的大发展，使中国成为世界工厂、制造业中心，使中国的科技水平不断提高，使中国的社会面貌不断刷新，使中国的人力、物力和智慧积极参与国内国际双循环，成为国际产业分工中的重量级成员，成为世界市场上的主体，取得了举世瞩目的经济发展奇迹，使中国政府有信心拓展海外市场，拓展国际合作范围，有信心进行全球布局。一个国家的发展不能没有国际合作、国际交流和国际竞争。全球化已经成为既成事实的今天，闭门造车永成过

---

① 本书编写组编著《改革开放简史》，人民出版社、中国社会科学出版社，2021，第 127 页。

去，故步自封必失未来。中国开放的 40 余年完全证明了这一点。如在国际大潮流和国际竞争舞台面前自我劝退，实行封闭，都将面临困窘与无助，都将遭受落后与迟滞的惩罚。在百年未有之大变局和高质量推进"一带一路"建设的今天，国家层面的宏观设计尤为重要，门户开放与国内国际双循环正是顶层设计的重要内容。在这种背景下，二连浩特的窗口意义和区位优势理应得到重视，二连浩特理应得到更多的关注和政策倾斜。

二是继续推进"一带一路"建设，大力倡议国家合作。"一带一路"是当今世界深受关注的国际公共产品和国际合作平台，"一带一路"为世界未来发展搭建共赢的机制，为打造人类命运共同体提供物质基础。然而，世界形势并非静止而融洽，反而动荡迭起，矛盾冲突不断显现，呈现出百年未有之大变局，全球政治格局和经济格局不稳定性不确定性显著提升。在此多事之秋，作为世界第二大经济体和大国，中国自然要积极有为，扛起推动世界发展的大任，务必倡导和平与发展，推动世界多极化发展，增强经济全球化的韧性，维护多边主义、加强沟通协作。"一带一路"强调共赢、追求发展，而且要实现高质量的发展，使世界各国和人民从中获得发展机遇和实惠。实现这一切的路径自然是开放。一言以蔽之，中国坚决推动开放、扩大开放，利用各种渠道、各种平台、各种机制、各种理念，重力推动国家的开放，推出中国的公共产品、惠及世界人民，以呈现新气象，取得更多丰硕成果。其中增进政治互信、推进互联互通、调适对话机制、丰富交流方式、践行新的理念、搭建新的平台，都是发展与合作的具体路径。

自 2013 年首次提出"一带一路"倡议以来，已经过了很多年，在这期间，"一带一路"早已从蓝图构想变成实际建设，从"大写意"向"工笔画"演进。在这期间，中共中央共召开三次"一带一路"座谈会，召集海内外政治精英、学术精英和经商精英，共商国是，总结过去，描画未来。2016 年首次座谈会称作"推进'一带一路'建设工作座谈会"，2018 年的第二次座谈会叫作"推进'一带一路'建设工作 5 周年座谈会"，第三次会议则称为"第三次'一带一路'建设座谈会"。在第三次"一带一路"建设座谈会上，习近平分析建设"一带一路"面临的新形势，为推动"一带一路"高质量发展做出了重要部署。

2021 年 11 月 19 日，中共中央召开第三次"一带一路"建设座谈会，中共中央总书记习近平出席会议，并做出重要讲话。习近平强调："完整、准确、全面贯彻新发展理念，以高标准、可持续、惠民生为目标，巩固互联互通合作基础，拓展国际合作新空间，扎牢风险防控网络，努力实现更高合作水平、更高投入效益、更高供给质量、更高发展韧性，推动共建'一带一路'高质量发展不断取得新成效。"①

二连浩特是中国向北开放的门户、"中蒙俄经济走廊"的关键节点、国家推动"一带一路"建设高质量发展的重要依托城市。二连浩特拥有良好的区位优势、合理的城市布局和较好的对外开放与联动国际国内的能力。在高质量推动"一带一路"新的历史时期，二连浩特势必发挥重要作用。近几年，由于对岸国家蒙古国以及俄罗斯的经济情况不甚理想，二连浩特的发展受到影响，地区生产总值连年下滑，居民人口数量出现负增长，基础设施健全而应用率降低。二连浩特是纯粹的贸易城镇，本地没有发展农业的自然条件，因此对外贸易的下降直接影响二连浩特本地的发展和人民的收入，自然进而影响国家整体的开放布局。二连浩特的开放不仅仅是一个经济开放问题，还是事关中国联通世界、背靠亚欧大陆的全球布局问题。所以，二连浩特的开放不能任凭市场化的经济流通主导，还必须依靠国家的针对性宏观设计和区域板块的统筹规划。二连浩特坐落在大漠边缘，连着的是浩

① 《光明日报评论员：继续推动共建"一带一路"高质量发展》，"光明网"百家号，2021 年 11 月 21 日，https://m.gmw.cn/baijia/2021-11/21/35326077.html。

瀚的亚欧大陆。虽然蒙古国和俄罗斯的部分地区人口稀少，气候条件不理想，市场规模小，但在全球战略格局中，这一地区有着重要的分量。因此，二连浩特的开放不仅要从经济层面思考，更应从政治和全球的角度去开展布局。在这一宏大布局之下，应以地区为依托，寻找经济发展点，发掘自然资源的优势，强化二连浩特的节点意义，使其成为中国联动亚欧大陆的前哨。

三是根据二连浩特本地特色以及口岸城市优势，积极筹划二连浩特与内地其他地区的融合。二连浩特除了开放城市之外，也是所在地区的旗县级城市，担负着牵引地区发展的任务。作为地方城市的二连浩特的发展，必然要立足国内市场，面向国际市场，向北"走出去"，向南融入国内市场。近年来，中央提出的国内国际双循环的政策导向，正好适合边境开放城市的发展。"过去，我国对于出口是排除一切障碍，但国内市场体系建设没有受到应有重视，国内区域之间与部门之间商品与生产要素流动仍然存在'肠梗阻'现象。消除国内区域与部门之间的体制机制障碍是构建高质量市场经济体制与提高市场治理能力的最重要任务。我国沿边地区开放首先要向内开放，让东西部地区生产要素与商品流动充分自由与便捷。"① 从双循环及未来长远发展的角度看，内外开放必然是二连浩特的发展路径选择。二连浩特的内外开放自然根据国家顶层设计和内蒙古自治区统筹规划，在既有政策与框架内寻找发展方向，在准确研判未来经济发展趋势和国际产业分工的基础上，谋划发展道路，在其结合点上运筹施策，二连浩特才能进入良好的发展通道，赢得美好的未来。

四是利用二连浩特的地理条件，深度发掘产业发展潜力，着力培育适合本地的特色产业。二连浩特是内陆城市，水源极度匮乏，几乎

---

① 李光辉主编《2020 中国边疆经济发展年度报告》，中国商务出版社，2020，第 111 页。

没有发展农业的自然条件。然而，二连浩特具有风能、太阳能的潜力，可以开发利用。二连浩特有浩瀚的戈壁沙滩，地质结构特殊，很有科考价值。国家的科考部门和资源部门完全可以落座于二连浩特，开展当地地质、气候的研究，建立科考基地，为二连浩特的发展增添科学文化的韵味，为边境地区的发展与开放助兴。二连浩特目前有恐龙化石出土，建有恐龙博物馆，然而这些资源和设施仅供旅游业的发展所用，并没有专门的科考部门建有站点。在这一点上，地方与国家层面应予以重视。

五是二连浩特应加大蒙古国产品的进口力度，打造蒙古国产品销往内地的国际物流与销售网络。目前，经二连浩特进口的蒙古国产品主要是矿产资源，商品结构单一。二连浩特本地又没有发展工业的条件，因此进口产品几乎都销往内地，给二连浩特本地带来的产业发展助力不够充分。这一情况应得到改善。

六是二连浩特的铁路、公路和航空设施理应改善。二连浩特是中蒙两国之间最大的口岸、物品交易的主要通道。二连浩特的基础设施虽然日益改观，但仍需要改善。

总之，二连浩特是北方的大口岸、向北开放的窗口，不仅有经济发展意义，还有政治外交上的意义。二连浩特的发展令人瞩目，但近年来出现了一些下滑迹象。二连浩特的未来牵涉到中国向北开放的大布局，因此国家、自治区和本地层面应正确研判形势，着眼于未来，制定有利于二连浩特发展和国家全方位开放的政策，推动二连浩特的发展，充分发挥二连浩特的区位优势。

作者：乌兰巴根

第八章

向西开放的窗口

——塔城开放简史

支持沿边地区开发开放发展是我国构筑经济繁荣和社会稳定的边疆地区的重要举措。塔城作为新疆沿边开放城市之一，对于国家边疆的稳定和发展具有重要意义。首先，塔城沿边开放有助于落实新时代党的治疆方略。新时代党的治疆方略提出发展是新疆长治久安的重要基础，塔城的发展与沿边开放息息相关，通过发展促进当地的民生水平提升。其次，塔城沿边开放有助于国家边境的稳定和安全。塔城通过沿边开放促进当地经济社会的发展，有利于边民稳边安边兴边，提高边境地区各族人民生活水平，进一步铸牢中华民族共同体意识，实现新疆社会稳定和长治久安，确保国家边境和国土屏障的安全。最后，塔城沿边开放有助于深化我国与周边国家和地区全面的合作发展。我国塔城与哈萨克斯坦接壤，具有良好的区位优势。塔城发展高水平的开放型经济，有助于新疆推进丝绸之路经济带核心区建设，成为我国构建周边国家命运共同体的典范。

与东部地区沿海开放不同，塔城是西部沿边城市，其沿边开放受到国家政策、周边国家和地区环境等因素的影响，具有自身发展特色。

新中国成立后，在国家对外贸易统一计划下，新疆由于其特殊的地理位置，主要开展对苏贸易，塔城对外贸易亦然。塔城对苏贸易主要是原材料的生产和交换，一方面，实行国家贸易协定，塔城巴克图口岸的出口品种主要是畜产品和牲畜，从苏联进口的商品包括钢铁类、食糖类、油料类、纸张类、棉布类、毛布类等。另一方面，塔城还发展了地区边境贸易和边民互市贸易，当时塔城边民互市贸易主要是易货贸易，当地边民用农牧产品换取当时苏联边民的工业品等，处于自发性的边境贸易阶段。新中国成立初期塔城的对苏贸易，推动了新疆和塔城当地的经济发展，也有助于苏联的经济发展。但同时，由于交通设施落后和信息闭塞，我国新疆塔城与苏联经济贸易规模小，交易种类有限，对外贸易的作用有限。

改革开放以来，国家沿边开放城市政策的推进，有效带动了新疆塔城对外开放的发展。新疆充分发挥地理和资源优势，扩大同中亚乃至欧洲的经贸联系，成为向西开放的前沿。这段时期，塔城成为国务院批准的沿边开放城市，设立国家级边境经济合作区，巴克图口岸正式对外开放并成为国家一类口岸，塔城对外开放开启了新的发展阶段。塔城逐渐形成全方位、多层次、宽领域的对外开放格局，经营方式由新中国成立初期的易货贸易发展到现汇贸易，并形成旅游购物和边民互市等多种灵活方式。在边贸进出口商品中，巴克图口岸出口货物最初主要是白砂糖、面粉、植物油、酒等生活资料，后过渡到工程机械、客货汽车、设备、建材、五金、配件等生产资料和大宗商品，出口产品的科技含量和附加值逐步提高。巴克图口岸进口商品起初以化肥、钢材、废旧金属、畜产品等为主，后过渡到以资源能源资料为主，塔城边境贸易获得明显的经济效益。塔城对外开放进程，促进了塔城当地经济社会的发展，也带动了邻国边境地区的经济社会发展。

在国家"一带一路"建设和新疆"丝绸之路经济带核心区"建设的背景下，塔城的沿边开放发展极具特色，主要体现在以下三个方面。

一是塔城的口岸建设，巴克图口岸是国家农产品快速通关绿色通道和进口粮食、肉类指定口岸。二是 2019 年 6 月巴克图口岸中哈边民互市转型试点项目正式运营，这也是全疆首个边民互市贸易转型发展试点，哈萨克斯坦公民入境"三日免签"、全国边民互市贸易进口商品落地加工第一批试点城市等一系列优惠政策落地口岸。三是 2020 年 12 月塔城重点开发开放试验区获国务院批准，试验区从创新体制机制、构建特色产业体系、优化营商环境、强化生态保护等多个方面，利用财税、土地、人才、产业等创新政策扩大塔城的沿边开放，打造国际合作新平台。试验区的获批意味着塔城的发展首次上升到国家战略层面。通过试验区的引领，塔城立足区位优势，未来塔城将会成为新时代沿边产业发展新高地，打造国际商贸、旅游文化、生态宜居等各方面协调发展的新型沿边开放模式。在国家政策的支持下，塔城市地区生产总值和人均地区生产总值增长迅速（见图 8-1），第三产业比重总体呈增长趋势（见图 8-2），谱写了丝绸之路发展的新篇章。

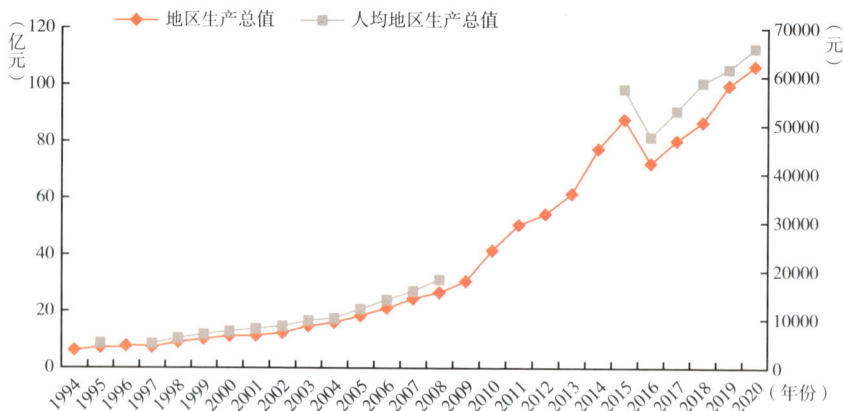

图 8-1　1994~2020 年塔城市地区生产总值和人均地区生产总值

说明：部分年份人均地区生产总值数据暂缺。

资料来源：历年《新疆统计年鉴》《塔城市国民经济和社会发展统计公报》。

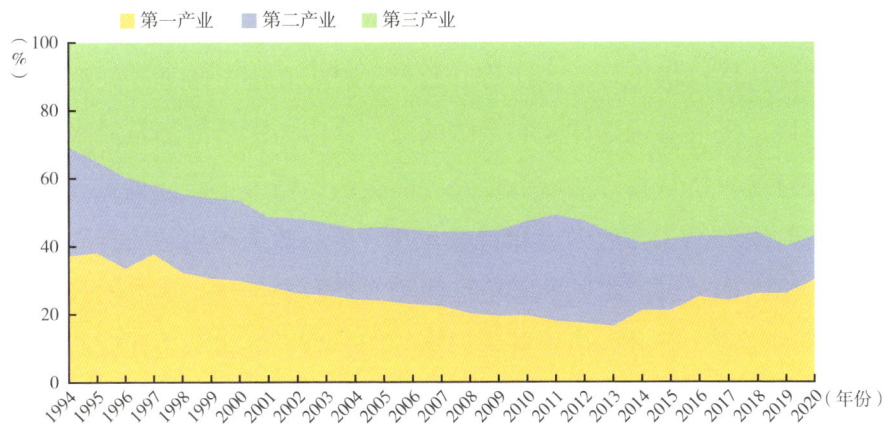

图 8-2　1994~2020 年塔城市产业结构

资料来源：历年《新疆统计年鉴》《塔城市国民经济和社会发展统计公报》。

图 8-3　新疆塔城市景

资料来源：新疆塔城日报社，感谢新疆塔城学研究室的仇安鲁老师为本章提供图片支持。

纵观塔城沿边开放历程，其形成了有自身特色的开放路径和开放模式。探讨塔城沿边开放的历程、效果，对于其进一步推动经济社会协调发展、拓展与周边国家和地区的深入合作、提升沿边开放水平具有重要意义。本章将以塔城沿边开放的实践历程为主线，重点分析每个历史阶段的沿边开放内容和特点，并分析其效果和启示，具体内容如下：第一部分讨论塔城的区位优势和对外贸易传统；第二部分梳理和分析塔城沿边开放的历史进程；第三部分分析塔城沿边开放的实践效果；第四部分探讨塔城沿边开放的经验启示与未来展望。

第一节
塔城的区位优势和对外贸易传统

塔城市是塔城地区地委、行署所在地。从地理位置看，塔城市位于新疆维吾尔自治区西北部，与哈萨克斯坦接壤，边境线长 160.9 公里。塔城市总面积 4356.6 平方公里，属中温带大陆性干旱气候。塔城地名源于塔城市北部的塔尔巴哈台山，塔尔巴哈台（即塔城）源自蒙古语，意为旱獭，因此地多旱獭而得名。从历史行政建制沿革看，中华人民共和国成立后，1950 年 5 月成立塔城县人民政府，1984 年撤县建立塔城市，1992 年塔城市被国务院列为沿边开放城市，巴克图口岸被确定为国家一类口岸，设立了国家级边境经济合作区。根据塔城地区第七次全国人口普查数据，截至 2020 年 11 月 1 日零时，塔城市常住人口为 15.81 万人。塔城市辖区内居住着汉族、哈萨克族、回族、维吾尔族、达斡尔族、俄罗斯族、柯尔克孜族、蒙古族等多个民族，其中少数民族人口占 43.1%。

塔城交通便利，距离新疆维吾尔自治区首府乌鲁木齐市 530 公里；

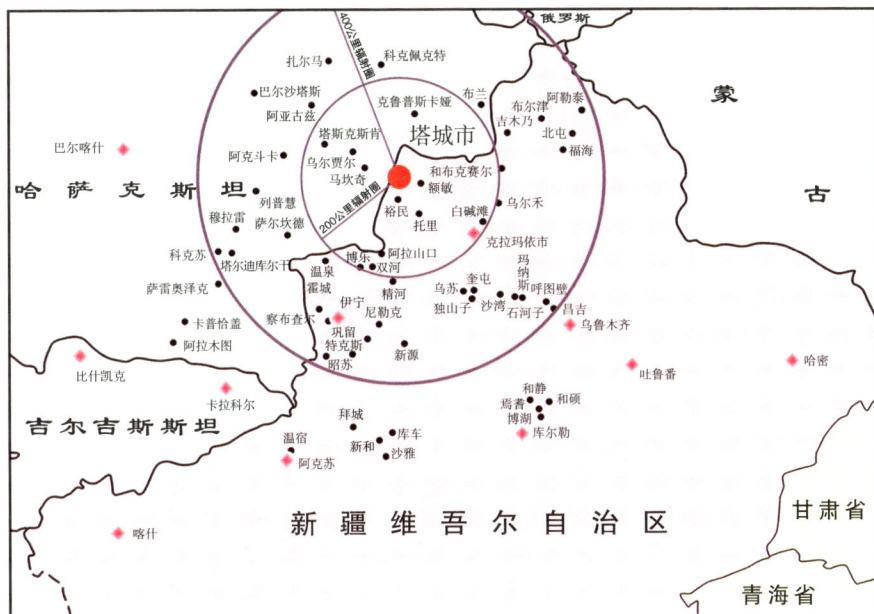

图 8-4 塔城市区位

新疆塔城重点开发开放试验区是目前西北地区唯一的一个重点开发开放试验区，境内拥有国家一类口岸巴克图口岸，其距离塔城市区仅 12 公里，是新疆离城市较近、通商条件优越的陆路口岸之一。塔城逐渐向立体化国际交通网络的现代化边境口岸发展，表现为塔城地区公路、铁路、航空覆盖全境，联通向西 4 个口岸、向北 3 个口岸。S221 省道、G3015 线克塔高速公路都可直通巴克图口岸进入哈萨克斯坦，塔城—克拉玛依—乌鲁木齐高速公路、铁路全线贯通。塔城机场可直通乌鲁木齐、阿勒泰、伊宁、库尔勒等 10 余个主要机场，并可通过中转方式一日内实现与疆外主要城市联通。

从"一带一路"互联互通情况看，塔城是丝绸之路经济带的重要节点，可以融入丝绸之路经济带中蒙俄、中国—中亚—西亚、新亚欧大陆桥三大经济走廊的建设。塔城市西北部与哈萨克斯坦接壤，从塔城市巴克图口岸向西到哈萨克斯坦的阿亚古兹市火车站只有250公里，距离哈萨克斯坦首都阿斯塔纳不到1000公里，距离俄罗斯西南部工业中心城市新西伯利亚1200公里，拥有通往欧洲最便捷的陆路通道，区位优势突出，发展前景广阔。

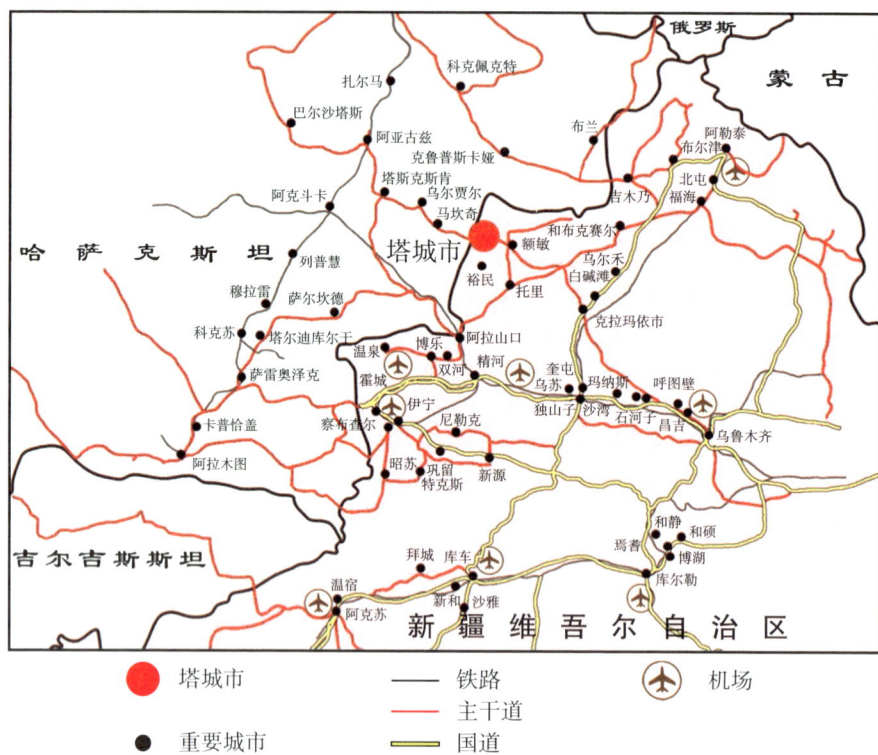

图8-5 塔城市交通

塔城资源丰富，有金、铜、铁、镍、铬、石英岩、花岗岩、玄武岩、石灰岩、碳质泥岩、黏土矿等多种矿产资源；境内水土光热资源丰

图 8-6　塔城市及周边地区资源分布

富，发展绿色农业条件得天独厚，素有"粮仓、肉库、油缸"之称；塔城市的生态环境良好，在全国城市空气质量排名中连续多年靠前，PM$_{2.5}$浓度平均值常年低于 20 微克/米^3，具有独特的文化旅游资源优势。

　　塔城地理位置优势明显，造就了塔城对外开放通商贸易的悠久历史。从对外开放通商贸易的历史沿革来看，新疆在历史上同中亚、西亚、南亚各国有着密切的经济和文化联系，形成了许多传统通商口岸。塔城是草原丝绸之路的重要通道，是亚欧大陆东西方交流通道的中段部分和东西方文明交汇的地方，是中国西部地区早期和重要的开埠通商地区之一。在这条具有历史意义的草原丝绸之路国际通道上，塔城具有独特的地位，"18 世纪的沁达兰卡伦过货通道，塔城是新疆第二大对外贸易商埠。19 世纪中期的乌占卡伦，塔城是中国西部对俄国最早开放的两个城市之一。19 世纪后期的巴克图、察汗鄂博、布尔噶苏台、哈巴尔苏卡伦开放通商，并在边境形成百里自由贸易区，后又开放艾买力（额敏河口）为对外贸易通道，沿边有多个边民互市贸易点。19 世纪末至 20 世纪 30 年代，塔城是对俄、苏的全疆乃至全国的第一大人员、货物通道"①。以清朝统一新疆后塔城的进出口贸易通道为例，清朝统治下的新疆乌鲁木齐、伊犁和塔尔巴哈台对哈萨克进行了"绢马贸易"。哈萨克和清政府之间进行官方贸易，哈萨克按照规定价格用马、牛、羊等牲畜交换清朝的丝绸、布匹、茶叶、瓷器等商品，把交易后的丝绸等物从塔尔巴哈台转售到乌拉尔河畔的奥伦堡，而后俄罗斯又将丝绸转售到欧洲等地。可见，塔尔巴哈台是清朝新疆丝绸贸易的中心和重要口岸，通过草原丝绸之路把中国的商品货物运送到了欧洲，在我国西部对外开放通商贸易史中具有重要地位。

第二节
塔城沿边开放的历史进程

塔城是丝绸之路经济带核心区的重要组成部分，具有优越的区位和丰富的资源。新中国成立以来，塔城沿边开放的历史进程主要有四个阶段：一是新中国成立初期至 1991 年塔城的对外开放阶段；二是 1992~1998 年塔城沿边开放的启动阶段；三是 1999~2012 年塔城沿边开放的发展阶段；四是 2013 年至今塔城沿边开放的新格局阶段。

---

① 康风琴、仇安鲁：《新疆塔城草原丝绸之路贸易史》，江苏人民出版社，2016，第 279~280 页。

一 新中国成立初期至 1991 年塔城的对外开放阶段

1949 年 10 月 1 日中华人民共和国成立，新疆各族人民成为国家和社会的主人之一。在新中国成立初期的计划经济体制下，塔城对外开放主要是进行对苏贸易。在当时中苏两国签订《中苏友好同盟互助条约》的背景下，新疆自 1950 年起陆续开放霍尔果斯、吉木乃、巴克图、吐尔尕特、伊尔克什坦 5 个口岸，开展对苏联的进出口业务。

1951 年，国家批准边境地区逐渐开展边境贸易，塔城外贸机构主要通过执行国家外贸合同进行对外贸易。20 世纪 50 年代，新疆对苏联出口商品中，畜产品占首位，以 1950 年为例，新疆全年对苏联贸易出口额是 2549 万旧卢布，占出口合同总额的 86%，折合 2422 万元人民币或 637 万美元，塔城巴克图出口超额 30.61%[1]。新疆霍尔果斯、塔城和吉木乃 3 个口岸是对苏联出口畜产品的主要口岸。塔城巴克图口岸的出口品种主要是畜产品和牲畜，包括羊皮、牛皮、马鬃、马尾、狼皮、羊肠、夏羊毛、秋羊毛、驼毛、羊、牛等，畜产品出口额仅次于霍尔果斯口岸。

从进口产品来看，由于交通运输畅通性不足，以及全国工业生产和塔城地方自身工业发展有限，20 世纪 50 年代初，塔城当地的生产和生活资料大部分通过巴克图口岸从苏联进口，商品包括钢铁类、食糖类、油料类等。随着兰新铁路的开通和国内及塔城当地工业的发展，塔城巴克图口岸进口货物比重逐渐减少，进口商品结构改变，生活资料进口量大幅减少。整体来看，新中国成立初期，新疆塔城农牧产品发达，粮、油、棉、肉、畜等产品不仅用于出口，还调往国内其他地区，塔城享有"粮仓、肉库、油缸"的美誉。

---

[1] 新疆维吾尔自治区地方志编纂委员会编著《新疆通志·外贸志（1991~2005）》，新疆人民出版社，2007，第 167 页。

新中国成立初期，塔城开展对外贸易的形式，除了执行国家外贸合同外，还有地区边境贸易和边民互市贸易。1959 年 11 月，新疆维吾尔自治区人民政府制定了《关于开展对苏小额贸易方案要点》，规定对苏小额贸易出口商品口岸为伊犁霍尔果斯、喀什吐尔尕特、阿勒泰布尔津和塔城。当时塔城边民互市贸易主要是易货贸易，当地边民用农牧产品换取苏联边民的工业品等。

新中国成立到改革开放之前，我国经济基础薄弱，物质生产匮乏，特别是经历了"文化大革命"的混乱时期，我国对外交往范围和程度受到严重影响。随着 1978 年党的十一届三中全会形成以经济建设为中心的战略决策，我国启动了改革开放和社会主义现代化建设事业，对外开放格局进入了新的阶段。

随着国家对外开放的深入，塔城逐步扩大开放，1985 年 4 月，公安部准予全国 71 个口岸中外籍人员出入境，其中包括塔城巴克图口岸。1988 年，经贸部授权新疆维吾尔自治区批准伊犁、塔城、阿勒泰、昌吉、喀什 5 个地州的外资公司享有对苏、蒙边境的易货贸易经营权。1988 年 9 月，国家批准巴克图口岸可以临时过货。1988 年 10 月，我国新疆塔城行署与当时的苏联哈萨克加盟共和国谢米州在塔城签订《边境贸易会谈纪要》。1989 年，新疆维吾尔自治区为推动对外开放确定了"全方位开放，向西倾斜，内引外联，东联西出"的工作方针。经经贸部批准，新疆地方贸易进出口公司享有与民主德国、波兰、匈牙利、捷克斯洛伐克、保加利亚、罗马尼亚和蒙古国等直接进行经济贸易的经营权。1990 年 10 月，巴克图口岸重新开放，开展过境贸易、旅游和交通工具的过往业务①。

这一时期塔城对外贸易的特点是：在新中国成立初期的计划经济

① 新疆维吾尔自治区地方志编纂委员会编著《新疆通志·外贸志（1991~2005）》，新疆人民出版社，2007，第 427 页。

体制下，塔城主要对苏进行贸易。受中苏关系和"伊塔事件"影响，1962 年 10 月，巴克图口岸停止了对苏的进出口贸易。1963 年至 20 世纪 80 年代，塔城主要执行国家外贸计划，出口货物调往天津、上海等城市的口岸公司，出口到日本、波兰、罗马尼亚、英国、荷兰等国家。随着国家对外开放的深入，塔城逐步扩大开放，外贸逐年增长，巴克图口岸逐渐开放。

图 8-7　1980 年从新疆塔城巴克图口岸入境的外国游客

资料来源：新疆塔城日报社。

二　1992~1998 年塔城沿边开放的启动阶段

1992 年 4 月，新疆维吾尔自治区向国务院提交《关于新疆维吾尔自治区进一步扩大对外开放问题的请示》，提出以边境沿线开放为前沿，以铁路沿线开放为后盾，以"两线"城市开放为重点，形成点线结合，以点带面，向全区辐射的开放格局。1992 年 6 月 9 日，国务院同意新疆维吾尔自治区进一步扩大开放的总体设想，赋予新疆开放伊宁、博乐、塔城 3 市和乌鲁木齐享受沿海开放城市政策的优惠。新疆的对外开放开始走上规范化快速发展的轨道[①]。

国家沿边开放城市政策的推进，有效带动了新疆塔城对外经贸合作的发展，经国务院批准，巴克图口岸正式对外开放并成为国家一类口岸，设立塔城市国家级边境经济合作区，塔城对外开放开启了新的发展阶段。

巴克图口岸位于塔城西部，距离塔城市中心 12 公里，是和城市相交相容性良好的陆路口岸，交通便利。巴克图口岸具有优越的地缘位置，其距离哈萨克斯坦东北地区重要工业城市阿亚古兹市、俄罗斯联邦阿尔泰边疆区和新西伯利亚市较近，与哈萨克斯坦巴克特口岸相对应。巴克图口岸辐射哈萨克斯坦和俄罗斯的重要工业和矿业城市，合计人口达 1000 万人，与周边国家经济互补性强，交通便利，是中国通往中亚和欧洲的交通要道。这是塔城巴克图口岸发展的重要条件和基础。

图 8-8　新疆塔城巴克图口岸中哈两国界碑

资料来源：新疆塔城日报社。

---

① 《新疆对外开放的历史进程》，国家民族事务委员会网站，2015 年 9 月 22 日，https://www.neac.gov.cn/seac/c100502/201509/1085649.shtml。

塔城实施沿边开放战略后，经济社会发生巨大变化，主要表现为以下几个方面。

一是国营、集体、私营和个体等多个经济主体积极参与到对外贸易的活动中。巴克图口岸的进出口货物量大幅提升，塔城地区边贸货场建设数量也在大幅增加。1992 年，塔城地区第一家境外企业中国友谊商场在哈萨克斯坦开业。1992 年至 1995 年底，塔城巴克图口岸主要的进口货物为钢材、小汽车、摩托车等重工业产品，出口货物主要为白砂糖、面粉、植物油、酒、棉布、茶叶、烟草等轻工业产品。

二是塔城调整边境贸易形式和范围，成立了多个进出口贸易公司，边境贸易逐渐规范化。1996 年，国家对边境贸易进行了调整，使其更加规范化，结构也日益优化。塔城成立了多个外贸公司，如三宝企业等，这些民营企业从边境贸易的形式和范围调整出发，逐渐获得了市场竞争力，提高了进出口贸易总额。

三是边民互市贸易初步发展。1996 年，经新疆维吾尔自治区人民政府批复同意在巴克图口岸设立边民互市的贸易点，将塔城市国际边贸城作为边民互市贸易点，纳入边境小额贸易管理范围。

这一时期塔城沿边开放的特点如下：一是改革开放后，我国的边贸政策优惠力度大，吸引了大量的私营和个体经营者参与到边境贸易中；二是从进出口产品种类看，主要是我国的轻工业产品和周边国家的重工业产品的交换；三是从边境贸易国家看，我国塔城边贸活动范围有哈萨克斯坦、俄罗斯等国家。但是，这一时期存在的主要问题是当时我国的边贸政策还不够成熟，需要加强贸易规范，使其更符合国际规则，促进边境贸易健康有序发展。这一时期塔城市地区生产总值稳步提升，从 1992 年 2.87 亿元增长到 1998 年 9.12 亿元。

三 1999~2012 年塔城沿边开放的发展阶段

1999 年 9 月，党中央、国务院提出和实施"西部大开发"战略。2001 年 3 月《中华人民共和国国民经济和社会发展第十个五年计划纲要》提出了要促进西部边疆地区与周边国家和地区开展优势互补和互惠互利的国际区域合作。

2000 年 4 月，新疆维吾尔自治区人民政府颁布了《新疆维吾尔自治区鼓励外商投资若干政策规定》并且制定了该规定的实施细则，提出落实实施西部大开发、扩大新疆对外开放的一系列法规。

在国家西部大开发政策的支持下，塔城沿边开放进入了快速发展阶段，主要内容有三个方面。

第一，塔城进出口商品结构优化升级。巴克图口岸进口商品起初以化肥、钢材、废旧金属、畜产品等为主，后过渡到以电解铜、电解镍、石油液化气等能源资源为主。国家对进口商品的检验检疫更加严格，以废旧金属为例，将其辐射性等作为强制性检验项目。从出口货物来看，最初主要是白砂糖、面粉、植物油、酒等生活资料，后过渡到工程机械、客货汽车、设备、建材、五金、配件等生产资料和大宗商品，出口产品的科技含量和附加值逐步提高。

第二，边民互市贸易更加繁荣活跃。2007 年，塔城再度开启边民互市贸易。2009 年，我国外交部批准在塔城巴克图口岸设立边民互市贸易区，并实行一日免签，哈萨克斯坦人员每日携带进口生活用品8000 元以内即可免征关税，也可以进行易货贸易。2009 年 12 月 9 日，巴克图口岸边民互市贸易区正式开业，两国边民可以进行贸易合作，共同推动当地经济发展和对外开放。2009 年开启的巴克图中哈边民互市贸易区进行了管理方式的提升，主要表现为边民互市贸易市场由政府管理转变为企业化经营，企业成为边民互市贸易市场的投资主体和产权主体，受政府监督。临近的哈萨克斯坦民众到巴克图口岸边民互市贸易区进行旅游购物，2010 年，巴克图口岸的入境旅游购物团达 92 个，共 1073 人次，营业额达到 701.45 万元人民币。为了方便哈萨克斯坦地理位置更远地区的民众能够到巴克图口岸边民互市贸易区旅游购物，经国家相关部门批准，巴克图口岸边民互市贸易区实施三日免签的政策，制定《巴克图口岸互市边民出入境检查办法》。2012 年，巴克图口岸边民互市贸易区接待哈萨克斯坦入境团 84 个，共 1461 人次。随着巴克图口岸出入境的便利化，塔城巴克图口岸旅游购物发展迅速，塔城的旅游产业和外向型经济结构逐步形成。

图 8-9　2000 年新疆塔城巴克图口岸边检站武警战士帮助旅客拿东西

资料来源：新疆塔城日报社。

第三，建设国家级绿色农业示范区。塔城接壤的哈萨克斯坦东北部等地区是工业区，其人口众多，但是气候寒冷，环境不适宜蔬菜种植。塔城充分利用自身环境和气候的优势，种植无公害蔬菜等农副产品并出口到哈萨克斯坦等国家。2003 年，塔城巴克图口岸首次向哈萨克斯坦出口胡萝卜等无公害蔬菜。2006 年，塔城在哈萨克斯坦东哈州举办了首届中国新疆塔城地区农产品展销会，与东哈州签订了《农产品贸易协定》，形成了稳定的农产品出口贸易渠道。2010 年，塔城举办了首届"塔城市蔬菜旅游文化节暨中亚—新疆塔城进出口商品交易会"。2011 年，国家口岸办将巴克图口岸确立为对哈萨克斯坦出口果蔬农副产品快速通道试点口岸。

这一时期塔城沿边开放的特点如下：一是得益于巴克图口岸，塔城的口岸经济发展良好，旅游、商品零售、餐饮住宿等对当地第三产业拉动明显，成为塔城经济主要增长点；二是巴克图口岸边民互市贸易区发展迅速，成为边民互市、旅游购物、货物仓储、饮食娱乐、宾馆住宿、国际联运和海关监管的综合平台；三是塔城发挥地方优势，成为独具特色的农产品货源基地和出口通道，塔城当地种植蔬菜，形成初具规模的蔬菜出口示范基地，带动当地就业和财政收入增加。塔城边境贸易的发展，扩大了规模，提高了水平，也带动了地方经济社会的繁荣和国家边境地区的安全。这段时期，塔城市地区生产总值增长迅速，从 1999 年 10.21 亿元增长到 2012 年 58.70 亿元。

四　2013 年至今塔城沿边开放的新格局阶段

2013 年，我国提出"一带一路"倡议，扩大对外开放，与共建国家共同打造政治互信、经济融合、文化包容的利益共同体、命运共同体和责任共同体。

2017 年，新疆维吾尔自治区制定《推进新疆丝绸之路经济带核心区建设的实施意见》，提出核心区建设重点任务，建立五大中心，即交通枢纽中心、商贸物流中心、医疗服务中心、文化科教中心和区域金融中心，以及"打造丝绸之路经济带核心区'空中走廊'……加快库尔勒机场、阿勒泰机场、塔城机场改扩建和若羌机场等项目建设"、"提高中国—哈萨克—俄罗斯陆路光缆互联互通水平及通信质量，完成中—俄（经喀纳斯）直通陆路跨境光缆建设项目的勘测"、"推动建设新疆—吉尔吉斯、新疆—巴基斯坦、新疆—伊朗、乌鲁木齐—阿拉木图四大国际物流干线和吉尔吉斯、巴基斯坦、伊朗、阿拉木图四个海外物流仓库"和"依托霍尔果斯、阿拉山口、巴克图、吉木乃等口岸优势，加强国际旅游合作，开展边境旅游项目"等内容。

2020 年 12 月，国务院发布《关于同意设立新疆塔城重点开发开放试验区的批复》。从国家层面来看，塔城重点开发开放试验区建设有六个方面。一是加强基础设施互联互通；二是发展特色优势产业；三是深化经贸交流合作；四是优化营商环境；五是推进生态文明建设；六是统筹城乡一体化发展。通过高质量建设塔城重点开发开放试验区的六大方面，充分发挥新疆对中亚合作的独特优势，着力推进新疆丝绸之路经济带核心区建设。

2021 年 9 月，新疆维吾尔自治区人民政府公布《关于加快推进新疆塔城重点开发开放试验区高质量建设的若干政策》。自治区从七大方面支持和推动塔城重点开发开放试验区的高质量建设。一是创新试验区体制机制；二是加强财税土地政策支持；三是加强人才集聚和发展政策支持；四是加强对外开放政策支持；五是提升基础设施互联互通水平；六是构建特色优势产业体系；七是保障措施。自治区给予塔城重点开发开放试验区强力支持，设置试验区管委会，充分赋予试验区改革事权，营造市场化、法治化、国际化的营商环境和政务服务体系，推动塔城重点开发开放试验区形成独特的竞争力和可持续发展能力。

　　塔城紧紧抓住丝绸之路经济带核心区建设的机遇，通过巴克图口岸带动当地经济高质量发展，提升对外开放层次，创新开放型经济体制，由"通道经济"转向"产业经济"和"口岸经济"，形成全面开放和创新升级的新格局，主要体现在三个方面。

　　第一，塔城口岸经济向好发展。2016 年，塔城边民互市共接待哈国免签入境 12023 人次，购货金额 743.7 万元。2017 年，边民互市入境人数 5583 人次，购货金额 524.4 万元。2019 年 6 月，巴克图中哈边民互市正式运营，哈萨克斯坦公民入境实行"三日免签"，吸引 63 家中哈企业入驻丝路文化商品城，成功举办中国新疆塔城巴克图中哈边民互市正式运营暨商品展销会开幕式，实现交易额 1.2 亿元。中哈边民互市的顺利运营，极大提高了巴克图口岸的活力和竞争力，为当地群众创造了更多的就业和发展机遇。

　　塔城边境经济合作区和巴克图口岸具有对外开放的优势，坚持"引进来"与"走出去"并重。在"引进来"中，塔城利用巴克图口岸的政策优势，大力吸引国内外资金、技术、人才等要素向示范区集聚，通过大力发展口岸进出口贸易加工流通、农牧产品精深加工、文化旅游康养等服务产业，吸引全国各地的企业落地发展，服务国内国际双循环，繁荣沿边经济圈。塔城制定出台了《塔城市招商引资工作实施方案》《塔城市驻点招商引资工作方案》等措施，结合资源优势和产业特点，通过驻点招商、以商招商等多种方式开展招商引资。2020年，塔城市招商项目 13 个，资金总额 10.77 亿元（见图 8-10），增长33%。在"走出去"中，塔城鼓励企业在哈萨克斯坦建厂和搭建境外营销网络。塔城具有优越的地理位置，邻近的哈萨克斯坦等中亚国家具有丰富的石油天然气和有色金属等资源，这些中亚国家也需要国外的投资和开发。塔城企业实施"走出去"，到中亚国家合作开发当地的能源矿产、开展基础设施和工业园区等项目建设。此外，塔城完善商贸物流综合服务功能，推进基础设施互联互通，加强医疗服务对外交流合作，加快传统文化"走出去"步伐。

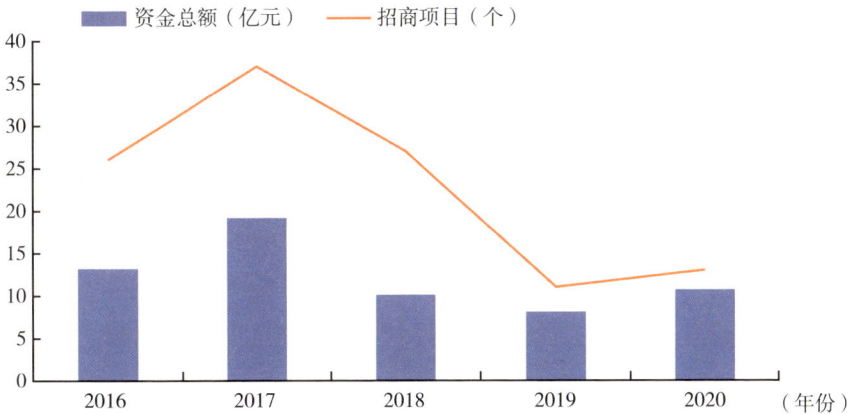

图 8-10　2016~2020 年塔城市招商项目及其资金总额

资料来源：历年《塔城市国民经济和社会发展统计公报》。

2013 年，中哈两国对巴克图—巴克特口岸开通农产品快速通关绿色通道达成共识，这成为丝绸之路经济带建设的重要成果。通过中哈的巴克图—巴克特口岸农产品快速通关绿色通道，巴克图口岸出口到哈萨克斯坦的主要农产品有番茄、苹果、油桃、哈密瓜、香梨、葡萄、糖、干果、瓜子、鲜花等。2014 年，"新疆塔城蔬菜旅游博览会暨中国—中亚国际农业产业博览会"形成高水平的国际蔬菜旅游博览会形式。2015 年，新疆巴克图农业产业博览会利用口岸、生产基地和终端市场形成了跨境农业交易平台，将国际电子商务平台和展会统一起来，拓展了中哈农业交易的信息平台和物联通道。2020 年，塔城果蔬出口 6275 吨，货值 466 万美元。其中，蔬菜出口 2499 吨，货值 208 万美元；水果出口 3776 吨，货值 258 万美元。进口商品主要是葵花籽、红花籽、葵花籽油、菜籽油、冻鱼等；出口商品主要是百货、果蔬、番茄酱、机械设备等。进口国家主要为哈萨克斯坦、俄罗斯等；出口国家主要为哈萨克斯坦、俄罗斯、塔吉克斯坦、吉尔吉斯斯坦。

第二，塔城现代化产业体系的积极构建。在现代农牧业发展示范区的建设方面，塔城生产优质小麦粉、玉米粉、葵花油等，通过推进特色种植发展，加大牧场种子基地和饲料草料加工项目的建设力度。加强农副产品加工，发展和引进带动能力强的农副产品加工龙头企业。大力发展优质畜禽及特色养殖，加快品种改良和动物防疫，提高肉牛肉羊产业产出率和经济价值。

在生态文化旅游示范区的建设方面，塔城有着丰富的文化资源和良好的生态环境，带来沿边文化环境产业经济的发展。根据"绿水青山就是金山银山"的绿色发展理念，塔城市加强生态环境的保护，常年空气质量优良率为98.8%，年环境空气质量排名全疆第二，PM$_{2.5}$年平均值为12微克/米^3，2017年被纳入国家重点生态功能区，被誉为全国空气质量最优城市之一。此外，塔城积极开展生态旅游项目，借旅游大发展，积极发挥好"背靠山、眼忘水、东来人、西出关"的独特地域优势，打造东部乡村休闲度假游、西部边境口岸国门游、南部库鲁斯台草原自然生态游、北部塔尔巴哈台山花海绿洲游、中部俄罗斯风情小镇游"东西南北中"的旅游布局，聚焦"油画塔城、文化净土、康养天堂"目标定位，举办手风琴艺术节、"文旅之春·走进油画中的塔城"、"冰雪冬韵·活力塔城"冬季旅游、"旅游+扶贫"铁列克提民俗生态联谊会等系列活动，大力推动全域旅游，推进文化旅游深度融合。

在跨境物流和电子商务的发展方面，毗邻的阿拉山口口岸和霍尔果斯口岸有助于推动塔城的通道经济发展。阿拉山口口岸位于博尔塔拉蒙古自治州，集铁路、公路和管道运输于一体，是国家能源资源陆上重要的安全通道和经济动脉。霍尔果斯口岸位于伊犁哈萨克自治州霍尔果斯市，也是集铁路、公路、管道运输于一体的国际交通枢纽。经阿拉山口口岸和霍尔果斯口岸，塔城可以向中亚、西亚、欧洲开展跨境物流运输，建立国际物流电子商务平台。

第三，塔城重点开发开放试验区建设。2021年9月，塔城公布了《塔城地区关于加快新疆塔城重点开发开放试验区高质量发展有关政策（试行）》。塔城地区出台了七项措施加快试验区高质量发展：一是财税政策；二是金融政策；三是产业发展政策；四是建设用地政策；五是对外开放政策；六是人才集聚政策；七是营商环境政策。从新疆塔城重点开发开放试验区高质量发展具体内容看，试验区包括塔城市、额敏县、乌苏市、沙湾市，和布克赛尔蒙古自治县、托里县、裕民县部分区域，以及新疆生产建设兵团第九师部分团场等，总面积15951.43平方公里。试验区的空间布局是："一核"、"两廊"和"三区"。"一核"指依托塔城市及新疆生产建设兵团白杨市，探索建设口岸、园区、城市"三位一体"发展格局，重点发展边境贸易、进出口加工、仓储物流、现代服务业。"两廊"指发展塔北和塔南两大经济走廊。"三区"指发展现代农牧业发展示范区、制造业创新发展示范区、生态文化旅游示范区。塔城还制定了《新疆塔城重点开发开放试验区先行发展区口岸启动区控制性详细规划》，口岸启动区具有五个功能区块：口岸贸易区、进出口产品加工园区、新能源产业园区、装备制造园区、建材产业园区。作为试验区先行发展区率先示范建设区域，依托巴克图口岸、边民互市贸易区、边境经济合作区等重要载体，加快口岸开发和边境产业发展，打造辐射中亚及欧洲的进出口加工示范基地。

这一时期塔城沿边开放形成新的发展格局，主要特点如下。一是紧紧围绕丝绸之路经济带核心区建设，塔城全面加快推进口岸经济建设。大力发展巴克图口岸经济，巴克图口岸积极发展农产品快速通关

图 8-11 新疆塔城重点开发开放试验区先行发展区一角

资料来源：央视网网站。

绿色通道、粮食肉类与活畜进口、边民互市贸易进口商品落地加工、口岸保税物流中心、跨境电商等，并积极申报建设塔城市综合保税区，做强做活口岸经济。依托经巴克图口岸向亚欧大陆中北部延伸的优势，塔城地区大力发展绿色农副产品的仓储、保鲜、加工、出口，打造全疆通往中亚市场最大的果蔬出口商品通道。

二是塔城面向国内国际两个市场、利用国内国际两种资源，通过拓宽招商引资渠道，以企业带动产业发展，将自身的资源优势转化为产业经济优势，大力建设现代农牧业发展示范区、制造业创新发展示范区、生态文化旅游示范区、跨境物流和电子商务等，构建起支撑经济发展的现代化产业体系，提升经济发展内生动力。

三是塔城作为丝绸之路经济带的重要支点，对中亚国家合作、沿边地区经济发展、边境和国土安全至关重要。新疆塔城重点开发开放试验区的建设有力地推进了沿边重点地区开发开放战略，其成为我国向西开放的重要窗口，积极融入丝绸之路经济带核心区"五大中心"建设，打造丝绸之路经济带重要支点。

这段时期，塔城市地区生产总值从 2013 年 61.6 亿元增长到 2020 年 106.6 亿元。其中，2019 年，塔城市实现 GDP 99.8 亿元，增长 5.5%；人均 GDP 达到 61568 元，按全年平均汇率计算达 8700 美元。塔城市的第一产业实现增加值 26.5 亿元，增长 5.9%；第二产业实现增加值 14.1 亿元，增长 4.4%，其中工业经济实现增加值 1.8 亿元，增长 27.0%；第三产业实现增加值 59.2 亿元，增长 5.9%[①]。2020 年，全市实现 GDP 106.6 亿元；人均 GDP 达到 65860 元。塔城市的第一产业实现增加值

图 8-12　2018 年新疆塔城巴克图口岸购物广场

资料来源：新疆塔城日报社。

---

① 《塔城市 2019 年国民经济和社会发展统计公报》，塔城市人民政府网站，http://www.xjtcsh.gov.cn/seach/index.html?statsmh=1&siteid=402880f92a1bc641012a1bd1b64e0001&postUrl=%2Fwcm%2F&condition=%E7%BB%9F%E8%AE%A1%E5%85%AC%E6%8A%A5。

图 8-13　2021 年新疆塔城巴克图口岸新建国门

资料来源：新疆塔城日报社。

32.0 亿元；第二产业实现增加值 13.5 亿元，其中工业经济实现增加值 1.3 亿元，下降 9.6%；第三产业实现增加值 61.1 亿元[①]。

第三节
塔城沿边开放的实践效果

新中国成立后，特别是改革开放以来，塔城沿边开放取得了显著的成就。一方面，塔城逐步缩小沿海和内陆沿边地区发展的差距，促

[①] 《塔城市 2020 年国民经济和社会发展统计公报》，塔城市人民政府网站，http://www.xjtcsh. gov.cn/seach/index.html?statsmh=1&siteid=402880f92a1bc641012a1bd1b64e0001&postUrl=% 2Fwcm%2F&condition=%E7%BB%9F%E8%AE%A1%E5%85%AC%E6%8A%A5。

进了区域协调发展；另一方面，塔城作为沿边城市，其经济社会发展对国家经济发展战略和国家安全保障，以及与周边国家睦邻友好具有重要的战略意义。塔城沿边开放的实践效果，可以从以下四个方面来分析。

一　基础设施互联互通效果显著

塔城作为沿边城市具有十分优越的区位条件，通过抓住丝绸之路经济带核心区建设的机遇，塔城从一个古丝绸之路驿站发展到新时代丝绸之路经济带核心区的重要开放贸易区。作为国家口岸的巴克图口岸，通过加强口岸功能建设，不断扩大对外开放，成为我国离欧洲和中亚最近的贸易桥梁之一。从塔城沿边开放的历史演变关键点来看，1949 年 9 月，新疆和平解放后，巴克图口岸作为对苏联贸易的主要通商口岸开放，通过巴克图口岸进出口大量货物，对新疆乃至新中国

图 8-14　2022 年新疆塔城巴克图口岸国门处哈萨克斯坦货运卡车进入中国

资料来源：新疆塔城日报社。

的经济建设起到了重要的作用。1992 年国家扩大改革开放以来，塔城成为沿边开放城市，巴克图口岸成为国家一类口岸，塔城和巴克图口岸经历了高速发展的时期。中国特色社会主义进入新时代以来，塔城和巴克图口岸进入高质量发展新阶段，不断完善铁路、公路、航空、能源等基础设施网络建设，全面构建立体综合交通网络，塔城机场新航站楼建成投运，飞机航线增至 11 条，G219 线塔城段全线贯通，克塔铁路建成通车，极大地带动了塔城地区的社会经济发展和塔城地区人民的生活幸福，为塔城地区的经济繁荣提供了强大的支撑。

二 口岸经济释放活力

依托巴克图口岸农产品快速通关绿色通道、边民互市贸易等特色优势，塔城加强产业经济转型升级，逐渐由"口岸通道经济"向"产业经济""口岸经济"转变，形成"口岸 + 枢纽 + 通道 + 平台 + 产业"的发展模式。一是以农产品快速通关绿色通道发展口岸经济，积极发挥商贸综合体物流平台作用，形成国际国内互联互通的现代商贸物流体系。二是加强农牧产品精深加工，探索发展培育航空经济，推进口岸经济高质量发展。培育当地企业竞争力，实现从塔城单一外贸经济到区域经济发展。特别是塔城生态农业发展优势明显，创建了全国绿色食品原料基地。三是深化边民互市转型升级，加快中哈边民互市建设，完善巴克图口岸基础设施投入，完善运营管理模式。通过三日免签政策和中国亚欧博览会、中哈边民互市贸易区等平台，加强中国塔城与哈萨克斯坦等周边国家多种形式的文化交流，拓展对外交流合作。同时发挥边境特色旅游资源优势，打造边境生态文化旅游。1993~2021 年塔城市社会消费品零售总额总体呈增长趋势（见图

8-15）。此外，2015~2021 年塔城市旅游总收入和接待游客数量亦总体呈增长趋势（见图 8-16）。

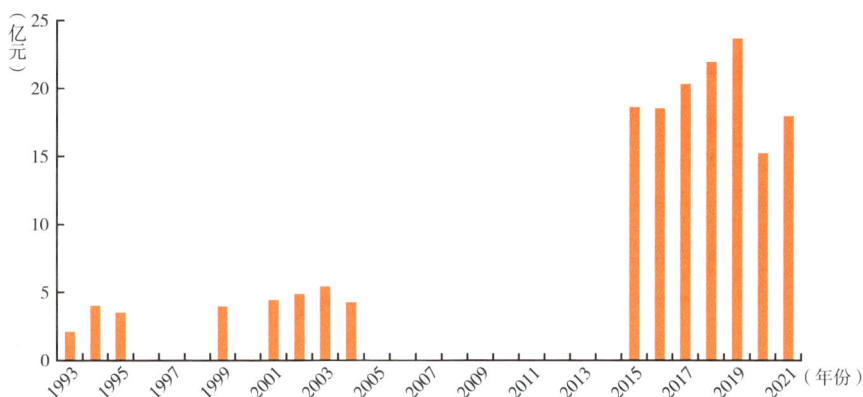

图 8-15　1993~2021 年塔城市社会消费品零售总额

说明：部分年份数据暂缺。

资料来源：历年《新疆统计年鉴》《塔城市国民经济和社会发展统计公报》。

图 8-16　2015~2021 年塔城市旅游总收入和接待游客数量

资料来源：历年《塔城市国民经济和社会发展统计公报》。

图 8-17　新疆塔城巴克图口岸联检大厅

资料来源：新疆塔城日报社。

三　边境地区人民生活水平逐步提升

　　沿边开放带来人员、物资、信息等各种交往，逐渐改变塔城偏居一隅的封闭落后状态。传统上，塔城农牧民缺乏市场、技能和资本，只能实现个体生产，收入微薄。塔城沿边开放以来，当地人们的商品意识、市场意识和开放意识不断增强，口岸经济和边民互市带来大量的就业机会，使得边民脱贫致富，促进了当地经济社会的发展和人民生活水平的提高。沿边开放对于塔城新农村发展、农牧民增收发挥重要作用，特别是农牧民人均纯收入逐年提高（见图 8-18）。边境贸易的增长也促进了塔城城镇化和各项社会事业的发展。从沿边城市社会治理的角度来看，通过强化政府组织和加大对边境地区的投入，塔城实现了从戈壁小镇到国家边疆安全和发展重要基地的转变，为沿边开发和发展提供必要条件。以《塔城市城市总体规划（2018—2035）》为主体，塔城统筹兵地体系布局衔接，构建兵地融合的城镇化模式，推动口岸发展带与塔城—克拉玛依—乌苏城镇发展轴发展，打造城市服务功能。塔城实施固边兴边富民工程，积极争取少数民族发展资金，大力实施抵边新村建设，建设安居富民房，做好边境重点城镇建设；不断改善边境地区基本公共服务，提升边民自我发展能力，提高边民生产生活条件，铸牢中华民族共同体意识，服务国家边疆安全建设。在生态环境方面，塔城牢固树立"绿水青山就是金山银山"的理念，坚持走可持续发展的道路。通过制定《塔城千泉湖文旅产业园片区控制性详细规划》《塔城市创建国家级生态文明建设示范县市实施方案》等文件，对草原、湿地、额敏河流域等生态环境进行保护和修复治理，塔城当地群众的生态宜居水平不断提升，生态环境优势成为塔城的又一城市特色和旅游经济的新增长点。

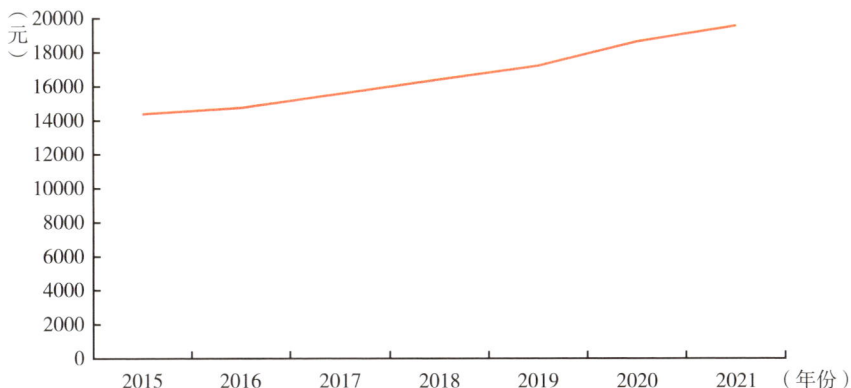

图 8-18　2015~2021 年塔城市农牧民人均纯收入

资料来源：历年《塔城市国民经济和社会发展统计公报》。

四 带动周边国家的经济合作不断深入

我国新疆塔城与邻国哈萨克斯坦地缘关系密切，经济互补性强，为开展周边国家经济合作提供了必要的条件和广阔的空间。在国家政策支持下，塔城通过巴克图口岸向哈萨克斯坦边境地区开放，带动哈萨克斯坦开发其国内资源，获得中国市场；同时中国日用品和工业品进入哈萨克斯坦，满足哈萨克斯坦国民生产生活用品需求。塔城对外开放以来，从资源和市场的互补性上看，经塔城巴克图口岸出口的水果、蔬菜、纺织品、医疗设备、机电产品、建材制品、日用品等是哈萨克斯坦等国家市场需求量大的产品，而哈萨克斯坦等周边国家的石油、天然气、有色金属、葵花籽、蜂蜜等则是我国市场需求量较大的产品。塔城巴克图口岸加强与哈萨克斯坦在物流、商流、信息流、资金流方面的合作，推进中哈以农业为主的产能合作，形成更高附加值和安全可靠的跨境产业链供应链。2018年塔城市进出口总额达到近几年峰值（见图8-19）。

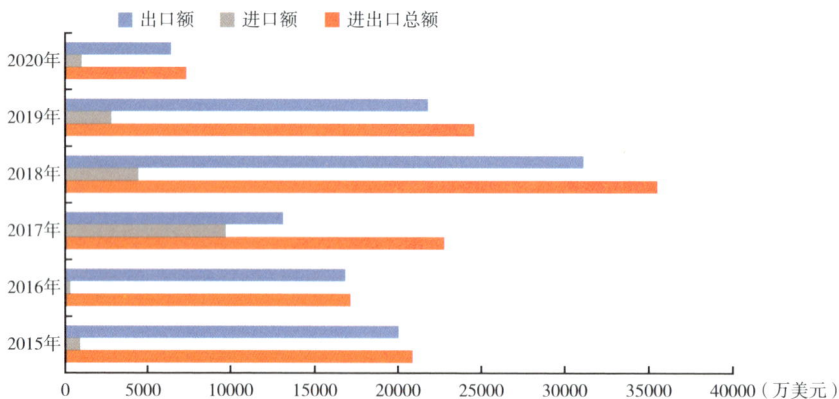

图8-19 2015~2020年塔城市进出口总额及进口额、出口额

资料来源：历年《塔城市国民经济和社会发展统计公报》《塔城市政府工作报告》。

塔城积极利用中国—亚欧博览会、巴克图论坛、哈萨克斯坦东哈州国际商务论坛等平台，加强与哈萨克斯坦及其他中亚国家的合作，使塔城巴克图口岸成为与周边国家发展的"大门户"和"大通道"，既提升巴克图口岸的地位和影响力，也带动哈萨克斯坦边境贸易和当地经济社会的发展。

第四节
塔城沿边开放的经验启示与未来展望

改革开放以来，沿边地区是我国对外开放格局的重要部分。在国家政策的支持下，塔城立足自身优势不断发展，积累了沿边开放的宝贵经验：一是做好通道经济，塔城具有突出的区位优势，通过互联互通带动经济发展；二是形成产业优势，塔城依托农牧业资源、口岸优势和良好的生态环境，发展绿色农产品、绿色畜产品的深加工项目和旅游业；三是强化制度建设，沿边开放是一个系统工程，塔城不断探索边境贸易、旅游管理、生态保护、城镇化等方面的制度建设，构筑沿边开放新高地。

展望未来，塔城作为沿边开放城市既面临挑战，更面临巨大的机遇。塔城沿边开放面临的挑战有三个方面。第一，相比沿海地区，塔城作为内陆沿边地区尽管具有区位优势和资源优势，但是其自我发展能力有待提高，如基础设施建设有待加强、沿边开放平台有待完善、人才流失比较严重、资源优势亟待通过科技革命和产业变革转化为高质量发展优势。第二，塔城作为少数民族聚居地区，要统筹好发展和稳定的关系。尽管沿边地区具有通道建设的优势，但是并不代表所有人都能分享通道优势带来的好处，特别是农牧民。要通过通道建设，使当地各族群众进入沿边开放的发展进程，促进其生活水平提高；同时通过加强民族团结和社会稳定，为沿边经济发展提供必要的条件，促进各族人民共同富裕和边疆地区繁荣稳定。第三，世界正在发生深刻变化，全球经济发展环境不稳定不确定因素增多，我国对外开放面临严峻挑战。塔城作为沿边地区与周边国家毗邻，一方面需要与周边国家合作开发能源资源和开展经贸活动；另一方面周边国家的经济稳定和安全环境也对沿边开放有重要影响。

塔城沿边开放也面临巨大的机遇和发展优势，可以从三个方面分析。第一，2017年中央经济工作会议对我国新时代经济发展阶段做出重要判断，即"中国特色社会主义进入了新时代，中国经济发展也进入了新时代，基本特征就是经济已由高速增长阶段转向高质量发展阶段"。在高质量发展理念下，塔城市需要紧跟国家规划，并立足当地情况，建设进出口加工、生态农业、现代物流、金融产业、文化旅游康养、口岸国际贸易等产业集群和新型产业体系，增强内生发展动力，形成沿边地区新的经济增长空间，构建塔城市高质量发展的新格局。第二，在以人民为中心的发展理念下，推动塔城经济社会的全面发展。随着改革开放的深入，塔城经济发展水平、人民物质生活水平日益提升。与此同时，人民美好生活不仅体现在经济增长方面，还体现在民主、法治、公平、正义、安全和环境等方面。因此，塔城要坚持以人民为中心的发展理念进行沿边开放，持续推进以就业、教育、医疗、社保等为重点的民生工程，推动巩固拓展脱贫攻坚成果同乡村振兴有效衔接，加强生态环境保护，铸牢中华民族共同体意识，推动各族群众共同富裕，形成发展为了人民、发展依靠人民、发展成果由人民共享的沿边开放治理模式。第三，从国际角度看，我国正在加快形成双循环新发展格局，着力畅通国内大循环和连通国内国际双循环。塔城应增强企业和市场的国际竞争力，协调好双边层面的法律规范和制度框架，打造边境地区重要的国际合作平台，开发口岸、扩大开放，促进生产要素集聚，加强互联互通和人文交流，深入推动"一带一路"向更高质量发展。

新中国成立后，特别是改革开放以来，塔城从边陲城市逐渐发展成为对外开放的新高地。在塔城重点开发开放试验区建设的重大历史机遇下，塔城应推动经济高质量发展，充分发挥互联互通和口岸经济的支撑点作用，推进实现更高水平更高层次的沿边开放。

作者：白　帆

第九章

"草原新城　丝路明珠"
——博乐开放简史

　　改革开放之后，博乐作为新疆向西实行沿边开放的桥头堡，社会经济发展迅速，地区生产总值、人均地区生产总值、社会消费品零售总额等均有显著增加，产业结构有所优化（见图9-1、图9-2、图9-3）。纵观博乐30年的发展，始终和"开放"二字息息相关。长期以来，博乐市紧紧围绕"向西开放"的发展理念，充分发挥博乐市作

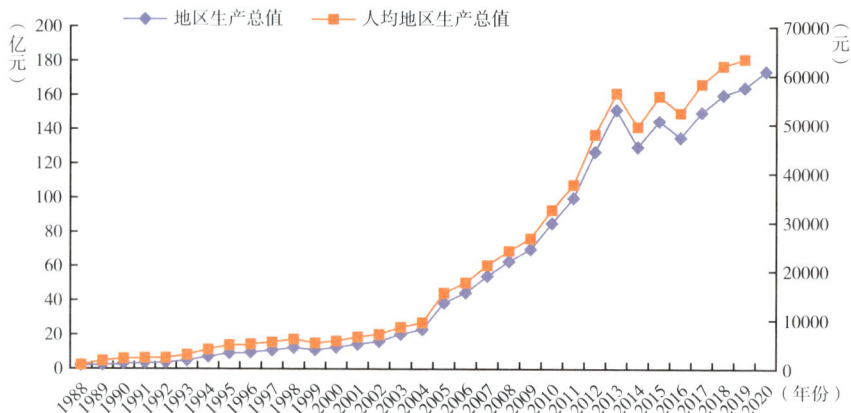

图9-1　1988~2020年博乐市地区生产总值和人均地区生产总值

说明：2020年人均地区生产总值暂缺。

资料来源：历年《新疆统计年鉴》《博乐市国民经济和社会发展统计公报》。

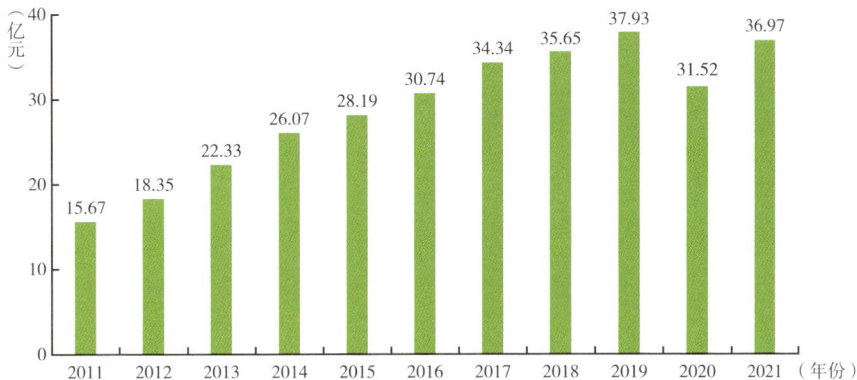

图 9-2 2011~2021 年博乐市社会消费品零售总额

资料来源：博乐市人民政府网站，http://www.xjbl.gov.cn/sjkf.htm。

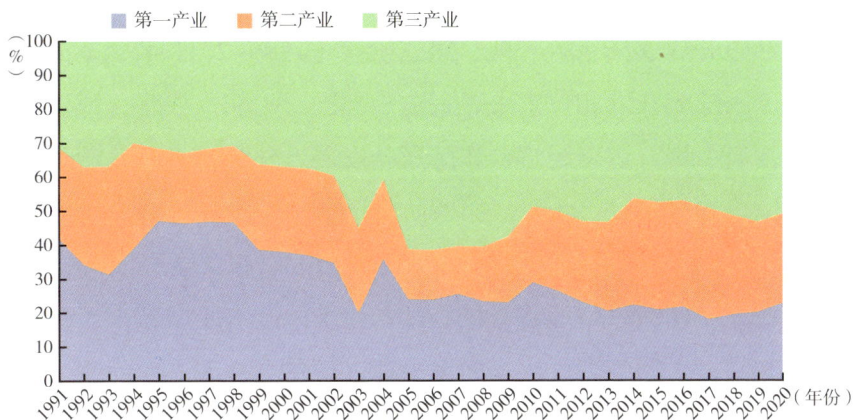

图 9-3 1991~2020 年博乐市产业结构

资料来源：历年《新疆统计年鉴》《博乐市国民经济和社会发展统计公报》。

为区域中心城市和阿拉山口口岸对应的直接腹地城市的地缘优势，以博乐市较多的人口数量、相对良好的工业和第三产业基础、便捷的交通条件为依托，以边境经济合作区为载体，大力发展以工业贸易为主导的对外经济贸易，推进建材、食品、服装、五金、机械等产品的出口。同时，积极发展边境贸易、旅游购物，鼓励支持企业开展对外经济技术合作，支持企业到境外投资开发建设，开展劳务合作。以开阔的视野构建外向型经济发展格局，形成以开放促开发、以开发促发展的良性发展模式。

简言之，博乐市的开放历程大致可以分为四个阶段。第一阶段（1978~1991年）是酝酿阶段，博乐市抓住改革开放的契机，争取设立了开放城市和开放口岸，在政策层面上扫清了博乐开放的障碍。同时，博乐市大力加强基础设施建设，许多公路、铁路项目渐次竣工，为后续正式的沿边开放准备了条件。第二阶段（1992~1998年）是起步阶段，博乐市正式成为国务院批准设立的14个沿边开放城市之一，并于1992年建立了边境经济合作区，使得对外开放有了可靠的政策保证。阿拉山口口岸建设进一步完善，区域内的公路、铁路网进一步加密，沿边开放逐渐步入正轨。第三阶段（1999~2011年）是推进阶段，基于西部大开发和"富民、兴边、强国、睦邻"战略，博乐市全面开启招商引资，边境经济合作区蓬勃发展，外贸进出口总额逐年攀升，中欧班列正式"开跑"。第四阶段（2012年至今）是繁荣阶段，"一带一路"倡议提出后，第二次中央新疆工作座谈会又明确提出要把新疆打造成丝绸之路经济带核心区，为博乐经济发展带来了全新的机遇。其间，中欧班列进入全面发力期，博尔塔拉蒙古自治州（以下简称"博州"）的阿拉山口成为中西部地区向西开放的外贸大通道。阿拉山口综合保税区批准设立后，许多国内外企业纷纷落户，贸易额大幅度增加。

第一节
博乐概况

博乐市位于新疆维吾尔自治区西北部，是博州首府。全市位于东经 80°39′~82°44′，北纬 44°22′~45°23′，平均海拔高度 509.7 米，总面积 7500 平方公里，东距自治区首府乌鲁木齐市约 520 公里。博乐市东、西分别与博州精河县和温泉县相毗邻，东北与博州阿拉山口市相接，南与伊犁哈萨克自治州的霍城县、伊宁县交界，北与哈萨克斯坦共和国接壤，边境线长 69 公里。博尔塔拉河横贯博乐市，注入艾比湖。全市水域面积 54948.6 公顷，其中，赛里木湖水域面积 45529.3 公顷。博乐市属于典型的温带大陆性气候，一年之中，冬春季节寒冷干燥，夏季炎热，秋季少雨，降水量各季分布不均，主要集中在夏季，春季其次。境内地势西高东低，南部有北天山西段支脉科古尔琴山、

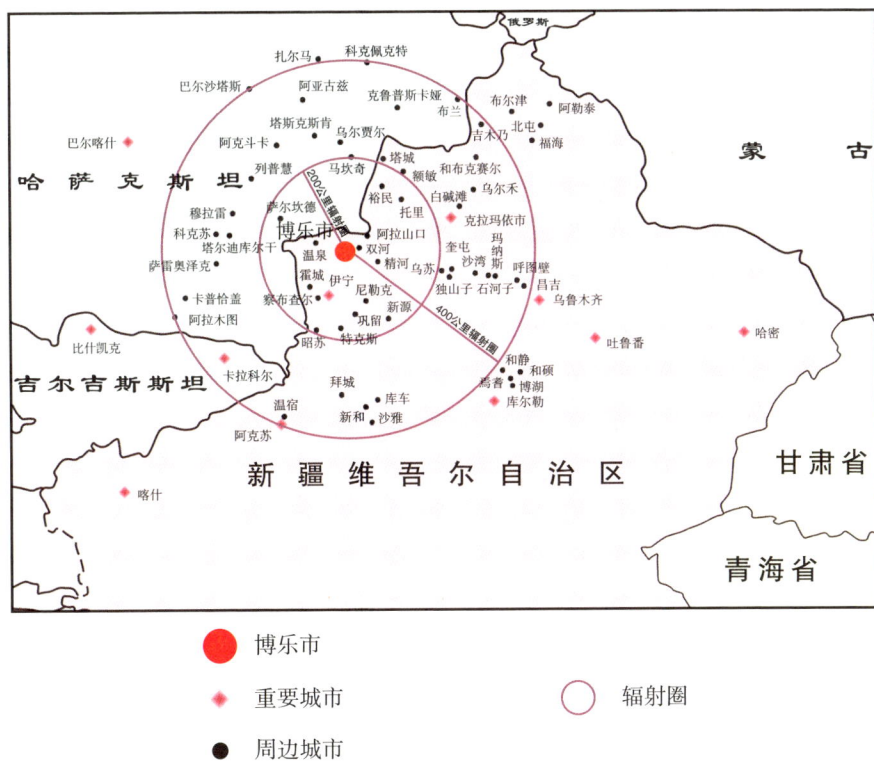

图 9-4 博乐市区位

图 9-5　博乐市交通

呼苏木奇根山，北部是阿拉套山脉，中部为岗吉格山，分别构成呼苏木奇根谷地、呼苏图谷地、博尔塔拉河谷地和博尔塔拉河等。博乐市境内已发现的矿种有 17 种，花岗岩、石灰岩、白云岩等矿产资源较为丰富。博乐市旅游资源丰富，著名景区有赛里木湖、怪石峪、哈日图热格、夏尔希里、达勒特古城遗址 [1]。

　　1919 年，主政新疆的杨增新呈请中华民国政府设立博乐塔拉县。1920 年 1 月 7 日，民国政府批准博乐塔拉由精河县析出设县治，县治

---

　　[1]　以上内容参见博乐市人民政府网站，http://www.xjbl.gov.cn/info/1012/15239.htm。

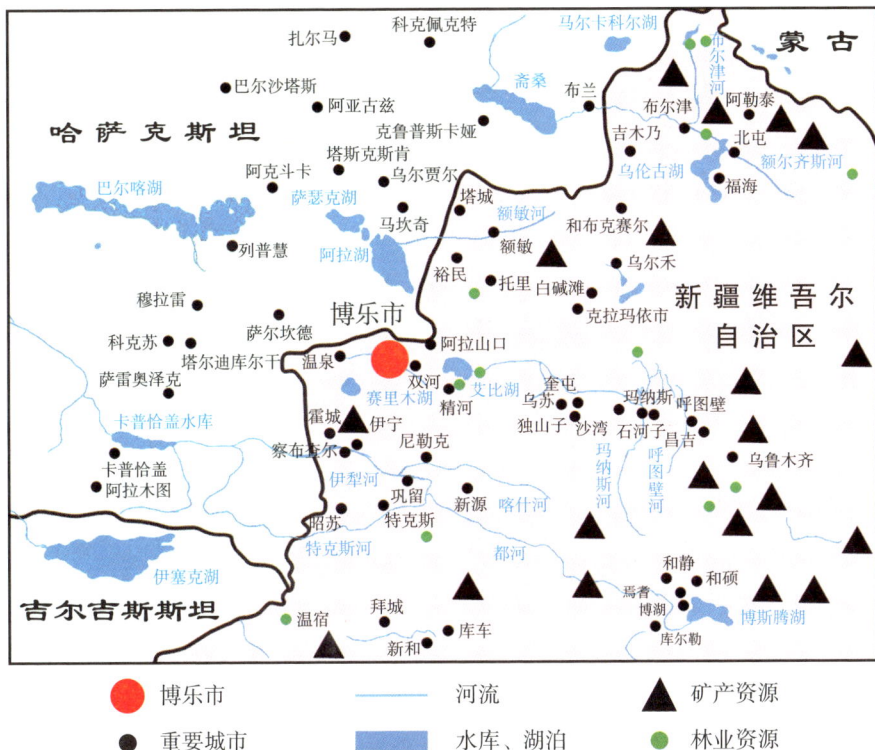

图 9-6　博乐市及周边地区资源分布

设在大营盘（今博乐城），县名称为"博乐县"，归伊犁道管辖。1950年 8 月，博乐县人民政府建立。1954 年 7 月，博乐县隶属博尔塔拉蒙古自治区人民政府。1955 年 2 月，博尔塔拉蒙古自治区改称博尔塔拉蒙古自治州。1958 年 6 月，博乐县建制撤销，保留博乐县名称。1962年 11 月，国务院批准恢复博乐县建制。1985 年 6 月 4 日，国务院批复撤销博乐县，设立博乐市，并于同年 9 月 21 日召开博乐市成立大会。全市行政区域面积 7500 平方公里，下辖四镇一乡一国营牧场五街道，有汉、蒙古、维吾尔、哈萨克、回等 28 个民族。

第二节
博乐沿边开放的历史进程

一　1978~1991 年：酝酿阶段

1978 年召开的中国共产党十一届三中全会，确立了对外开放的基本国策。党中央率先在东南沿海设立 5 个经济特区，然后在沿海设立 14 个对外开放城市。在全国走向开放的大潮中，中西部的内陆和沿边地区开启了对外开放的历程。这样，在我国就形成了沿海、沿江、沿边及东西南北中多层次、多渠道、全方位的对外开放局面，使我国的对外开放进入了一个新的阶段。至此，我国对外开放形成经济特区—沿海开放城市—沿海经济开发区—沿江和内陆开放城市—沿边开放城市这样一个全方位、多层次、宽领域、有重点、点线面结合的对外开放格局。

1989 年 1 月 18 日，国务院正式批准新疆维吾尔自治区博尔塔拉蒙古自治州博乐市对外开放，从政府层面上拉开了博乐市对外开放的序幕，博乐对外开放进入了一个快车道。1990 年 6 月，国务院批准设立阿拉山口口岸，确立了博州成为国家向西开放的重要通道的地位。1990 年 7 月 24~26 日，"陇海—兰新对外经济贸易联合会"在亚欧大陆桥的西桥头堡—博乐市召开第五次理事会，以期更好地加强地区间经贸合作，发展对外经济贸易。来自陇海—兰新沿线 8 个省区 19 个城市的 70 多位代表，围绕大陆桥的贯通着重探讨了对苏联、东欧国家的经济贸易，并就地区间经贸合作的具体问题进行了洽谈，使阿拉山口、连云港、陇海—兰新这"两口一线"，形成东联西出、西引东出、双向开放、多元贸易的有利环境。1990 年 9 月 1 日，全长 476 公里由乌鲁木齐西站至中哈边境口岸阿拉山口的兰新铁路西段全线通车。1991

图 9-7　20 世纪 80 年代博乐市的北京桥

图 9-8　1991 年 7 月 19 日，第一列临时国际列车开进阿拉山口

年 10 月 28 日，对外经济贸易部正式批文，给予博州对苏边境易货贸易进出口经营权。1991 年，博乐市被列为自治区民族贸易县（市），市工业总产值首次突破亿元大关，达到 12054 万元，比 1990 年增长 28.3%。

二　1992~1998 年：起步阶段

1992 年初，中央政府正式实施沿边开放战略，国务院发文批准丹东、珲春、黑河、绥芬河等 14 个边境城市为沿边开放城市，设立 14 个国家级边境经济合作区。后又出台了《关于边境贸易有关问题的通知》和《边民互市贸易管理办法》，对边境贸易管理形式、税收等问题做出规定，强调要积极支持边境贸易和边境地区对外经济合作的发展。"设立边民互市交易市场，规范边民交易"成为边境贸易经济模式。

1992 年 2 月 22 日，乌鲁木齐至阿拉山口的旅客列车正式开通，这条干线在博州境内有托托、精河、博乐、阿拉山口等 10 个车站。1992 年 3 月 20 日，博州人民政府常务会议讨论通过《自治州关于进一步扩大对外开放振兴经济的优惠办法》，内容包括土地使用、税收、外汇分成、产品补偿、科技开发、边贸和其他优惠，共 7 项 28 条。1992 年 3 月 28 日，州党委发出《自治区关于加快改革开放步伐 加速经济发展的意见》。结合本州实际，提出了 7 个方面的改革措施：解放思想，抓住机遇，加速经济发展；以边贸为突破口，实施"边贸兴博"战略；积极创办经济技术开发区；进一步深化改革，增强经济活力；尊重知识，尊重人才，实现科技教育和经济建设紧密结合；坚持两手抓，为改革开放和经济建设创造良好的社会环境；加强领导，改变思想作风。

1992 年 7 月，博乐市委、市政府完成了《博乐市边境经济合作区总体规划》。边境经济合作区总面积 10.3 平方公里，前期规划 2.5 平方公里，区内设有工业、商业、房地产和高科技开发区，整体规划要求布局合理、设施配套、功能齐全。8 月，博乐市边境经济合作区首批工程——州建行综合营业大楼、博乐宾馆破土动工。1992 年 8 月 13 日，哈萨克斯坦共和国乌恰拉尔市国际客运班车首次抵达博乐，21 日，由博乐市发往哈萨克斯坦共和国乌恰拉尔市的临时客运班车开通。1992 年 9 月 1 日，全长 73 公里的博乐至阿拉山口的博—阿公路完成沥青路面铺设，举行通车典礼。1992 年 10 月，自治州政府同意博乐市在阿拉山口设立保税区，作为边境经济合作区的一部分，面积约为 2 平方公里。经国务院有关部门 1992 年 11 月检查验收，阿拉山口口岸已初具规模，于 12 月 1 日正式向第三国开放。1992 年 12 月 3 日，国务院特区办公室正式批复博乐市设立边境经济合作区，批准的规划范围为东以东环路为界，南以长江路及博精公路以南合作路以北为界，核定面积为 7.83 平方公里。

1993 年 1 月 5~7 日，自治州党委召开七届四次全委（扩大）会议，将原十年规划国民生产总值年平均递增 6.8%，调整为 12.3%，2000 年实现国民生产总值翻三番。会议提出，要抓住机遇，发挥口岸优势，以改革促开放，以开放促开发，以贸兴业，产业联动，稳定提高第一产业，大力发展第二产业，加速发展第三产业。1993 年 1 月 8 日，自治州党委、人民政府将原阿拉山口行政区管理委员会和阿拉山口口岸管理委员会合为阿拉山口口岸管理委员会，直属州人民政府领导，除执行国务院授予的地方口岸管理机构的职权外，还行使州人民政府授予的县一级政府的行政管理权限和职能。1993 年 3 月 30 日至 4 月 3 日，州第九届人民代表大会第一次会议召开，提出今后 5 年应继续贯彻"商贸启动，边贸突破，科技开发，全面发展"的方针，充分发挥优势，抓住机遇，加快国民经济和社会发展速度，到 1997 年实现国内生产总值 9 亿元,年均增长 12.3%。1993 年 4 月 30 日,州政府通过《关于鼓励投资的优惠政策》,共 8 项 33 条,包括:税收、土地使用、工商行政管理、边贸、外汇管理、利润分配及再投资、简化出国人员审批手续、引进资金奖励办法和附则。1993 年 5 月 25 日,阿拉山口—德鲁日巴边境口岸客运班车开通。1993 年 10 月 20 日,阿拉山口公路口岸联检大楼通过了有关部门的联合验收,联检大楼为两层共 4530 平方米,11 月 23 日开始正式过货。1993 年,州边境易货贸易签约额达19373.14 万瑞士法郎,履约额达 9068.78 万瑞士法郎,出口 3606.11 万瑞士法郎,超额(51.15%)完成全年边贸任务。

1993 年至 1995 年底,博乐市边贸进出口总额连续三年超亿元,博乐市成为新兴的商贸边城,和哈萨克斯坦、俄罗斯、蒙古国、韩国、美国、中国香港和中国台湾等 10 多个国家和地区建立了贸易和经济技术合作关系。主要出口商品有糖、酒、罐头食品、小型机械、日用百货、服装、针织品等,主要进口商品有钢材、羊皮、羊毛、牛皮、短绒、棉花、化肥等。

三 1999~2011 年:推进阶段

2000 年 1 月,中共中央、国务院对实施西部大开发战略提出明确要求:当前和今后一个时期,要突出抓好西部地区的开发,把加快基础设施建设作为开发的基础,把加强生态环境保护和建设作为开发的根本,把抓好产业结构调整作为开发的关键,把发展科技教育和加快人才培养作为开发的重要条件,把深化改革、扩大开放作为开发的强大动力。2000 年 3 月 5 日,国务院总理朱镕基在九届人大三次会议上的政府工作报告中指出,实施西部地区大开发战略,要统筹做好五个方面的工作,其中之一便是进一步扩大对外开放,改善投资环境,积极引进境外资金、技术和管理经验。

2000 年 8 月，博乐市委、市政府先后批准了《边合区优惠政策》《关于边合区投资发展软环境建设的决定》，拟定了较为详细和具体的项目投资优惠办法，为边合区招商引资工作的开展创造了有利条件。截至 2002 年底，边合区完成各类建设项目 257 个，建筑面积 25 万平方米，投资总额 3.6 亿元，其中招商引资项目 79 个，投资额 1.6 亿元。边合区范围内现有企业 48 家，个体工商户 449 户。边合区辖区内累计完成工业总产值 19.26 亿元，贸易进出口总额 662 万美元，其中出口 215 万美元，实现税收 1.78 亿元。

图 9-9　2001 年 12 月，阿拉山口口岸出口突破 500 万吨

2002 年，博乐市出台了《博乐市招商引资政策若干规定》《博乐市招商引资管理办法》，在招商引资、税收土地、财政信贷、人才引进、投资保障等方面提供更为优惠的政策，吸引外来资金参与博乐的

开发建设。抓住西部大开发和加入世贸组织的有利时机，通过"引进来""走出去"等多种方式，内引外联，拓展协作领域，主动洽谈落实一批能够发挥本地优势、带动作用好、吸引力大、实质性强的协作项目，认真做好跟踪落实，努力提高协作项目履约率和成功率。

2010年7月，《中共中央 国务院关于深入实施西部大开发战略的若干意见》颁布，明确提出了提升沿边开放水平，扩大对内对外开放，建设国际陆路大通道，构筑内陆开放与沿边开放新格局的战略任务，探索保税物流、边民互市与边境经济开发区、金融合作、货币汇兑、边境旅游合作区等新综合合作模式。博乐市按照中央"稳疆兴疆、富民固边"战略、自治区"加快向西开放步伐"和"新型工业化进程"部署、"博乐—阿拉山口被纳入天山北坡经济带"、自治州"构筑博乐—精河—阿拉山口新兴经济区"的总体构想，进一步加快对外开放的步伐，充分发挥博乐市作为区域中心城市和阿拉山口口岸对应的直接腹地城市的地缘优势，以博乐市较多的人口数量、相对良好的工业和第三产业基础、便捷的交通条件为依托，以博乐市边境经济合作区为载体，大力发展以工业贸易为主导的对外经济贸易，深入研究和挖掘进出口产品加工潜力，努力建设"博乐—精河—阿拉山口新兴经济区"。引导企业调整进出口货物结构，扩大有色金属、皮毛、木材、矿产等资源性原料进口，扩大农副产品和外埠商品增值加工出口，推进建材、食品、服装、五金、机械的出口。

2011年3月19日，首列中欧班列"渝新欧"从重庆出发，带着重庆生产的电子产品，由新疆阿拉山口出境，开往德国杜伊斯堡，全程约11000公里，运行时间为15天，比以往海运省时12天。在此后的一两年间，成都、郑州、长沙、西安等内陆城市陆续开通中欧班列，拉开了亚欧大陆上的"钢铁驼队"的序幕。

图 9-10 2010 年 7 月 10 日，阿拉山口机场通航

四 2012 年至今：繁荣阶段

党的十八大以来，中央加快沿边开放步伐，允许沿边重点口岸、边境城市、边境经济合作区在人员往来、加工物流、旅游等方面实行特殊方式和政策。建立开发性金融机构，加快同周边国家和区域基础设施互联互通建设，推进丝绸之路经济带、海上丝绸之路建设，形成全方位开放新格局。将重点开发开放试验区、边境经济合作区建成我国与周边国家合作的重要平台。

2013 年 12 月，《国务院关于加快沿边地区开发开放的若干意见》出台，总共 22 条，涉及 6 个方面，优惠领域涉及税务、土地、金融、财政等，成为新时期我国沿边开发开放的重要政策文件。2015 年 12 月，《国务院关于支持沿边重点地区开发开放若干政策措施的意见》颁布，决定给予 17 个边境经济合作区、28 个边境城市以及沿边 72 个铁路和公路重要口岸等新的开发开放政策。

2014 年，博乐市紧紧抓住国家建设"丝绸之路经济带"、深入实施向西开放战略的重大历史机遇，以新型工业化作为第一推动力，用好用活政策，大胆"走出去、引进来、扎住根"，着力在形成规模、带动产业、延伸链条上取得新突破。狠抓园区建设管理，完善边合区、石材集控区基础设施建设，鼓励有实力的大企业、大集团参与园区开发建设，逐步实现由依靠政府投入向自我滚动发展的良性循环。

2014 年 6 月 18 日，阿拉山口综合保税区正式封关运营。全年投入 2.9 亿元，完善了园区基础设施建设，与乌铁局合资组建公司并启动铁路专用线项目建设，获批了哈国多斯特克口岸至综保区液化石油气跨境管道项目，复制推广了上海自由贸易试验区 14 项通关便利化措施。半年内有粮油、棉花、木材、油气等 25 家企业入驻，完成过货 32.9 万吨，贸易额 13.8 亿美元，海关税收入库 2.3 亿元。综保区的政策优势、功能效应和引领作用，已成为博州吸引企业落户的"金字招牌"。

2016 年，阿拉山口综合保税区颁布《促进股权投资类企业发展暂行办法》《促进新兴产业发展暂行办法》，首次完成国内段铁路运输液化石油气业务。进口整车 126 辆，稳居全疆整车进口口岸首位。开行阿拉山口至乌兹别克斯坦塔什干的货运专列。成功申报交通运输部多式联运国际物流园区项目，铁路总公司国家二级物流基地项目已建成"一宽一准"普货专用线。粮油、饲料、木材、棉纺等加工企业发展迅速，新增 76 家企业落户园区。

2018 年 8 月，《博乐市提升企业跨境贸易和投资便利化行动实施方案》印发，该实施方案提出，以压缩办理时间、降低准入门槛和收费标准为重点，通过简政放权、优化流程、提高效能、协同配合，帮

图 9-11 阿拉山口综合保税区

助企业降低跨境贸易和投资环节制度性交易成本，持续优化博乐市市场营商环境，增强吸引国内国外投资能力。主要措施包括以下几项。一是对外商投资企业推行国民待遇，在申报各类产业发展资金、技改项目资金及贷款贴息等扶持政策上，在企业的水、电、气供应方面，收费标准与当地企业相同。二是扩大市场准入和对外开放范围，明确提出实行内外资、内外地企业同等待遇。全面实施准入前国民待遇加负面清单制度，提高服务效率。落实外商投资负面清单。按照国家对外开放时间表、路线图，持续推进相关制造业及服务业等在博乐市对外资开放。三是依法保护外商投资企业及投资者权益，依法保护所有企业知识产权，营造良好营商环境和创新环境。四是加强对外商投资的事中事后监管，采取有效措施加大商务部门与工商、海关、外汇等部门之间的信息联动力度，形成信息共享、协同监管、社会公众参与监督的外商投资监管体系。

2019 年，博乐市依托国家"一带一路"建设和自治区加快丝绸之路经济带核心区建设发展机遇，深化供给侧结构性改革，结合产业发展方向和园区发展定位，突出专业招商、产业招商、以商招商和产业援博，全年完成招引工业项目落地 11 个，到位资金 1.7 亿元。大力促进企业实施技术改造，企业核心竞争力明显提高，全市规模以上工业增加值完成 10.48 亿元，增长 6%，小升规企业新增 9 家。新增高新技术企业 1 家，累计达到 7 家。坚持将石材产业作为实体经济突破口来重点打造的发展思路，大力推进花岗岩资源整装勘查、石材产业规划编制、矿权整合等工作，石材产业基础不断夯实。博州印发了推进阿拉山口综保区高质量发展、高水平开放的政策措施。协助阿拉山口争取陆上边境口岸型国家物流枢纽称号，通过自治区发改委审查，已报国家发改委、交通运输部。积极申报阿拉山口综合保税区、精河公铁物流园为自治区级示范物流园区。阿拉山口综合保税区供水、供热、道路等 7 个基础设施建设项目获得中央预算资金 9882 万元支持；阿拉山口综合保税区散粮铁路专用线项目获得中央预算资金 10630 万元支持，其为全疆历年获批资金最多的商贸物流项目。

图 9-12　高楼林立的博乐市区

2020 年，新疆维吾尔自治区印发《进一步做好利用外资工作的若干措施》，要求各地加大投资促进力度，优化外商投资企业科技创新服务，鼓励和引导外资更多地投向高新技术企业；积极申建中国（新疆）自由贸易试验区，发挥其在扩大开放、吸引外资方面的先行先试作用；加大招商引资力度，不断提升外商投资服务能力和水平。

2020 年 1 月 21 日，阿拉山口口岸首次开展跨境电商零售出口业务，主要出口玩具、家具、服饰、日用杂品等商品，货物通过铁路运输发往比利时、德国，再向欧盟海关申报进境转当地邮政或 DHL（敦豪）快递、UPS 快递等进行配送。第一季度累计验放跨境电商出口包裹 28.74 万件，价值 52 万美元，货重 26 吨。

2020 年 3 月，阿拉山口综合保税区与菜鸟网络联合开启了"阿拉山口公铁联运"模式的试运营，发挥阿拉山口口岸通行中欧班列数量多、线路广、编组发运灵活的优势，出口包裹从菜鸟全国仓库随时发运到阿拉山口综合保税区，海关通过电子清单方式审核放行后，集装箱从综合保税区出区后直接从铁路站发运欧洲，物流时效提升 10% 以上。

2021 年 10 月，博州印发《自治州推进对外贸易创新发展工作方案》，围绕构建以国内大循环为主体、国内国际双循环相互促进的新发展格局，转方式、调结构、补短板、强弱项，深度参与丝绸之路经济带核心区建设，全力推进"一区两带"战略布局，加快推进"一枢纽""两平台""四大产业集群"建设，丰富对外开放载体，提升对外开放层次，以制度创新激发活力，以业态创新增添动力，增强综合竞争力，实现全州对外贸易创新发展。

2022 年 2 月 8 日，《国务院关于同意在鄂尔多斯等 27 个城市和地区设立跨境电子商务综合试验区的批复》发布，阿拉山口市跨境电子

商务综合试验区 ① 位列其中。自治区印发《关于加快发展外贸新业态新模式的实施方案》，要求建立以乌鲁木齐跨境电子商务综合试验区为引领，带动阿拉山口、喀什、霍尔果斯等口岸跨境电商发展的雁阵模式；形成覆盖周边国家，面向欧洲，延伸至"一带一路"共建国家的新型外贸物流网络。

第三节
博乐沿边开放的巨大成就

一　边境经济合作区建设

博乐边境经济合作区是经国务院批准的全国 17 个、新疆 4 个国家级边境经济合作区之一。园区依托阿拉山口口岸优势，围绕国内国际两个市场、两种资源，充分利用阿拉山口综合保税区和博乐边境经济合作区的政策优势和产业集聚作用，重点发展矿产品加工、金属型材产品加工、机电装备制造、石材加工、纺织服装、清洁能源等产业，着力打造博州进出口能源资源落地加工的产业集聚区和国家能源资源战略储备基地。

博乐市认真探索建立园区管理机制，严把招商企业入驻标准，着力推进绿色发展、循环发展、低碳发展，引导相关产业和项目加速聚集。依托园区发展平台，加快优势资源开发。加强矿产资源配置监管，促进资源高效节约集约利用。发展壮大支柱产业。推进石材产业规模

---

① 跨境电子商务综合试验区是经国务院批准设立的跨境电商综合性先行先试城市区域，旨在通过制度创新、管理创新、服务创新和协同发展，打造完整的产业链和生态链，逐步形成适应和引领全球跨境电商发展的管理制度和规则，为推动中国跨境电商健康发展提供可复制、可推广的经验。

化、集约化发展，提升石材产业的知名度和影响力；大力发展石灰石下游产品，延伸产业链，提高附加值。加快风能、光伏发电、石油化工等能源产业发展。改造提升传统制造业，力促汽车零配件项目落地。全力支持企业发展。不断优化政务环境，完善项目审批"绿色通道"，推行项目全程代办制。加强小额担保贷款公司监管。积极协调金融机构增加中小企业贷款额度，努力解决融资渠道不畅、融资难的问题。大力争取国家、自治区企业技改项目支持，鼓励现有企业引进新技术、开发新产品、开拓新市场。

紧抓博乐边境经济合作区建设发展机遇和博乐工业园区被确定为自治区级进出口加工区的有利时机，认真做好工业园区规划，加快基础设施和公共设施建设，发挥"带头、示范、辐射"作用，促其产生规模、集聚效应，提升博乐工业园区建设水平。重点发展进出口贸易加工型和矿产资源加工型企业，力争将园区建成天山北坡经济带最西端重要的进出口贸易加工区。充分利用湖北对口援博、资源充沛、口岸优势明显等有利条件，抓住东部地区产业转移有利时机，吸纳有实力、低消耗、污染小、发展前景好的企业落户园区。加快园区企业改造和企业重组，优化资金、技术、管理、人才等生产要素，提高园区企业生产水平。大力发展国家鼓励投资的产业和项目，特别是符合市场发展趋势的各种新兴产业，努力提高投资效益和项目质量，促进博乐市工业产业结构优化升级。制定和完善入园企业各项政策措施，建立和创新灵活有效的工业园管理体制和运行机制，提高服务水平。拓宽企业融资渠道，搭建企业融资平台，协调解决企业融资难问题。到"十二五"末，园区工业增加值占全市工业增加值的80%以上。

充分利用国家级边境经济合作区优势，结合实际情况和相邻国家特点，突出区位优势，完善区域功能，促进边合区经济建设大发展。加快边合区扩区规划步伐，大力推进与工业园区整合和协作。加快边合区转型升级，促进边合区由单一性园区向以工业为主的综合性园区转变。加快边合区基础设施建设，优化综合投资环境。大力吸引国内外资金和技术，重点以加工制造业为主导，以生产性服务业为配套，以新兴产业为支撑，将边境经济合作区建设成为集边境区域性加工制造、境外资源合作开发、生产服务、区域性国际物流采购等多功能于一体的特殊经济功能区，成为博乐市经济跨越式发展的最重要支撑。

2021 年，博乐市完善了边境经济合作区基础设施建设，美食小镇、智能制造产业学院、投资发展中心等相继投入使用，"1+4+9"产业格局逐步形成，招商引资到位资金 130 亿元，同比增长 5.5 倍，成功创建"国家外贸转型升级基地""国家加工贸易产业园"。园区积极承接阿拉山口综合保税区产业转移，启动边合区铁路专用线、保税物流园、公铁物流中心、博乐机场改扩建和源网荷储一体化项目。截至 2022 年，园区入驻企业 205 家，规模以上企业 47 家，解决就业岗位 2.3 万个，已形成了电子产品制造、石材建材、纺织服装和农副产品精深加工为主导的产业体系。截至 2021 年 10 月底，园区规模以上工业企业工业总产值 36.44 亿元，实现工业增加值 11.68 亿元，同比分别增长 26.78%、17.76%，规模以上工业企业工业总产值全年预计可实现 50 亿元；固定资产投资 18.52 亿元，全年完成 29.35 亿元。博乐边合区等的发展一定程度上也促进了本市乃至博州进出口方面的飞速发展（见表 9-1、图 9-13）。

表 9-1　2000~2021 年博乐市进出口总额

单位：万美元

	2000 年	2001 年	2003 年	2005 年	2008 年	2013 年	2018 年	2019 年	2020 年	2021 年
进出口总额	142	145	220	710	1799	1550	5995	6500	16000	20300

资料来源：历年《博乐市政府工作报告》。

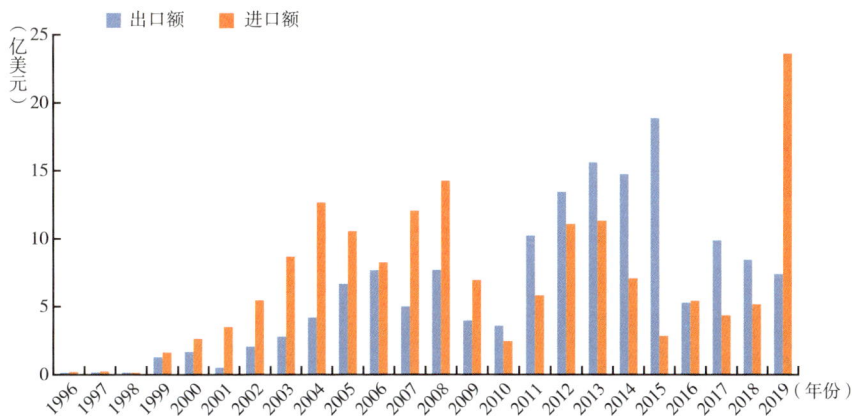

图 9-13 1996~2019 年博尔塔拉蒙古自治州进口额与出口额

资料来源：历年《新疆统计年鉴》。

二 阿拉山口口岸建设

阿拉山口口岸，隶属博尔塔拉蒙古自治州，位于阿拉套山与巴尔鲁克山之间，北邻哈萨克斯坦，东邻塔城地区托里县，南依艾比湖、精河县、双河市，西接博乐市。距博州州府博乐市 79 公里，铁路、公路分别距乌鲁木齐市 477 公里和 500 公里，距哈萨克斯坦多斯特克口岸 12 公里，是集铁路、公路、管道于一体的国家一类口岸。口岸所在的阿拉山口市在 2016 年被定位为国家中欧班列枢纽，2018 年列入国家陆上边境物流枢纽承载城市，被自治区列为沿边经济带重要支点。

自 2011 年 3 月首趟中欧班列"渝新欧"经阿拉山口出关以来，阿拉山口口岸一直就是中欧西部通道上的重要出关地。经由该地出关的线路包括：重庆—杜伊斯堡班列，成都—罗兹班列，西安—华沙班列，郑州—汉堡班列，武汉—捷克、波兰班列，长沙—杜伊斯堡班列，义乌—马德里班列，兰州—汉堡班列，唐山—比利时班列，乌鲁木齐—杜伊斯堡班列，合肥—汉堡、阿拉木图班列，石家庄—汉堡班列。

图 9-14　阿拉山口口岸

2016~2021 年，中欧班列年开行数量由 1702 列增长到 15183 列，年均增长 55%，年运输货值由 80 亿美元提升至 749 亿美元。随着中欧班列运行线路不断拓展，班列搭载的货物品类从最初的手机、笔记本电脑、打印机等 IT 产品，扩大到汽车配件及整车、化工、机电、粮食、酒类、木材等 5 万余种，商品种类越发多样，越来越贴近大众生活，运输附加值明显增加。截至 2022 年，经阿拉山口口岸进出境中欧班列总量突破 2.4 万列，班列通行线路数量达到 73 条，班列可到达德国、波兰、比利时、俄罗斯等 13 个国家，日均通行班列 16 列，单日最高可达 24 列，覆盖国内 24 个省区市。

为了全力保障国家向西开放的物流大通道的畅通，口岸千方百计提高货物出关能力，缩短出关时间。2019 年，阿拉山口口岸在全疆范围内率先启动"两步申报"试点，积极推广新一代电子支付、关税保证保险、金属矿产品"先放后检"等业务改革。铁路口岸实行 7×24

小时登临检查及全天候"预约式"查检，进口、出口整体通关时间分别为 14 小时、0.6 小时，分别压缩 57%、51%，通关效率各项指标全疆排名第一，铁路通关效率全国第一。2020 年，为了最大限度压缩中欧班列在口岸的运行时间，提高中欧班列运行效率，阿拉山口海关采取了一系列便捷通关措施，设立了中欧班列专门窗口，实行优先验放和 24 小时作业模式，实现了 365 天不停歇，进出境随到随放，现在只需要 20 分钟到 30 分钟就可办理完成一整列班列的通关手续。

目前，阿拉山口口岸已获批肉类、水果、冰鲜水产品等进口指定口岸资质，成为新疆资质最多的陆路口岸；综合保税区已入驻 550 多家企业，形成农畜产品精深加工、纺织和医用材料、木材加工、装备制造、跨境电商等五大产业板块。物流专业设施和交通基础设施网络不断完善，重点物流项目加快推进，在促进物流资源集聚、提高运行效率、支撑产业转型升级等方面发挥了重要作用；货物集散转运、仓储配送、装卸搬运、加工集拼等服务能力不断增强，与加工制造、商贸融合发展明显，在全国物流网络中发挥了重要平台和骨干枢纽作用，是新疆功能最完善、通关最高效便捷的陆路口岸。随着阿拉山口跨铁路大桥、阿拉山口宽轨编组站、综合保税区铁路能力综合提升等一批项目的实施和建成，阿拉山口铁路车站和综保区的物流枢纽能力将呈现几何式的增长，过货能力将由现有的 2000 万吨提升至中远期的 6000 万吨，达到全国陆路口岸第一位。

近几年，在全球新冠疫情影响下，受贸易政策变动、国际物流运力缩减等因素影响，传统的外贸模式严重受阻。跨境电商作为外贸新业态，对中小微企业开拓海外市场、吸纳和稳定就业发挥了积极作用。2020 年以来，中国丝路集团与阿拉山口口岸积极推动跨境电商业务创新发展。当年，口岸实现跨境电商出口 4000 余万件，外贸出口 10 亿元，口岸跨境电商增速第一，业务量全国第六。经过 29 年建设，口岸的铁路、公路、管道等基础设施日趋完善，通关过货能力稳步增强，国际物流网功能初步形成，已经成为丝绸之路经济带核心区重要节点，跨境电商新业态将逐步成为外贸出口的主力军。2020年，在全国22个入选国家物流枢纽建设名单的枢纽城市中，阿拉山口市被定位为边境口岸型国家物流枢纽建设试点，将在全国物流网中发挥关键节点、重要平台和骨干枢纽的作用。博州还成立阿拉山口经济工作专班，举全州之力实施"口岸强州"，通过发展数字口岸，建设边境口岸型数字枢纽港，把数字流、贸易流、物流、资金流整合起来，提高口岸运能，使口岸在推动全州外贸经济发展中发挥更大作用。

2022年2月12日，自治区负责人在阿拉山口视察时提出，沿边地区是新疆对外开放最前沿，要用好区位、政策、资源等优势，以推进丝绸之路经济带核心区建设为驱动，全面完善基础设施条件，大力推动"口岸强州"，提升对外开放层次，推动开放型经济高质量发展，积极服务和融入"一带一路"建设。要加快提升跨境贸易自由化、便利化水平，提升口岸通关效率，优化口岸营商环境，进一步提升要素资源聚集能力和落地加工转化能力，推动外向型产业聚集发展，大力推动跨境电商服务体系建设，加快通道经济向枢纽经济、产业经济、落地经济转变。

三　旅游业的快速发展

博州的主要景点"一关、两湖、三泉、四园"[①] 大多处在以博乐为中心的一小时路程内，这是博乐市打造全州旅游集散中心和一小时旅

[①] "一关"即阿拉山口口岸；"两湖"即赛里木湖和艾比湖；"三泉"即温泉的博格达尔圣泉、鄂托克赛尔天泉、阿尔夏提仙泉；"四园"即哈日图热格国家级森林公园、怪石峪地质公园、夏尔希里科考园、博尔塔拉河风情园。

游经济圈的最大优势。博乐旅游业的发展围绕以下几点推进：完善旅游集散中心配套服务功能，明确城市风格，提升城市形象，带动旅游消费，拉动城市经济发展。

首先，利用现有旅游综合体，制定出台相应的优惠政策，集中打造旅游特色街区。赴塔城、昌吉、乌鲁木齐等洽谈对接旅游文化餐饮特色街区及旅游文化购物街相关事宜，努力构建区域旅游联盟，实现优势互补和互利共赢。加快建设奇石文化一条街、特色餐饮一条街、异国风情购物街、休闲娱乐步行街等旅游特色街区。其次，充分发挥得天独厚、特色鲜明的生态旅游资源优势，依托博尔塔拉河风光带、开屏河公园和青得里河景观带，引进体验性和娱乐性强的旅游项目，不断扩大旅游景区品牌的影响力。坚持民族文化与现代城市生活相融合、旅游景观与现代健康休闲方式相适应的旅游发展理念，明确景区管理机构及其职能，开发特色旅游线路。围绕怪石峪、赛里木湖、阿尔夏提等一批重点景区，与周边县市、团场通力合作，大力打造文化体验游、观光游、民族风情体验游、特色街区等。最后，全面提升乡村旅游业发展整体水平，积极推动乡村旅游朝特色化、市场化、产业化方向发展，多举措力争乡村旅游做大做强，形成特色，铸就品牌，使之逐步成为助农增收的支柱产业之一。主要依托自然优美的乡野风景、舒适怡人的清新气候、环保生态的绿色空间，为游客特别是城市居民提供度假、休憩、观光、就餐等服务内容，满足游客回归自然、享受宁静安逸田园生活的需求。打造以村民家庭为基本接待单位，以利用自然生态与环境资源、村民生活资源体验生活为特色，以旅游经营为目的的休闲观光农业项目。

从统计数据来看，博乐市旅游业在 2010 年之后迅速发展，旅游收入和接待游客量显著增加，这得益于日益开放的国外旅游市场。2021年，赛里木湖成功创建国家 5A 级景区，博尔塔拉河景区创建成为国家

4A 级景区，博乐市成功创建自治区全域旅游示范区，全年共接待游客916 万人次，旅游收入 79.0 亿元，两项指标分别是 2008 年的 21.8 倍和131.7 倍（见表 9-2）。

表 9-2　2008~2021 年博乐市旅游业发展情况

单位：亿元，万人次

年份	旅游收入	接待游客量
2008	0.6	42
2009	0.5	37
2010	0.7	49
2012	2.1	91
2013	3.2	114
2014	3.8	128
2015	4.6	145
2016	9.2	162
2017	11.5	111
2018	18.0	150
2019	23.4	399
2020	48.5	660
2021	79.0	916

注：2011 年数据暂缺。

资料来源：历年《博乐市国民经济和社会发展统计公报》。

四　与哈萨克斯坦的经贸合作

博乐市向西开放的主要对象是中亚五国中领土面积最大、人口最多的哈萨克斯坦，自 1992 年实行沿边开放以来，依托地理和口岸优势，博乐成为中国与哈萨克斯坦贸易最重要的关节点，同样也是中国新疆与哈萨克斯坦开展经贸合作的大通道。中国与哈萨克斯坦于 1992

年建立外交关系，两国高层交往频繁，政治高度互信，经济深度融合，各领域务实合作不断扩大。哈萨克斯坦自然资源丰富，有着"能源和原材料基地"之称，已探明矿物90多种，是油气生产和出口大国。近年来，依托丰富的自然资源和优越的地理位置，哈萨克斯坦在继续保持能源行业支柱地位的同时，加快发展冶金化工、装备制造、现代农业、物流运输等重点产业，打造科技创新、信息通信、数字经济、绿色经济、金融中心、出口导向型产业等新的增长点。建交前一年的1991年12月22日，双方就签订了《经贸合作协定》；1992年，双方又签订了《过境铁路运输协定》《汽车运输协定》。此后，双方陆续签订了十几个经贸协定，涉及的领域有航空、金融、科技、反垄断、货币、投资、能源等诸多领域，大大加深了双方经济合作的程度。表9-3反映了1999~2011年中国与哈萨克斯坦双边贸易情况。

表9-3　1999~2011年中国与哈萨克斯坦双边贸易情况

单位：亿美元

年份	出口额	进口额	进出口总额
1999	4.7	0.8	5.5
2000	6.7	1.5	8.2
2001	6.6	1.7	8.3
2002	10.2	3.1	13.3
2003	16.5	5.2	21.7
2004	19.7	7.6	27.3
2005	24.2	12.5	36.7
2006	35.9	19.2	55.1
2007	56.4	35.1	91.5
2008	76.8	45.7	122.5
2009	58.9	35.7	94.6
2010	101.2	39.6	140.8
2011	162.9	50.2	213.1

资料来源：历年《哈萨克斯坦国家调节署统计年鉴》、海关统计。

2011 年 6 月，双方宣布将两国关系提升为全面战略伙伴关系。2013 年 9 月，习近平主席访哈期间，首次提出共建"丝绸之路经济带"倡议，哈萨克斯坦方面给予积极响应。双方就加强"一带一路"建设与"光明之路"新经济政策对接合作达成重要共识并已取得一批早期收获。2018 年 5 月，中国与欧亚经济联盟签署《中华人民共和国与欧亚经济联盟经贸合作协定》。协定内容涵盖海关合作和贸易便利化、知识产权、部门合作以及政府采购等 13 个章节，包含电子商务和竞争等新议题，是我国与欧亚经济联盟首次达成共识的有关经贸方面重要制度性安排，标志着中国与联盟及其成员国经贸合作从项目带动进入制度引领的新阶段，对于推动"一带一路"建设与欧亚经济联盟建设对接合作具有里程碑意义。2019 年 9 月，哈萨克斯坦总统托卡耶夫访华并与习近平主席举行会晤。两国元首一致决定，双方将本着同舟共济、合作共赢的精神，发展中哈永久全面战略伙伴关系。2020 年，哈萨克斯坦前五大贸易伙伴国分别为俄罗斯（21.4%）、中国（18.1%）、意大利（8.9%）、韩国（6.9%）和荷兰（4.0%）。主要出口目的国为中国（19.2%）、意大利（14.2%）和俄罗斯（10.4%）；主要进口来源国为俄罗斯（34.9%）、中国（16.8%）和韩国（12.8%）。

第四节
博乐沿边开放的未来展望

博乐市未来的发展应围绕四大发展战略——团结稳市、生态立市、产业强市、旅游兴市，着力推进"一核、三极、六大产业"建设，到2025 年努力将博乐市建成国家沿边开放重要战略增长极、"一带一路"向西开放的重要节点城市、现代化区域中心城市、西部特色文化旅游城市。可见，博乐未来的各项工作依然是紧紧围绕着"对外开放"展开的，大致分为以下四点。

第一，充分利用双重政策优势和产业集聚效应，抓龙头、铸链条、建集群，增强产业链和供应链自主可控能力。在产业优势领域精耕细作，搞出更多独门绝技，重点发展电子产品制造产业、新型建材产业、农副产品精深加工产业、黄金加工贸易产业、纺织服装产业，着力将边境经济合作区打造成为向西开放重要战略平台、沿边开放重要进出口加工基地、博州工业经济发展重要承载地，成为博乐经济发展新引擎。提升对外开放水平，抓住"一带一路"建设契机，多渠道地开展对外贸易。

第二，继续加强博乐边境经济合作区建设，申报创建成国家高新技术开发区。博乐边境经济合作区现有企业 183 家，规上企业 44 家，已形成了以现代电子产业、农副产品加工业、石材循环经济产业和纺织产业为主导的发展格局。要着力推动贸易和产业相融合，使博乐边合区作为产业和贸易有机结合的重要平台，成为推进贸易高质量发展的重要载体和抓手，在推进博州口岸强州、外贸创新发展、优化和稳定产业链供应链、夯实外向型经济产业基础方面发挥积极作用，进而充分发挥外贸转型升级基地示范引领作用，为构建边合区新发展格局提供有力支撑。加强与哈萨克斯坦东哈萨克斯坦州、俄罗斯车里雅宾斯克州等的合作，务实推动解决双边经贸领域突出问题。坚持对外合作中企业的主体地位，指导企业与哈萨克斯坦等周边国家开展多层次、宽领域合作。

第三，继续完善交通设施建设，保证人员和物流的畅通，促进沿边开放水平的提高。博乐市未来要构建至乌鲁木齐市飞机 1 小时、高铁 2 小时、高速公路 4 小时，至州内县市 1 小时的"1241"现代立体交通体系。航空方面，争取博乐阿拉山口机场扩建、国际货运机场、空港口岸、机场 B 型保税物流中心等项目，将博乐机场融入全疆旅游环飞线路，增强货运能力，力争 2025 年博乐机场货物吞吐量达 2000 吨，争取开辟博乐—塔尔迪库尔干—阿拉木图中哈国际民航线路。陆路方面，力争建设乌鲁木齐至博乐高速铁路，推动博温赛快速通道二改一、S304 线博乐—温泉升级改造、G3019 博乐—阿拉山口等国省干线公路网建设，建成以博乐为中心，北通塔城，南连伊犁，东至乌鲁木齐，西进哈萨克斯坦及东欧的快捷通道。

第四，充分发挥阿拉山口口岸优势，积极发展对外贸易和进出口加工业，努力开拓中亚市场。大力发展面向中亚的外向型产业，重点发展轻纺、化工、建材和优势特色农产品生产加工行业，努力扩大水泥、塑料制品、牛羊、果蔬等产品出口。大力引进优势外经贸企业，扶持本地企业积极开展对外贸易、旅游购物等。鼓励支持企业开展对外经济技术合作，支持企业到境外投资开发建设、开展劳务合作等。放宽出入境政策，创立公平竞争的环境。加强商贸信息交流，努力建立高素质对外经营管理队伍。

作者：张　帅

第十章

"西陲大都会"
——伊宁开放简史

伊宁市是伊犁哈萨克自治州的州府城市，1952 年经国务院批准正式建市。伊宁市始建于 1762 年，古称宁远。清中叶以后，宁远城成为我国西北重要的对外贸易商埠。19 世纪初，沙皇俄国即与中国伊犁地区私商之间建立贸易关系，当时，伊犁向沙俄出口商品主要是茶叶和纺织品。清咸丰元年（1851），沙俄通过武力威胁，与清政府正式签订《伊犁塔尔巴哈台通商章程》。这一时期出口的商品，仍以茶叶和纺织品为主，其中茶叶约占 90%。清光绪十年（1884）新疆建省以后，伊犁输往沙俄的商品中原料产品占 90% 以上，棉纺织品完全停止，茶叶输出锐减，新增羊毛、活畜、毛皮等畜产品。俄国十月革命胜利后，民国 9 年（1920），中国新疆与苏缔结《伊犁会议定案》，伊犁的出口商品改以活畜为大宗，另有皮毛、粮食等。

新中国成立以后，新疆对外贸易的具体任务是大力扩展对苏贸易，输出本地区内销剩余的产品，一方面要换回本地区所需的原料、器材，另一方面要积极争取出超，把外汇转移到国内其他更需要的地区。伊宁市对苏联出口商品主要有羊毛、驼毛、羊皮、牛皮、马皮、羊肠、活羊、活牛、粮食和油籽等。进口商品主要有运输器材、农业机械、化肥、教学仪器、文具纸张、布匹、糖、杂货和水利工矿器材。

改革开放以来，中国经济高速增长，取得了举世瞩目的成就。然而，区域发展不平衡问题仍然突出，特别是边疆地区与其他地区经济社会发展水平的差距逐渐扩大。沿海地区依靠区位优势和政策优惠得以快速发展，同时带动了其他内地省份的发展。新疆作为典型的内陆边疆地区，受到地理区位的影响，远离内地消费市场，在承接产业转移、学习先进技术和管理理念等方面处于不利的地位。在当时缺乏特殊地区扶持政策的背景下，新疆经济现代化进程缓慢，资金和人才不断流失，与国内其他地区的差距不断扩大。这不但制约了各民族群众福祉的提高，从长期来看还会影响新疆的稳定与国土安全。

进入 20 世纪 90 年代，中国开放战略开始由沿海向沿边、沿江和内陆城市延伸，边境贸易逐渐发展起来。哈萨克斯坦共和国等中亚五国正在由计划经济向市场经济转轨。这些国家虽然拥有丰富的资源和巨大的市场潜力，但是重工业过"重"，对轻工业产品以及农业产品的供给严重不足。每年需要进口大量的轻工业产品以及蔬菜和水果等农产品，为中国提供了大量的贸易机会。伊宁作为边境城市，连接霍尔果斯、都拉塔、木扎尔特三个国家一类口岸，成为中国对周边国家开放的桥头堡，实现市场上互补、商品上互需、贸易上互惠，具有拓展国际市场的有利条件。在国家政策的支持下，伊宁市经济增长迅速，1992 年，伊宁市地区生产总值为 5.71 亿元，2021 年地区生产总值达到了 336.70 亿元，增长了 58 倍（见图 10-1）。产业结构不断优化，第三产业比重总体呈上升趋势（见图 10-2）。进出口总额总体呈上升趋势，1999 年，伊宁进出口总额 618 万美元，到 2021 年上升至 67062 万美元。

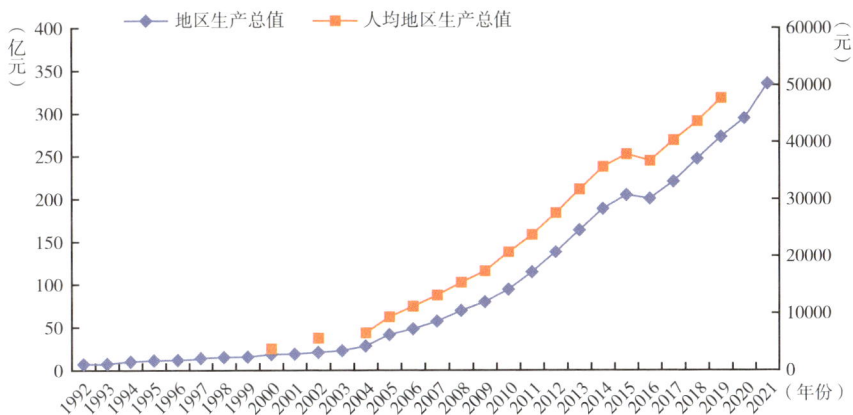

图 10-1　1992~2021 年伊宁市地区生产总值及人均地区生产总值

说明：部分年份人均地区生产总值数据暂缺。

资料来源：历年《伊犁统计年鉴》。

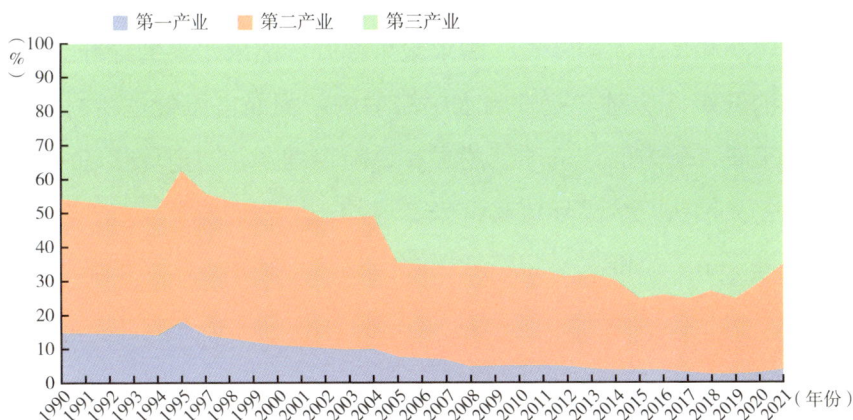

图 10-2　1990~2021 年伊宁市产业结构

说明：1996 年数据暂缺。

资料来源：历年《伊犁统计年鉴》。

综观伊宁的经济发展，其与开放政策密切相关。结合经济发展与开放政策，我们将新疆经济发展分为四个阶段。第一阶段是 1992~1998 年。1992 年沿边开放政策提出，伊宁经济引擎开始启动，随着口岸的开发，进出口开始逐步活跃，跨境旅游购物贸易逐步发展。第二阶段是 1999~2012 年。1999 年西部大开发战略提出，伊宁市获得了更多的优惠政策与资金支持。在政策方面，国家对跨境旅游购物贸易和边境小额贸易的支持力度不断加大；在基础设施方面，伊宁市的边境口岸建设、铁路和高等级公路建设步伐加快，硬件设施日趋完善。第三阶段是 2013~2016 年。2013 年，随着"一带一路"倡议的提出，新疆的对外开放纳入国家开放型经济框架中，新疆成为丝绸之路经济带核心区，伊宁成为向西开放建设中的重要节点。第四阶段是 2017 年至今。中国经济面临着新的发展环境，处于百年未有之大变局。国内环境与国际环境都发生了巨大变化。从国内来看，社会的主要矛盾已经转化，变为"人民日益增长的美好生活需要和不平衡不充分的发展之间的矛盾"。居民的物质需求从数量型向质量型转变，呈现出多样化、多层次和多方面的特点，需求水平提升。需求水平的提升必然要求供给的升级，这对产业发展水平滞后的新疆而言无疑是新的挑战。从国际来看，一方面，全球动荡源和风险点增多，逆全球化趋势凸显和民粹主义抬头，给国际贸易带来了风险；另一方面，周边地区地缘政治环境复杂，恐怖主义和宗教极端主义活动猖獗，一定程度上影响了新疆经济发展的稳定环境。伊宁作为沿边城市，未来发展将迎来重大机遇。

本章分析沿边开放政策实施以来，伊宁发展的历史等，内容安排如下。第一部分概括区位条件。第二部分梳理伊宁开放历程与主要成就，分为四个阶段阐述。一是启动阶段：沿边开放战略实施（1992~1998 年）。二是发展阶段：西部大开发战略实施（1999~2012 年）。三是深化阶段："一带一路"建设展开（2013~2016 年）。四是新发展格局阶段：双循环新发展格局下的沿边开放（2017 年至今）。第三部分是伊宁开放经验与展望。

第一节
区位条件

　　伊宁市位于新疆西北边陲，地处伊犁河谷盆地中央。地理坐标为
北纬 43°50′~44°09′，东经 80°04′~81°29′。东连尼勒克县，西邻霍
城县，南濒伊犁河并与察布查尔锡伯自治县隔河相望，北依科古尔琴
山。东距新疆维吾尔自治区首府乌鲁木齐市 537 公里，铁路里程 614
公里，公路里程 702 公里；北距亚欧大陆桥精河火车站 267 公里；西
距霍尔果斯口岸 88 公里；南下都拉塔口岸，去哈萨克斯坦共和国阿
拉木图市仅 346 公里；东北至塔城市公路里程 830 公里，至阿勒泰市

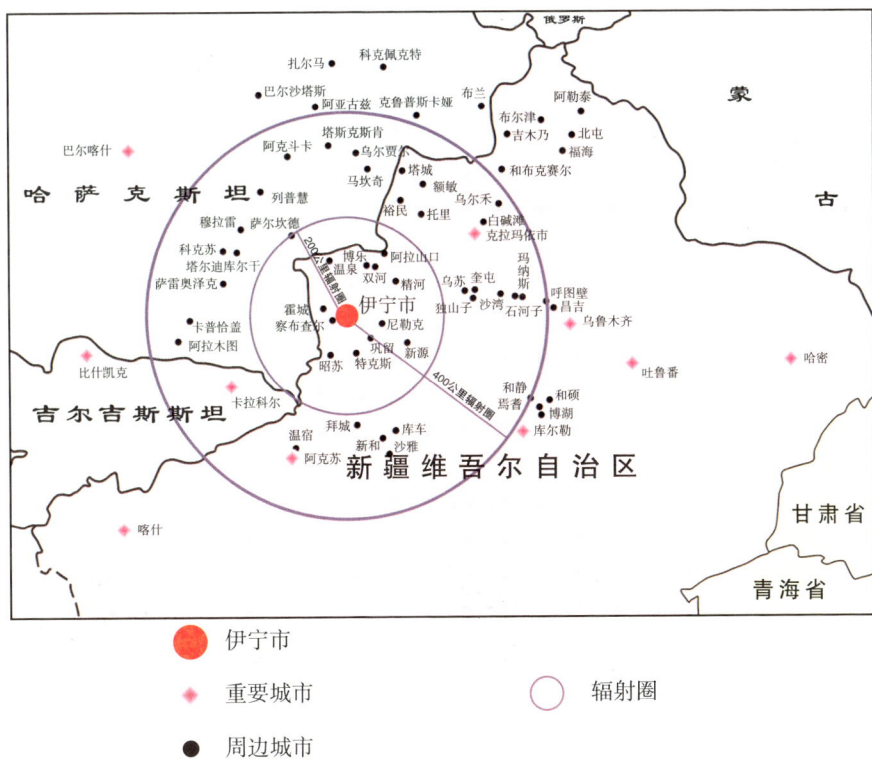

图 10-3　伊宁市区位

公路里程 989 公里。市中心海拔 639 米。伊宁市市域行政辖区总面积 644.01 平方公里，截至 2020 年末，建成区面积 122 平方公里，南北长 52.08 公里，东西宽 35.50 公里。

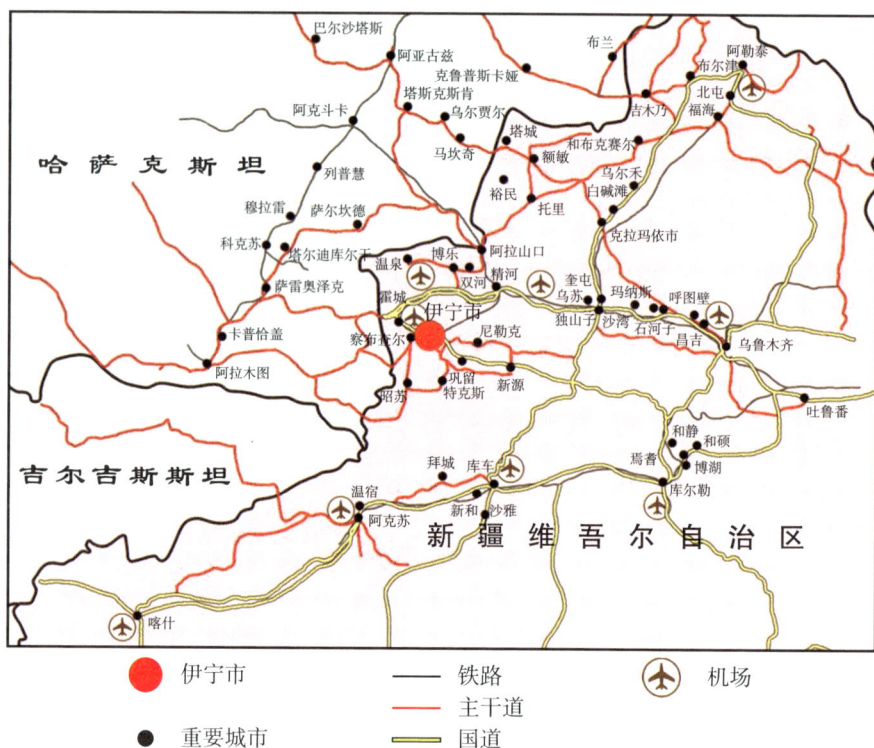

图 10-4　伊宁市交通

图 10-5　霍尔果斯口岸第二代国门（1987 年）和第三代国门（1991 年）

资料来源：霍尔果斯市委宣传部。

伊宁市地处北温带，属大陆性气候，四季分明，日照充足，无霜期较短，属喜温和喜冻作物地带，年平均气温 8.4℃，1 月份平均气温零下 9.8℃，7 月份平均气温 22.8℃。年均蒸发量 1631.0 毫米，年平均降水量 247.8 毫米。平均太阳辐射为 134.5 千卡 / 厘米 ^{2}，年平均日照时数为 2820.4 小时。年平均无霜期 159 天，绝对无霜期 140 天。伊宁水资源丰富，人均水资源量是全国均量的 4 倍；煤炭远景储量分别占新疆的 22.0%、全国的 8.8%。伊犁河谷是新疆乃至全国旅游资源富集区，有边境口岸游、民俗风情游、草原文化游三大特色鲜明的旅游资源。

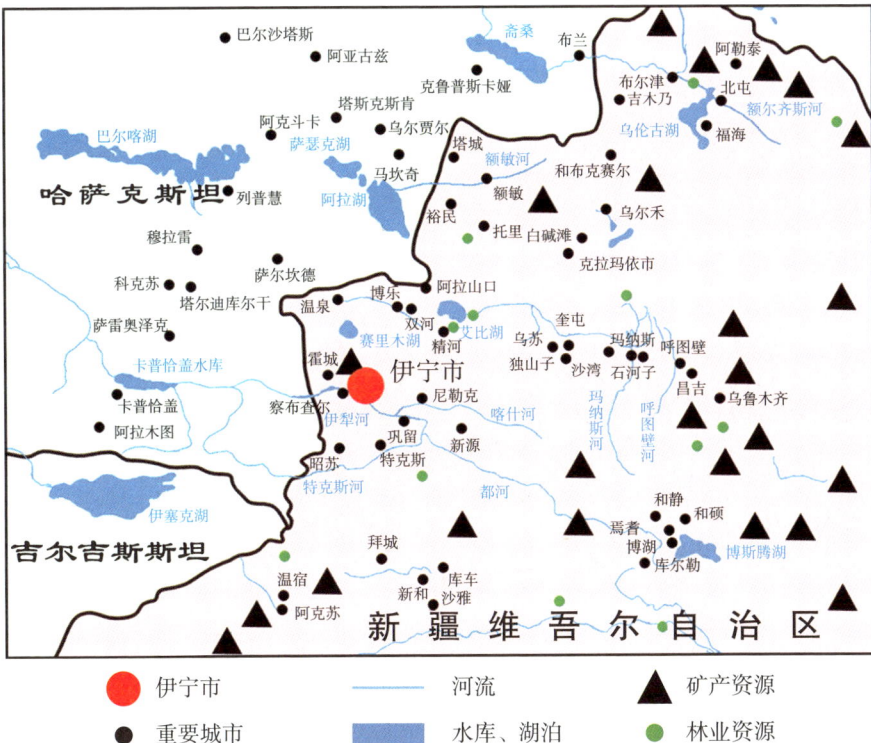

图 10-6　伊宁市及周边地区资源分布

第二节
伊宁开放历程与主要成就

一 启动阶段：沿边开放战略实施（1992~1998 年）

改革开放以后，沿海地区对外贸易发展迅速，而内陆边疆地区的边境贸易却发展缓慢[①]。20 世纪 80 年代中后期，民族自治地方现汇收入和现汇支出占全国比重均不足 2%，实际利用外资占全国比重只有 1%。

党的十一届三中全会以后，在"对外实行开放，对内搞活经济"的方针指导下，1986 年新疆维吾尔自治区党委和人民政府做出"全方位开放，向西倾斜"的决策。伊宁市的外商投资企业进口物资实行免征关税优惠政策，并赋予新疆派驻国外经济机构审批权，霍尔果斯口岸被批准对第三国人员开放。伊宁市作为伊犁地区的商业中心，边境贸易活动有了新的生机和活力。随着改革开放的深入发展，政府对经济活动的投资力度不断加大，城市基础设施建设不断完善，市场经济活力不断提升，个体私营商业迅速发展。1991 年伊宁市有集贸市场 53 个，大型综合市场 16 个；商业网点 7994 个，从业人员 11206 人，个体工商户 12151 户。

1987 年 4 月，中共中央、国务院在批转《关于民族工作几个重要问题的报告》时提出："新疆、西藏、云南等省区和其他一些少数民族地区，具有对外开放的优越地理条件，又有丰富的地下、地上资源和独特的旅游资源，进一步搞好开放，就能把某些劣势变为优势，加快经济的发展。"并鼓励边疆地区"积极开展对外经济技术交流与合作，

[①] 王垚、年猛:《边境贸易与边疆地区经济增长——来自中国的实验证据》,《经济论坛》2016 年第 1 期。

发展边境贸易，开展边民互市和民间友好往来"。该报告还建议先选取一些地区作为试点，探索边疆地区对外开放的经验，然后再研究振兴南、北丝绸之路，扩大对外交流的新途径和政策措施。

1988 年，经贸部授权伊犁哈萨克自治州的外资公司享有对苏、蒙边境的易货贸易经营权。同年，《国务院关于黑龙江省对苏联边境易货贸易和经济技术合作问题的批复》中提出新疆可参照黑龙江省开展边境贸易，"同苏联地方、部门建立易货贸易、生产合作、合资经营、合作经营、老企业改造、新建企业、技术转让、'三来一补'、承包工程、提供劳务等方式的经济贸易联系"。同年，国务院召集相关部门召开会议，将会议内容整理为《新疆开放工作纪要》，在该纪要中提到给予新疆对外开放的优惠政策。确定霍尔果斯口岸对第三国地区人员开放，并且在外汇方面给予适当倾斜。这为伊宁市的改革开放创造了比较宽松的环境。

1989 年，新疆维吾尔自治区党委和人民政府确定了"全方位开放，向西倾斜，内引外联，东联西出"的方针。同年，国务院批准伊宁市对外国人开放，新疆地方贸易进出口公司享有与波兰、匈牙利、保加利亚、罗马尼亚、蒙古国、民主德国、捷克斯洛伐克等国家直接进行经济贸易的经营权。

1991 年，《国务院办公厅转发经贸部等部门关于积极发展边境贸易和经济合作促进边疆繁荣稳定意见的通知》[1]，对边境贸易和经济合作提出了指导意见，规范了边境小额贸易与边民互市贸易，鼓励边境地区同毗邻国家的边境地区开展经济技术合作。

1992 年 3 月，新疆维吾尔自治区党委发布了《关于加快改革开放

---

[1] 《国务院办公厅转发经贸部等部门关于积极发展边境贸易和经济合作促进边疆繁荣稳定意见的通知》，中国政府网，2010 年 12 月 23 日，http://www.gov.cn/zhengce/content/2010-12/23/content_4990.htm。

步伐，加速新疆经济发展的决定》。1992 年 4 月，新疆维吾尔自治区党委和人民政府提交给国务院《关于新疆维吾尔自治区进一步扩大对外开放的请示》。同年 6 月 9 日，国务院同意自治区进一步扩大对外开放的总体设想，发布《国务院关于新疆维吾尔自治区进一步扩大对外开放问题的批复》①。新疆提出了"两线"开放的总体设想："以边境沿线开放为前沿，以铁路沿线开放为后盾，以'两线'城市开放为重点，形成点线结合，以点带面，向全区辐射的开放格局。"同年，《国务院关于进一步积极发展与原苏联各国经贸关系的通知》②，提出"鼓励各地区、各部门积极发展与原苏联各国的经贸关系"。国务院批准伊宁市为沿边对外开放城市后，伊宁市委、市政府做出"东联西出、边贸兴伊"的决策，制定一系列优惠政策，充分利用区位优势，充分利用两种资源和两个市场，建起伊宁边境经济合作区和中亚国际贸易市场，筑巢引凤，招商引资。1992 年 6 月，伊宁边境经济合作区管理委员会成立；同年 8 月 14 日，边合区正式启动建设。

1993 年批准边合区内的伊宁口岸为对外开放的国家二类口岸，主要开展跨境旅游购物贸易。当年，口岸经济效应没来得及释放，故伊宁市接待外国旅游者人数同比有所下降（见表 10-1），但随后人数逐年增加。1992~2000 年的 8 年间，新建的宾馆床位数是 1949~1990 年的近十倍；2000 年，市区流动人口约 5 万人，几乎是 1966 年全市总人口数量的 50%。1996 年 1 月 3 日，《国务院关于边境贸易有关问题的通知》发布③，进一步规范边境贸易的管理，要求各部门"积极支持边境贸易和边境地区对外经济合作的发展"。

---

① 《国务院关于新疆维吾尔自治区进一步扩大对外开放问题的批复》，律商网，1992 年 6 月 9 日，https://hk.lexiscn.com/law/law-chinese-1-980-T.html。
② 《国务院关于进一步积极发展与原苏联各国经贸关系的通知》，中国政府网，2016 年 4 月 12 日，http://www.gov.cn/zhengce/content/2016-04/12/content_5063223.htm。
③ 《国务院关于边境贸易有关问题的通知》，商务部网站，1996 年 1 月 3 日，http://www.mofcom.gov.cn/aarticle/b/bf/200207/20020700031328.html。

表 10-1　1992 年和 1993 年伊宁市接待外国旅游者人数及其比重（分国别）

单位：人，%

国别	1992 年		1993 年	
	人数	比重	人数	比重
合计	82447	100.00	54561	100.00
苏联	81706	99.10	53983	98.94
日本	115	0.14	66	0.12
巴基斯坦	347	0.42	39	0.07
新加坡	34	0.04	136	0.25
美国	25	0.03	7	0.01
英国	27	0.03	20	0.04
法国	20	0.02	18	0.03
德国	11	0.01	0	0.00
澳大利亚	46	0.06	25	0.05
其他	116	0.14	267	0.49

资料来源：历年《伊犁统计年鉴》。

　　伊宁市设有伊宁一个国家二类口岸，周边有霍尔果斯、都拉塔、木扎尔特三个国家一类口岸。霍尔果斯口岸位于伊犁哈萨克自治州霍城县境内，距伊宁市 88 公里，同哈萨克斯坦共和国阿拉木图州毗邻。目前，霍尔果斯口岸是中国西部最大的公路交通口岸。随着 1962 年中苏关系恶化，新疆贸易额急剧减少。1967 年，口岸基本处于关闭状态。1971 年，霍尔果斯口岸对外贸易机构正式撤销，除保持通邮外，进出口贸易完全停止。随着国际政治环境逐渐向好，1983 年，伊宁口岸恢复开放。1992 年，经中哈两国政府同意，伊宁口岸开始向第三国人员、交通工具和货物开放，成为常年开放口岸。1989 年，"中国伊宁—清水河—哈萨克斯坦潘菲洛夫"国际旅客班车开通。1993 年，"乌鲁木齐—霍尔果斯—阿拉木图"国际客货直达运输班车开通。

　　木扎尔特口岸位于伊犁哈萨克自治州昭苏县境内，距伊宁市 296 公里，同哈萨克斯坦共和国阿拉木图州毗邻，为双边口岸。1953 年，木扎

图 10-7　霍尔果斯口岸第四代国门（1996 年）

资料来源：霍尔果斯市委宣传部。

尔特口岸的主要功能如下：一是中苏两国临时过货点；二是边民易货贸易的进出口货物集散地。随后由于特殊原因，该口岸被关闭。1992 年，中哈两国政府签订协议，同意恢复开放该口岸，允许中哈两国人员、交通工具和货物交换。1994 年 3 月，国务院批准木扎尔特口岸对外开放。

都拉塔口岸位于伊犁哈萨克自治州察布查尔县境内，距伊宁市约 63 公里，毗邻哈萨克斯坦共和国阿拉木图州。1994 年，国务院批准都拉塔口岸对外开放。

巴克图口岸位于伊犁哈萨克自治州塔城地区境内，距伊宁市约 162 公里。同哈萨克斯坦共和国东哈州毗邻。巴克图口岸已有将近 200 年的通商历史，是中国西部地区与中亚和欧洲进行商贸往来的重要通道。由于特殊原因，20 世纪 60 年代，该地区对外贸易和人员往来中断。1990 年，巴克图口岸以临时过货口岸的身份恢复开放，可以进行双边经贸、旅游和交通工具往来。1992 年，中哈两国政府达成协议，巴克图口岸允许向第三国开放，并且被赋予了国际联运功能。1994年，国务院批准巴克图口岸对外开放。1995年，正式对中哈两国及第三国公民、交通工具和货物开放。

沿边战略实施后，伊宁市外贸水平不断提升，哈萨克斯坦成为伊犁地区主要的贸易对象（见表10-2），1993年，与哈萨克斯坦进出口成交总额11558万美元，占伊犁地区进出口成交总额的62.79%；实际进出口总额2048万美元，占伊犁地区进出口成交总额的54.02%。截至1998年，伊宁口岸累计出境车辆达9158次，出口货物达14万吨，货值人民币12亿元。其中，1998年出境车辆3573次，出口货物7.68万吨，货值人民币7.15亿元，分别较1997年增长40%、49%、49%。1999年，伊宁市进出口总额618万美元，出口额613万美元，全部为边境贸易；进口额5万美元。1992年，伊宁市实现地区生产总值5.71亿元。1998年，伊宁市实现地区生产总值14.62亿元，较1992年增长156.04%。其中，第一产业增加值19148万元，第二产业增加值59511万元，第三产业增加值67575万元。人均地区生产总值4451.57元。

表10-2 1993年伊犁哈萨克自治州同周边各国边贸进出口总额及履约情况

单位：万美元

项目	合计	俄罗斯	哈萨克斯坦	乌兹别克斯坦	吉尔吉斯斯坦	塔吉克斯坦
一、进出口成交总额	18407	1635	11558	32	5106	76
其中：出口	9323	789	5953	14	2527	40
进口	9084	846	5605	18	2579	36
二、实际进出口总额	3791	544	2048	1	1090	108
其中：出口	1826	187	875	1	660	103
进口	1965	357	1173	0	430	5

资料来源：《伊犁统计年鉴1994》。

二 发展阶段：西部大开发战略实施（1999~2012年）

1999年9月，党中央、国务院提出和实施西部大开发战略。2001年3月15日第九届全国人民代表大会第四次会议批准了《中华人民共和国国民经济和社会发展第十个五年计划纲要》[①]，西部大开发战略随之启动。"十五"期间（2001~2005年）国家开始加快中西部地区发展，区域发展推进次序调整为西部、中部和东部，国家在政策和资金方面对西部地区的经济建设和社会事业发展予以重点支持。《西部大开发"十二五"规划》明确提出"充分发挥西部地区地缘优势，依托国际大通道，积极开展与周边国家高层次、宽领域、多形式的经济技术合作，拓展优势资源转换战略的实施空间""加快重点口岸、边境城市、边境（跨境）经济合作区和重点开发开放试验区建设""培育和建设一批富有活力的边境重点口岸、边疆区域性中心城市，形成边境地区要素集聚高地，带动沿边地区整体发展"。

在西部大开发战略背景下，新疆成为向西开放门户，重点发展与中亚、西亚、南亚及欧洲国家的合作，加快与内地及周边国家物流大通道建设。2000年4月，新疆在国家政策的指导下，提出要"实施大开发，必须进一步扩大对外开放，努力营造一种新的开放格局，以大开放促进大开发"。为此，自治区人民政府颁布了《新疆维吾尔自治区鼓励外商投资若干政策规定》[②]，"鼓励外商在新疆维吾尔自治区境内投资，保护投资者合法权益"，改善了新疆的投资软环境，对外商投资给予一定的税收优惠。中央实施西部大开发战略后，伊宁市制定公平、宽松、透明的市场准入政策，破除阻碍商品流通的关卡，吸引

[①] 《中华人民共和国国民经济和社会发展第十个五年计划纲要》，中国政府网，2001年3月15日，http://www.gov.cn/gongbao/content/2001/content_60699.htm。

[②] 《新疆维吾尔自治区鼓励外商投资若干政策规定》，豆丁网，2015年10月18日，https://www.docin.com/p-1325582945.html。

人才，引进技术和资金，吸引区内外、国内外客商来伊宁市投资经商办企业；加快建设以伊宁市为中心，以亚欧大陆桥和伊犁州公路干线为通道，以霍尔果斯、都拉塔、木扎尔特口岸为支点的边境国际商贸中心。

在西部大开发战略的支持下，伊犁哈萨克自治州基础设施建设步伐加快，开工建设了精伊铁路（又称"精伊霍铁路"）、奎赛高等级公路、恰甫其海水库、吉仁台电站等"四大工程"。在交通基础设施方面，精伊铁路是连接新疆维吾尔自治区博尔塔拉蒙古自治州精河县和伊犁哈萨克自治州霍尔果斯市的国铁Ⅰ级客货共线铁路，途经伊宁市，是新疆第一条电气化铁路，始建于 2004 年 11 月，2009 年 12 月竣工，全长 286.212 公里。奎赛高等级公路属于国道 312 线，是中国公路主干线重点建设项目，全长 302 公里，于 2002 年 7 月开工建设，2005 年 8 月正式完工，连接伊犁哈萨克自治州奎屯市与博尔塔拉蒙古自治州博乐市。铁路与公路的建成降低了伊犁运输的时间成本。

图 10-8 中亚天然气管道

资料来源：霍尔果斯市委宣传部。

　　沿边开放政策的实施促进了伊犁地区的发展：一方面，有利于伊犁地区与周边国家进行经贸合作；另一方面，有利于同国内各省份特别是沿海发达地区合作，共同开拓中亚市场。另外，为伊犁地区吸引人才、获取资金和技术创造了有利条件。在水利和电力工程建设方面，恰甫其海水库位于新疆伊犁哈萨克自治州特克斯县，距离伊宁市116公里。吉仁台电站则位于尼勒克县。这两项水利工程的建设对伊犁地区经济可持续发展具有重要作用。

　　2001年12月11日，中国正式加入世界贸易组织。在此之后，国家有计划地对国际贸易相关的法律、法规和规章制度进行了调整。自治区也在新的发展环境中进行了相应的调整。2003年，国家外汇管理局发布了《边境贸易外汇管理办法》，调整边境小额贸易的出口核销政策。新疆维吾尔自治区政府为了配合该管理办法的实施，出台了《新疆维吾尔自治区边境小额贸易出口核销管理试行办法》，规定进行边境贸易时，边贸企业可以使用毗邻国家货币，也可以自由兑换货币以进行计价结算，这简化了流程，降低了交易成本。

　　依托伊犁地区优质的旅游资源，旅游购物贸易成为该地区边境贸易的方式，随着居民收入水平的提高，旅游人数的增加，伊犁边境贸易规模也不断扩大。为了规范与促进旅游购物贸易发展，2002年，《新疆维吾尔自治区外经贸厅关于规范和促进自治区旅游购物贸易出口的实施意见》印发[1]，提出对旅游购物贸易坚持"放开经营、规范交易、依法管理、方便快捷"的原则。2003年，《新疆维吾尔自治区外经贸厅关于加强我区边境小额贸易项下专营进出口商品经营权管理的通知》印发[2]，加强国家指定公司经营的进口

---

[1]　《新疆维吾尔自治区外经贸厅关于规范和促进自治区旅游购物贸易出口的实施意见》，法搜网，2002年4月17日，http://www.fsou.com/html/text/lar/173252/17325215.html。

[2]　《新疆维吾尔自治区外经贸厅关于加强我区边境小额贸易项下专营进出口商品经营权管理的通知》，法律家网站，2003年2月17日，http://www.fae.cn/fg/detail15089241.html。

商品经营权、"五废"①进口经营权、国家实行重点管理出口的商品专营权、旅游购物贸易出口经营资质的管理工作，进一步规范边境小额贸易活动。

2007年，《国务院关于进一步促进新疆经济社会发展的若干意见》出台，对新疆的战略地位进行了新的定位，新疆开拓周边国家市场的思路更加明晰。2008年10月，《国务院关于促进边境地区经济贸易发展问题的批复》印发②，提出要促进边境贸易发展，加大财政支持力度。一是逐年增加针对边境小额贸易的专项转移支付资金；二是鼓励边民互市，提高边境地区边民互市进口免税额度，将生活用品免税额度提高到"每人每日人民币8000元"；三是支持人民币结算办理出口退税，增加退税试点；四是促进边境特殊经济区的发展，对国家级边境经济合作区的基础设施建设采取财政贴息政策；五是对边境贸易企业不合法、不合理的收费项目进行清理；六是对边境口岸建设进行资金支持，逐步增加投资额度，提高补助标准，扩大支持范围。

2003年，中哈两国领导人达成重要合作共识，设立中哈霍尔果斯国际边境合作中心。

新疆是中国向西开放的门户，在加强与中亚、南亚、西亚和东欧的紧密合作方面，拥有着特殊的区位优势。为了支持新疆对外发展，2010年5月，中央新疆工作座谈会决定设立霍尔果斯经济开发区。2011年，国家出台《国务院关于支持喀什霍尔果斯经济开发区建设的若干意见》③，提供资金和政策支持喀什经济开发区和霍尔果斯经济开

---

① "废钢、废铜、废铝、废纸、废塑料"等五种废旧物资。

② 《国务院关于促进边境地区经济贸易发展问题的批复》，商务部网站，2008年10月18日，http://www.mofcom.gov.cn/aarticle/b/g/200812/20081205973610.html。

③ 《国务院关于支持喀什霍尔果斯经济开发区建设的若干意见》，中国政府网，2011年9月30日，http://www.gov.cn/zwgk/2011-10/08/content_1963929.htm。

图 10-9　中哈霍尔果斯国际边境合作连接通道

资料来源：霍尔果斯市委宣传部。

图 10-10　中哈霍尔果斯国际边境合作中心联检大楼

资料来源：霍尔果斯市委宣传部。

图 10-11 霍尔果斯口岸第五代国门（2000 年）

资料来源：霍尔果斯市委宣传部。

发区建设。其中，霍尔果斯经济开发区"重点发展化工、农产品深加工、生物制药、可再生能源、新能源、新材料、建材、进口资源加工、机械制造、商贸物流、旅游、文化及高新技术等产业。……伊宁市重点建设区域性商贸物流中心和优势资源转化加工区；霍尔果斯口岸重点建设中哈霍尔果斯国际边境合作中心中方中心区及配套区；清水河配套产业园区重点建设农副产品深加工和出口机电产品配套组装加工基地"。2014 年 6 月，经国务院批复设立霍尔果斯市，是集边境区、口岸城、商贸型、国际化特点于一体的综合性城市。

在西部大开发战略指导下，伊宁市经济迅速发展。1999 年，伊宁市实现地区生产总值 157880 万元，第一产业增加值 19150 万元，第二产业增加值 64511 万元，第三产业增加值 74219 万元。2012 年，地区生产总值 1335200 万元，较 1999 年增长 745.71%；第一产业增加值 63100 万元，较 1999 年增长 229.50%；第二产业增加值 357500 万元，较 1999 年增长 454.17%；第三产业增加值 914600 万元，较 1999 年增长 1132.30%；人均地区生产总值达到 26593 元。在 1999 年到 2012 年期间，地区生产总值年均增长率 17.85%，第一产业增加值年均增长率 9.61%，第二产业增加值年均增长率 14.08%，第三产业增加值年均增长率 21.31%。

伊犁边境贸易发展迅速，西部大开发战略实施之初，伊犁地区出入境人员 182180 人次，进口货物 44.40 吨，出口货物 9.09 吨，进出口货物共 53.49 吨，贸易额 4.20 亿美元。2012 年，出入境人员 875654 人次，增长 380.65%；进口货物 1582.98 吨，出口货物 86.10 吨，进出口货物共 1669.08 吨，增长 3020.36%；贸易额 134.34 亿美元，增长 3098.57%。同期，新疆维吾尔自治区出入境人员增长 318.86%，进出口货物增长 604.07%，贸易额增长 2570.65%，伊犁地区的增长速度快于全疆。

三　深化阶段："一带一路"建设展开（2013~2016 年）

"一带一路"倡议的提出，促进了中国与共建国家经济合作伙伴关系的建立，为新疆发展创造了良好的周边环境，加大了新疆的改革开放力度，使之与内地享有同等的政策优惠，激发了新疆经济发展潜力，使新疆从改革开放的末端成为前沿。2015 年，国家发展改革委、外交部、商务部联合发布了《推动共建丝绸之路经济带和 21 世纪海上丝绸之路的愿景与行动》，明确了各省份在"一带一路"中的定位及对外合作重点方向。对新疆的定位是作为丝绸之路经济带核心区，"主要是深化与中亚、南亚、西亚等国家交流合作"。

同年，《国务院关于支持沿边重点地区开发开放若干政策措施的意见》提出"沿边重点地区是我国深化与周边国家和地区合作的重要平台，是沿边地区经济社会发展的重要支撑，是确保边境和国土安全的重要屏障"，并且提出了支持沿边重点地区开发开放的具体意见。沿边重点地区包括重点开发开放试验区 9 个、沿边国家级口岸 72 个、边境城市 28 个、边境经济合作区 17 个和跨境经济合作区 1 个。伊宁作为边境城市和边境经济合作区，成为沿边重点地区，周边的国家级口岸霍尔果斯、阿拉山口、巴克图、吉木乃等也属于该类地区。该意见还强调，支持沿边重点地区大力发展特色优势产业。"改革边境旅游管理制度，在有条件的地区研究设立跨境旅游合作区，研究设立边境旅游试验区，提升旅游开放水平。"伊宁市拥有着优质的旅游资源，该政策的提出促进了伊宁旅游行业的发展。该政策的出台，提升了对伊宁市的定位，使伊宁市成为我国深化与周边国家和地区合作的重要平台之一，其不但是伊犁哈萨克自治州经济社会发展的支撑点，而且为保卫边境和国土安全贡献力量。

2015 年 7 月，中国人民银行乌鲁木齐中心支行发布了《中哈霍尔果斯国际边境合作中心跨境人民币创新业务试点管理办法实施细则（试行）》，进一步拓宽试点银行跨境人民币创新业务范围，打破以往合作中心创新业务主要服务于中心注册企业和境外机构的政策限制，支持疆内所有企业通过合作中心开展跨境人民币融资，使金融创新政策的惠及面进一步扩大。2015 年 9 月，《中共中央 国务院关于构建开放型经济新体制的若干意见》正式提出"形成全方位开放新格局"、"重点实施'一带一路'"和"扩大沿边开发开放"。以与周边国家合作为契机，打造对外开放的合作平台，培育新的边疆地区增长点。

2016 年，自治区政府发布《自治区促进进出口稳定增长的若干措施》[①]，主要包括五个方面：一是清理和规范进出口环节收费；二是加

---

① 《自治区促进进出口稳定增长的若干措施》，新疆维吾尔自治区人民政府网站，2016 年 3 月 4 日，http://www.xinjiang.gov.cn/xinjiang/gfxwj/201603/e886c3918b4d4eb4ad4c0aeb8a7f9fa3.shtml。

大出口信用保险支持力度；三是推进外贸新型商业模式发展；四是加强进口工作；五是提高贸易便利化水平。涉及伊犁地区的内容主要是推进霍尔果斯口岸整车进口工作，借鉴内地省份汽车整车进口经验，做好整车进口各项工作；地方政府部门落实境外旅客购物离境退税政策，进一步扩大旅游购物消费；按照"巩固双边、拓展双边"的原则，积极做好中哈双边道路运输会谈工作；推进霍尔果斯经济开发区跨境人民币业务创新，支持金融贸易区建设，推动中哈霍尔果斯国际边境合作中心跨境人民币创新业务试点，落实《中哈霍尔果斯国际边境合作中心跨境人民币创新业务试点管理办法实施细则（试行）》。

霍尔果斯经济开发区建设加快，开通奎屯—格鲁吉亚等 5 列西行国际货运班列，年过货量超百万吨，获批进境粮食指定口岸。跨国合作示范区前期工作进展顺利，霍尔果斯口岸成为我国西北地区第一个实现落地签证的口岸。巴克图口岸基础设施不断完善。由巴克图口岸至哈国阿亚古兹铁路建设持续推进。2016 年 1 月，国务院批准伊宁成立保税物流中心（B 型）[①]。同年 8 月，国务院批复伊宁机场对外开放。2014 年 8 月，中哈两国政府同意都拉塔口岸向第三国开放。2015 年 7 月，新疆维吾尔自治区口岸办对向第三国开放进行了验收。

2013 年，伊宁市实现地区生产总值 1626561 万元。其中，第一产业增加值 66926 万元，第二产业增加值 447454 万元，第三产业增加值 1112181 万元，人均地区生产总值 31554 元。2016 年，地区生产总值 2004092 万元，较 2013 年增长 23.21%；第一产业增加值 71421 万元，与 2013 年相比增长 6.72%；第二产业增加值 444288 万元，与 2013 年相比下降 0.71%；第三产业增加值 1488383 万元，较 2013 年

---

① 保税物流中心是指封闭的海关监管区域并且具备口岸功能，分 A 型和 B 型两种。A 型保税物流中心，是指经海关批准，由中国境内企业法人经营、专门从事保税仓储物流业务的海关集中监管场所；B 型保税物流中心，是指经海关批准，由中国境内一家企业法人经营、多家企业进入并从事保税仓储物流业务的海关集中监管场所。

增长 33.83%；人均地区生产总值 36579 元，较 2013 年增长 15.93%。在 2013 年到 2016 年期间，地区生产总值年均增长率 7.21%，第一产业增加值年均增长率 2.19%，第二产业增加值年均增长率 -0.24%，第三产业增加值年均增长率 10.20%。2013 年，伊犁地区出入境人员 1055143 人次，进口货物 1992.45 吨，出口货物 288.18 吨，进出口货物共 2280.63 吨，贸易额 191.16 亿美元。2016 年，出入境人员 5552924 人次，增长 426.27%；进口货物 2489.40 吨，出口货物 77.87 吨，进出口货物共 2567.27 吨，增长 12.57%；贸易额 620.91 亿美元，增长 224.81%。同期，新疆维吾尔自治区出入境人员减少 0.99%，进出口货物减少 97.05%，贸易额减少 10.96%，伊犁地区的增长速度快于全疆。

四 新发展格局阶段：双循环新发展格局下的沿边开放（2017 年至今）

党的十八大以来，中国经济社会发展迈入新时代，新一代党和国家领导人高度重视边疆经济社会发展。2017 年，党的十九大提出，"推动形成全面开放新格局"和"优化区域开放布局"。对沿边地区的经济治理思路开始发生显著改变，逐步将沿边地区经济发展纳入国内国际双循环等国家重大战略之中①。在国内外环境显著变化的大背景下，着眼于长远发展和长治久安，我国提出了"构建以国内大循环为主体、国内国际双循环相互促进的新发展格局"，并将其纳入《中共中央关于制定国民经济和社会发展第十四个五年规划和二〇三五年远景目标

---

① 王垚：《新时代经济治理创新赋能边疆发展——从"分散"到"整合"》，《云南社会科学》2021 年第 4 期。

的建议》①。双循环新发展格局下，新疆在畅通国内东西内部大循环和向西开放中的地位逐步凸显。

2017年，新疆为了推动丝绸之路经济带核心区建设发布了《推进新疆丝绸之路经济带核心区建设的实施意见》，提出将新疆建设成为"交通枢纽中心、商贸物流中心、医疗服务中心、文化科教中心、区域金融中心"。其中与伊宁市相关的重点推进的任务包括如下方面。在交通基础设施方面：一是公路建设，包括乌鲁木齐—奎屯、精河—阿拉山口公路的改扩建；二是铁路建设，主要是乌鲁木齐—伊宁—霍尔果斯高速铁路；三是航空枢纽建设，主要是伊宁机场改扩建项目；四是交通枢纽建设，主要是伊宁—霍尔果斯综合运输枢纽建设。在国际商贸物流体系方面，主要是建设国际物流干线网络。在与周边国家经贸合作方面，一是发展跨境电子商务，支持霍尔果斯等地创建跨境电子商务产业园区；二是扩大口岸对外开放，推进都拉塔口岸扩大开放，完善霍尔果斯铁路口岸对外开放功能，加快推进伊宁机场航空口岸联检设施建设工作。在对外开放平台建设方面，打造霍尔果斯经济开发区并将其作为我国向西开放的重要窗口。在与周边国家人文交流方面，加快伊宁国际旅游集散中心建设。依托霍尔果斯、阿拉山口、巴克图、吉木乃等口岸优势，加强国际旅游合作，开展边境旅游项目。在金融对外开放方面，一方面是推动跨境融资业务的开展；另一方面是推动跨境人民币业务创新。

2019年3月19日，中央全面深化改革委员会第七次会议审议通过了《中共中央 国务院关于新时代推进西部大开发形成新格局的指导意见》，提出西部大开发形成新格局，包括生态环境保护、提高对外

---

① 《中共中央关于制定国民经济和社会发展第十四个五年规划和二〇三五年远景目标的建议》，中国政府网，2020年11月3日，http://www.gov.cn/zhengce/2020-11/03/content_5556991.htm。

图 10-12 霍尔果斯口岸第六代国门（2018 年）

资料来源：霍尔果斯市委宣传部。

图 10-13 铁路口岸

资料来源：霍尔果斯市委宣传部。

开放和外向型经济发展水平及推动高质量发展三方面内容。新疆地区应牢牢抓住这一轮西部大开发战略升级的机遇，充分发挥向西开放优势，构筑联通国内向西开放的桥头堡。

2020 年 4 月，新疆推进实施"一带一路"建设领导小组办公室印发《2020 年自治区推进丝绸之路经济带核心区建设工作要点》，提出推动霍尔果斯经济开发区升级发展和高质量发展，并将其作为核心区北部重要支点①。2021 年，《2021 年自治区推进丝绸之路经济带核心区建设工作要点》印发，提出要用好霍尔果斯经济开发区特殊政策，改造提升霍尔果斯铁路口岸。促进"两霍两伊"一体化发展，实现"霍尔果斯口岸园区、伊宁园区、清水河配套产业园区集中统一管理新模式"②。2020 年 9 月，经国务院批准成立霍尔果斯综合保税区，其是由原中哈霍尔果斯国际边境合作中心中方配套区整合优化而来，规划面积 3.61 平方公里，主要功能有保税加工、保税物流、保税服务等。2021 年 6 月 18 日，霍尔果斯综合保税区通过初步验收，为霍尔果斯高质量发展注入了新动力。

2021 年 1 月，自治区人民政府发布了《关于进一步推进霍尔果斯高质量发展的指导意见》③，提出"抢抓'一带一路'建设和新时代西部大开发战略机遇，积极融入国家丝绸之路经济带和向西开放总体布局，充分利用'两个市场、两种资源'，以推进中哈霍尔果斯国际边境合作中心（以下简称合作中心）和霍尔果斯综合保税区建设为突破，以霍尔果斯经济开发区'一区四园'为载体，以'两霍两伊'（即霍尔

---

① 《新疆印发丝绸之路经济带核心区建设 2020 年工作要点》，国家发展改革委网站，2020 年 4 月 29 日，https://www.ndrc.gov.cn/fggz/qykf/xxjc/202004/t20200429_1227133_ext.html。

② 《新疆：部署推进 2021 年丝绸之路经济带核心区建设》，中国政府网，2021 年 7 月 4 日，http://www.gov.cn/xinwen/2021-07/04/content_5622325.htm。

③ 《关于进一步推进霍尔果斯高质量发展的指导意见》，新疆维吾尔自治区人民政府网站，2021 年 1 月 8 日，http://www.xinjiang.gov.cn/xinjiang/zfgbml/202106/13d5a349743248438a6b6acc02e5e1f5.shtml。

图 10-14　2022 年霍尔果斯市

资料来源：霍尔果斯市委宣传部。

图 10-15　霍尔果斯综合保税区

资料来源：霍尔果斯市委宣传部。

果斯市、霍城县、伊宁市、伊宁县）一体化发展为支撑，坚定不移发展实体经济、旅游经济、口岸经济，加快推动工业强基增效和转型升级，高标准推进城镇化建设，高水平构建外向型经济体系，加快打造丝绸之路经济带核心区的重要战略支点和新疆经济高质量发展的增长极，在加快构建以国内大循环为主体、国内国际双循环相互促进的新发展格局中发挥积极作用"。随后，伊犁哈萨克自治州人民政府研究制定了《关于加快推进"两霍两伊"一体化发展的实施方案》，提出要提升对外开放水平，重点推动口岸经济发展。预计在 2025 年，"两霍两伊"将带动伊犁河谷地区生产总值达到 2000 亿元，把"两霍两伊"打造成新疆经济高质量发展的重要引擎。

"十四五"时期，伊宁市要积极构建对外开放格局，加大对外贸易平台建设力度，充分发挥伊宁海关监管作业场所、机场口岸、铁路货运中心优势，搭建"口岸、外贸、物流"立体平台，逐步形成全方位开放新格局。

2017 年，伊宁市实现地区生产总值 222.5 亿元，第一产业增加值 6.5 亿元，第二产业增加值 48.5 亿元，第三产业增加值 167.5 亿元。2021 年，地区生产总值 336.7 亿元，第一产业增加值 11.3 亿元，第二产业增加值 105.8 亿元，第三产业增加值 219.6 亿元，分别较 2017 年增长 51.33%、73.85%、118.14% 和 31.10%。在 2017 年到 2021 年期间，地区生产总值年均增长率 10.91%，第一产业增加值年均增长率 14.83%，第二产业增加值年均增长率 21.53%，第三产业增加值年均增长率 7.01%。2017 年，伊宁市实现外贸进出口总额 495715 万美元，其中：出口 471977 万美元，进口 23738 万美元。2020 年，实现外贸进出口总额 593700 万美元，较 2017 年增长 19.77%，年均增长率达到 6.20%，其中：出口 571265.1 万美元，增长 21.04%；进口 22434.9 万美元，下降 5.49%。伊宁市主要出口商品有日用百货、服装鞋帽、生物制药、酵母、化工产品、轮胎式装载机、挂车、钻机、发电机组、电动轿车、自行车、婴儿车、保温瓶、玻璃制品、核桃、核桃仁、鲜苹果、黄豆酱油、集装箱锁扣、手套、口罩、五金配件、机械配件等。

第三节
伊宁开放经验与展望

一　伊宁开放经验

伊宁作为丝绸之路经济带核心区的重要城市，通过沿边开放带动经济发展，逐步成为天山北坡西部中心城市、向西开放的重要窗口。沿边开放政策为伊宁市经济发展注入了活力。沿边开放政策实施30年以来，伊宁沿边开放取得的成就主要来源于以下方面。

第一，充分利用客观条件。一是地缘优势。伊宁市是伊犁哈萨克自治州政府驻地，人流、物流、信息流在此集中。历史上，伊宁就是古丝绸北路的枢纽。目前伊宁是中国向西开放的窗口城市，辐射连接西北地区最大陆路口岸霍尔果斯。这些客观条件决定了伊宁市经济发展空间大，在经贸合作中有其独特的优势。二是资源优势。伊宁市所在的伊犁哈萨克自治州资源丰富，包括水资源、生物资源、矿产资源、光热资源等，这些是生产发展的必备条件。另外，伊宁拥有独特的旅游资源，因此在发展旅游业方面也有独特的优势。伊宁将客观优势转化为生产力，促进了当地经济的发展。

第二，抓住机遇发展边境贸易。20世纪90年代初，哈萨克斯坦共和国等中亚五国正在由计划经济向市场经济转轨，这些国家资源丰富，工业结构偏"重"，产业布局不合理，轻工业产品发展滞后，居民生活需要无法充分满足。除此之外，这些地区种植业发展落后，蔬菜和水果依赖于进口。随着中亚经济的复苏，巨大的市场潜力为伊宁地区发展边境贸易创造了良好的条件。伊宁市抓住机遇，不断拓展国际市场。对外贸易不断转型升级，服务贸易得到发展，边民互市贸易日趋完善。伊宁市互联互通项目建设不断加快，口岸能力不断加强。

第三，善于利用政策优势。伊宁市作为第一批沿边对外开放城市和较早成立的边境经济合作区，在国家大力支持下，中央财政转移支付和中央专项资金不断增加，税收优惠力度加大。伊宁充分利用优惠政策，大力发展相关产业，推进城市发展，努力增强自身"造血"能力。随着经济发展，就业规模不断扩大，伊宁市对稳边安边兴边做出了重大的贡献。城市人口规模和建成区面积也在不断扩大。重视人才，较早地实施"四个一批"的人才战略，即留住一批现有的科技、教育和经济管理人才，发现一批有发展潜力的本地人才，培养和造就一批适应市场需要的企业管理人才，吸引一批高技能人才，优化了当地的劳动力结构。

二 伊宁未来发展的展望

作为沿边城市，伊宁未来发展存在巨大的挑战，但是挑战的背后也存在重大机遇。从国内角度来看，一是边疆战略地位提升，为伊宁经济未来发展提供了新思路。2019 年，中共十九大会议上做的报告强调"加快边疆发展，确保边疆巩固、边境安全"。2021 年发布的《中华人民共和国国民经济和社会发展第十四个五年规划和 2035 年远景目标纲要》明确提出"推进兴边富民、稳边固边"，不仅"十四五"时期将促进边疆地区发展作为实施区域协调发展战略的重点任务，同时也将边疆地区发展作为实现 2035 年远景目标的重要一环。二是当前稳定的社会环境，为新时代经济高质量发展奠定了坚实基础。新疆多年来未发生暴力恐怖案件，社会稳定形势持续向好，2020 年消除了绝对贫困，脱贫攻坚工作取得胜利。从国际角度来看，全球经济重心正在逐渐向亚洲转移，亚洲国家的市场活跃度、创新研发投入、工业制造规模、电子商务普及度、移动支付普惠性、基础设施便捷化水平等方面都要优于当今西方发达国家。着眼当前的国内国际形势，经济发展将逐渐转向以国内大循环为主体、国内国际双循环相互促进的新发展格局。加快产业升级，促进科技创新，实现增长动力由外生转为内生，伊宁未来发展将更具有前景。

作者：王　垚

第十一章

中国西南最大的内陆口岸城市

——瑞丽（含畹町）开放简史

　　瑞丽（含畹町）是我国通往东南亚、南亚的重要门户，是建设孟中印缅经济走廊、中缅"人"字形经济走廊，以及实施南向印度洋规划和"一带一路"倡议的节点。瑞丽（含畹町）独特的区位条件使其在历史上就是古代"南方丝绸之路"进入缅甸、印度，通往亚欧各国的重要通道，具有悠久的对外开放历史。1992 年，国家实施沿边开放战略，瑞丽（含畹町）享受政策红利，从边陲小镇发展为口岸明珠，成为云南对外开放的前沿阵地和桥头堡，曾被誉为"西南的小深圳""云南的沙头角"，创造了"全国边贸看云南，云南边贸看瑞丽"的伟大成就。畹町于 1999 年并入瑞丽市，故与瑞丽沿边开放发展史合并撰写。

第一节
区位条件

　　从地理区位看，瑞丽（含畹町）地处云南省西部、德宏州西南部，背靠祖国大西南，面向南亚、东南亚，西北、西南、东南三面与缅甸山水相连、村寨相望，位于大中华经济圈、南亚经济圈、东盟经济圈的交汇点，具有"一坝两国五城"的地理特色。其中，畹町地处滇缅公路中国段的终点。从瑞丽（含畹町）边境口岸出境，经过缅甸九谷、木姐，可到达缅甸腊戍、曼德勒、马圭，并且可以绕过马六甲海峡，抵达仰光港、实兑港、皎漂港等港口，是中国陆路通向印度洋的最佳出口，是发展国际陆路运输的天然大港，也是破解"马六甲瓶颈"、

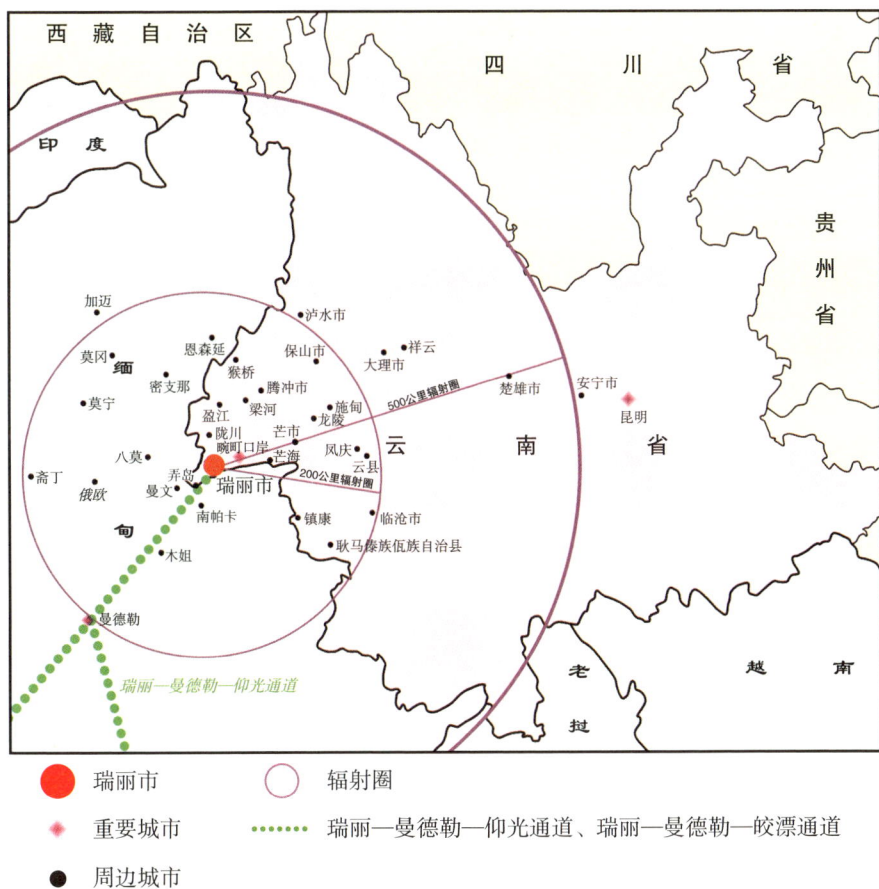

图 11-1 瑞丽市（含畹町）区位

图 11-2　滇缅、中印（史迪威）公路交汇点

资料来源：北京大学国际关系学院张高原摄于 2018 年 8 月调研期间。

确保国家能源资源安全的战略通道。因此，邻国缅甸是我国连接南亚、东南亚、走向印度洋、建设面向西南开放的桥头堡和构建印度洋国际大通道的必经之地，瑞丽也成为我国通往东南亚、南亚的重要门户，是建设孟中印缅经济走廊、中缅"人"字形经济走廊，以及实施南向印度洋规划和"一带一路"倡议的节点。

从交通条件看，瑞丽（含畹町）是我国陆路边境线上对外开放条件最好的地方。瑞丽（含畹町）国境线长 169.8 公里（其中畹町 28.6 公里），距缅甸木姐 4.5 公里，距缅甸南坎 32 公里，距缅甸八莫 138 公里，距缅甸仰光 981 公里，其间有瑞木、瑞南、瑞八、畹九 4 条跨境公路相通，有界碑 65 座、大小渡口和通道 36 个、国家级口岸 2 个，境外有木姐（瑞丽境外）、九谷（畹町境外）2 个经缅甸政府批准设立的主要对华贸易口岸，是云南渡口通道最多的地段，是我国对缅贸易的最大中转站和集散地，也是我国距离南印度洋最近的陆路口岸城市。

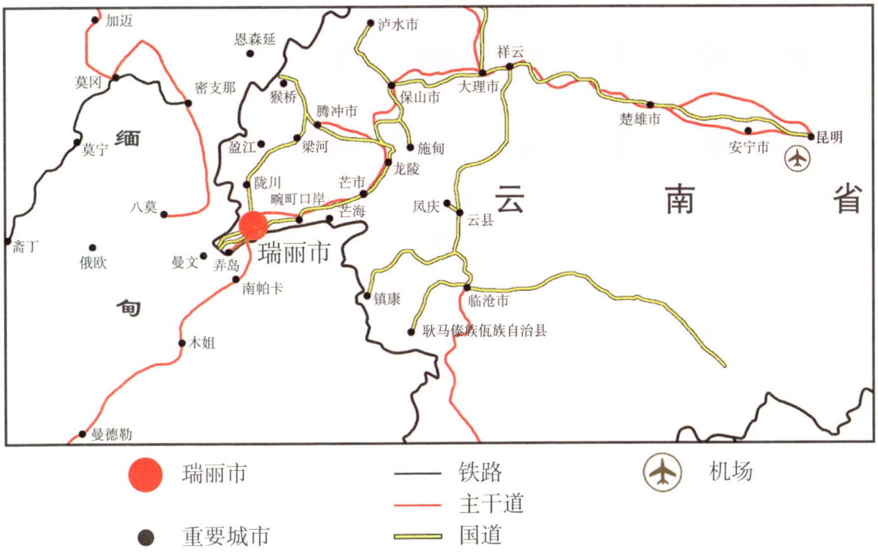

图 11-3 瑞丽市（含畹町）交通

图 11-4 滇缅公路和史迪威公路示意

资料来源：北京大学国际关系学院张高原摄于 2018 年 8 月调研期间。

从资源条件看，瑞丽（含畹町）耕地面积22.2万亩，森林覆盖率55.02%，地势平坦，土壤肥沃，水资源丰富，盛产橡胶、甘蔗、柠檬等，境内野生动植物资源、矿产资源富集，有"小植物王国"之称，基本形成以农业、旅游业、珠宝业、口岸加工贸易业为主的四大支柱产业。拥有中国首批优秀旅游城市、中国珠宝玉石首饰特色产业基地、瑞丽江—大盈江国家级风景名胜区等名片，被誉为"东方珠宝城"。

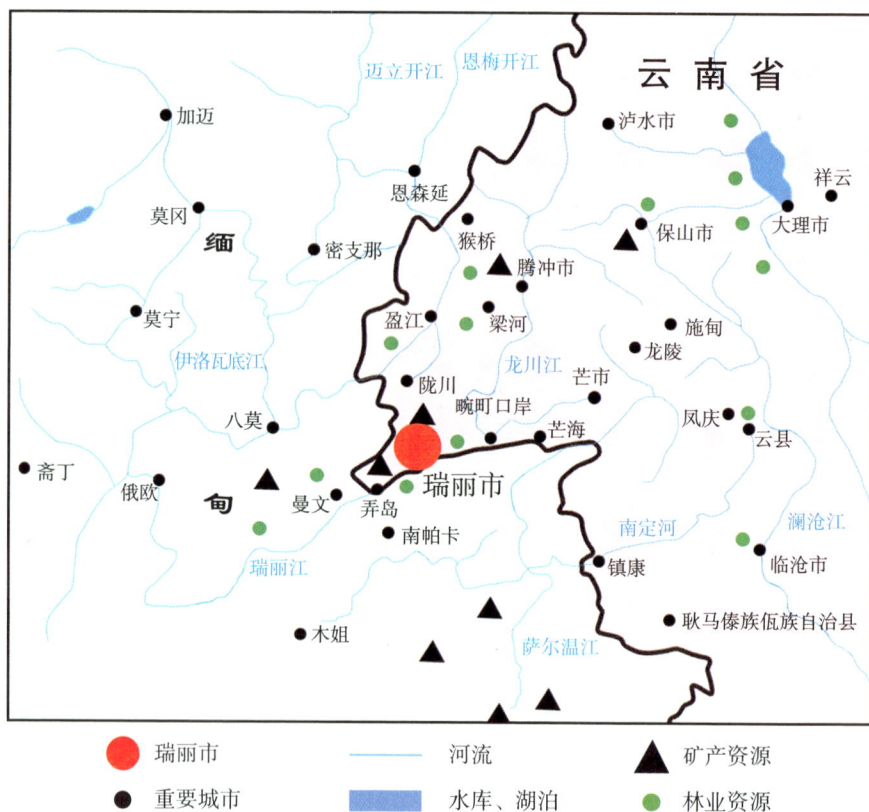

图 11-5 瑞丽市（含畹町）及周边地区资源分布

从人文条件看，瑞丽（含畹町）历史文化璀璨，是傣文化的发祥地，傣、景颇、德昂等世居少数民族与缅甸和印度东北部的掸、勃欧、克钦、阿萨姆等民族习俗相近、语言相通，长期保持着经贸合作、文化交流，

图 11-6　瑞丽江

资料来源：中国社会科学院中国边疆研究所袁沙摄于 2020 年 8 月调研期间。

双方情谊深厚，边境和谐稳定，为沿边开放提供了良好的环境基础。

从行政区划沿革看，瑞丽历史上曾是"勐卯古国""麓川王国"的京都，1932 年改勐卯为瑞丽。1952 年批准建立瑞丽县，设立畹町为县级镇，同隶属保山专区。1954 年，设立县级畹町镇，隶属于德宏自治区。1956 年，德宏自治区改为德宏州。1969 年，德宏州并入保山专区。1971 年，恢复德宏州，瑞丽属德宏州。1985 年，撤销县级畹町镇，设立县级畹町市，隶属德宏州。1992 年，瑞丽撤县设市（县级）。1999 年，撤销畹町市，并入瑞丽市。2005 年，瑞丽市撤销姐勒乡，将之并入勐卯镇，镇政府驻原姐勒乡政府。撤销芒棒乡和混板乡，更名为畹町镇，镇政府驻原城关镇。瑞丽拥有 2 个国家级边境经济合作区（瑞丽、畹町）、1 个国家级经济开发区（畹町）、1 个省级边境贸易区（姐告）、1 个州级经济开发区（弄岛）。

第二节
瑞丽（含畹町）对外开放的历程和主要成就

瑞丽（含畹町）独特的区位条件使其在历史上就是古代"南方丝绸之路"进入缅甸、印度，通往亚欧各国的重要通道，具有悠久的对外开放历史。1992 年开发开放以来，瑞丽（含畹町）在全国率先实施沿边开放，从边陲小镇发展为口岸明珠，成为云南对外开放的前沿阵地和桥头堡，曾被誉为"西南的小深圳""云南的沙头角"，创造了"全国边贸看云南，云南边贸看瑞丽"的伟大成就。瑞丽（含畹町）地区生产总值由 1993 年的 3.5 亿元上升至 2020 年的 167.0 亿元（见图 11-7），产业结构不断优化，第三产业比重总体呈上升趋势（见图 11-8），进出口总额整体呈上升趋势（见图 11-9），其对外开放的发展历程大致可以分为以下几个阶段。

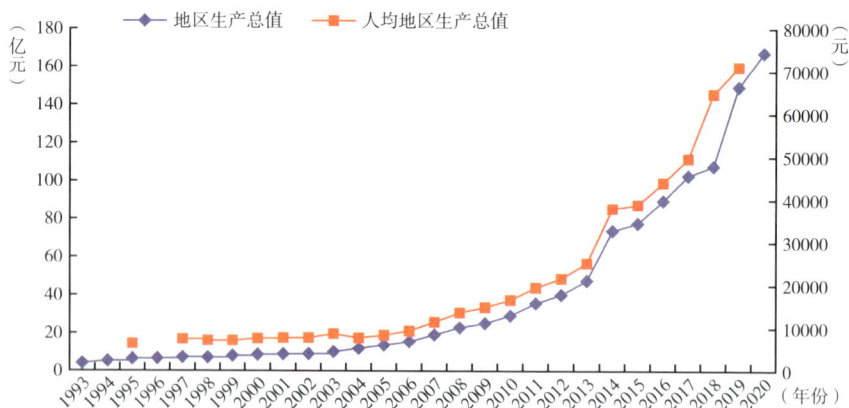

图 11-7　1993~2020 年瑞丽市地区生产总值和人均地区生产总值

说明：部分年份人均地区生产总值数据暂缺。
资料来源：历年《德宏统计年鉴》。

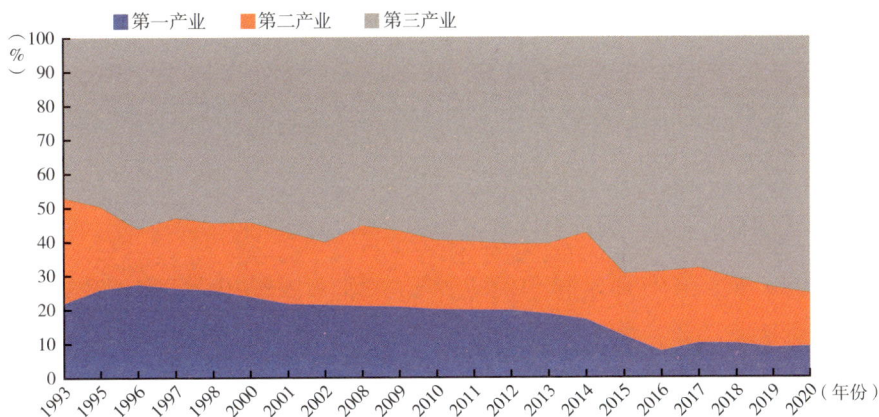

图 11-8 1993~2020 年瑞丽市产业结构

说明：部分年份数据暂缺。

资料来源：历年《德宏统计年鉴》《瑞丽市国民经济和社会发展统计公报》。

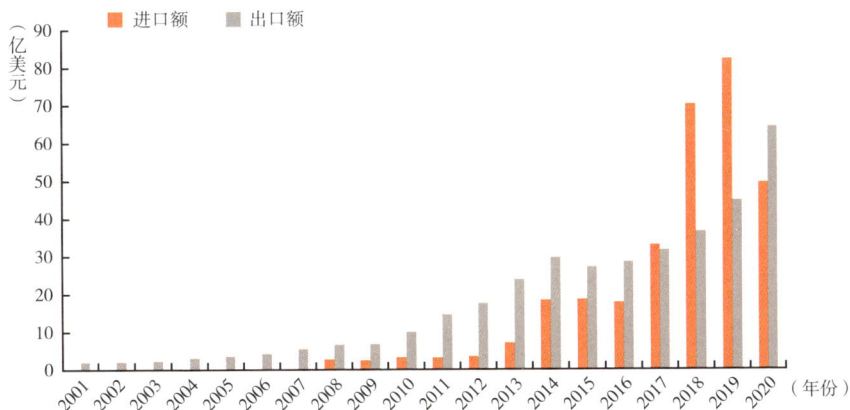

图 11-9 2001~2020 年瑞丽市进出口概况

说明：2001~2007 年进口额数据暂缺。

资料来源：历年《德宏统计年鉴》《瑞丽市国民经济和社会发展统计公报》。

一 小心探索，逐步开放（1978~1991 年）

改革开放前，瑞丽是边防严管区，边民互市时断时续。1978 年，党的十一届三中全会提出了"对外开放,对内搞活"的方针,国务院批准开放位于德宏傣族景颇族自治州的瑞丽公路口岸,允许中缅两国人员持有效证照出入境和第三国人员持有效证照通行,"文革"期间被迫停止的瑞丽边境贸易逐步恢复。次年,国务院批准将瑞丽、畹町定为国家级口岸。

1980 年,云南省政府印发《关于中缅、中老边民互市管理办法》《关于中缅边境小额贸易管理规定》,边民互市、边境小额贸易合法化。该管理办法明确指出,"边民互市本着互通有无、调剂余缺的原则,准许双方边民互市,互市地点由县(镇)人民政府提出,报上级人民政府决定。双方边民出入境互市商品价值每人每天以人民币 20 元为限,不可分割的一件商品可不受 20 元的限制"。

同年,瑞丽县恢复了利民商号,并在弄岛增设大众商号,专门经营边境小额贸易,并遵循"不可不搞、不可大搞、不可乱搞"的指导思想,以及"只做不说、多做少说""细水长流、分散隐蔽"的原则。边境小额贸易的进出口总额计划和具体经营品种指标由州财办统一下达,海关监管、商号执行,其服务对象主要是德宏州内人民的生产生活。州内生产生活所需商品的价格由州、县财办统一制定。1980~1984年,瑞丽边境小额贸易进出口总额 7642 万元,实现利润 767 万元,出口商品结构由以农产品为主变为以工业品为主,进口商品结构由以工业品为主变为以农产品、矿产品、海产品和工业原料为主,瑞丽边贸在开放的大潮中扬帆起航。

1985 年,德宏州将全州定为边境小额贸易区,向国内外开放,瑞丽对外开放步伐加快。同年,云南省政府制定的《关于边境贸易的暂行规定》指出:"边境小额贸易应按照'自找货源、自找销路、自行谈判、自行平衡、自负盈亏'的原则,以商号与境外商人进行交易,商号不搞独家经营,边境地州和省内国营、集体工商企业经批准和注册后都可以参与；边民互市交易额每人每天放宽为 100 元，20 元以下或税收在 5 元以下的商品免税。"

在此基础上，瑞丽制定了"以贸易为先导，以农业为基础，以工业为后盾，以贸补农，以贸促工，贸工农全面发展"的方针，对外贸易蓬勃发展，边贸进出口总额和税收持续增长。1985 年底，瑞丽从事边境小额贸易的商号由 1984 年底的 2 家增加到 17 家，从业人员 90 人，边贸进出口总额 4484.22 万元，边贸税收逐渐成为瑞丽财政收入的重要支柱。1989 年，边贸税收 2450 万元，占当年税收总收入 3424 万元的 71.6%。

1987 年，瑞丽被国务院批准为国家一类口岸。1988 年，姐告工管委成功组建。1990 年，德宏州同意恢复瑞丽姐告边民互市点。同年，国务院批准瑞丽、畹町为向第三国开放的旅游县市，批准瑞丽为旅游开放县。1991 年，云南省政府批准设立"姐告边境贸易区"，作为瑞丽县委、县政府的派出机构（副县级），建立跨国中缅一条街。同年12 月，国务院有关部门正式批准瑞丽和畹町组织出境游，由此拉开其边境旅游的序幕。

畹町作为我国西南门户，在新中国成立前，一直是兵家必争之地。1950 年，中缅正式建交，畹町和平解放，成为新中国对外开放的重要窗口，畹町桥成为中缅两国友好往来、贸易互市、文化交流的重要通道。1956 年，周恩来总理和缅甸吴巴瑞总理从畹町桥入境到芒市参加中缅边民联欢大会，掀开中缅友好新篇章。1960 年，中缅两国在畹町召开会议，协商解决中缅边界问题，成为我国与周边国家友好协商解决领土纠纷的成功范例。1978 年改革开放，畹町成为我国对外开放的地区之一，并率先在德宏州开展对外贸易，边境贸易进出口总额逐年上升，1989 年达到 11 亿元之多，从畹町出口到缅甸的货物包括百货、纺织、机电、药品等，进口货物包括缅甸的木材、海产品、农副

图 11-10 中缅国界
畹町桥

资料来源：北京大学国际
关系学院张高原摄于 2018
年 8 月调研期间。

图 11-11 中缅国界
畹町桥碑

资料来源：中国社会科学
院中国边疆研究所时雨晴
摄于 2020 年 8 月调研期间。

产品等。

这一时期，在中央政府、云南省政府、德宏州政府的支持下，瑞丽恢复了在"文革"期间被迫停止的边境贸易，并在摸索中不断前进，边境贸易已经成为推动瑞丽及德宏州发展的重要产业。

二　曲折中前进（1992~1998 年）

1992 年，国务院批准瑞丽、畹町为我国沿边对外开放城市，实行沿海地区的一些开放政策。同年，批准设立畹町边境经济合作区、建立瑞丽边境经济合作区，姐告边境贸易区成为国家级开发区"瑞丽边境经济合作区"的一部分。其中，畹町边境经济合作区面积 5 平方公里；瑞丽边境经济合作区面积 13.45 平方公里，规划开发面积 6 平方公里，主要是以进出口加工业为基础，以开发热区资源以及商贸、金融、旅游等产业为主的综合性开发区，享有省级经济管理权限。台、闽、浙、川、黔、湘、粤等地的商人进入瑞丽投资、建企，瑞丽生机四溢。1995 年，瑞丽边贸进出口总额达 15.8 亿元，是 1985 年 4484.22 万元的 35.2 倍；商号由 1985 年的 17 家发展到 186 家；瑞丽边贸进出口总额占全省对缅贸易总额的 80%，边贸税收占瑞丽地方财政收入的 75%。

与此同时，1996 年，《国务院关于边境贸易有关问题的通知》对边境贸易政策和管理做了统一规定：取消进口商品免征关税政策，实行税收减半征收的照顾；取消"五自"经营原则，进出口商品实行分级、分类和配额、许可证的管理；边民互市点由省政府审批，在点内的交易免税额每人每天 1000 元；边境小额贸易与大贸易并轨管理。1998 年，《对外贸易经济合作部　海关总署关于进一步发展边境贸易的补充规定的通知》将边民互市限额提高到 3000 元。

但是，在这一时期，东南亚金融危机发生，缅甸政府对边贸政策进行了调整，实行了"先进后出，进出平衡"的边贸管理措施，限制了商品成交量，在木姐 105 码头设立检查站，对进出口商品实行详细检查，加强税收征管，并要求用美元结算。同时，国内边贸企业的经营方式、组织体制、管理方法等不能很好地适应边境贸易发展的新形势，政府部门在管理、服务、收费等方面也存在诸多问题，因此，1996~1998 年，瑞丽边境贸易进出口总额持续下降。1996 年瑞丽进出口总额 14.9 亿元，比 1995 年下降 6%；1997 年进出口总额 9.5 亿元，比 1996 年下降 36%；1998 年进出口总额 6.3 亿元，比 1997 年下降 34%[1]。

这一时期，虽然瑞丽边境贸易发展得到国家和地方政府的大力支持，但是由于受东南亚金融危机及缅甸政府边贸政策调整的影响，瑞丽边境贸易发展受到一定冲击，1998 年边贸进出口总额比 1995 年下降 60%。

三 开放型经济发展格局逐步形成（1999~2011 年）

1999 年，畹町并入瑞丽，畹町经济开发区成立，并设置畹町经济开发区工委和管委，作为瑞丽市委、市政府的派出机构，实行"政经合一"的管理体制，计划单列、财政自收自支，享有县级经济管理权限和行政职能，由德宏州直接管理，原管辖范围不变。

同年，畹町经济开发区完成边贸进出口总额 3.91 亿元，其中进口 1.40 亿元，出口 2.51 亿元，边贸所提供的税收占财政总收入的 70%。2000 年进出口总额为 4.15 亿元，2001 年 4.62 亿元，2002 年 5.31 亿元，

---

[1] 云南省瑞丽市地方志编纂委员会编著《瑞丽市志》(1978~2005)，云南人民出版社，2012，第 162~164 页。

2003 年 5.88 亿元，2004 年 6.63 亿元，2005 年 8.13 亿元，该年边贸所提供的税收占财政总收入的 49%（见表 11-1）。畹町口岸进口商品主要有粮食类、油料类、棉麻类、木材类等，出口商品主要有化工类、纺织品类、农业生产资料类等。

表 11-1　1999~2005 年畹町经济开发区边境贸易及财税贡献率统计

单位：万元，%

年份	进出口	进口	出口	边贸税收占财政总收入比重
1999	39140.3	14030.3	25110.0	70
2000	41470.0	20061.5	21408.5	80
2001	46191.4	29109.7	17081.7	70
2002	53119.1	35677.0	17442.1	60
2003	58758.0	37353.6	21404.4	58
2004	66251.8	38756.0	27495.8	58
2005	81319.9	44520.9	36799.0	49

资料来源：云南省瑞丽市地方志编纂委员会编著《瑞丽市志》（1978~2005），云南人民出版社，2012，第 77 页。

2000 年，《国家计委办公厅关于解决云南边境贸易发展有关问题的复函》同意瑞丽按照"境内关外"的方式设立姐告边境贸易区，海关后设于大桥西侧，履行对货物的监管、征税和检查等职能，姐告边贸区成为中国唯一按照"境内关外"模式实行特殊管理的边境贸易区。瑞丽（含畹町）边贸开始进入稳步发展的新阶段。

2001 年，瑞丽举办首届中缅边交会，此后每年轮流在姐告和木姐举办，有力推动了边贸发展。同年开始举办中缅胞波狂欢节。

2004 年，瑞丽（含畹町）率先实施边境贸易出口人民币结算退税政策。2005 年，瑞丽（含畹町）对外贸易总额达 32.44 亿元，是 1985 年 4484.22 万元的 72.34 倍，占中国对缅贸易总额的 30% 以上、云南省对缅贸易总额的 60% 以上、德宏州对缅贸易总额的 80% 以上。瑞丽（含畹町）已成为中国通往东南亚、南亚诸国的贸易"黄金通道"。边境贸易成为瑞丽最重要的经济支柱，在瑞丽（含畹町）经济社会发展中的地位举足轻重。2008 年，《中共云南省委 云南省人民政府关于实施新三年"兴边富民工程"的决定》指出，对包括瑞丽等 25 个边境县（市）实施"兴边富民工程"，以增强边境地区自我发展能力，全面提高经济社会发展水平。瑞丽（含畹町）积极拓展侨务联谊，动员华侨、侨商回国投资，引进 36 个经营性项目，签订价值 12.74 亿元项目协议，并向上争取到 2.11 亿元项目资金。瑞丽（含畹町）开放不断深入，对外贸易呈现出先升后降的基本态势，贸易发展方式不断拓展，贸易秩序更加规范，与此同时，口岸基础设施建设加快，口岸收费标准降低，姐告大桥收费取消，企业运营成本降低，口岸联检部门服务水平不断提升，促进对外贸易增长。

2009 年，《国务院办公厅关于应对国际金融危机保持西部地区经

图 11-12　瑞丽口岸国门

资料来源：云南省普洱市政协张国华摄于 2015 年 7 月调研期间。

济平稳较快发展的意见》提出，"积极推动广西东兴、云南瑞丽、新疆伊宁、内蒙古满洲里进一步扩大开放，加强与周边国家和地区的资源能源开发利用合作，建成沿边开放的桥头堡"。年初，瑞丽（含畹町）对外贸易下滑，年底止跌回升，总体保持稳定，完成口岸对外贸易总额 60.16 亿元（海关数），同比下降 2.4%。口岸全年出入境人员、车辆分别为 735.3 万人次、150.3 万辆次，同比分别增长 4% 和 46%，进出口贸易总额完成 56.87 亿元（海关数），同比增长 2%，尤其在 11 月、12 月，口岸进出口贸易同比增幅分别达 44%、100%，创历史新高。姐告边境贸易区内企业完成进出口总额 3.32 亿元，完成固定资产投资 1.52 亿元，组织完成财税总收入 1800 万元。畹町经济开发区完成贸易进出口总额 10.7 亿元，实现工业总产值 1.3 亿元，完成固定资产投资 7730 万元，实现财政一般预算收入 2255 万元。此外，中缅跨境运输取得新突破，中缅油气管道项目（缅甸段）正式启动，共开展中缅合作项目 10 个，项目资金 1342 万美元，到位 235 万美元。

这一时期，瑞丽（含畹町）在与缅甸的交流与合作方面也取得了显著成效。2007 年，瑞丽先后 19 次赴缅甸商洽发展对外贸易大计，加强了与缅甸地方政府及华人华侨社团的联系。2008 年，中缅双方地方政府双边会晤机制逐步完善，在人民币结算、车辆对开等制约中缅贸易发展的问题上达成共识，开展 10 个对外经济技术合作项目，对外合作进一步加强。与此同时，瑞丽（含畹町）成功举办中国·瑞丽首届国际珠宝文化节、新春购物节等活动，第八届中缅边交会完成 6923 万元贸易成交额，签订 24 份贸易项目协议，协议总金额达到 1.01 亿美元。2009 年，与缅甸地方签订《中缅边境银行开立人民币结算账户协议》，解决了长期制约两国贸易发展的结算问题。中缅边交会期间完成了 4396.4 万美元的贸易成交额，签订 22 份贸易协议，协议金额达到 1.8 亿美元。

2010 年，国家发改委印发的《关于 2009 年西部大开发进展情况和 2010 年工作安排》要求，"积极推动广西东兴、云南瑞丽、新疆喀什、内蒙古满洲里等重点开发开放试验区建设，编制西部地区沿边开发开放规划。支持有条件的沿边地区增设边境经济合作区，探索在条件成熟的地区设立跨境经济合作区，提高边境地区口岸基础设施建设水平。统筹规划海关特殊监管区域建设，发挥保税贸易的重要作用"。同年，《中共中央 国务院关于深入实施西部大开发战略的若干意见》指出，"积极建设广西东兴、云南瑞丽、内蒙古满洲里等重点开发开放试验区"。云南瑞丽重点开发开放试验区最终确定。

随后，瑞丽（含畹町）成立试验区暨桥头堡建设领导小组和办公室，结合实际情况，探索沿边开放新经验、新路子，以"把瑞丽建设成为宜商、宜居、宜旅的中缅边境经济贸易中心城市"为目标，确定"一轴两廊七区"的规划布局，试验区的热度效应开始显现，到瑞丽投资考察的企业、商家明显增多，试验区建设逐渐驶入快速发展的轨道。2010 年，瑞丽（含畹町）先后实施了出口货物分类通关、进口货物税款网上支付、口岸电子车牌管理和替代作物检验检疫前移等通关便利化措施，"瑞丽利民边民互市贸易市场"通过省级评审，并建立全省首个边民互市食品安全监管体系。

2010 年，瑞丽（含畹町）实施"走出去"战略，投资 1325 万美元，开展对外经济技术合作项目 9 个、境外农业合作种植 130.39 万亩，对外贸易服务水平不断提高。与此同时，瑞丽（含畹町）大力拓展与孟加拉国、泰国各使领馆的友好往来，成功举办第四届中国边境口岸城市市长论坛，对外开放交流平台不断拓展。同年，时任国务院总理温家宝访问缅甸，中缅两国签署了中缅油气管道等 15 份双边经贸合作协议。油气管道从缅中边境地区进入中国的瑞丽，气、油双线并行，天然气主要来自缅甸近海油气田，原油主要来自中东和非洲，其是我国第 4 条能源进口通道，管道全长约 1100 公里，2010 年开工建设，2013 年开始输送天然气，2017 年开始输送原油①。

"十一五"期间，瑞丽（含畹町）口岸进出口贸易总额由 2006 年的 34.88 亿元增长到 2010 年的 88.45 亿元，占全国对缅贸易的 30% 以上、全省对缅贸易的 60% 以上。在人流量、车流量、进出口货值三项主要指标中，人流量、车流量居全国边境口岸首位，成为云南省最大的陆路口岸。瑞丽（含畹町）口岸正朝着标杆型口岸迈进。

2011 年，中缅确立了全面战略伙伴关系，《国务院关于支持云南省加快建设面向西南开放重要桥头堡的意见》明确指出："建设瑞丽沿边重点开发开放试验区，积极支持符合条件的地区按程序申请设立海关特殊监管区域。"瑞丽重点开发开放试验区建设正式启动。在试验区

图 11-13　畹町九谷桥

资料来源：云南省普洱市张国华摄于 2015 年 7 月调研期间。

---

① 张广露：《云南瑞丽国家重点开发开放试验区发展报告》，陶一桃、钟坚主编《经济特区蓝皮书：中国经济特区发展报告（2011）》，社会科学文献出版社，2011，第 290~291 页。

建设效应带动下，瑞丽授牌建设瑞丽国际华商产业园，规划"瑞丽国际大学城""中央商务区、物流园区、出口加工区和东南亚特色农业示范区"等"一城四区"布局，越来越多的企业前来瑞丽投资，全年完成 81 项招商引资立项批复，协议资金达到 357.65 亿元，其中有 14 个亿元以上项目，在建项目到位资金达到 21.4 亿元，增长 87.6%。

这一时期，瑞丽（含畹町）口岸基础设施不断完善，口岸服务功能明显提升，通关便利化水平进一步提高，口岸进出口贸易总额、出入境人员、出入境车辆实现历史性突破。瑞丽（含畹町）建成边民互市贸易市场，边民互市贸易蓬勃发展，2011 年，互市贸易额达到 16.2 亿元，极大地促进了财政增收和边民致富。与此同时，以园区为载体的工业发展势头强劲，入驻畹町工业园的金谷硅业有限公司实施了技

图 11-14　畹町口岸国门

资料来源：北京大学国际关系学院张高原摄于 2018 年 8 月调研期间。

改增容，瑞丽成功在第九届东盟华商会上举办招商引资专场推介会，被国侨办授予"华商产业园"建设基地的称号，瑞丽（含畹町）开放型经济发展格局逐步形成。

四 先行先试，形成全方位开放发展"瑞丽模式"（2012年至今）

2012年7月，《云南瑞丽重点开发开放试验区建设实施方案》获国务院批准，瑞丽重点开发开放试验区建设进入实施阶段。瑞丽重点开发开放试验区建设是云南实施桥头堡战略的重要突破口，也是瑞丽（含畹町）实现跨越式发展的重要引擎。瑞丽（含畹町）紧紧抓住历史机遇，着力发展进出口加工、特色生物、商贸流通、金融保险、旅游文化、国际会展六大产业，努力把瑞丽（含畹町）建设成为中缅边境贸易中心区、旅游黄金口岸区、沿边统筹城乡发展先行区、睦邻安邻富邻示范区以及我国对外开放的窗口之一。

第一，在基础设施建设和通关便利化方面，2012年，瑞丽边民互市交易中心建成并投入使用，全年口岸进出口贸易总额完成138亿元、出入境人员1331万人次、出入境车辆267万辆次、出入境货物140万吨，分别增长28%、20%、5%、8%，口岸进出口贸易总额、人流量、车流量、货运量四项指标均名列全省第一。2013年，中缅油气管道全面建成，瑞丽边境经济合作区扩区移位至弄岛镇，与弄岛镇委、镇政府合署办公。瑞丽（含畹町）口岸通关效率不断提高，2013年，出入境货物、出入境人员、出入境车辆分别增长22%、9%、10%，实现出口贸易从量到质的转变。2014年，实现出入境货物334万吨、出入境人员1658万人次、出入境车辆378万辆次，同比分别增长64%、8%、14%。2015年，芒满通道至缅甸木姐105码二级公路建成启用，中缅瑞丽至皎漂等跨境公路建设工作有序推进，芒市、陇川、缅甸木姐"环瑞丽1小时经济圈"初步形成。瑞丽（含畹町）被列为"云南电子口岸平台建设第一批试点"，瑞丽、畹町成为全国首批粮食进境指定口岸，畹町成为云南省唯一非即食性冰鲜产品进境指定口岸，"一站式"、无纸化通关及"一口岸多通道"管理模式不断完善，通关便利化水平全面提升。2015年，瑞丽（含畹町）口岸进出口贸易总额达52亿美元，出入境货物达458万吨，出入境人员达2073万人次，出入境车辆达449万辆次，比2011年分别增长385.19%、222.33%、168.00%和172.03%。"十二五"末口岸进出口贸易总额是"十一五"末的3.7倍，其间年均增长29.6%，口岸四项

图 11-15　瑞丽—木姐口岸中缅界碑

资料来源：北京大学国际关系学院张高原摄于2018年8月调研期间。

指标连续 5 年位居全省前列。

2017 年，互联互通国际大通道建设进一步推进。缅甸木姐至曼德勒公路南帕嘎至贵概段改造工程、105 码场地硬化援建工程顺利完成，有效解决了中缅贸易大通道的"肠梗阻"问题，国家批复同意瑞丽口岸弄岛通道作为进口屠宰肉牛试点口岸（通道），缅甸商务部正式批准肉牛向中国指定口岸合法出口。"走出去"发展的缅甸西瓜种植基地通过 GAP 认证，完成边民互市贸易信息化改造，以及姐告封闭管理，"境内关外"优惠政策焕发了应有的生机，边民互市交易额增长 71.66%。2018 年，瑞丽（含畹町）内外联通的综合立体通道建设全面提速，瑞丽口岸弄岛通道、畹町口岸国门、芒满通道、姐告滨江通道加速推进，国际贸易单一窗口基本建成，并在全省率先启用边检自助通关系统。瑞丽积极配合缅方推进贸易通道建设，木曼铁路正式提上中缅两国政府间重要议事日程。同时，完成瑞丽口岸边民互市信息化改造，边民互市交易量 188 万吨，交易额 38.6 亿元，分别增长 55.3%、64.6%；宏星好运跨境物流瑞丽大数据中心综合降本 7%，进出口贸易总额再创历史新高，持续保持占全省进出口贸易总额 1/3 态势。

2019 年，国家批准在瑞丽主城区设立中国（云南）自由贸易试验区德宏片区，自由贸易试验区面积为 29.74 平方公里，瑞丽市再次走到了改革开放的最前沿。随后，瑞丽建立区市高度融合的管理机构，全面启动投资领域改革、政府职能转变、区域产能合作、金融领域开放、贸易转型升级等 34 项试点任务，天然气进口和电力、化工产品出口成为主要支撑，互市贸易逐步规范。瑞丽口岸成为全国首个持指定护照出入境的中缅陆路口岸，继续深化无纸化报关，推进监管证件联网核查。实行外籍车辆在瑞丽、畹町口岸通行管理模式创新，宏星好运跨境物流瑞丽大数据中心甩挂运输正式运营，出入境通关便利化水平持续提升，畹町、弄岛边民互市建设加速推进，完成交易额 47 亿元，同比增长 22%。自贸试验区"虹吸"效应初显，新增注册企业 721 家，口岸进出口贸易总额 844 亿元，增长 17.7%。在新冠疫情期间，瑞丽为保障口岸货运畅通，率先实行"人货分离、分段运输、封闭管理"措施，2020 年，边民互市交易额创历史新高，达到 124.7 亿元，进出口贸易总额达 764.86 亿元，是"十二五"末的 2.69 倍。瑞丽（含畹町）成为中缅贸易最大的陆路口岸城市。

第二，对于外籍人员管理，2013 年，瑞丽（含畹町）在全省率先开展边境管理体制改革试点，成立"外籍人员服务管理中心"，全国首创缅籍人员账户开立特殊管理政策，2016 年，常驻瑞丽外籍人员达 4.3 万人。2018 年，瑞丽（含畹町）出台《外籍人员务工管理办法》，并成立汇洋劳务公司，进一步规范了外籍务工劳务市场。2020 年，瑞丽（含畹町）在全国首推面向外籍务工人员管理的"胞波卡"，为企业提供稳定的劳动力资源支持。

第三，在跨境金融服务方面，2014 年，瑞丽（含畹町）开通了我国首个对缅非现金跨境结算服务点，个人本外币兑换特许机构——云南亚盟和天津渤海通汇获批开展业务。2015 年，瑞丽（含畹町）实现了中缅银行人民币电子直汇，成功打造了云南省首个边境刷卡无障碍示范区，并率先启动了出境车辆、入境外籍人员跨境保险，以及外籍人员瑞丽购房跨境贷款试点。此外，瑞丽（含畹町）作为我国首个人民币与缅币兑换业务的试点城市，创造了引领中缅货币兑换汇率的"瑞丽指数"。2018 年，瑞丽（含畹町）建成启用云南省唯一的会计对外服务中心，并成功举办面向东南亚财税专题培训，为中国会计制度、会计服务走出国门贡献了"瑞丽方案"。沿边金融改革、缅籍人员在瑞丽金融机构享受"准国民待遇"受国务院通报表扬。2019 年，瑞丽（含畹町）依托中国工商银行仰光分行"中缅通"业务，联动全市金融机构进一步畅通人民币跨境结算渠道，突破性实现人民币跨境汇入汇出 2200 万元。2020 年，瑞丽（含畹町）在中缅贸易结算服务中心设立"通汇金"平台，为外贸企业提供资金保障和汇兑结算服务；通过梯度推进跨境金融"小同城"结算模式，构建人民币对缅币兑换参考报价机制。此外，全国首笔企业通过境内银行直接办理缅币购汇并跨境支付业务落地瑞丽。

第四，在跨境电商方面，2016 年，瑞丽中缅跨境电商产业园正式启用，随后，瑞丽引进阿里巴巴、重庆大龙网等电商平台，以及腾晋物流、昆明东方快递等知名物流企业，跨境电商产业发展迅速。2017 年，村淘覆盖率达 95%，瑞丽成为全国"电子商务百佳县"。宏星好运跨境物流瑞丽大数据中心成为对缅最大电商平台。瑞丽姐告边境贸易区成为中缅跨境电商第一平台，以及国内电商对缅信息、物流、客

图 11-16 瑞丽京东珠宝翡翠直播基地

资料来源：中国社会科学院中国边疆研究所时雨晴摄于 2020 年 8 月调研期间。

服、结算的中转站。2020 年，跨境电商产业链日趋完善，中缅"贸促通"平台累计实现交易额 5.5 亿元。

第五，在产业发展方面，瑞丽（含畹町）积极构建以纺织、装备制造、汽车、家电为重点的制造业体系，并依托"五免五减半"等优惠政策，吸引了大批知名企业入驻。2017 年，瑞丽（含畹町）全面推进进出口加工制造基地、畹町国际生物产业园、北汽配套产业园、弄岛农畜产品加工产业园区基础设施建设。2018 年，瑞丽（含畹町）累计引进外商 26 户，完成投资 4679 万美元，9 家企业赴缅甸、柬埔寨等国家投资 4260 万美元。2020 年，瑞丽挂牌成立德宏片区区域性国际诊疗保健合作中心，首家跨境产能合作试点企业在缅投产并取得缅甸原产地证明。姐告也成为全省最大免税商店聚集地，畹町成为沿边最大瓜果进口地。经过多年的培育和发展，瑞丽（含畹町）已初步形成进出口加工产业体系，产业布局持续优化，外向型产业体系逐步形成，"德宏制造""瑞丽制造"已进入缅甸市场，并向环印度洋国家拓展。

第六，在与缅甸的交流与合作方面，2012 年，瑞丽成功举办"第十二届中缅胞波狂欢节暨第五届国际珠宝文化节"和"首届红木文化节"，与缅甸地方政府开展跨境农业合作项目 9 个，种植面积 53.38 万亩，与缅甸木姐结为友好城市。2013 年，首次举办中缅经贸论坛及瑞丽·木姐城市规划、教育卫生、劳动力资源、农林水、旅游文化等系列座谈会；中缅边交会签订合同 16 个，实现签约金额 4.36 亿美元，较上届增长 296%。积极鼓励企业"走出去"，推动中缅跨境开发、中缅现代农业合作示范区建设；以姐告为交换中心的中缅通信光缆建成启用，移动通信和国际互联网覆盖率不断提升；中缅边境异地办证旅游恢复开通，缅甸木姐口岸允许中国公民和第三国人员持护照出入，为中缅跨境合作奠定了良好的社会基础。

2014 年，瑞丽（含畹町）主动参与和融入孟中印缅经济走廊建设，不断深化与缅甸木姐在各个领域的交流合作，承办第十四届中缅胞波狂欢节，积极协助缅方筹办第十四届中缅边交会，中缅自驾车纵深游正式启动。2015 年，瑞丽恢复开通中缅一日游，并建立中缅环保、农业、卫生、警务等合作机制，发挥驻缅机构平台作用，积极推动中缅瑞丽—木姐跨境经济合作区建设。2016 年，"中缅友谊之旅"纵深游首次开启。2017 年，中缅输油气管道成功通油，实现原油进口380.76 万吨，瑞丽积极援建缅甸木姐小学、垃圾热解站和勐古镇岗龙村卫生院，中缅双边文化教育、环境保护、医疗卫生等合作全面深化；中缅边交会成交额创历史新高，达 8500 万元；"一马跑两国"瑞丽国际马拉松赛事进一步提升了瑞丽的影响力和知名度。

2018 年，瑞丽（含畹町）成功举办"格兰芬多国际自行车节"瑞丽站和中缅"两国双城"国际自行车比赛，中缅胞波狂欢节、边交会、"一马跑两国"等重大国际交流品牌活动影响力不断提升。缅方边民到瑞丽就学就医得到极大便利，"国门学校""国门医院""国门书社"成为边境亮丽风景线，涉外矛盾联合调处、涉外消费维权工作等创新实践受到党中央高度肯定、得到边民好评。与此同时，交付完成一批援缅民生项目，如木姐第五小学等。2019 年，首次举办中缅投资贸易洽谈会、中缅跨境电商论坛、"一带一路"艺术展和中缅服装生产企业合作发展交流会。妥善解决在瑞经商务工外籍人员子女就医、入学问题，实施中缅国际友好复明工程项目。创建全国首批边境企业"道德小屋"示范点，对外交流更加密切。

这一时期，瑞丽（含畹町）紧紧抓住重点开发开放试验区建设的契机，在通关便利化、外籍人员管理、跨境金融、跨境电商、人文交流等方面不断探索、先行先试，形成了全方位开放发展的"瑞丽模式"。

图 11-17　银井一寨两国国门书社

资料来源：北京大学国际关系学院张高原摄于 2018 年 8 月调研期间。

第三节
瑞丽（含畹町）开放的经验与启示

　　1992 年开发开放以来，瑞丽（含畹町）在全国率先实施沿边开放，从边陲小镇发展为口岸明珠，成为云南对外开放的前沿阵地和桥头堡，不仅创造了"全国边贸看云南，云南边贸看瑞丽"的伟大成就，而且带动了口岸对边缅甸等周边国家和地区的发展，其中的经验和启示主要包括以下方面。

　　第一，先行先试，勇于探索创新。瑞丽（含畹町）沿边开放 30 年来，不断探索，敢闯敢试，积极向云南省和国家争取扶持政策，着力破除沿边开放的各种思想障碍和制度瓶颈。尤其是瑞丽重点开发开放试验区建设以来，各级部门把沿边开放放在重要位置，在用好、用足、用活国家特殊优惠政策的基础上，云南省政府出台试验区建设28条，在出入境异地办理、外籍人员管理、跨境贸易人民币结算、跨境劳务合作等方面向国家相关部委申请先行先试政策，极大地集聚了瑞丽沿边开放的活力，在体制机制改革方面，积极推进区域联动和共享发展，实施瑞丽畹町姐告同城化、芒市瑞丽陇川一体化发展，促进区域协调发展、中缅共享发展，全力把瑞丽重点开发开放试验区建设为面向东亚东南亚辐射中心的关键节点、孟中印缅经济走廊建设的先行区。

第二，强化基础设施建设和通关便利化改革先行先试。瑞丽（含畹町）沿边开放30年来，不断强化基础设施建设和通关便利化改革先行先试，积极建设边民互市交易中心、中缅油气管道、跨境公路；积极推进边民互市贸易信息化改造，成为云南电子口岸平台建设第一批试点，不断完善"一站式"、无纸化通关及"一口岸多通道"管理模式，并在全省率先启用边检自助通关系统，通关便利化水平全面提升；积极推动中缅关检合作，推行监管互认，由"一国一检"变为"两国一检"，针对中方每年从缅甸进口大量特色农产品的实际，中方检验检疫人员和进口贸易公司提前对缅方订单种植基地进行检验，探索实施海关和检验部门"一次申报、一次查验、一次放行"，大力推行"一口岸备案，多口岸通关"的管理模式，探索实施"一证通两国"的边民通过措施。

第三，推动跨境金融、跨境电商等改革发展。瑞丽（含畹町）开通我国首个对缅非现金跨境结算服务点，成功打造了云南省首个边境刷卡无障碍示范区，并率先启动了出境车辆、入境外籍人员跨境保险，以及外籍人员瑞丽购房跨境贷款试点，创造了引领中缅货币兑换汇率的"瑞丽指数"。此外,全国首笔企业通过境内银行直接办理缅币购汇并跨境支付业务落地瑞丽。跨境电商方面,中缅跨境电商产业园正式启用,宏星好运跨境物流瑞丽大数据中心成为对缅最大电商平台,瑞丽姐告边境贸易区成为中缅跨境电商第一平台,以及国内电商对缅信息、物流、客服、结算的中转站。

第四,积极与缅甸开展交流与合作。瑞丽(含畹町)不断深化与缅甸的人文交流,与缅甸相关机构建立定期会晤机制,促进双边在互联互通、边境贸易、边境旅游、跨境农业、环境保护、医疗卫生、警务司法、跨境经济合作区建设等领域的合作。通过创建国际学校、国际医院、友好城市等形式,广泛开展教育、医疗等领域的交流合作,如举办中缅胞波狂欢节、中缅边交会、中缅自驾车纵深游、中缅投资贸易洽谈会、中缅跨境电商论坛、"一带一路"艺术展、中缅服装生产企业合作发展交流会、中缅经贸论坛,以及瑞丽·木姐城市规划、教育卫生、劳动力资源、农林水、旅游文化等系列座谈会,与木姐市结为友好城市,推进中缅瑞丽—木姐跨境经济合作区建设,积极援建缅甸木姐小学、垃圾热解站和勐古镇岗龙村卫生院,"国门学校""国门医院""国门书社"成为边境亮丽风景线。

第五,创新边境管理,形成"一寨两国"跨境民族相融互促的"银井模式"。银井村地处中缅边境,1960年中缅两国勘测国界时,在银井村中间树立起了中国71号界碑,将村子一分为二,界碑西北为中国瑞丽姐相乡银井村,界碑东南为缅甸芒秀村,其是中国唯一一个"一寨两国"村。由于银井村地处边境线,且该村与邻国缅甸之间无天然屏障隔离,因此受毒品危害严重,偷盗、打架、赌博、吸毒现象较为突出,村里的治安一度很差。瑞丽结合银井村实际情况,不断在银井村深化平安边境创建工作,探索出了银井边境稳定平安村、民族团结和谐村、乡风文明幸福村、特色旅游致富村的"平安边境特色四村建设"工作模式。

图 11-18 银井—芒秀中缅界碑

资料来源：北京大学国际关系学院张高原摄于 2018 年 8 月调研期间。

图 11-19 瑞丽银井通道

资料来源：北京大学国际关系学院张高原摄于 2018 年 8 月调研期间。

一是姐相边防派出所建立了"三队一室"，积极创建"边境稳定平安村"。其中，"党员禁毒防艾工作队"深入吸毒人员家中走访，发动其家人一起做好劝诫工作；"军警民巡逻联防队"划分责任区，开展治安巡防和专项整治；"老年人矛盾纠纷调解队"充分发挥傣族群众家族式管理、老年人德高望重有威信的优势，及时化解发生在本村的矛盾纠纷；"一寨两国景区警务室"做好旅客报警求助、矛盾纠纷调处、边境政策法规宣传、各类治安案件处置、警民联防组织、过往旅客服务等工作。

二是乡政府、乡司法所、外事、姐相边防派出所等部门于 2011 年在银井村组成"姐相乡边民涉外矛盾纠纷调处中心"，与缅甸警察建立突发事件预警机制，共同制定突发矛盾纠纷处理预案，传统的调解方法逐步转变为有组织、依法律、多部门联合调解，成为广为人知的"国际小法庭"，边民的法治意识明显增强，有力推动了边境地区的和谐稳定。

三是姐相边防派出所以银井村党员活动室为平台，把民警兼任村干部作为巩固基层政权、促进边境和谐发展的有效抓手，积极开展支部帮建活动，通过推动社区民警兼任银井村党支部副书记，探索建立了"五联工作机制"，积极创建"乡风文明幸福村"。

四是驻地政府、姐相边防派出所和银井边境检查站充分利用"一寨两国"边境景观，深入挖掘旅游特色，把爱民固边模范村创建的着力点放在发展旅游致富上，帮助群众拓展深度旅游项目，积极创建"特色旅游致富村"。

通过警民的共同努力，银井村先后被评为省级、州级和市级的"平安村寨"、"无毒村寨"、"爱民固边模范村"、"社会治安综合治理先进集体"和"先进基层党组织"等。2015 年，"一寨两国"跨境民族相融互促的"银井模式"得到了党中央的充分肯定，先后成立我国首家跨境民间联合禁毒中心和缅甸木姐妇女儿童发展中心，银井"一寨两国"中缅友谊示范村启动建设。

　　瑞丽是我国沿边开放的先行者，1985 年成为我国最早开放的边境贸易区，2000 年成为我国最早设立"境内关外"边境贸易区的城市。从 20 世纪 80 年代在全国率先实施沿边开放至今，瑞丽（含畹町）依托独特的区位条件和雄厚的资源基础，紧紧围绕作为中缅"人"字形经济走廊建设节点，以及作为面向东南亚、南亚辐射中心的发展定位，主动融入并服务国家发展大局，大力发展外向型经济，形成了全方位开放发展"瑞丽模式"，成为我国边境贸易、对外开放发展的开拓者和领路人。2022 年是我国沿边开放 30 周年，瑞丽（含畹町）作为首批沿边开放城市，30 年的开放发展取得显著成效。未来，瑞丽（含畹町）将继续坚持开放引领，抢抓中国—东盟自由贸易区全面建成的重大机遇，加强"互联网＋边贸"和国际营销体系建设，确保对外开放提质增效。

作者：时雨晴

第十二章

"互联网 + 边境贸易"

——河口开放简史

云南省河口县（即河口瑶族自治县）具有较为优越的对外开放区位条件以及深厚的历史底蕴，自古便是中越两国贸易往来的重要通道。新中国成立后，河口进一步获得了优惠的对外开放政策，地方政府据此不断改革边境贸易管理机制，使河口县的对外贸易取得了不小的经济成就。河口是我国沿边地区较为典型的开放口岸，在对外开放 30 年的时间内，开放程度逐步深入，并且已经形成了自身独特的口岸发展优势。在主要依靠沿边开放优惠政策拉动经济、以提高口岸运输能力推动外贸两个阶段的基础上，河口口岸开始了一系列信息化、智能化的改革，深刻改变了沿边贸易的形式，摸索出"互联网 + 边境贸易"的发展模式。

第一节
区位条件

河口瑶族自治县位于云南省的红河哈尼族彝族自治州，境内居住着瑶、苗、壮等少数民族，是云南省唯一一个以瑶族为主体的自治县。

矿产资源丰富，整个红河州的有色金属在全国乃至全世界均占有重要的地位，河口县的地表之下也深藏着金、铜、铁、锌、锑、铅、钛等矿产。河口县与金平县、文山马关县分别接壤，与越南老街市隔河相望，红河及其支流南溪河将两地分开。河口县境内的国境线长达193公里，与越南领土最近之处仅二三十米。河口与云南省省会昆明相距496公里，距离越南首都河内也仅296公里，并且恰好处于滇越铁路、

图 12-1　河口瑶族自治县区位

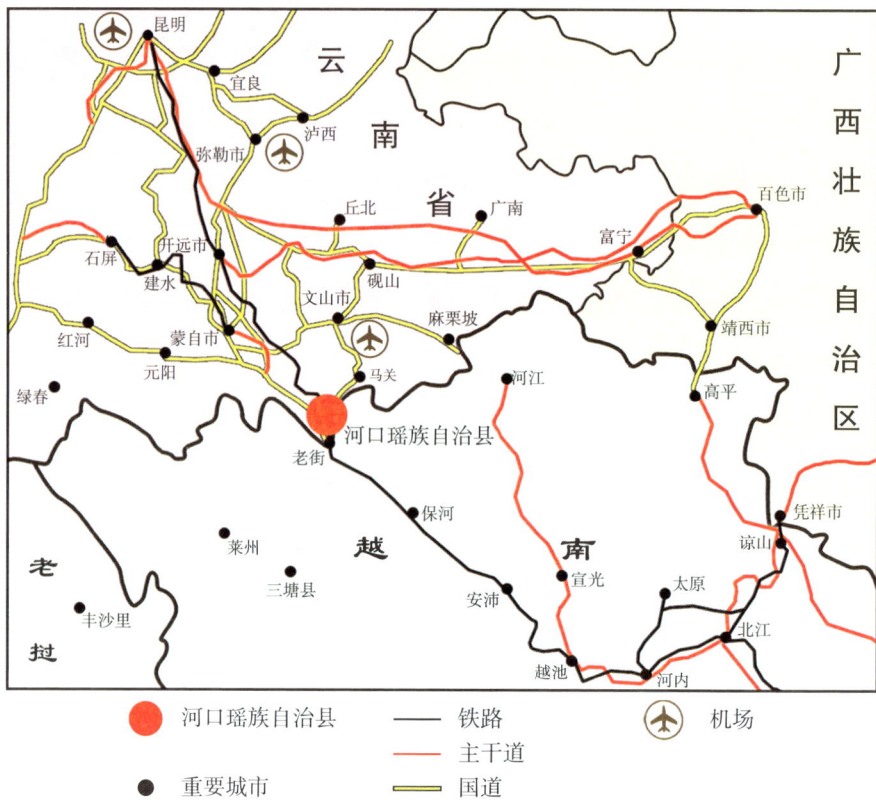

图 12-2 河口瑶族自治县交通

昆河公路、红河航道之上，陆路、水路交通条件均较为便利。

　　优越的区位条件使河口自古便是我国与东南亚诸国货物、人员往来的重要枢纽。在传统时期，中原王朝与安南（今越南）长期保持着朝贡关系，双方以朝贡—回赐的方式进行物品交换，与此同时，民间贸易也基本没有间断过。东汉的石碑槽、南诏的贾涌步、唐代的步头路等均是当时西南居民与越南边境人群进行经济交流的主要通道，部分线路甚至一直沿用到清末。元明清三朝，由昆明经晋宁、江川、通海、建水抵达蒙自，再从蒙自莲花滩（今河口县西北地区）南下，便可进入越南北部，部分经此通往越南的商贩就可在保胜（今越南老街市）进行贸易。

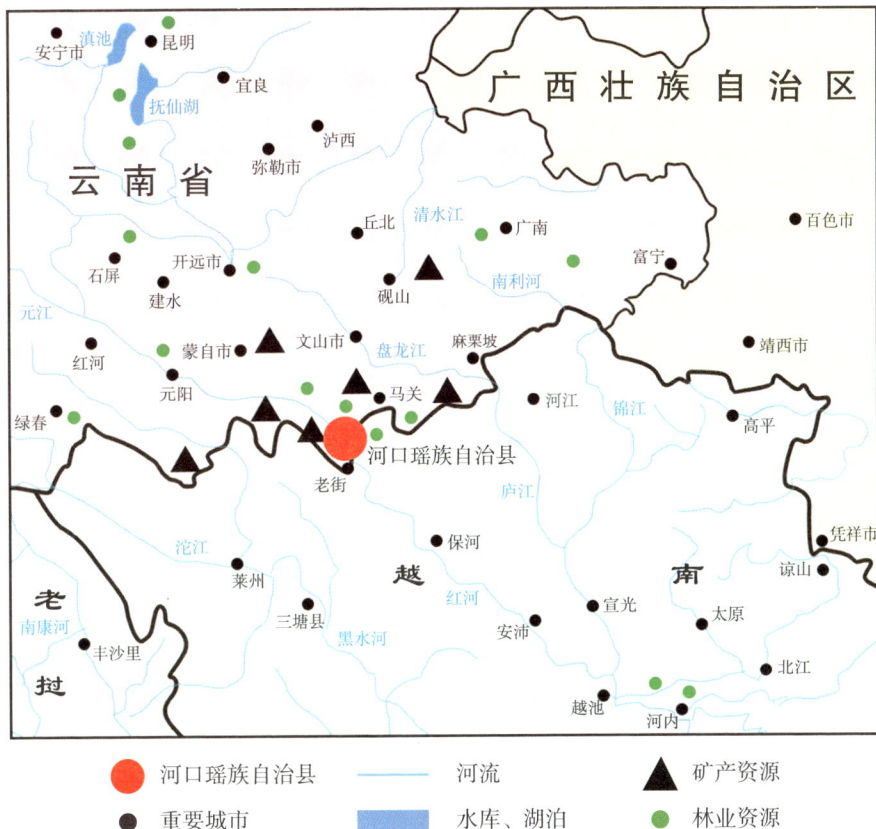

图 12-3 河口瑶族自治县及周边地区资源分布

时至清朝乾隆年间，中越双方的边境贸易已经相当频繁，为更好地对其进行管理，朝廷在开化府的马白设立税所，并在河口设立营汛，以保护该商道。当时，亦有不少越南商贩顺红河水道直抵保胜，途经河口、蒙自，到达昆明。保胜的商业也因此得到极大的发展，到清同治朝时，越南保胜已有七八家商号，经营日杂百货、粮食、海盐、糖果等商品。

1883 年，中法战争爆发。清政府在战后被迫与法国签订了包括《中法会订越南条约》在内的数个不平等条约，承认法国对越南的"保护权"，并同意在中越边境地区开放数个通商口岸。其中，于 1885 年签

409

订的《中法会订越南条约》便将河口作为允许法越与中国通商的处所之一，法国随后根据这一条约在河口设副领事 1 名。1895 年 6 月 20 日，清朝又被迫签订《中法续议商务专条附章》，该条约进一步规定了河口、龙州等通商口岸的货物收税标准。1896 年，中越双方在边界东段和西段共设置 20 组对汛，后来这些对汛几乎都发展成为双方边民互市的贸易点，从此双方边民互市需办理出入国境的证件，即"长行过界准单"，由对汛署签发①。虽然由于此时越南已成为法国的殖民地以及中越间签订了数个不平等条约，中越的边境贸易带有一定的掠夺性质，但是这在客观上确实极大地密切了中越两国的贸易往来。河口被开辟为商埠之后，红河航道上每日"大船三百，小船千艘，千帆云集，来往如蚁，盛况空前"②。1889 年，蒙自海关的进口货值为 62300 海关两，1890 年便达到 466089 海关两，暴增 6.5 倍，1909 年更是增长到 6696508 海关两，是 1889 年的 107.5 倍；同时商品出口量也有了质的飞跃，1889 年出口货值为 87629 海关两，1909 年则上升到 4750852 海关两，暴增 53.2 倍，蒙自的进出口贸易总额更是占到云南全省的 89.3%③。

1910 年 4 月滇越铁路通车后，再一次急剧扩大了云南省进出口的贸易量。河口在中越边境贸易中也达到了举足轻重的地位，1910 年至 1937 年的 28 年中，云南对外贸易 85% 以上的货物经由河口出入。据《河口瑶族自治县志》记载，当时越南河内等地的商贾纷至沓来，在河口、老街开设店铺，1930 年河口城区人口 4239 人，店铺就有 85 家，小摊、小贩 153 户④。河口主要出口土产茨茛、红糖、紫梗和药材等物

① 杨珂、李燕：《中越边境贸易研究——基于滇越、桂越间对比合作视角的考察》，人民出版社，2019，第 92 页。
② 《河口瑶族自治县概况》编写组《河口瑶族自治县概况》，云南民族出版社，1985，第 145 页。
③ 吴兴南：《云南对外贸易——从传统到近代化的历程》，云南民族出版社，1997，第 141~155 页。
④ 云南省河口瑶族自治县志编纂委员会编《河口瑶族自治县志》，生活·读书·新知三联书店，1994，第 327 页。

品，主要进口棉纱、煤油等。在 1911 年至 1931 年间，个旧的锡矿也经此大量外销，年输出在 11 万吨至 19 万吨之间。

图 12-4　滇越铁路

资料来源：http://k.sina.com.cn/article_6514409948_1844a01dc001008k41.html。

　　1940 年 9 月，日本军队占领越南。当年，国民政府出于战略需要，炸毁了河口—老街的中越国际大桥，滇越铁路被迫中断。对外贸易一落千丈，只有极少数的边民互市在勉强挣扎，双方"在南溪河设渡口，由河口方面组织木船作为交通工具，允许边民持证进出"[1]。1942 年 10 月 24 日，日本侵略军的飞机对河口进行狂轰滥炸，彻底摧毁了繁盛一时的河口，并使中越双方的边境贸易基本中断。

---

[1]　张跃等：《活跃的边缘地带——云南边境地区民族文化多样性》，云南大学出版社，2017，第 149 页。

中华人民共和国成立后，越南政局尚不够稳定，仍处在抗法战争的战略相持和反攻阶段，但中越双方的边境贸易已有逐渐复苏之势。1953 年，中国杂品进出口公司广西分公司在昆明成立对外贸易办事处，同时在河口设交接组，负责按照中越双方签订的合同，办理援越物资和地方物资的交接事宜。同年 8 月 25 日，中越签订《关于开放两国边境小额贸易的议定书》，允许国界至内地 20 公里内的边民根据习惯前往对方指定的市场进行交易，并规定小额贸易限额为 150 元，5元以下双方免征关税，150 元以下中方暂免关税（已折算为新人民币）。1954 年中越边境小额贸易正式启动，随后云南省与越南北部三省相继开放了桥头、坝洒、老街、花龙等 11 个相对的小额贸易市场，小额贸易得到了一定的发展。1955 年，河口全县的进口额达 85.13 万元，出口额达 35.04 万元，其中在整个滇越边境的小额贸易中，河口更是占据了极大的比重，1954 年为 75.94%，1955 年为 76.30%[1]。为了进一步加强对小额贸易市场的管理，1953 年 12 月在河口、老卡，1955 年1 月在小坝子，分别设立了联合办事处，由财政、税务、公安、海关、边防检查站、贸易公司、银行等单位抽调人员组成[2]。

此时，两国边境地区还存在另外一种贸易形式。根据 1955 年中越两国在北京签订的《关于两国边境地方国营贸易公司进行货物交换的议定书》，两国边境地区的国营企业可按照计划直接贸易，经营单位包括河口县民族贸易公司和老街省土产贸易公司等。从 1956 年开始，每年由云南省和越南老街省等地方政府组成代表团，进行会谈，商定边境贸易额度、交换货物合同，并于年终统一结算。1958~1965 年进出口合同总额 128.90 万元，其中进口 65.48 万元，出口 63.42 万元；实际完

---

[1] 云南省河口瑶族自治县志编纂委员会编《河口瑶族自治县志》，生活·读书·新知三联书店，1994，第 327~330 页。

[2] 云南省河口瑶族自治县志编纂委员会编《河口瑶族自治县志》，生活·读书·新知三联书店，1994，第 340 页。

成 159.77 万元，其中进口 76.83 万元，出口 82.94 万元[①]。可以说，在这段时期内，两国国营公司严格按照政府的计划来进行贸易是当时中越两国贸易的主要方式，并表现出贸易品种少、经营规模小的特点[②]。

然而，20 世纪 50 年代末至 80 年代初，我国的政治经济环境时有动荡，再加上越南进行抗美救国战争、中越关系恶化等国际因素，中越两国官方组织的边境贸易受到了极大的影响，可以说基本处于停滞状态。河口县也由此进入了长达 30 余年的支前战备状态，地方社会经济建设不得不让步于国防安全，河口县逐步落后于我国其他地区。尽管如此，地方政府和两国边民仍旧为开展两国的边境贸易做出了一定的努力：1972 年河口县商业局成立外贸组，负责外贸出口物资的收购业务；1977 年单独成立外贸站，隶属财贸办公室；1984 年改为河口县对外贸易公司，隶属红河州外贸公司[③]。两国边民也在此期间自发地聚集在紧靠边界的露天地区，交易鸭、狗、兽皮、布匹、药物等商品，这种交易地点被俗称为"草皮街"。到 1985 年，滇越边境"草皮街"交易点已达到 20 余处。

直至 1983 年以后，中越两国关系有所改善，边境冲突已经基本结束，边境贸易环境迎来新的转机。此时，两国政府和人民都迫切地希望集中精力进行社会经济建设，基于这种需求，恢复中越边境正常贸易就顺理成章地成为当时中越两国的共同选择。1986 年 12 月 5 日，越共中央召开六大，决定实行"革新开放"的方针。1989 年 3 月，越南进一步实行边境开放政策，从此不少越南边民携带农副土特产品乘木船、竹筏渡过红河、南溪河进入河口交易，购买中方日用百货[④]。中断十余年的中

---

① 云南省河口瑶族自治县志编纂委员会编《河口瑶族自治县志》，生活·读书·新知三联书店，1994，第 333 页。

② 杨珂、李燕：《中越边境贸易研究——基于滇越、桂越间对比合作视角的考察》，人民出版社，2019，第 111 页。

③ 云南省河口瑶族自治县志编纂委员会编《河口瑶族自治县志》，生活·读书·新知三联书店，1994，第 340 页。

④ 《河口瑶族自治县概况》编写组编《河口瑶族自治县概况》，云南民族出版社，1985，第 59~60 页。

越边民互市再次开始复苏。而当时中国的沿海地区受惠于沿海开放的国家战略，整个经济已经呈现出高速发展的态势，亟须将这一改革开放的成功经验推广至经济发展滞后的内陆地区，以促进整个国家经济社会的协调发展。鉴于国内对外开放的良好态势以及边境形势发生的重大变化，中共河口县委、县人民政府果断将此前"重军事，严政治，求安定，保边疆"的工作方针，转变为"重管理，促发展，保安定，兴边疆"的工作指导思想，提升经济发展的战略地位。1989 年 5 月 16 日，"河口瑶族自治县边境工作委员会"成立，意在加强对边境、边民互市的管理。

在 1991 年中越关系恢复正常化以后，中越边境贸易开始快速复苏，每天都有上百辆汽车、两列火车以及上千名中外客商通过河口公路口岸和铁路口岸[①]。河口县还建成了一条"越南街"，越南边民可到此设点摆摊，出售手表、刀具、餐具、化妆品及小工艺品等商品[②]。当年全州出入境人员达 30 万人次，贸易总值达 1.4 亿元人民币。

河口地区既有的资源禀赋和地理区位，使其在边境地区具备了与周边国家互相往来的优越条件。中越两国人民和政府在长期的互动过程中，逐渐形成了深厚的边境贸易传统，为此后河口的对外开放奠定了坚实的历史基础。

第二节
河口对外开放的历程与主要成就

进入 20 世纪 90 年代，我国对外开放的总体战略发生重大变化，

---

① 程敏、李燕等：《中国云南省与越南西北四省边境贸易研究》，中国社会科学出版社，2014，第 49 页。
② 杨珂、李燕：《中越边境贸易研究——基于滇越、桂越间对比合作视角的考察》，人民出版社，2019，第 113 页。

由原来单一的沿海开放战略向沿海、沿江、沿边、沿线的"四沿"开放战略进行转化，从而迎来了我国经济全方位对外开放的崭新局面[①]。于是，中央政府、省政府及县市政府开始根据这一战略转变，开始在适合实行对外开放的边境地区逐层进行布局。云南省各级政府也迅速做出反应，1991 年 8 月 15 日，中共云南省委、省人民政府在开远市召开边贸现场办公会议，提出"打开南门，走向亚太"的战略方针。1992 年 6 月 9 日，国务院下发文件（国函〔1992〕62 号）正式批准河口为沿边开放县；同年 9 月 26 日，国务院批准河口建立边境经济合作区（特办字〔1992〕58 号），核定面积 4.02 平方公里，拥有省级经济管理权，区内享有税收、土地、项目、审批等一系列优惠政策，"实行一条龙服务，是全国 16 个国家级边境经济合作区和云南省 4 个国家级边境经济合作区之一"[②]。

为进一步推动红河州边境贸易的发展，促进全州对外开放，红河州于 1992 年颁布了《红河哈尼族彝族自治州人民政府关于边境贸易的政策规定》（红政发〔1992〕61 号），明确规定："红河哈尼族彝族自治州全境均为边境贸易区，全州的经济实体经批准后，均可参与边境贸易；在州域内的州外的国营、集体工商企业经州人民政府批准，也可参与边境贸易。外商、侨商和港、澳、台商到全州各地洽谈贸易，不受地域限制。"[③] 这就极大地扩大了能够参与边境贸易的主体范围，放宽了对外贸易的政策限制。河口县随之又成立了"河口边境经济合作区管理委员会"，以加强对边境贸易的管理。

伴随着一系列开放政策的出台和管理机制的改革，中越两国的边境贸易获得了极大的发展，从图 12-6 便可看出，在 1992~2020 年的

① 王小刚：《试论中国西南地区对外开放的两大战略关系》，《社会科学研究》1994 年第 5 期。
② 林文勋主编《滇西边境县研究书系·河口县》，云南大学出版社，2015，第 168 页。
③ 中共云南省委办公厅编印《云南对外开放优惠政策汇编》，内部资料，1993，第 258 页。

近 30 年内，河口口岸的对外贸易进出口总额便暴涨了数百倍，达到了 284.4 亿元。回顾整个对外开放历程，可将其分为以下几个阶段。

图 12-5　1992 年河口口岸情况

资料来源：云南省河口县供图。

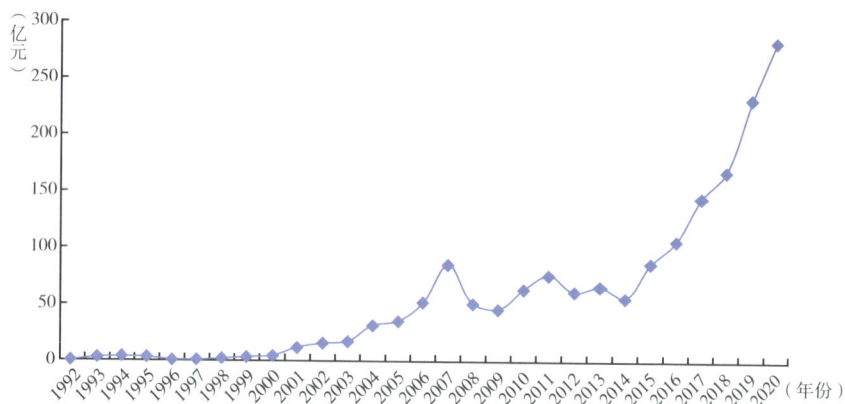

图 12-6　1992~2020 年河口口岸对外贸易进出口总额

资料来源：历年《河口瑶族自治县政府工作报告》。

一 1992~2000 年：优惠政策拉动开放

在中共中央、国务院以及云南省政府有关政策的支持下，河口县针对扩大对外开放、发展边疆民族经济的目标，于 1992 年制定了《河口瑶族自治县人民政府关于进一步扩大对外开放的若干政策规定》（河政发〔1992〕76 号），河口县从此实行全方位总体开放。县人民政府有权对内资在人民币 3000 万元以下或外资在 1000 万美元以下的投资项目进行审批；凡经批准建立的边贸企业，可在全县范围内进行商贸、工贸、技贸等方面的经营，并享有国家给予的中越边境贸易的优惠待遇[①]。1992 年，滇越边境小额贸易进出口总额便达到 836 万美元。

1993 年 5 月 18 日，中国河口—越南老街、中国天保—越南清水河口岸相继复通。河口成为云南省内的国家一类口岸，这就为中越两国发展边境贸易创造了极佳的条件。当年，滇越边境小额贸易金额便大幅增长至 5514 万美元，同比增长 5.6 倍，其中云南对越南出口增长了 9 倍之多[②]。这一时期云南出口的主要商品有五金机电产品、自行车、柴油机、水泥、钢材、手扶拖拉机、缝纫机、收录机、电风扇、布匹、啤酒、热水瓶、挂钟、玩具、玻璃、陶瓷、日用百货、医药、油毛毡、水泥生产设备、橡胶生产设备、机车及车辆零配件等。从越方进口的主要商品有海产品、木材、矿产品、钢材、橡胶、棉纱、粮食、中药材、水果等[③]。双方进行交易的形式主要包括当场交易、预约订货、代购代销、赊购赊销等。参加交易的主体，除两国边民外，还有双方边境县、省乃至内地省份的国营、集体、私营企业和个体户，其中私营

---

① 中共云南省委办公厅编印《云南对外开放优惠政策汇编》，内部资料，1993，第 325~327 页。

② 杨珂、李燕：《中越边境贸易研究——基于滇越、桂越间对比合作视角的考察》，人民出版社，2019，第 113 页。

③ 边行：《滇越边境贸易的现状与前景》，《云南学术探索》1994 年第 5 期。

经济、个体经济数量最大，经营最活跃，发展最快；据越南方面的估计，双方私营企业的边贸额占总额的 70%~80%①。

当时两国的贸易支付方式较为多样，除以货易货外，人民币、美元、越南盾三种货币都成为当时边境地区的通用货币，这同时意味着支付方式存在诸多不规范之处。1993 年 5 月 26 日，中越两国中央银行在北京签订《中华人民共和国人民银行与越南社会主义共和国越南国家银行关于结算与合作的协定》。根据这一协定，中国农业银行河口县支行与越南农业银行老街省分行在 1994 年 3 月签订了《越南老街

图 12-7　中越边境上的老界碑

资料来源：云南省河口县供图。

---

① 　边行：《滇越边境贸易的现状与前景》，《云南学术探索》1994 年第 5 期。

省农业银行同中国河口县农业银行互开账户协议书》，双方因此建立了一种较为便捷、符合自身特色的银行结算和合作关系，即通过对人民币、越南盾资金存款往来账户，正式办理边贸结算业务，这又被人称为边境贸易银行结算的"河口模式"。河口这一银行结算模式不仅为当时广泛参与边境贸易的私营企业、个体户提供了极大的便利，使双方的贸易往来更为规范化，而且有效地刺激了边境贸易的增长，据银行及当地外经贸局提供的数据，当年通过银行结算的金额为 2600 万元人民币，边贸实现了 125% 的增长[1]。

1996 年 2 月，此前中断近 20 年的滇越铁路恢复国际联运，河口口岸的贸易总量当年便达到了 15.41 万吨。然而，由于国家政策的调整，滇越边境贸易总量在整体上却不增反降。当年，国务院发布通知，对边境贸易的形式、范围、主体及税收政策等方面进行了界定，同时还规定原对进口毗邻国家农、林、渔、副、土、矿产品免征进口税的优惠改为减半征收，并在贸易管理上采取了比较规范、严格的规定[2]。当年，河口县人民政府也印发了《关于边境经济贸易管理实施办法的通知》（河政发〔1996〕52 号），继而成立县对外开放工作委员会，意在对河口县的对外贸易进行整顿。此前，看似逐渐繁荣的中越边境贸易中确实隐藏着不少的边贸乱象，存在一定的安全隐患。在这一阶段，中央和地方政府都下定决心要进行更为健康的贸易往来，实行专业化的管理，原本不少较为自由却并不规范的贸易形式便随之被取缔。这就使边境贸易额出现了暂时的下降，1996 年，整个云南省边境贸易额下滑 39%，而滇越边境小额贸易进出口总额仅为 1460 万美元，同比下降了 63.6%[3]。再加上，1997 年，越南陷入亚洲金融危机，经济极为动

① 石静、侯皖匀、钟泽：《边贸结算之"河口模式"》，《云南金融》2003 年第 8 期。
② 于国政：《中国边境贸易地理》，中国商务出版社，2005，第 143 页。
③ 杨珂、李燕：《中越边境贸易研究——基于滇越、桂越间对比合作视角的考察》，人民出版社，2019，第 114 页。

荡,当年滇越边境小额贸易进出口总额再次下滑至 1245 万美元。

为刺激边境贸易的复苏,国务院于 1998 年发布了针对边境贸易的补充规定,其内容包含了一系列对边境贸易的优惠政策,其中最为重要的是:赋予边境省区在边境贸易相关事务方面的审批权和自主权;对边民互市贸易的进口商品免税额从每人每日 1000 元人民币提高至 3000 元;对边境小额贸易企业的进口继续实行关税和进口环节增值税减半征收的政策,并给予其进行对外经济技术合作的经营权,可以开展与毗邻国家边境地区的承包工程和劳务合作业务[1]。如此,在当时最主要的边民互市贸易、边境小额贸易、对外经济技术合作三种贸易形式上,国家都制定了对应的优惠政策。国家民族事务委员会也在此时倡议发起"兴边富民行动",对边境县市给予一定的财政补助资金。在这种利好的大环境之下,河口县也根据自身特征不断优化边贸服务。中国农业银行河口县支行与越南农业银行老街省分行又分别于 1997 年、2000 年签订了《边境贸易结算合作协议书》和补充协议,进一步明确了两国双边贸易清算、现钞跨境调运等有关问题,建立了越来越畅通的中越边贸银行结算渠道,从此绝大多数的边贸交易通过银行结算。这就为中越两国提供了更加快捷规范的服务,促进了中越边境贸易的发展[2],再加上此时越南的经济状况有所好转,1998 年的滇越边境小额贸易进出口总额恢复到了 2729 万美元,同比增长 119.2%。此后,连续数年均实现了快速增长,至 2000 年时滇越边境小额贸易进出口总额已达到 5974 万美元。河口口岸在其中无疑起到了极为关键的作用,特别是经河口进出口,由滇越铁路进行运输的货物量在当时一度占到滇越贸易的 80%。

---

[1] 转引自杨珂、李燕《中越边境贸易研究——基于滇越、桂越间对比合作视角的考察》,人民出版社,2019,第 115 页。

[2] 石静、侯皖匀、钟泽:《边贸结算之"河口模式"》,《云南金融》2003 年第 8 期。

图 12-8　河口中越公路大桥

资料来源：云南省河口县供图。

　　总体来看，这一阶段河口口岸的对外开放，一方面，属于继承边境贸易历史传统的时期，贸易形式仍以范围较小、层次较低的边民互市贸易、边境小额贸易为主；另一方面，此时的边境贸易受国家沿边开放政策的影响较大，在我国出台一系列针对边境贸易的政策、地方政府成立边贸管理机构以及地方建立中越边贸银行结算渠道后，河口的沿边贸易逐渐走向规范化，在经历短暂的阵痛后开始迅速发展。

二　2001~2014 年：提升口岸运输能力

　　时至 2001 年，河口的沿边开放和边境贸易进入了快速发展的阶段，这首先便得益于此前中共中央在这一方面做出了极为贴合国内经济发展需要的战略布局。1999 年，中国共产党第十五届四中全会通过了《中共中央关于国有企业改革和发展若干重大问题的决定》，将西部沿边地区的开发纳入国家发展战略。2002年，党的十六大召开，中共中央、国务院提出加大对少数民族和民族地区的开发开放力度，并下发《中共中央 国务院关于进一步加强民族工作加快少数民族和民族地区经济社会发展的决定》，试图以加大政策扶持力度、加强规划指导、强化资金项目支持等措施进一步推动沿边地区开发开放。此时，越南也积极谋求与我国的经济合作，以实现两国互利共赢。2004年5月，越南领导人来华访问时提出"两廊一圈"的建议；同年10月，两国政府发表联合公报，明确提出积极推进两国政府的合作构想。"两廊一圈"涉及我国云南、广西、广东、香港、澳门、海南及越南的10个沿海地带，是两国中长期经济合作的共同规划。而河口口岸与越南老街口岸正处在其中的昆明—老街—河内—海防—广宁经济走廊的中心位置，"北连国内14亿人口的巨大国内市场，南连越南及其背后4.6亿人口的东盟国际市场，是国内、国际两大市场的接合部，是'昆河经济走廊'的咽喉，是中国—东盟自由贸易区建设中云南省重要的桥头堡"[①]。2004年11月29日，第八次中国—东盟首脑会议在老挝召开，会议宣布2005年全面启动中国—东盟自由贸易区建设，我国与东盟10国签署了《货物贸易协定》和《争端解决机制协议》。

总之，国内外的政治经济环境和战略需求都为河口进一步扩大对外开放、发展边境贸易提供了极为难得的历史契机。河口县委、县政府为抓住这一机遇，从多个方面做出努力，加强对外交流合作，力图将河口口岸的区位优势尽快转变为经济效益。

河口县随之出台了不少相应的制度规定，给予边境贸易一定的优惠政策。一方面，制定《边民互市贸易交易试点管理办法》，规定：边民通过互市贸易进口的生活用品，每人每日价值在8000元人民币以

---

① 林文勋主编《滇西边境县研究书系·河口县》，云南大学出版社，2015，第104页。

图 12-9 河口北山红河大桥公路口岸

资料来源：云南省河口县供图。

内（含 8000 元）的，免征收关税和进口环节增值税，相应的税收减免在边民携带互市商品入境办理进口申报环节时给予实施，边民可以采用拼装方式进口边民互市商品。另一方面，立足于营造优质高效的服务环境和更加宽松的政策环境，增强招商引资吸引力①。2011 年 8 月 1 日，《河口瑶族自治县招商引资规定》正式颁布实施，规定：投资规模在 3000 万元以上的项目，按照"一事一议"原则给予优惠办理；凡在县内投资项目，注册资金在 50 万元以上的，五年内每年将企业上缴增值税属地方财政留用部分的 50% 用于扶持企业发展；固定资产投资额在 2000 万元以上的各类新办企业，从投产之日起五年内，第一年将企业上缴增值税属地方财政留用部分的 50% 作为扶持企业扩大再生产资

---

① 红河州地方志办公室编《红河州年鉴 2012》，云南人民出版社，2012，第 268 页。

金，扶持比例往后逐年按 10 个百分点递减[1]。同时，河口作为国家一类口岸，凡在河口边境经济合作区 4.02 平方公里内的国内外投资企业，只要符合条件均享受国家财政贴息补助。诸多政策为企业投资提供一定的便利和优惠，使河口县对外经贸队伍不断壮大。2010 年河口外（边）贸企业已达 193 家，其中，国有 5 家、集体 4 家、港澳 1 家、有限责任公司 183 家，开展边贸、大贸"双权"经营的公司 182 家，经营业绩在 1000 万元至 1 亿元的企业 28 家，在 1 亿元以上的企业 8 家，已经形成了较大的企业规模[2]。

此阶段中越双方在口岸管理一事上也取得了突破性的进展。2004 年，双方决定积极寻求口岸管理部门间的密切配合，优化服务，建立更为健全的合作机制，为中越双方进行贸易创造更好的条件。同时，河口口岸获得了铁路 24 小时通关、公路 15 小时通关等优惠政策，并在 2004 年 9 月被正式批准对持有有效证件的游客、商务考察人员办理落地签证手续，成为中越边境地区第一个获得签证权的口岸。河口口岸随之便致力于升级口岸管理系统，以提高旅客的通关效率。2010 年，河口口岸成为云南省第一家拥有口岸自助查验通关系统的国家一类口岸。该系统极大地缩短了旅客的通关时间，每位通关旅客仅需要 6 秒钟便可顺利通过口岸，并设置电子信息平台，将车辆的相关信息录入系统，以此核对实际情况与网上信息是否一致，以避免车辆违规行为的发生[3]。

除此之外，这一阶段边境贸易获得巨大发展的最重要因素实际上是基础设施的逐步完善。2001 年 1 月 8 日，中越南溪河公路大桥建成通车；2009 年 9 月 1 日，中越红河公路大桥试通车。两者与中越铁

---

[1]　林文勋主编《滇西边境县研究书系·河口县》，云南大学出版社，2015，第 103 页。
[2]　林文勋主编《滇西边境县研究书系·河口县》，云南大学出版社，2015，第 103 页。
[3]　《云南首家自助查验通关系统 在河口口岸建成》，商务部网站，2009 年 11 月 5 日，http://kmtb.mofcom.gov.cn/article/zhongyswhd/200911/20091106601585.shtml。

图 12-10 百年中越铁路大桥

资料来源：云南省河口县供图。

路大桥共同成为连接中越两国的重要通道。这就使河口口岸实现了人员、货物分流，有效地缓解了口岸通关不畅的问题[1]。与此同时，河口口岸与云南腹地间的行程总耗时也在不断缩短。2008 年 2 月 26 日，新街至河口高速公路建成通车；2009 年 8 月 6 日，蒙自至新街高速公路建成通车。如此河口至昆明的行程便仅需 5 小时左右，这在很大程度上解决了当时滇越铁路运力不足的问题。2006~2010 年，河口口岸货物运输以公路为主。2006 年公路运量为 116.5 万吨，占当年口岸货运总量 189.0 万吨的 61.6%；2007 年为 168.7 万吨，占当年口岸货运总量 225.6 万吨的 74.8%；2008 年为 116.5 万吨，占当年口岸货运总量 154.3 万吨的 75.5%；2009 年为 188.3 万吨，占当年口岸货运总

---

[1] 《云南河口边境经济合作区经济发展充满活力》，中华会计网校，2013 年 7 月 4 日，https://www.chinaacc.com/new/184_900_201307/04zh398652260.shtml。

量210.1万吨的89.6%；2010年为152.4万吨，占当年口岸货运总量164.0万吨的92.9%[①]。

2014年12月，新建的昆玉河铁路蒙河段开通运营，连接昆明、玉溪、蒙自和河口，全长377公里，这标志着泛亚铁路东线中国国内段的全线贯通。在2016年进一步提速之后，昆玉河铁路使昆明至河口的全程运行时间从原来米轨铁路所需的18小时缩短至4小时。相较于公路，铁路的运输成本更为低廉，昆玉河铁路的开通将大幅降低河口口岸进出口货物的运输成本。2014年12月1日至2020年5月下旬，昆玉河铁路开行有色金属班列超过2000列，发送铅、铝、锌等有色金属近300万吨[②]。

总之，河口县紧紧抓住我国西部大开发战略实施、中国—东盟自由贸易区建设、越南"两廊一圈"构想落地等发展机遇，不断加强与越南的互联互通基础设施建设，加大沿边战略"大通道"建设的力度。不仅在高速公路、铁路方面成绩斐然，而且在航空运输、红河航运的建设上也取得了突破性的进展，逐渐构建了立体式的交通网络。这就使国内段货物运输的问题基本得到解决，河口口岸的运输能力因此而相比前一个开放阶段有了大幅度的提升，河口县与越南互利合作的发展格局逐步得到完善。

基础设施建设对河口对外开放的影响便最直观地体现在河口对外贸易进出口总额的变化之上。"十一五"期间，河口口岸累计进出口总额297.9亿元，比"十五"时期114.3亿元增加183.6亿元，增长160.6%，占云南省对外贸易量的1/7；进出口货运量941.5万吨，比"十五"时期596.4万吨增加345.1万吨，增长57.9%，连续7年排云

---

① 林文勋主编《滇西边境县研究书系·河口县》，云南大学出版社，2015，第103页。
② 《昆玉河铁路开通5年来——搭上铁路"快车"汇聚发展动能》，《云南日报》2020年7月8日。

南省口岸第一位；出入境人员 1748.4 万人次，比"十五"时期 998.7 万人次增加 749.7 万人次，增长 75.1%，排云南省口岸第二位；出入境运输工具 57.4 万辆（列）次，比"十五"时期 28.5 万辆（列）次增加 28.9 万辆（列）次，增长 101.4%，排云南省口岸第二位[①]。"十二五"期间，口岸进出口总额累计达 345.6 亿元，占全州进出口总额的 80% 以上，占全省进出口总额的 10%。2007 年进出口总额达到 85.8 亿元，为该阶段的峰值，然而 2008 年受全球金融危机的影响，贸易量大幅下滑，同比下降了 40.4%，此后便进入长达三年的恢复期。

三 2015 年至今：开放程度逐渐加深

早在 2005 年 9 月中国红河州人民政府与越南老街省人民委员会就签署了《中国河口—越南老街跨境经济合作区方案》，提出在双方接壤地区（河口—老街）划出 5.35 平方公里，以河口国际口岸区和金城商贸区对接为起点，向各自国内延伸，中方划出 2.85 平方公里作为河口国际口岸北山片区、越方划出 2.50 平方公里作为老街金城商贸区，共同合作建设跨境经济合作区[②]。此方案提出后，获得了中越两国政府以及联合国开发计划署的支持，2010 年 6 月，云南省政府与越南老街省人民委员会签署《关于进一步推进中国河口—越南老街跨境经济合作区建设的框架协议》，将跨境经济合作区范围分为核心区域和拓展区域。河口的北山片区和老街的金城商贸区对接而成的 5.35 平方公里为核心区域，大力发展现代物流、国际会展、进出口保税加工、金融保险服务、宾馆餐饮等产业。另外，在河口北山片区、蒙自

---

① 《云南河口口岸"十一五"时期进出口总值达 297.9 亿元》，新浪网，2010 年 12 月 28 日，http://finance.sina.com.cn/roll/20101228/13389175329.shtml?qq-pf-to=pcqq.c2c。

② 《中越边境采访：建设中的红河—老街经济合作区》，广西新闻网，2006 年 8 月 28 日，http://news.gxnews.com.cn/staticpages/20060828/newgx44f24809-843072.shtml。

图 12-11　河口跨境经济合作区项目集中开工仪式

资料来源：https://image.so.com/view?q。

红河工业园区、越南老街口岸经济区及腾龙工业区，合计规划总面积129.85 平方公里的拓展区域，重点发展农林渔产品深加工、矿产资源和有色金属深加工、化工及化肥生产、机电产品加工等特色工业园区，并将之作为承接发达地区产业转移的出口加工基地[1]。2013 年 11月，《红河州河口跨境经济合作区发展规划》获国家发改委评审通过。近年来，"跨合区"逐步建成后，中越两国在河口—老街地区可构建出优势互补、资源共享、互惠互利的经济合作带，以产业辐射效应带动周边地区的经济发展。2018 年 1~10 月，北山货场进出口货物通关量便突破 370 万吨，并由此带动北山边民互市通关量达 84 万吨，同比增长 121.7%[2]。

2019 年中国（云南）自贸试验区获批建设，当年 8 月 30 日，自

① 林文勋主编《滇西边境县研究书系·河口县》，云南大学出版社，2015，第 184~186 页。
② 《河口北山货场：昆明—河内—海防经济走廊物流节点》，云桥网，2018 年 11 月 26 日，http://www.yunnangateway.com/html/2018/guoneixinwen_1126/32292.html。

贸试验区三大片区之一的红河片区挂牌成立。根据自贸试验区建设的要求，河口持续推进智慧边检建设，推行出入境旅客、机动车辆、非机动车辆通关自助化服务，实现"秒速"通关，满足自贸试验区"大进大出，快进快出"的需求[①]；大幅度缩短开办企业手续办理、社会投资项目审批、不动产登记办理、企业水电气视网接入办理等的时间，以优质的服务吸引商业投资；与越南老街、河江、莱州、奠边等北部四省签订跨境人力资源合作纪要，成立外籍人员管理服务中心，跨境务工实现招聘流程可视化、外籍务工人员管理全覆盖[②]。

对沿边贸易来说，中国（云南）自贸试验区具有立竿见影的效果，始经设立便成为沿边开放的新高地。云南全省 2019 年的外贸总额首次突破 2000 亿元，自贸试验区昆明片区、红河片区、德宏片区所在州（市）进出口总额分别为 914.4 亿元、508.5 亿元和 341.5 亿元，同比分别增长 5.0%、14.5% 和 37.4%，自贸试验区进出口总额占到全省进出口总额的 72%[③]。截至 2020 年 2 月，红河片区已吸引 152 家中外企业投资考察。新登记注册内资企业 157 家、外资企业 2 家，注册资本金分别达 35.96 亿元人民币、1652 万美元。新签约项目 22 个，协议总投资 266.02 亿元；重点在谈项目 20 个，协议资金累计 119.50 亿元[④]。

此外，信息化、智能化改革也成为这一阶段河口对外开放的重要特色。其不仅对口岸管理系统进行全面升级，实现无纸化管理，而且深刻改变了沿边贸易的形式，摸索出"互联网＋边境贸易"的发展模式。信息化改革在为中越边境贸易注入新活力的同时，也极大地提高

---

① 《中国（云南）自由贸易试验区挂牌以来——红河片区加快改革创新》，《云南日报》2019年 10 月 24 日。
② 《云南自贸试验区引领外贸高速增长》，"光明网"百家号，2020 年 3 月 25 日，https:// m.gmw.cn/baijia/2020-03/25/1301087542.html。
③ 《占全省进出口总额的 72%！云南自贸试验区引领外贸高速增长》，昆明市商务局网站，2020 年 3 月 28 日，https://swj.km.gov.cn/c/2020-03-28/3450630.shtml。
④ 《中国（云南）自贸试验区红河片区建设稳步推进》，《云南日报》2020 年 2 月 21 日。

了口岸经济的抗风险能力。

2016年，云南首个边民互市改革试点在河口口岸正式启动①。边民提前录入指纹等相关信息，以指纹申报和电子信息传输等智能化管理模式，取代以往边民凭借纸质单证申报的传统模式，极大地缩短了通关时间②；以电子卡口为依托实现了物流监控智能化。无纸化通关在一定程度上刺激了边民互市贸易的增长，截至2016年底，河口口岸边民互市贸易额已达12.23亿元人民币，同比增长134%，货运量7.39万吨，同比增长56%③。在中国（云南）自由贸易试验区红河片区成立以后，河口县利用互联网逐步构建了边民互市双边一级市场和国内二级市场交易平台，打破信息壁垒，实现信息共享，被称为"互联网＋边民互市"新模式④。为进一步规范边民互市交易结算管理、创新跨境金融服务工作，2020年4月，云南首家边贸服务中心在中国（云南）自由贸易试验区红河片区挂牌成立⑤，依托"互联网＋边民互市"的新模式，该边贸服务中心建立了一套互市贸易结算体系和金融服务体系，实现边民互市业务跨境汇款、收款、账户管理、国际收支申报的"全流程、电子化、一站式"综合金融服务⑥。当年，河口便完成了云南省首笔全电子化边民互市贸易跨境结算业务。至此，边民互市的交易、运输、结算等在形式上都发生了颠覆性的变化，使河口具备了推行边

---

① 《云南首个边民互市改革试点在河口口岸启动》，中国质量新闻网，2016年5月14日，https://www.cqn.com.cn/ms/content/2016-05/14/content_2924660.htm。
② 《云南河口口岸：以边民互市试点改革"护航"精准扶贫》，《中国日报》2016年5月24日。
③ 《河口试点边民互市》，《人民日报》（海外版）2016年5月17日。
④ 《河口开启"互联网＋边民互市"新模式 促沿边经济贸易发展》，昆明信息港网站，2020年6月12日，https://m.kunming.cn/news/c/2020-06-12/12971921.shtml#/。
⑤ 《中越边境河口挂牌成立云南首家边贸服务中心》，"中国新闻网"百家号，2020年4月30日，https://baijiahao.baidu.com/s?id=1665361896933091617&wfr=spider&for=pc。
⑥ 《中国（云南）自由贸易试验区红河片区：河口开启"互联网＋边民互市"新模式 促沿边经济贸易发展》，"云南网"百家号，2020年6月11日，https://baijiahao.baidu.com/s?id=1669215176487211538&wfr=spider&for=pc。

图 12-12　中越边境俯瞰

资料来源：云南省河口县供图。

民互市"零见面，网上办"的技术基础。在新冠疫情面前，河口能够全面落实国务院"直接取消审批、审批改为备案、实行告知承诺、优化审批服务"的四种改革方式，为企业复工复产提供便利。

近年来，中国（云南）自由贸易试验区红河片区又将跨境电商作为其四大重点产业之一，试图把"电商"作为深化沿边对外开放程度、引领经济发展的重要依托。2019 年 10 月 15 日，中国—东盟（河口）跨境电子商务物流产业园开始试运行。该产业园位于河口县北山原中国—东盟（河口）国际贸易中心，占地面积 27108 平方米，其采用"百杂归类"的拼车运输方式和"一票多人"的交易方式，降低运输成本，将运输效率提高 5~8 倍[1]。产业园的开园运行助推了

---

[1] 《中国—东盟（河口）跨境电商物流产业园创新互市电商跨境出口模式》，《云南日报》2021 年 1 月 23 日。

河口外贸转型发展，开辟了河口与越南等东盟国家进出口贸易新业态，截至 2022 年初，已有 89 家企业入驻园区，实现销售额约 35.4 亿元 [1]。

总之，经过多年的发展，河口的沿边开放程度已经逐步加深，并且开始形成自身独特的口岸发展优势。在跨境物流、跨境电商、旅游等方面发展迅速，河口口岸始终处于我国西南地区众多沿边口岸的发展前列，已经逐渐具备了推动口岸经济健康发展的规模效应。为进一步抓住建设跨合区、自由贸易试验区的历史机遇，河口立足于为中外企业提供优质的服务、宽松的环境，首开云南省口岸管理系统改革的先河。也正因如此，河口口岸的对外贸易进出口总额自 2015 年以来一直处于高速增长的阶段，2016 年进出口总额达到 106.3 亿元，同比增长 10%；2019 年达到 230.8 亿元，在 2016 年的基础上增长 117%。即便是 2020 年，进出口总额也达到了 284.4 亿元，同比增长 23%，这在很大程度上得益于河口的口岸无纸化管理、"互联网 + 边境贸易"发展模式以及跨境电子商务物流产业园等。

第三节
河口开放的经验和启示

河口进行对外开放既是其优越的区位条件赋予的历史机遇，也是河口在我国西部大开发、共建"一带一路"等布局中必须承担的时代使命。另外，处于中越两国接壤地区的中国河口—越南老街拥有着极为深厚的边境贸易传统，这恰恰说明彼此开放贸易一直都是符合两

---

[1] 《沿边开发开放的"红河实践"》，云南网，2022 年 2 月 20 日，http://honghe.yunnan.cn/system/2022/02/20/031931134.shtml。

国发展理念和发展道路的必然选择。在助推河口与老街进行边境贸易、友好往来的历史进程中，两国人民均发挥着积极主动的作用。现如今，两地的社会建设、经济均在对外开放的过程中取得了较大的发展。

图 12-13 中国河口—越南老街 "两国一城" 跨国春节联欢晚会

资料来源：云南省河口县供图。

越南老街省的 GDP 连续多年实现快速增长，在 2011 年增幅达到 14.2％。甚至有调查发现，老街省的人均财政收入要远高于河口，再考虑到老街的一些边境福利政策，老街居民的购买力至少与河口居民不相上下[1]。

河口县在 "十三五" 期间，综合经济实力也已得到大幅提升。2020 年全县地区生产总值突破百亿元大关，达到 110.21 亿元，是

---

[1] 中共中央直属机关党校编著《理论·实践·思考：中共中央直属机关党校 2013 年秋季学期学员论文（调研报告）选》，华文出版社，2014，第 324 页。

2015 年的 2.95 倍，年均增长 24.2%；固定资产投资达 88.97 亿元，是 2015 年的 1.63 倍，年均增长 10.2%；社会消费品零售总额达 23.48 亿元，是 2015 年的 3.87 倍，年均增长 31.1%（见图 12-14）；城镇和农村常住居民人均可支配收入分别为 37315 元、14973 元，较 2015 年分别增长 46.3%、56.7%，年均增长率分别为 7.7%、9.6%。2017~2018 年，河口县 GDP 增速均居云南省前两位，河口连续两年荣获云南省"县域经济跨越发展先进县"荣誉，已成为红河州经济发展最具活力、最具潜力、最具竞争力的县市之一①。另外，人均 GDP 已从 2013 年的 2.48 万元增长至 2021 年的 12.39 万元，与之相应的社会消费品零售总额也实现了大幅的增长。河口县近年来产业结构持续优化（见图 12-15）。可以说，对外开放 30 年来，河口县已经取得了令人欣喜的成绩。

图 12-14　2012~2021 年河口县经济发展走势

资料来源：历年《河口瑶族自治县政府工作报告》。

---

① 《2020 年河口瑶族自治县政府工作报告》，经济带网，2020 年 1 月 19 日，http://iic21. com/iic-zxbtz/index.php?m=Home&c=Articles&a=showart&artid=235684。

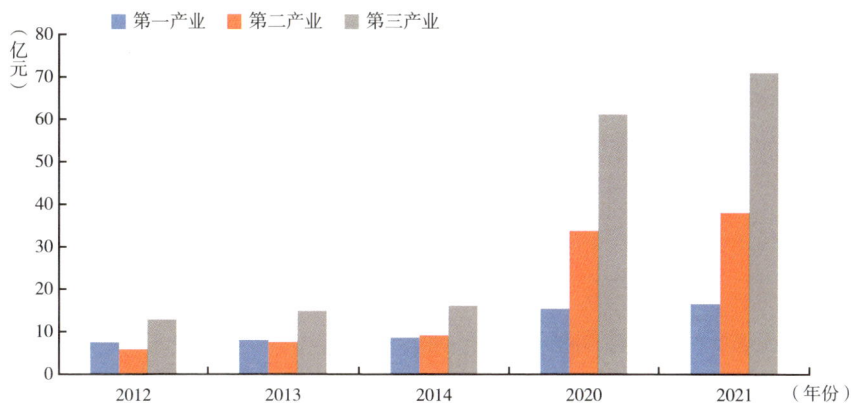

图 12-15 2012~2021 年河口县产业结构变化

资料来源：历年《河口瑶族自治县政府工作报告》。

对河口对外开放的历史进程进行总体分析后，可获得以下几点经验和启示。

一是固定资产投资与地区生产总值确实整体呈正向线性相关关系，扩大投资仍旧是当前促进经济增长的重要手段。河口县的固定资产投资一直处于较高水平，甚至在 2014~2018 年都高于地区生产总值。此后，河口口岸仍应紧紧围绕中国河口—越南老街跨境经济合作区、中国（云南）自贸试验区红河片区的建设，加大投资力度，并逐渐构建出合理的地区固定资产投资结构。

二是基础设施建设仍是突破边境贸易发展瓶颈的主要方向，中越两国应积极寻求合作，尽早实现铁路和公路的顺利对接，提升通关效率、节省物流成本。目前，河口的基础设施已经较为完善，在"十三五"期间，路网设施建设实现重大突破，昆河"复兴号"动车全线开通，河口正式进入"动车时代"，全县各乡镇农场公路通达率、道路硬化率均达到 100%，286 个村民小组通畅率达到 97.9%。但是，越南的基础设施建设仍旧严重滞后，"特别是交通、电力、信息基础设施建设跟不上经济发展要求，物流成本居高不下，占 GDP 的 20.9%"[1]。现在越南老街办理通关的铁路车站也仍存在设备陈旧、作业效率低下、区间运输路径复杂、列车运行速度缓慢等问题。现在受铁路通过能力限制，中越两国河口—老街跨国铁路关口货运量大幅缩减，两国的货物往来更多转向公路口岸——金城关口。因此，改善河口—老街跨国铁路的运输能力是发展中越两国沿边贸易的迫切需求。

三是应理顺区县间各管理部门的关系，协调配合，快速实现"区县融合"发展新跨越。优越的区位条件赋予了河口进行对外开放的历史机遇和时代使命，但是，河口作为一个县级载体，土地面积小、人口少、经济基础薄弱，与河口紧邻的屏边、金平、元阳三县的经济发展水平也相对滞后，甚至可以说远落后于河口。与沿海开放相比，河口口岸开放范围小、周边地区发展程度不高的缺陷就更加明显。我国积极布局的中国河口—越南老街跨境经济合作区、中国（云南）自贸试验区红河片区建设已在一定程度上开始弥补这一缺陷，河口县应抓

图 12-16 河口城市俯瞰

资料来源：云南省河口县供图。

---

[1] 解桂海主编《越南蓝皮书：越南国情报告（2020）》，社会科学文献出版社，2021，第70页。

住机遇，利用好"区县融合"议事决策联席会议制度，构建出精简有效的管理体制和运行机制。此外，河口口岸应坚持"区县融合"发展，全力推动各部门为口岸进出口提供最优质的服务和尽可能的便利，力保口岸贸易畅通。

总之，河口对外开放主要面对的是正处在快速发展中的越南，在改善投资环境、吸引外资的同时，更应该注重发展自身的优势产业，引进国内外的高端技术人才，提高经济发展水平。

作者：张楠林

第十三章

面向东盟深化合作共赢发展
——凭祥开放简史

凭祥地处我国西南边疆，素有"中国南大门"之称。凭祥市辖区有3 个开放口岸、4 个边民互市点，是广西口岸数量最多和种类最全的边境城市，也是中国通往东盟国家陆路大通道的枢纽城市，还是参与共建"一带一路"的重要节点城市。1992 年，邓小平南方谈话掀起了中国对外开放的新一波浪潮，沿边开放迅速上升为国家战略。1992 年 6 月 9 日，《国务院关于进一步对外开放南宁、昆明市及凭祥等五个边境城镇的通知》（国函〔1992〕62 号）印发，批准凭祥为对外开放城市，掀起广西沿边开放的高潮。30 年来，凭祥立足沿边资源条件，充分发挥毗邻越南一市三县、通达东南亚的区位优势，主动谋划布局，统筹国内国际两个市场、两种资源，统筹对外开放通道和平台建设，循序推进对外开放，经历了初步开放、深度开放，迎来新时代对外开放的新局面，取得了可喜成就。在政治上，凭祥始终坚持对外开放的基本国策，坚持互利共赢的合作理念，坚持扩大高水平对外开放；在经济上，以整合地方资源为基础，以东南亚市场为导向，建立了外向型经济体系，推动地方经济快速发展；在对外交流上，坚持文明互鉴，不断加强与东南亚国家关系稳定健康发展；在社会发展上，提前完成脱贫攻坚，迈上乡村振兴之路。

图 13-1　1992 年，国务院批准广西凭祥为对外开放城市

资料来源：凭祥市志编纂委员会编《凭祥市志》，中山大学出版社，1993。

图 13-2　现在的广西凭祥市新行政中心大楼

资料来源：http://www.meipian.cn/3bvcnuws。

第一节
开放的区位条件

一 西南边陲上的明珠

凭祥地处广西壮族自治区西南边境地区，土地肥沃，气候温和，雨水丰沛，光照充足，适合发展工农业生产。另外，凭祥旅游资源与矿产资源丰富。喀斯特地貌镌刻出凭祥壮丽河山。军事名胜古迹较多，也使这座城市成为国内外游客观光旅游的胜地。历史上，凭祥曾设有"两关一卡十九隘"，是兵家必争之地。许多历史事件发生在凭祥，比

图 13-3　凭祥市区位

如，中法战争中的"镇南关大捷"、清末孙中山领导的镇南关起义、新中国成立初期的"平而关战役"等。在区位关系上，凭祥东界宁明、北邻龙州，西南两面与越南接壤，面积650.32平方公里，距离南宁235公里，拥有凭祥、友谊、上石、夏石4个镇38个行政村（社区），有壮、汉、瑶、苗、京、回、侗等24个民族，是以壮族为主体、多民族杂居的少数民族聚居区。凭祥与广西其他地区相互联通，形成相互畅通的交通体系。从20世纪60~80年代开始，凭祥先后修建公路23条，长152.3公里。其中，夏石至龙州公路，经靖西、那坡可直达云南[1]。目前，凭祥和宁明、龙州互联互通程度更高，交通更加便利。

图 13-4 凭祥市交通

---

[1] 凭祥市志编纂委员会编《凭祥市志》，中山大学出版社，1993，第3、311页。

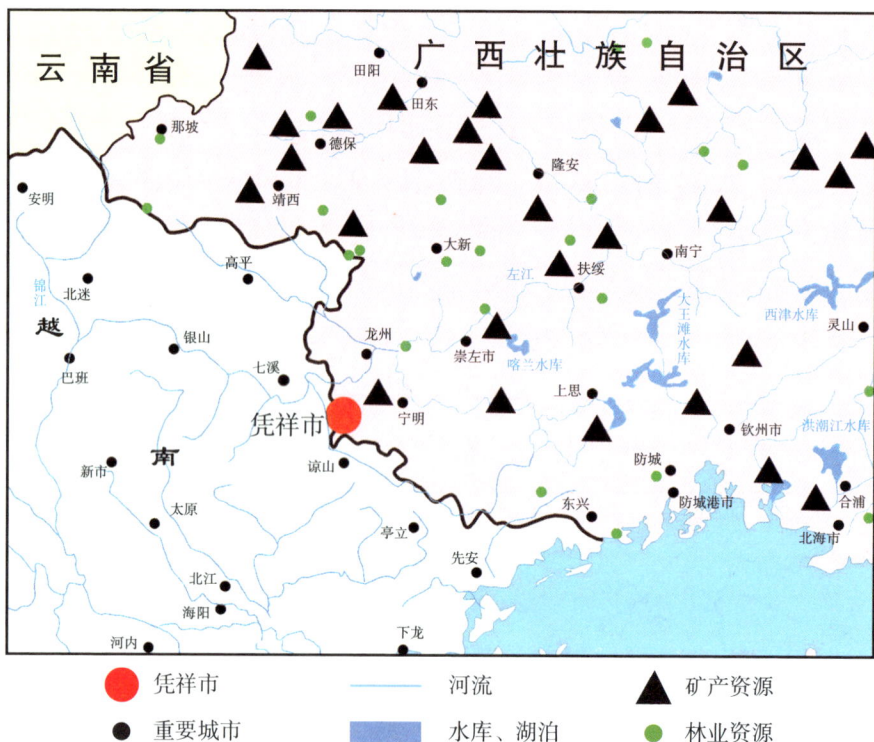

图 13-5 凭祥市及周边地区资源分布

二　与越南一市三县接壤

　　凭祥毗邻越南北部的谅山省，边境线长 97 公里。谅山省是越南北部重要的交通枢纽。其省会谅山市与凭祥仅相距 40 公里，是越南北方最早被国家批准开放的城市之一。谅山省有 6 条国道可通越南全国，甚至可以通达东南亚陆上其他国家。其中，1A 国道从越南边境友谊关的零公里处南下经过荣市、顺化、岘港、胡志明市通达河内；1B 国道从谅山可通往北太省的太原；4B 国道从谅山到高平省，贯通越南北部地区；4A 国道从谅山经过芒街能到仙安；31 国道从谅山联通北江省；

279 国道从谅山经过北江的陆岸县能通北干省。边境贸易和旅游业是谅山省两大经济支柱产业，谅山省积极主动向广西凭祥开放，加强经贸等领域合作。谅山省自然资源丰富，比如，铝土矿就是当地重要的资源。在县级层面，凭祥南连越南高禄县，北接长定县，西邻文朗县，三县是广西对外开放的直接对象，与凭祥文化联系密切，人文相通。生活在凭祥的壮族方言与越南的侬语、岱侬语非常接近，同属于侗台语族台语支。在传统节日中，壮、侬、岱这样的跨境民族以民间节庆活动为平台进行跨文化交流，比较自然、顺畅[①]，为凭祥对外开放奠定了坚实的民意基础。

三　悠久且未间断的边境贸易通道

早在清同治至光绪年间，凭祥就开始与越南进行边境贸易。清光绪十一年（1885）中法战争结束后，时任广西提督的苏元春为戍边安民，在拦岗闸（即隘口）建房造圩，鼓励边民聚居经商，聚民于边境地区，稳定边境安全。随着边贸发展，隘口日益成为边贸的中心，逢旧历二、五、八日为开市之日，中越边民在隘口街进行商品交易，形成最早的边境贸易市场。清宣统至民国初年，中越边民贸易日益频繁。20 世纪 30 年代，龙镇公路修通后，外地商客到隘口设店开展贸易，用汽车将货物运至龙州上轮船经左江销往内地。民国 27 年（1938），国内物资短缺，南宁至镇南关公路上，货运车辆络绎不绝，越南边民也涌向凭祥赶街，贩卖商品。抗战胜利后，隘口边贸市场恢复稳定，凭祥边贸进出口总额一度增加了近 30%。

新中国成立后，1950 年 4 月，我国与越南解放区经济组开展贸易。

---

① 韦铀、王跃：《广西壮族与越南同源民族民间节庆跨文化传播策略》，《广西教育学院学报》2018 年第 5 期。

图 13-6　现在的广西凭祥市区俯瞰

资料来源：https://www.sohu.com/a/397802852-674625。

图 13-7　2019 年 2 月 22 日，中越集装箱冷链班列（凭祥—上海）
首发式在凭祥火车南站举行

资料来源：凭祥 TV，2019 年 2 月 23 日。

按照双方协议，我国将货物运至隘口、浦寨，通过法军封锁线运到越南彭家、叫降等地。1952 年 11 月 7 日，湘桂铁路南宁至凭祥段全线竣工通车，以凭祥为枢纽的中越边境贸易得以快速发展。凭祥、隘口街逢圩日，2000~3000 人次参与边境贸易，每圩贸易额估计达到 3 亿元。1953 年，我国决定开放包括隘口、平而等在内的边境贸易口岸。凭祥也随之成立了对越小额贸易联合办事处。1954 年 1 月 8 日，广西颁布《广西省中越边缘地区小额贸易管理办法》，开放隘口、平而等为指定的小额贸易市场，进一步规范了凭祥的边境贸易 [1]。1976~1985 年凭祥边境贸易进出口总额呈现波动性增长。

四　面向东南亚交通便利

凭祥是广西口岸数量最多、种类最全、规模最大的边境城市，现有友谊关公路口岸和凭祥铁路口岸、平而关水路口岸，弄尧（浦寨）、叫隘、平而、油隘 4 个边民互市点。依托沿边开放口岸通道，凭祥可以从陆路快速进入东南亚半岛。新中国成立后，以美国为首的西方国家对我国海上封锁。为加强与陆上邻国的联系，打破地缘封锁，我国加速推进与越南陆上联系。在公路方面，从 1964 年至 1982 年，广西累计拨款 825.17 万元，重修南友公路。至 1985 年，从宁明县界 200K 至友谊关口 274.5K，铺设沥青路面，其成为我国南疆一条重要的国防与国际交通干线 [2]。在铁路方面，湘桂铁路南镇线凭祥段全长 43 公里 127.5 米，民国时期，政府组织修建，因日军入侵而中断 [3]。1951 年 3 月，湘桂铁路凭祥段复建工程启动，同年 11 月全线通车。在凭祥对外

---

①　凭祥市志编纂委员会编《凭祥市志》，中山大学出版社，1993，第 375~380 页。

②　凭祥市志编纂委员会编《凭祥市志》，中山大学出版社，1993，第 312 页。

③　凭祥市志编纂委员会编《凭祥市志》，中山大学出版社，1993，第 320 页。

开放互联互通需求推动下，322国道、南宁至友谊关高速公路等一条又一条新建道路编织着凭祥现代化交通网络。

图13-8　现在的广西凭祥市弄尧货物监管中心

资料来源：凭祥融媒体中心。

图13-9　现在的广西凭祥市浦寨商贸城

资料来源：中国（广西）自由贸易试验区网站，http://gxzf.gov.cn/index.php?case=archive&act=show&aid=630。

第二节
凭祥对外开放的历程与主要成就

一　凭祥开放的条件

（一）新中国成立后凭祥建市的历史沿革

凭祥从县到市的过程曲折反复。新中国成立之初，凭祥仍保持旧有的县级建制。1951 年 5 月，凭祥与明江、宁明合并置镇南县。严格意义上看，此时的凭祥是镇南县下属的镇级建制。1952 年 7 月，镇南、思乐 2 个县合并置宁明县，凭祥为第一区，依然为镇级建制。1955 年 7 月 12 日，设立凭祥镇，实际上是一个县级建制，辖治宁明县原第一区。1956 年 11 月 16 日，经国务院批准，凭祥镇撤县设市，以原凭祥镇为其行政区域。1958 年 12 月，广西僮族自治区（1965年改名为"广西壮族自治区"）人民委员会报国务院备案，撤销龙津、宁明 2 个县和凭祥市，合并设立睦南县，治所凭祥。凭祥又从市级建制短暂地降为镇级单位。1959 年 5 月 10 日，存在了半年的睦南县被撤销，恢复了龙津、宁明 2 个县，但凭祥（称睦南公社）仍属宁明县。1961 年 5 月 27 日，经国务院批准，凭祥从宁明县分出恢复县级市建制。1966 年 10 月 16 日，广西有关部门将龙州县下冻公社的平而大队划归凭祥市。1981 年 1 月 21 日，经国务院批准，宁明县夏石公社归凭祥市管辖[①]。2002 年 11 月，凭祥市成为广西壮族自治区直辖市。2003 年 1 月，崇左代管凭祥市。凭祥从县升级为市体现了国家对广西边境安全、稳定发展的重视，也为凭祥对越南开放创造了政治条件。

[①]　凭祥市志编纂委员会编《凭祥市志》，中山大学出版社，1993，第 20 页。

（二）中越关系正常化

20 世纪 70 年代中叶，越南抗美战争结束后，实现国家统一。越南迅速与苏联结成同盟，对华态度发生逆转，视中国为"最直接、最危险的敌人"[1]，公然侵入我国西南边疆地区，严重威胁我国边疆和平以及人民群众的生命财产安全。为维护我国领土主权完整和边疆安全，1979 年 2 月 17 日，中国边防部队对来犯的越南军队发起自卫反击战，3 月 16 日，行动结束，但两国在边境地区的局部摩擦与冲突却持续了近十年。中越关系陷入了"失去的十年""倒退的十年"。

1989 年 5 月 15 日，苏共中央总书记戈尔巴乔夫访问中国，结束了中苏的非正常关系。中苏关系的改善加速了越南对华态度的转变。1990 年 9 月 3~4 日，阮文灵率队访华，在成都与时任中共中央总书记江泽民和国务院总理李鹏举行内部会谈，双方就政治解决柬埔寨问题和恢复两国正常关系达成了重要共识。这是 10 多年来中越两国领导人首次会晤，为中越关系正常化扫清了障碍。1991 年 11 月 5~10 日，应江泽民总书记和李鹏总理的邀请，越南共产党中央总书记杜梅和政府部长会议主席武文杰率领越南高级党政代表团正式访问中国，标志着中越关系经过 10 多年风风雨雨之后恢复了正常化。这为两国边境相互开放营造了和平、稳定的环境。

（三）邓小平南方谈话

1992 年邓小平南方谈话和党的十四大的成功召开掀起了全国第二次思想解放的浪潮，开创了我国改革开放的新局面。南方谈话主要内容包括七个方面。一是改革也是解放生产力。二是改革开放胆子要大一些，敢于试验，要大胆地试，大胆地闯。三是判断改革开放中一切

---

①　王泰平主编《中华人民共和国外交史》第 3 卷，世界知识出版社，1999，第 68 页。

工作得失、是非、成败，主要看是否有利于发展社会主义社会的生产力，是否有利于增强社会主义国家的综合国力，是否有利于提高人民的生活水平。四是打破社会主义对应计划经济、资本主义对应市场经济的观念。五是社会主义的本质，是解放生产力，发展生产力，消灭剥削，消除两极分化，最终实现共同富裕。六是指出影响改革开放的因素中根深蒂固的还是"左"的东西，要警惕右，但主要是防"左"。七是抓住时机，发展自己，关键是发展经济[①]。为贯彻南方谈话精神，广西开展解放思想大讨论，促进广大干部群众思想发生巨大转变，加快了广西沿海、沿边开放步伐。凭祥也迎来了快速开放发展的重要机遇期。

二　凭祥开放的历程

（一）初步开放阶段（1992~2006 年）

推动凭祥对外开放是广西"三沿"开放的重要内容。1991 年 3 月，广西壮族自治区党委、政府召开会议，部署"八五"期间对外开放工作。会议认真总结了广西过去 10 年的改革开放经验，出台了《关于进一步推进对外开放工作的若干措施》，提出了广西未来 5 年甚至更长时期对外开放的总体目标、战略任务、总体布局，提出广西要充分利用国内国际两个市场、两种资源，推动沿海、沿江、沿边开放，鼓励发展多种形式的边境贸易。1992 年，《广西壮族自治区人民政府关于进一步加快利用外资若干规定的通知》印发，扩大沿边县市的外资审批权，为塑造外向型经济体系注入活力。1992 年 6 月 25 日，广西召开对外开放工作会议，提出，广西要在思想上进一步解放，改革上进

---

① 李海荣、李振唐主编《中国改革开放全景录·广西卷》，广西人民出版社，2018，第 56 页。

一步深化，开放上进一步扩大，加速"三沿"突破，努力实现"北联南开，中部扩展，辐射全局"的战略目标①。此次会议统一了广西对外开放的思想，明确了开放的方向。

1992年6月9日，《国务院关于进一步对外开放南宁、昆明市及凭祥等五个边境城镇的通知》批准凭祥为对外开放城市，意味着凭祥对外开放不仅是广西对外开放的一部分，也是中国沿边开放的重要组成部分。自此，凭祥从零散的对外开放转向全方位战略性开放。9月，国务院批准设立凭祥边境经济合作区，核定面积7.2平方公里。目前，已形成"一区四园"，即凭祥边境经济合作区，以及南山工业园、友谊关工业园、中国—东盟自由贸易区凭祥物流园、林产工业园，集聚了国际物流配送、农副产品加工、红木加工、林业加工等产业，成为面向东盟的重要加工配套基地②。凭祥边境经济合作区从小到大、由弱到强，带动凭祥市大踏步向前发展。

凭祥抓住沿边开放的重大机遇，发挥对外开放的区位优势，实现经济社会跨越式发展。1995年全市地区生产总值为3.83亿元，相当于1980年地区生产总值的5倍多。"八五"期间，凭祥工农业生产总值为1.5亿元，年均增长17.5%；农民人均纯收入年均增长27.9%。不断扩大的对外开放塑造了凭祥新的产业结构，农业对经济的贡献率持续降低，第三产业迅速成为凭祥的支柱产业。同时，对外贸易也带动相关产业快速发展，成为凭祥崛起的关键。对外贸易发展繁荣了当地的餐饮、交通运输、农业等产业。在外贸拉动下，凭祥农业发展水平显著提升。"八五"期间，凭祥依靠外贸发展，逐步形成"以贸促农、以贸带工"的经济发展模式。随着经济快速发展，凭祥科教文卫等事业投入不断增

---

① 李海荣、李振唐主编《中国改革开放全景录·广西卷》，广西人民出版社，2018，第59~61页。
② 《凭祥边境经济合作区简介》，广西崇左市工业和信息化局网站，2019年9月16日，http://gxj.chongzuo.gov.cn/yqjsyzsyz/yqjj/t517559.shtml。

加，教育事业连年进步，1995 年提前一年申报"普九"达标①。

边境建设大会战加速提升开放支撑力。2000 年 8 月 22 日，广西发布《关于加强广西边境建设的若干意见》，明确了边境建设大会战的 24 个项目。9 月 20 日，印发《广西边境建设大会战实施方案》，标志着广西首次边境建设大会战正式启动。凭祥市政府立即按照自治区政府要求，根据自身边境实际，制定了凭祥边境建设大会战的方案、措施，紧接着进行逐级任务分解，并召开包括村级干部参加的大会战动员大会，压紧压实各级主体责任，集中各方力量，向着"建设大通道、大口岸，促进大发展"的目标迈进。凭祥边境建设大会战共设立 944 个项目（不含沿边公路），涉及教育、通信、房屋改造、饮水安全、公共服务等方面，集中解决边境地区居民生产生活困难问题，旨在留住边民、稳边固边。此外，在公路项目方面，凭祥举全市之力，汇各方支援，克服一切困难，坚决推进沿边公路建设，提升沿边基础设施能力。边境建设大会战期间，凭祥建设完成沿边三级公路共计 148.7 公里。沿边公路建设彻底解决了边境地区行路难问题，为边境地区经济社会发展提供助力，也为边境治理奠定基础。

这一时期，凭祥尚处在初步开放阶段，充分利用国家支持沿边对外开放的各项政策，抓住时机，扩大开放，无论在经济发展方面还是在城市建设方面都取得巨大进步。在对外开放中，凭祥深刻地认识到，只有坚定改革开放，才能实现沿边城市高质量发展；只有将自身置于国家对外开放大局中，才能找准定位，发挥区位优势，探索适合自身发展的道路。

（二）开放深入推进阶段（2007~2012 年）

在初步开放之后，凭祥进入深度开放阶段。这一时期，凭祥更加

---

① 陈中乐：《凭祥市经济社会发展"八五"回顾和实现"九五"计划及 2010 年远景目标策略》，《计划与市场探索》1996 年第 3 期。

追求开放的广度和深度，不断巩固拓展开放的良好局面，增进与越南等东南亚国家的民间友谊，加强交通运输方面的合作，夯实对外贸易基础，培育特色产业，提高开放型经济水平。

综合保税区助力凭祥加速开放。2007年1月，广西与越南谅山省签署了《中国广西壮族自治区与越南谅山省建立中越边境跨境经济合作区合作备忘录》，提出共建中越边境跨境经济合作区的设想。为推动凭祥对外开放，2008年12月19日，国务院批准设立广西凭祥综合保税区。这是继北京天竺综合保税区之后，国务院批准设立的第四个综合保税区，也是我国在陆地边境线上设立的第一个综合保税区。由此可见，凭祥对外开放已完全融入国家沿边开放的战略大局。2011年6月18日，凭祥综合保税区一期工程通过国家验收，9月30日正式封关运营。凭祥综合保税区自成立以来，主营保税物流、保税加工和跨境电商三大业务，积极打造综保区—越南海防港、综保区—越南河内—胡志明、综保区—越南谅山—老挝沙湾拿吉—泰国穆达汉—马来西亚黑木山等3条黄金物流线路[①]。2012年，凭祥综合保税区进出口货物52.52万吨（进口2.00万吨，出口50.52万吨），价值高达193.22亿元，提前完成年度既定经济指标。

凭祥与越南谅山、河内等地实现公路、铁路客运。根据2008年5月中越两国交通运输代表在杭州市举行中越汽车运输事务级会议的精神，以及广西与越南高平、谅山、广宁省联合工作委员会达成的共识，凭祥协助广西壮族自治区交通运输厅开展凭祥至谅山公路客货直通车推进工作，并草拟了《中国广西凭祥至越南谅山汽车直通车管理实施办法》。根据2008年3月GMS第3次领导人会议把中越边境友谊关口岸纳入大湄公河次区域经济合作跨境运输协议框架的相关精神，广

---

① 《20多家媒体记者走进凭祥综合保税区 感受十年巨变》，广西凭祥综合保税区管理委员会网站，2019年1月3日，http://pxzhbsq.gxzf.gov.cn/xwzx/yqdt/t2258992.shtml。

图 13-10　在友谊关口岸等待出境交货的中国车队

资料来源：广西壮族自治区人民政府。

图 13-11　新友谊关口岸大门

资料来源：广西壮族自治区人民政府。

西积极推进友谊关口岸"一站式"检查试点工作①。2012 年 3 月,《中越汽车运输协定》正式生效,中越跨境运输范围从边境县市扩大到两国非边境地区,采用点到点直达运输方式。8 月 22 日,南宁—河内运输线路正式开通,汽车出我国凭祥,进入越南谅山,经越南北江、北宁等地最终到达河内,全程 381 公里,用时约 7.5 小时,首次实现点到点直达运输服务②。此外,2009 年 1 月 1 日,南宁—河内(嘉林)国际旅客列车顺利开通。凭祥与越南开通公路、铁路客运业务加强了中越互信,增进了两国人民之间的情感,促进了双边贸易发展。

凭祥对外贸易突飞猛进,塑造了特色支柱产业。据统计,2012 年凭祥外贸进出口总额约 50 亿美元,相当于 2007 年的 3 倍,边境贸易总额约 48 亿美元,同比增长 17.8%。在面向东南亚国家开放过程中,凭祥逐步形成了自己的两大特色。一是红木产业已成品牌。凭祥利用临近

图 13-12　广西凭祥市中国红木第一城——红木文博城

资料来源:凭祥市人民政府网站,http://pxszf.gov.cn/jjpx/lypx/lyzy/t19920809.shtml。

---

① 　中国口岸协会编《中国口岸年鉴 2009》,中国海关出版社,2009,第 377~378 页。

② 　中国口岸协会编《中国口岸年鉴 2013》,中国海关出版社,2013,第 450 页。

东南亚红木原料产区优势，大力发展红木产业。经过近 20 年的发展，凭祥已有浦寨红木市场、南山红木文化城、王朝红木市场等 24 个红木交易市场，店铺 5000 多间，形成集原木进口交易、自主设计加工、销售展示服务于一体的产业链，成为全国最大的红木原料和产品集散中心。二是水果产业方兴未艾。东南亚国家盛产各种热带水果，深受国人喜爱，中国的苹果、西瓜、桃子等水果同样受东南亚国家民众的喜欢。凭祥主动抓住市场机遇，成立水果商会，建设水果小镇，扩建水果交易市场，改善口岸条件，推动通关便利化，致力打造东盟水果之都。

图 13-13　现在的广西凭祥市浦寨街景

资料来源：https://m.sohu.com/a/256246968_548960。

（三）新时代开放阶段（2013 年至今）

党的十八大以来，中国特色社会主义进入新时代。站在新的历史起点上，凭祥积极参与中越"两廊一圈"建设，借助中国—东盟自由贸易区，不断深化与东盟的合作，高质量对接"一带一路"建设，对外开放取得积极成效。

交通互联，运输互动，开创对外开放新格局。2012~2019年友谊关口岸进出境车辆及集装箱吞吐量不断增长（见图13-14）。2013年6月9日，继广西与越南开通国际客运车辆直达后，中越又开通了公务车辆及货运直达车辆，标志着广西中越跨境汽车直通工作再上新台阶。6月18日，越南北琦投资股份有限公司1辆重型牵引车及其挂车从越南河内出发，进入我国友谊关口岸，继续行驶直达深圳。这是自2012年2月《中越两国政府修改协定的议定书》和《中越两国政府实施协定的议定书》生效以来，越南货运车辆首次进入我国非边境省份[1]。2015年12月30日，广西举行国际贸易"单一窗口"（一期）启动仪式，成为我国西部地区首个建成"单一窗口"的省份，有利于促进与东盟国家的贸易往来。2012~2019年友谊关口岸进出口总额及进出口货运量保持稳定增长（见图13-15）。

图13-14　2012~2019年友谊关口岸进出境车辆及集装箱吞吐量

资料来源：https://www.sohu.com/a/443685003_100020815。

---

[1]　中国口岸协会编《中国口岸年鉴2014》，中国海关出版社，2014，第480页。

图 13-15　2012~2019 年友谊关口岸进出口总额及进出口货运量

资料来源：https://www.sohu.com/a/443685003_100020815。

主动对接"一带一路"建设。习近平总书记在广西视察时指出："'一带一路'建设是人心所向，我们要在这个框架下推动大开放大开发。"① 作为共建"一带一路"重要节点城市，凭祥主动对接"一带一路"建设，推动与东盟国家设施联通与贸易畅通。2015 年 11 月，广西与越南谅山签订中越友谊关—友谊、浦寨—新清两条跨境货运专用通道协议。2017 年 9 月，中越友谊关—友谊国际口岸货运专用通道正式通车。新通道每天出入境车辆由此前 800 多辆增至 1200 辆左右，等待通关时间由此前 20 分钟缩短至 2 分钟左右。2018 年，凭祥友谊关口岸日均通行货车 1300 辆左右，最高峰超过 1600 辆，集装箱约 35 万标箱，与 2017 年相比，标箱运输量增长 90% 以上。近年来，随着水果等货物贸易量持续增长，凭祥口岸通关能力不足愈加明显。为更好参与共建"一带一路"，中国铁路南宁局集团有限公司对凭祥（铁路）口岸进行升级改造，建设进口水果指定监管场地（凭祥口岸物流

---

① 《践行嘱托十年间｜"'一带一路'建设是人心所向"》，"新华网"百家号，2022 年 6 月 16 日，https://baijiahao.baidu.com/s?id=1735773726086918917&wfr=spider&for=pc。

中心）。2018 年底，该物流中心正式启用，是西部陆海新通道开通的首个陆运铁路口岸物流中心[①]。凭祥抓住"一带一路"建设、中国—东盟自由贸易区建设、沿边开放战略实施等带来的重大机遇，充分发挥区位和沿边开放政策优势，促进沿边经济社会全面发展。2016~2020年，凭祥市规模以上工业总产值年均增长 21.3%；外贸进出口总额由757.10 亿元增加到 1219.05 亿元，年均增长 12.6%。

开放平台多元化，推动对外开放高质量发展。"十三五"期间，凭祥市先后获批设立广西凭祥重点开发开放试验区、中国（广西）自由贸易试验区崇左片区。目前，凭祥拥有包括崇左市凭祥边境经济合作区、广西凭祥综合保税区、广西沿边金融综合改革凭祥试验区、中国—东盟边境贸易凭祥国检试验区、中国（崇左）跨境电子商务综合试验区等在内的七大国家级开放平台。依托开放平台，凭

图 13-16　现在的广西凭祥综合保税区

资料来源：崇左新闻网。

---

① 《凭祥铁路口岸：进出便捷循环畅通》，人民网，2021 年 11 月 29 日，http://gx.people. com.cn/n2/2021/1129/c389005-35027279.html。

祥农副产品加工、红木进口加工和电子、轻纺等出口加工业快速集聚发展，一大批加工企业进驻凭祥，助力凭祥口岸加工业呈现良好发展态势①。

三 凭祥开放的成就

（一）对外开放程度越来越高

凭祥立足自身区位优势不断扩大对外开放。跨境人员流动培育了凭祥的旅游业。2008~2017年，经凭祥友谊关和凭祥口岸进出境人数总体保持波动性增长。2017年凭祥进出境人数相当于2008年的2.7倍（见图13-17）。在跨境人员流动不断加强的背景下，凭祥积极塑造旅游"名片"，扩大宣传，吸引周边国家人员入境旅游，助力跨境旅游产业发展。

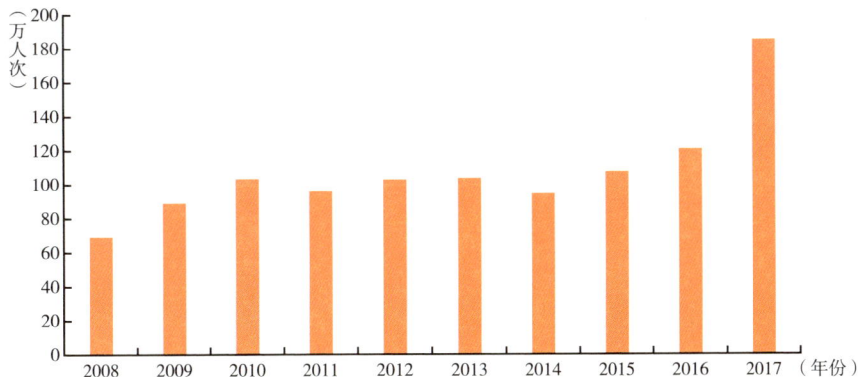

图13-17　2008~2017年凭祥进出境人数情况

资料来源：崇左市统计局。

---

① 潘世先：《凭祥市推进沿边经济社会高质量发展成效显著》，广西民族报网，2021年1月18日，http://www.gxmzb.net/content/ 2021-01/18/content_8824.htm。

凭祥不断挖掘提炼边关文化、产业文化、历史文化、民族文化等，培育四张"名片"。一是利用友谊关深厚的历史文化，打造"千年雄关"名片。深挖历史上发生在友谊关的历史事件，比如，"镇南关大捷"，着力打造"千年雄关"旅游品牌。二是依托红木产业，打造"红木之都"。对外开放以来，凭祥形成独特的红木产业。伴随红木产业兴起的红木文化成为凭祥一大旅游亮点。三是凭借区位优势，推出"南疆国门"名片。利用"打开门就是越南，走两步就进东盟"的优势，推动建设友谊关国际旅游合作区，探索跨境旅游新模式，围绕南疆国门推出更多旅游产品，吸引八方来客。四是挖掘凭祥独特的边疆特色，构建"魅力边城"。因边制宜，设计独特的旅游线路，让人感受自然之美，打造魅力边城[1]。

凭祥通过与越南搭建文化交流平台不断推介旅游产品。28年来，中越连续举办商品交易会和中越边关旅游节等大型活动，活动量、档次和影响力都在不断提升，这些活动成了中越文化交流和文化旅游产业合作的良好平台[2]。此外，2013年凭祥市与越南谅山省高禄县缔结为友好城市。2017年凭祥市与越南高禄县又共同签订了《凭祥市上石镇油隘村油隘屯与越南谅山省高禄县保林乡浦茸村缔结友好村屯协议书》，进一步深化了中越双方边境村屯在文化、经济等方面的交流与合作，增进了边境地区人民的传统友谊。

（二）形成外向型经济体系

对外开放30年来，凭祥经济发展取得显著成绩，经济结构发生了

---

[1] 凭祥市革命老区建设促进会编著《凭祥市革命老区发展史》，广西人民出版社，2021，第158页。

[2] 蒋凌昊、唐顺姣：《县域边境城市形象对外传播的实践与思考——以广西凭祥市为例》，《对外传播》2019年第11期。

图 13-18 2018 年 11 月 26 日，广西凭祥中越边关旅游节开幕式在友谊关举行

资料来源：凭祥融媒体中心。

图 13-19 2010 年 4 月 29 日，中越两国万人齐唱《中国·越南》
友谊之歌活动在浦寨举行

资料来源：新华社。

图 13-20　20 世纪 60 年代末的广西凭祥市友谊关

资料来源：凭祥市志编纂委员会编《凭祥市志》，中山大学出版社，1993。

图 13-21　广西凭祥市友谊关下木棉红

资料来源：庞立坚摄。

根本性改变，基本形成外向型经济体系。凭祥经济发展大致分为三个阶段。第一阶段是 1992~2006 年。1992 年凭祥、博乐、塔城、畹町、瑞丽、河口等 14 个城市被列为沿边开放城市，标志着沿边开放已上升为国家大战略，凭祥开始思考探索适合自己的开放道路。这一时期，凭祥加快对外开放步伐，经济以年均 25.7% 的速度增长，对外贸易实现大发展，但经济结构保持第三产业 > 第一产业 > 第二产业的基本格局。第二阶段是 2007~2012 年。2008 年 12 月 31 日，经过中越双方共同努力，两国就陆地边界勘界剩余问题达成一致，对外宣布如期完成两国领导人确定的 2008 年完成陆界全线勘界立碑工作的目标。2009 年 11 月 18 日，中越两国政府正式签署《中越陆地边界勘界议定书》，标志着中越全面彻底解决了陆地边界问题。陆上边界的划定为凭祥对越开放进一步扫除政治障碍。2009 年，凭祥货物进出口总额达到 205.2 亿元，比上年增长 30.2%。其中，出口 186.1 亿元，增长 30.6%；进口 19.1 亿元，增长 26.7%。实现贸易顺差 167.0 亿元，比上年增加 39.6 亿元。边境贸易进出口总额 147.0 亿元，增长 70.0%。其中，出口 129.1 亿元，增长 73.8%；进口 17.9 亿元，增长 30.2%[①]。这一时期，凭祥对外开放加速发展，产业结构已经彻底发生改变，呈现第三产业 > 第二产业 > 第一产业的结构。第三阶段是 2013 年至今。凭祥主动融入国家区域发展规划，对接"一带一路"建设，经济大幅增长。2021 年凭祥地区生产总值相当于 1992 年的 38 倍。凭祥人均地区生产总值也从 1992 年的 2530 元增长至 2021 年的 65119 元（见图 13-22）。

---

① 《凭祥市 2009 年国民经济和社会发展统计公报》，广西崇左凭祥市人民政府网站，2015 年 12 月 23 日，http://www.pxszf.gov.cn/govinfo/gzbm/pxstjj/zfxxgkml/tjxx/tjgb/t1961317.shtml。

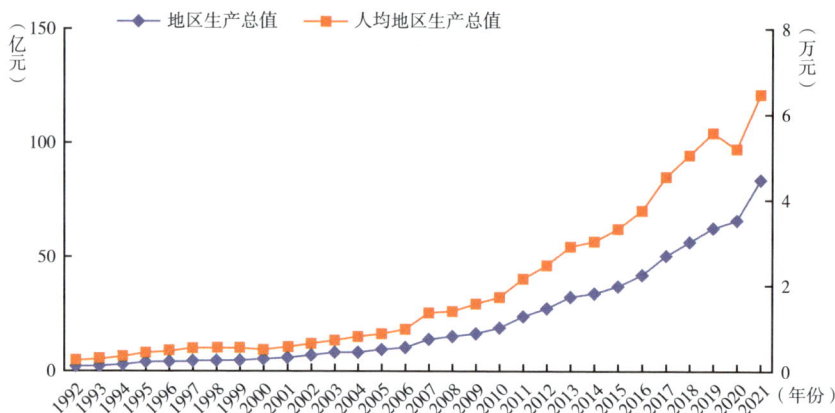

图 13-22　1992~2021 年凭祥地区生产总值与人均地区生产总值

资料来源：崇左市统计局。

另外，从第二、三阶段进出口总额来看，凭祥外向型经济发展迅速，进出口贸易成为凭祥经济社会发展的主要动力。2021 年凭祥进出口总额几乎相当于 2007 年的 13 倍（见图 13-23）。

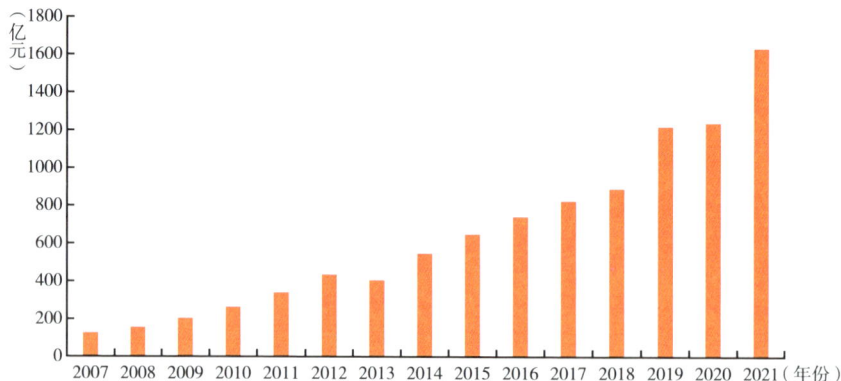

图 13-23　2007~2021 年凭祥市对外贸易进出口总额

资料来源：崇左市统计局。

30 年来，凭祥产业结构发生了根本性改变。1992 年，凭祥还是以农业为主的经济体系。随着对外开放的发展，凭祥第二、三产业迅猛发展。2006 年凭祥第二产业对经济的贡献率首次超过第一产业，标志着凭祥产业结构发生重大改变。自此，凭祥呈现第三产业 > 第二产业 > 第一产业的产业结构，而且第三产业对经济的贡献率超过 50%。2021 年凭祥产业结构比为 7∶36∶57（见图 13-24）。

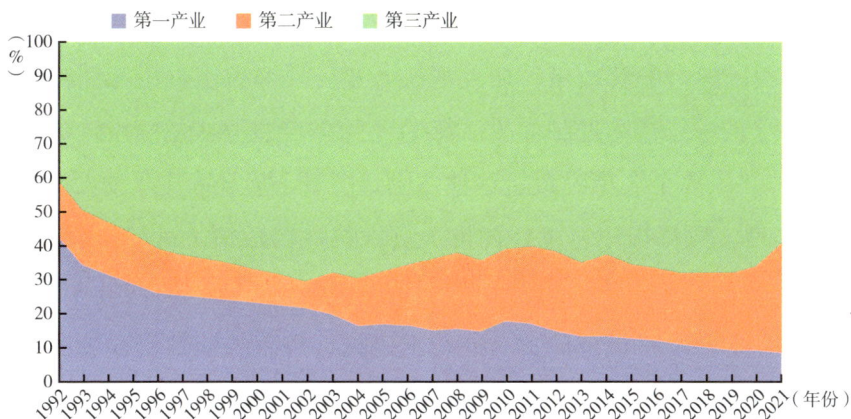

图 13-24　1992~2021 年凭祥市产业结构

资料来源：崇左市统计局。

（三）全面脱贫奔小康

党的十八大以后，党中央把精准扶贫作为全面建成小康社会的重要任务。2015 年 10 月，凭祥市识别贫困村 10 个，建档立卡 2783 户，共计 10256 人。在沿边对外开放中，凭祥充分挖掘"边"的潜力，做足"边"的文章，在对外开放中探索出"互市贸易 + 扶贫"模式，积极引导边民组建互助组（合作社）参与边贸，吸纳贫困群众入社，践行"真边民、真参与、真受益"。到 2019 年底，凭祥 10 个贫困村全部摘帽，实现脱贫。

首先，鼓励成立边贸合作社，增加贫困户收入。2014 年凭祥成立了第 1 家边贸合作社，到 2020 年达到 26 家。凭祥组织边民尤其是贫困边民依托边贸合作社参与互市贸易、边贸运输、装卸货物等，获得多重收入。边贸合作社已经成为贫困边民脱贫的重要平台，实现贫困边民"入社即脱贫"。与此同时，边境贸易还带动了加工业、旅游业的蓬勃发展，为贫困边民提供了更多就业机会，每人每月获得工资性收入 2000~5000 元不等。

其次，出台配套政策，加大帮扶力度。凭祥市出台了《凭祥市边民互市贸易合作社管理制度（试行）》《凭祥市边贸扶贫扶持政策（试行）》等"一揽子"惠民政策帮扶贫困边民开展互市贸易。如 2018 年 6 月 18 日，凭祥市出台《凭祥市边贸扶贫扶持政策（试行）》，规定：凡是新参与录入海关指纹系统的贫困边民，给予每人一次性 50 元的补助；凡是参与互市进口贸易的贫困边民，按参与天数自政策实施之日起至 2019 年 6 月 30 日享受每人每天 4 元的补助；对于 2018 年 6 月 10 日起学习机动车驾驶技能用于从事边贸运输的贫困边民，给予每人 2000 元的补助；对于缺乏边贸运输车辆的贫困边民，可向凭祥市金融机构申请最高 5 万元的小额信贷用于购买符合海关监管要求的边贸运输车辆。

最后，培育口岸落地加工业，为贫困边民提供就业机会。为推动凭祥口岸经济发展，凭祥市依托边境经济合作区，加大招商引资力度，吸引各色加工企业和外贸企业入驻园区，为边民提供了更多就业岗位[1]。2019 年，凭祥市建档立卡贫困人口全部脱贫，贫困发生率从 12.8% 降至 0，群众获得感、幸福感不断增强[2]。

---

① 张春莉：《广西壮族自治区区政协委员、广西凭祥市副市长凌小将：做好边贸扶贫大文章 全力打好脱贫攻坚战》，人民政协网，2018 年 7 月 31 日，http://www.rmzxb.com.cn/c/2018-07-31/2129188.shtml。

② 《广西凭祥：以"边"为支点 撬动全市脱贫攻坚》，搜狐网，2020 年 5 月 24 日，https://www.sohu.com/a/397297797_114731。

第三节
凭祥开放经验启示与未来展望

一　开放经验启示

（一）发展与邻国友好关系是对外开放的基本前提

对外开放看似是单向度行为，实则是一个双向互动的过程。它建立在双方关系和平稳定基础之上，且双方都认为向对方开放是受益的。凭祥开放 30 年来，首先得益于中越关系的改善与和平稳定的边境环境。凭祥作为内陆沿边城市，越南文朗县是其地缘上的近邻，也是其对外开放的对象。从历史上看，中越关系"和则边贸生、僵则边贸衰"。20 世纪 70 年代中叶至 80 年代末，中越边境冲突和动荡，使两国关系陷入僵局，迟滞了凭祥对外开放的步伐。90 年代初，中越关系恢复正常化，两国边境贸易迅猛发展。为顺应两国协同发展的需要，中越两国逐步实现相互开放。凭祥迅速成为广西对越开放的前沿。凭祥对外开放的实践充分证明了只有发展与邻国的友好关系，才能推动沿边对外开放走深走实。

（二）党的领导是对外开放的根本保证

党的领导是我们各项事业取得胜利的根本保证。党的十一届三中全会后，凭祥市开始拨乱反正，加强党的建设，纯洁党员队伍，纠正不良风气，为凭祥市对外开放创造了风清气正的政治环境。1992 年，为贯彻落实邓小平南方谈话精神，凭祥市委、市政府敢为人先，大胆开放，建设边境贸易点，繁荣边境贸易。2009 年，在市委、市政府的领导下，凭祥按照"改造升级、完善功能、提高品位、对接东盟"的工作思路，推动浦寨边境贸易区发展。"十四五"时期，凭祥设定的"一个总目标"是加快建设面向东盟开放合作的现代化国际口岸城市；"两个建成"主要目标是建成沿边高质量发展先行区、建成跨境产业合作示范区。这些目标都是在凭祥市委、市政府的科学评估、实地调研的基础上研究制定的。凭祥30年开放取得的辉煌成绩充分说明，只有始终坚持党的科学领导，才能够实现一个又一个阶段性目标，才能够取得一次又一次胜利。

（三）做足"边"的文章是对外开放的重要基础

挖掘"边"的优势，才能兴边富民。30年来，凭祥对外开放将"边"的优势不断转化为"边"的盛势。凭祥是中国红木第一城。20世纪80年代，凭祥红木产业开始兴起，但市场较为分散，产业规模较小。到1992年凭祥被列为开放城市后，浦寨抓住红木产业优势，经过30年发展，浦寨红木市场已成为全国知名的红木家具半成品市场[①]。另外，凭祥充分利用便利的交通条件，不断深化对东盟国家开放。目前，浦寨边境贸易区已成为东南亚优质水果的分销地，水果进口量在全国所有口岸中排名第一。凭祥市做足"边"的文章，大力推进口岸经济发展，积极构建特色产业新体系，产业转型升级提质增效，产业结构不断趋于科学合理，项目落地投产和上规入统实现"量"的突破，经济发展增添强劲动力。对外贸易保持稳定增长。2018年外贸进出口总额975.8亿元，同比增长18%，占广西的24%，总量继续稳居广西县域第一；边境小额贸易总额576.8亿元，同比增长11%，占全国的20%，继续稳居全国领先地位。

（四）对接国家大战略是沿边开放的重要依托

沿边开放既要因地制宜，又要服从开放大局，这样才能够借力，

---

① 凭祥市革命老区建设促进会编著《凭祥市革命老区发展史》，广西人民出版社，2021，第117页。

实现区域快速发展。1992 年，沿边开放上升为国家战略，凭祥市被列为开放城市，凭祥边境经济合作区也得到批准设立。凭祥对外开放获得了一系列配套政策和资金支持，边境道路和口岸建设迎来重大发展机遇。2000 年 8 月，根据党中央关于西部大开发的战略部署，广西壮族自治区党委、政府决定用 2 年左右的时间集中人力、物力开展边境建设大会战。凭祥市积极参与大会战，全面改善边境基础设施，促进了边境地区发展[①]。党的十八大以来，凭祥综合保税区围绕广西"国际大通道、战略支点、重要门户"新的发展定位，立足园区独特区位、交通、政策优势，积极推动对外开放实现新发展。目前，中越友谊关—友谊国际口岸货运专用通道通车，通关便利化大幅改善[②]。凭祥对外开放取得一个又一个重大成绩，无疑与其对接国家大战略密不可分。

二 未来展望

世界正经历百年未有之大变局，新一轮科技革命深入发展，国际力量对比深刻调整，和平与发展仍是时代主题，但随着各国特别是大国之间力量对比的不断变化，世界经济发展的不确定性日益增加，全球保护主义加强，全球债务水平持续攀高。在此背景下，凭祥对外开放面临新的机遇和挑战。

（一）面临的机遇

面对当前和今后一个时期我国开放发展面临的复杂环境，凭祥市将迎来新一轮开放机遇。一是《区域全面经济伙伴关系协定》（RCEP）

---

① 凭祥市革命老区建设促进会编著《凭祥市革命老区发展史》，广西人民出版社，2021，第128 页。

② 凭祥市革命老区建设促进会编著《凭祥市革命老区发展史》，广西人民出版社，2021，第142 页。

的实施将推动凭祥高水平开放。在贸易投资方面，RCEP 的生效实施将有利于维持凭祥的出口竞争力，进一步扩大东南亚国家特色农产品的出口规模，推动加工贸易、跨境电子商务等快速发展，也有利于吸引外资，推动凭祥优势产业"走出去"，加快发展服务贸易，促进边境贸易创新发展。二是越南等东南亚国家经济快速发展将有利于凭祥开展对外贸易与投资合作。虽然国际市场持续动荡，但对东南亚国家，尤其是越南经济发展的影响较小。越共十三大提出，2021~2025 年，越南 GDP 年均增长 6.5%~7%，人均 GDP 约达 5000 美元。预计到 2025 年或 2030 年，越南将超过泰国成为东南亚第二大经济体。国际社会普遍看好越南发展前景，对越直接投资将会持续增加。2019 年，越南对华贸易达 1168 亿美元，居东南亚国家首位。越南经济的快速发展，将有助于凭祥对外开放深入发展。三是西部陆海新通道建设将促进凭祥物流业发展，有利于凭祥发挥联通内外的枢纽作用。四是新时代西部大开发建设将给凭祥对外开放注入新动力。五是凭祥对外开放平台协同发展将形成强大的对外开放合力。在凭祥重点开发开放试验区、凭祥综合保税区、中国（广西）自由贸易试验区崇左片区等平台协同发展下，凭祥经济社会发展将大有可为。

（二）面临的挑战

进入新时代，凭祥对外开放也存在四方面挑战。一是广西沿边口岸同质化竞争日趋激烈。广西沿边有防城港、东兴、北海、水口、龙邦、河口等口岸，从地理上看，广西沿边大部分口岸是对越开放的。这些口岸的发展难免会出现竞争态势。随着对外开放的深入发展，广西沿边口岸之间的竞争趋于激烈，一定程度上凭祥经济社会发展的空间受到挤压。二是区域交通便利化一定程度上削弱了凭祥陆路口岸的优势。比如，防城港—东兴铁路的建成通车使凭祥作为开放枢纽的作用有所削弱。三是人才流失严重。凭祥市对外开放需要大量优秀人才，但多年来，人才流失问题阻碍了城市的开放与发展。四是凭祥市口岸经济发展质量还不够高。虽然凭祥已形成外向型经济体系，但经济基础尚不够稳固，口岸基础设施还不健全，口岸经济发展的潜力尚待进一步挖掘。

面对当前和今后形势，凭祥需要胸怀"两个大局"，准确识变、科学应变、主动求变，善于在危机中育先机、于变局中开新局，继续发挥与东南亚国家陆路接壤的区位优势，加大改革开放力度，在竞争中不断巩固比较优势，构建全方位开放发展新格局，在全面建设社会主义现代化新征程中谱写凭祥发展新篇章。

作者：袁　沙

第十四章

中国与东盟国家唯一海陆相连的口岸城市

——东兴开放简史

东兴与越南北方重镇芒街山水相连，是我国通往东盟的大通道和桥头堡，是西南地区连接国际市场、发展外向型经济的重要支撑。早在宋代两地就有紧密的互市贸易往来，具有沿边开放的历史传统和人文优势。1992年以来，东兴作为首批沿边开放城市，立足独特的区位优势，以大开放引领大发展，从边境小城华丽变身为中越合作的前沿和枢纽。

第一节
区位条件

从地理区位看，东兴市位于中国大陆海岸线最西南端、广西壮族自治区南部，东南濒临北部湾，西南与越南接壤，处于我国西南、泛珠三角与东盟三大经济圈的接合部[①]，以及北部湾经济区"东联西进，南下北

---

①　张芳、张娴:《广西东兴边境贸易发展调查报告》,《西部发展研究》2019年第1期。

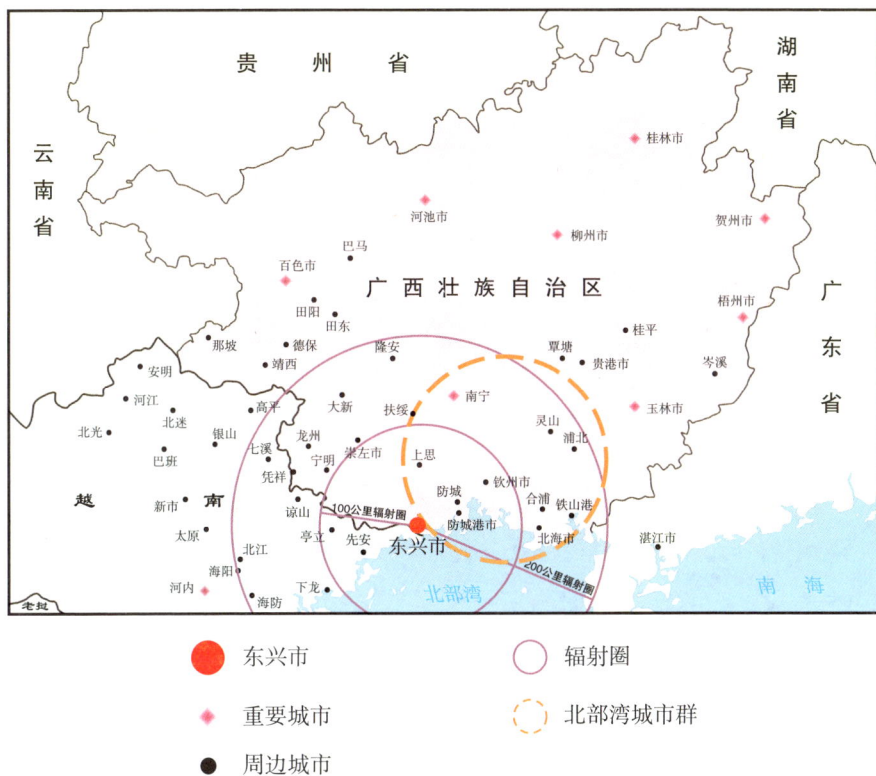

图 14-1　东兴市区位

上"的门户要冲，是我国仅有的两个同时拥有陆地边境线和海岸线资源的口岸城市之一，是中国唯一与越南海陆相通的国家一类口岸城市。

　　从交通区位看，东兴市陆地边境线长 39 公里，海岸线长 50 公里，拥有潭吉港、竹山港、京岛港等诸多港口。东兴距广西防城港 39 公里，距越南首都河内市 308 公里，距越南第三大城市海防市 206 公里，距越南"海上桂林"下龙湾 180 公里，与越南北方重镇芒街市仅一河之隔、一桥相连，形成"两国一城"的格局。独特的区位优势和便捷的交通条件使东兴市成为西南地区连接国际市场、发展外向型经济的重要支撑及中国通往东盟的大通道和桥头堡。

　　从自然资源条件看，东兴市属于南亚热带季风区域，具有夏长冬

图 14-2　东兴市交通

短、雨热同季的特点，年平均气温 22.6 摄氏度、降雨量 2600 毫米、无霜期 340 天，土壤肥沃，从而产生了丰富的农林资源，森林覆盖率超过 55%，其中橡胶产业、红木产业享誉四海。由于濒临北部湾，境内水资源丰富，为水力发电、航运、工业用水、农业排灌以及人畜用水等提供了有利的天然条件，鱼类、贝类、藻类等海洋资源也较为丰富。矿产资源有花岗岩、黏土、石英砂、砖用页岩、锰、钛等。

　　从人文交流看，东兴市京族与越南越族在语言、文化传统、风俗习惯等方面有共同的特征，有着密切的亲缘关系，这为双边的经济和人文交流提供了有利条件。东兴市是我国海洋性民族京族唯一的聚居地，其先民在汉代属南越国，后归交趾郡。京族在越南称为越族，是

图 14-3　东兴市及周边地区资源分布

越南的主体民族。从明至清，京族陆续从今越南北部迁入东兴，逐渐形成如今的"京族三岛"。

从行政区划沿革看，东兴历史悠久，因在北仑河东岸兴起而得名。汉代属西于县、封溪县。南朝梁大同元年（535），境域属安平县，黄州、宁海郡治所与县治所同设境域。清光绪十三年（1887），境域始属防城县管辖，隶属广东省钦州。1949 年，东兴解放。1951 年，防城县委托广西省代管。1952 年，正式划归广西省管辖。1955 年，防城县复划归广东省管辖。1957 年，设立十万山僮族瑶族自治县，县治设东兴镇，1958 年，更名东兴各族自治县。1978 年，东兴各族自治县改名为防城各族自治县。1992 年，设立东兴镇边境经济合作区。1993 年，成立东兴省级经济开发区，属防城港市管辖，东兴镇边境经济合作区改为东兴边境经济合作区。1996 年，国务院批准撤销东兴省级经济开发区，设立东兴市（县级），市政府驻东兴镇，属防城港市管辖。

第二节
东兴对外开放的历程和主要成就

　　东兴与越南芒街山水相连，历史上两地就有紧密的互市贸易往来，具有沿边开放的历史传统和人文优势。1992 年开发开放以来，东兴作为首批沿边开放城市，立足独特的区位优势，以大开放引领大发展，从边境小城华丽变身为中越合作的前沿和枢纽，东兴市地区生产总值由 1995 年的 5 亿元上升至 2021 年的 81 亿元（见图 14-4），产业结构趋于优化（见图 14-5），进出口总额整体呈上升趋势（见图 14-6）。其对外开放的发展历程大致可以分为以下几个阶段。

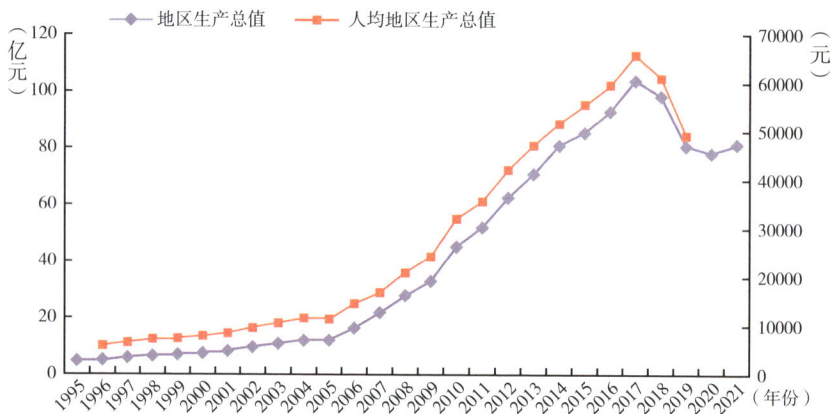

图 14-4　1995~2021 年东兴市地区生产总值和人均地区生产总值

说明：部分年份人均地区生产总值数据暂缺。

资料来源：历年《防城港市统计年鉴》《东兴市国民经济和社会发展统计公报》。

第一产业　第二产业　第三产业

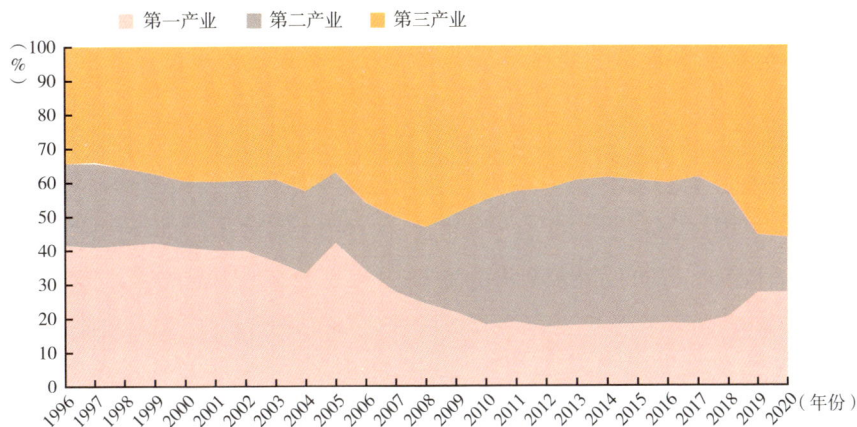

图 14-5　1996~2020 年东兴市产业结构

资料来源：历年《防城港市统计年鉴》《东兴市国民经济和社会发展统计公报》。

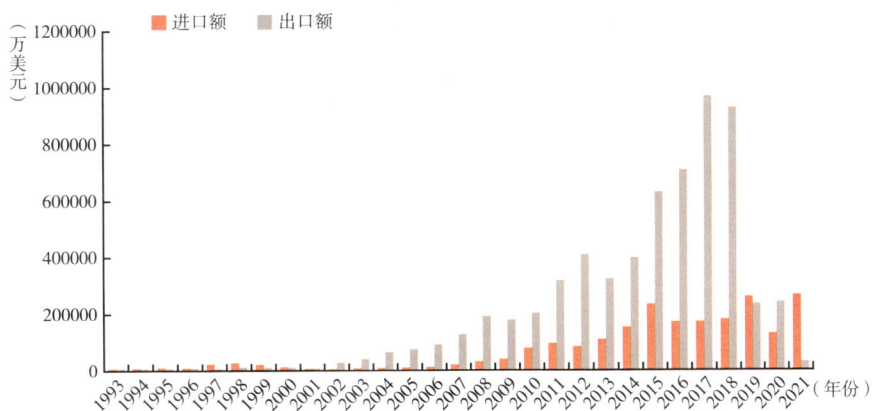

进口额　出口额

图 14-6　1993~2021 年东兴市进出口概况

资料来源：历年《防城港市统计年鉴》《东兴市国民经济和社会发展统计公报》。

一　摸着石头过河，对外开放起步探索（1992 年之前）

早在宋代，东兴边民就已与邻国边民进行商品交易，东兴是中国与邻国早期开展边民互市贸易的主要地区。明代，东兴已是"边海疆贸易集散地"①，潭吉、竹山埠是商船云集和"闽粤货物输出"要地，江平埠、广州、潮州、福州等地商船云集，东兴有"小佛山"之称。自明至清，潭吉、竹山埠与南洋交通频繁，同时有至鸿基、海防、西贡、香港、广州、佛山、潮州、泉州等地的定期商船。清末，西方列强入侵，中国被迫打开大门，相继签订《中英烟台条约》《中法续议商务专条附章》，东兴成为重要的通商口岸。之后，菲律宾、英国、美国、法国等国先后在东兴设立代理商行，使东兴成为中国西南地区货物集散地和中国南方对外贸易的重要通商口岸。特别是光绪二十六年（1900）北仑河国际铁桥建成后，边境小额易货贸易更为活跃。光绪十六年至二十七年（1890~1901），进出货船累计 1425 艘次，载货量

图 14-7　大清国一号界碑

资料来源：黄天福，2008 年摄。

---

① 东兴市地方志编纂委员会编《东兴市志》，广西人民出版社，2016，第 255 页。

118 万吨。境内外商人先后在东兴建立商会馆，其中规模较大的有江平广州会馆和东兴会馆。会馆的兴起使商贾往来日众，促进了境域贸易繁荣。至清末，江平、竹山和东兴城区扩大建成商业街 10 条，有商户 1000 多户，形成对外贸易的边境城市。

民国元年至 26 年（1912~1937），东兴进出口贸易总额 375 万元。民国 27 年至 34 年（1938~1945），日本对中国东南沿海港口码头施行军事封锁，幸存的东兴口岸和潭吉、竹山港口一度兴盛，成为我国重要的通商口岸，以及国际援华物资的重要通道。东兴也因市场繁荣、商贾云集，被称为"小香港"。民国 35 年至 38 年（1946~1949），东兴城区沦为卷烟走私、毒品和黄金交易的场所，每日从泰国、缅甸等地运入大量黄金并进行交易。民国末年，由于恶性通货膨胀，东兴经济萧条、一蹶不振。

新中国成立后，东兴解放。1951 年，中国政府在东兴设立互市贸易区，为中越双方边民互市贸易提供固定场所。1953 年，按照中央"开放中越边缘地区小额贸易，以便中越边民商业往来"的指示精神，广西颁布《广西省中越边缘地区小额贸易管理办法》。这一时期，越南边民通过各种渠道把农副土特产和中药等运进东兴边境地区，以换回五金、百货等日常生产生活用品，贸易方式以民间易货贸易为主。1955 年，东兴口岸与越南芒街口岸同时开放，互市贸易逐渐发展。1958 年，国务院将东兴口岸列为国家一类口岸，同年，北仑河友谊大桥竣工通车。在 20 世纪 70 年代越南抗美战争时期，东兴口岸是我国援越战略物资的重要输出通道。1976 年，东兴出口货物 12 万元，进口货物 2.5 万元。后中越关系恶化，越方炸毁北仑河友谊大桥，东兴口岸被迫关闭，边境贸易被迫停止。

1989 年，广西批准东兴开展对越边民互市贸易，在东兴镇建立西铁门互市码头作为边境贸易点，中断 10 年的中越边民互市贸易开始恢复，东兴开始走上"以贸带工、以贸促工、以贸兴业"的发展道路，边民互市贸易迅速兴起，带动百业兴盛。西铁门互市码头实行封闭管理，边民每天出入关口的商品免税额不超过 3000 元人民币，入关由海关、边防、口岸办、检验检疫局和边贸局共同管理，同年，中方启用江平潭吉港码头。1991 年，中越关系正常化，东兴进入改革开放和经济建设的新时代。

这一时期，东兴沿边开放受国际环境影响较大，边境贸易时断时续，但总体来说，最初东兴的边境贸易是自发形成的，在此过程中，中越边境贸易逐渐得到国家和地方政府的支持，它们陆续颁布相关文件支持中越边民的商贸往来，规范东兴边贸发展，东兴沿边开放在探索中不断向前。

二 逐步开放，对外开放格局基本形成（1992~2011 年）

1992 年，国家将东兴列为 14 个沿边开放城市之一，享受沿海开放优惠政策，并设立 4.07 平方公里的国家级边境经济合作区，负责政府招商引资、东兴开发开放规划建设、工业园区建设、中越商贸和旅游博览会举办等工作。1993 年，广西壮族自治区在防城各族自治县西南部设立东兴省级经济开发区，东兴首次进入大开发大发展时期。

1993 年，《东兴—芒街口岸（含边贸互市点）出入境人员管理暂行办法》《贸易点（口岸）管理暂行规定》《边境贸易人员基础管理规定》《边贸货物进出管理暂行规定》等相继实施。1994 年，国家允许有护照和中越边境地区通行证的中越双方人员及各种货物出入境，边境贸易已由以自发性经营为主向以政府、社团等有组织、有计划经营为主转变，由小额贸易发展到批量贸易，由单一对越贸易发展到转口

图 14-8 1994 年 4 月 17 日，中越两国边民在北仑河大桥上，图右为东兴口岸

资料来源：东兴市融媒体中心供图。

多边贸易，由货物贸易发展到经济技术合作，由代理经营发展到代理和自营相结合，品种由少到多，由初级产品转向以工业制成品为主[①]。

与此同时，东兴开始与越南芒街共同举办中越边境商品交易会，1994~2005 年共举办 9 届，有力推动了中越边境贸易、旅游、产业投资等合作交流。2006 年，中越边境商品交易会改名为中国（东兴）—越南（芒街）边境商贸旅游博览会，此后轮流在东兴、芒街举行，成为联系中越两国及东南亚的重要桥梁和纽带，已成为中国—东盟博览会的品牌分会和越南三大展会之一[②]。

东兴边境贸易的快速发展带动了当地基础设施、工商业、旅游业等的发展。东兴工业企业相继建成投产，实现了工业从无到有的转变。

---

① 张芳、张娴：《广西东兴边境贸易发展调查报告》，《西部发展研究》2019 年第 1 期。

② 何蕾：《广西东兴国家重点开发开放试验区发展报告》，陶一桃、钟坚主编《经济特区蓝皮书：中国经济特区发展报告（2011）》，社会科学文献出版社，2011，第 274~289 页。

1994~1995 年，东兴边境经济合作区引进项目 265 个。1995 年，东兴边境贸易交易额为 3.1 亿元，增长率为 36%，工业产值较 1991 年增长了 7.2 倍，中外跨境旅游游客达 210 万人次。

1996 年，广西在《国务院关于边境贸易有关问题的通知》①的基础上规定，"经营收购边民带进的限额内的商品，……集中运出边民互市贸易区（点）视同边民互市商品"。这一措施极大地促进了东兴边境贸易的发展，东兴也以此为契机，设立边民互市贸易区，推动边境贸易发展。1996 年，东兴具有进出口经营权的企业比 1993 年增加 80 家，共 90 家；边境贸易、口岸贸易交易额增长速度为 10%。

1998~1999 年，《对外贸易经济合作部 海关总署关于进一步发展边境贸易的补充规定的通知》《广西壮族自治区边民互市进口商品管理暂行规定》的颁布进一步促进了东兴边境贸易的发展，当年完成边境贸易成交额 8500 万元，边贸税费收入 190 多万元。1999 年，国家实施西部大开发战略，东兴充分享受西部大开发的各项相关政策，并把罗浮货场指定为东兴边境贸易的唯一货场，对进出口货物进行监管。与此同时，东兴引进了橡胶加工、水产保鲜加工、红木加工、建材城、轻纺城等项目，有力推动了加工企业和边境贸易的发展。

2001 年，东兴颁布的《关于对在东兴市经营边境小额贸易的企业实施奖励办法的通知》提出，在东兴经营边境小额贸易的企业，每完成 100 万元的成交额奖励 4.2 万元，在此激励政策下，当年东兴市边境小额贸易完成成交额 2.75 亿元。2003 年，东兴口岸罗浮验货场投入使用。

2004 年，商务部放宽了对外贸易经营权的申报条件，与此同时，东兴边民互市贸易区投入使用，当年东兴市增加了 20 家有边境小额贸易经营权的公司，边境小额贸易成交额达 10.12 亿元，边民互市贸

---

① 《国务院关于边境贸易有关问题的通知》，商务部网站，1996 年 1 月 3 日，http://www.mofcom.gov.cn/aarticle/b/bf/200207/20020700031328.html。

易成交额达 11.37 亿元。2005 年，国务院批准对以人民币结算的边境小额贸易企业出口货物实行退税政策，东兴市边境小额贸易企业增加到 130 家，边民互市贸易成交额呈现飞跃式增长，边境小额贸易成交额达 11.61 亿元，占东兴边境贸易成交额的 41%（见表 14-1）。2001~2005 年，东兴市年均参与边民互市贸易的人数达 3 万人。

表 14-1　1993~2005 年东兴边境贸易统计

单位：亿元

年份	成交额			其中		边贸税费	边贸管理费	进口主要商品	出口主要商品
	总额	进口	出口	边民互市贸易	边境小额贸易				
1993	2.25	0.77	1.48	1.80	0.45	0.093	0.043	海产品、橡胶下脚料、橡胶、芝麻、腰果、煤炭、木薯粉	布匹、瓷砖、蒜头、自行车、水果、小功率机电产品
1994	3.06	2.08	0.98	2.40	0.66	0.129	0.056	橡胶、海产品、棕榈油、谷氨酸钠、开心果、芝麻、杏仁	布匹、瓷砖、蒜头、自行车、水果、小功率机电产品
1995	3.10	2.33	0.77	2.67	0.43	0.103	0.039	橡胶、海产品、棕榈油、腰果、煤炭、木薯粉、鲜龙眼	布匹、瓷砖、柴油、自行车、瓜子、大功率机电产品
1996	5.45	4.27	1.18	4.72	0.73	0.453	0.063	橡胶、棕榈油、海产品、水草、大米、茶叶、黄藤	布匹、瓷砖、蒜头、饼干、自行车、水果、啤酒、大功率机电产品
1997	5.85	3.46	2.39	4.57	1.28	0.467	0.073	橡胶、海产品、棕榈油、腰果、煤炭、花生、芝麻、茶叶	布匹、瓷砖、蒜头、自行车、水果、饼干、啤酒、大功率机电产品
1998	7.01	3.10	3.91	5.64	1.37	0.247	0.027	橡胶、海产品、腰果、棕榈油、芝麻、花生、茶叶、煤炭	布匹、瓷砖、蒜头、自行车、水果、饼干、家电、大功率机电产品

续表

年份	成交额			其中		边贸税费	边贸管理费	进口主要商品	出口主要商品
	总额	进口	出口	边民互市贸易	边境小额贸易				
1999	8.02	1.49	6.53	6.88	1.14	0.306	0.019	海产品、橡胶下脚料、橡胶、芝麻、腰果、煤炭、木薯粉	布匹、瓷砖、蒜头、自行车、水果、家电、大功率机电产品
2000	8.05	3.43	4.62	5.78	2.27	0.146	0.026	橡胶、海产品、棕榈油、谷氨酸钠、开心果、芝麻、杏仁	布匹、瓷砖、蒜头、自行车、水果、家电、大功率机电产品
2001	9.35	3.78	5.57	6.60	2.75	0.115	0.019	橡胶、海产品、棕榈油、腰果、煤炭、木薯粉、鲜龙眼	布匹、瓷砖、柴油机、自行车、瓜子、家电、机械零配件
2002	13.26	6.44	6.82	8.31	4.95	0.234	0.025	橡胶、海产品、木薯粉、海菜、腰果、煤炭	布匹、蒜头、瓷砖、瓜子、家电、机械零配件
2003	19.35	11.01	8.34	8.65	10.70	0.479	0.043	橡胶、海产品、腰果、鲜龙眼、棕榈油、荔枝干、芝麻、煤炭	布匹、柴油机、五金零件、水果、饼干、音箱、家电、机械零配件
2004	21.49	13.50	7.99	11.37	10.12	0.599	0.075	橡胶、海产品、荔枝干、腰果、芝麻、木家具、煤炭	布匹、柴油机、五金零件、水果、音箱、玻璃零件、家电、机械零配件
2005	28.10	17.62	10.48	16.49	11.61	0.749	0.108	橡胶、海产品、红木、木薯粉、茶叶、芝麻、龙眼干、煤炭	布匹、柴油机、五金零件、水果、音箱、玻璃零件、家电、机械零配件

资料来源：东兴市地方志编纂委员会编《东兴市志》，广西人民出版社，2016，第258页。

2004 年，越南总理潘文凯来华访问，与时任总理温家宝会谈时提出中越合作建设"两廊一圈"的建议。随后，温家宝总理访问越南，两国政府发表联合公报并确定合作建设"昆明—老街—河内—海防—广宁""南宁—谅山—河内—海防—广宁"经济走廊，以及环北部湾经济圈的合作构想。东兴则处于"两廊一圈"的北部湾经济圈。2007 年，越南表示支持"两廊一圈"合作建设，并在此基础上提出"一轴两翼"的合作构想，中越两国达成协议，并签订《中国东兴—越南芒街跨境经济合作区框架协议》，中越双方合作领域不断扩大，全方位合作出现新格局，东兴再次迎来重大发展机遇。2007 年，东兴市边境贸易成交额为 46.84 亿元。

2008 年，《广西北部湾经济区发展规划》明确提出，把东兴单列

图 14-9　东兴口岸

资料来源：东兴市融媒体中心供图，2006 年摄。

图 14-10　东兴口岸全景

资料来源：刘小明，2010 年摄。

为北部湾开发开放的重要部分和五大功能组团之一，要求发挥通向东盟陆海大通道的门户作用，主要发展边境出口加工、商贸物流和边境旅游，将东兴发展提升到国家战略层面。东兴市充分运用当年出台的《关于促进边境贸易发展有关财税政策的通知》等优惠政策，鼓励、引导边民积极参与互市贸易，互市贸易区也由单一的商品交易逐渐向仓储、物流、保税等多方面功能转变，拓展了中越边民互市贸易平台，促进边境贸易健康快速发展。同年，东兴市跨境电子商务开始蓬勃发展，来自东盟国家的咖啡、果蔬干、沉香、红木工艺品等各类商品经由网络物流走入中国各地的消费者家中。

2009 年，为应对国际金融危机，保持西部地区经济平稳较快发展，东兴积极与越南等周边国家开展合作。6 月 16 日，东兴边民互市贸易区一期工程建成开市，中越边民互市贸易"三无"（无交易、无仓储、无分装场所）状态宣告结束。同年，越南政府出台《关于批准至 2020 年北部湾沿海经济带发展规划的决定》《关于批准至 2020 年广宁省芒街国际口岸城市发展提案的决定》等文件，同意芒街市与东兴市开展跨境经济合作区的建设，将芒街发展成为二类都市、越南北方第二大经济中心。

2010 年，中国—东盟自由贸易区正式启动，作为中国—东盟自由贸易区的海陆交会点，东兴也成为我国面向越南及其他东盟各国的桥头堡。同年，《中共中央 国务院关于深入实施西部大开发战略的若干意见》明确提出，"积极建设广西东兴、云南瑞丽、内蒙古满洲里等重点开发开放试验区"，并选择东兴作为试点，东兴沿边开发开放正式上升为国家发展战略。随后，中越签署《共同推进建立中国广西东兴—越南广宁芒街跨境经济合作区协议》，广西成立南宁内陆开放型经济战略高地和东兴重点开发开放试验区建设工作推进领导小组，统筹协调、指导研究建设南宁内陆开放型经济战略高地和东兴重点开发开放试验区重大方针和政策措施，并将其写入广西"十二五"规划，提出推进南宁—新加坡经济走廊以及凭祥—同登、东兴—芒街、龙邦—茶岭跨境经济合作区建设。2011年，中越边境最大的互市贸易区——广西东兴互市贸易区正式建成，东兴重点开发开放试验区管理委员会筹备组挂牌成立，试验区建设迈出关键一步。

这一时期，东兴成为我国14个沿边开放城市之一，享受到了沿海开放的一系列优惠政策，东兴进入大开发大发展时期，工业企业相继入驻东兴，基础设施不断完善，边境贸易大幅增长，同时带动了边境旅游的发展，以及中越双方在各个领域的合作，东兴对外开放格局基本形成。

三 先行先试，形成全方位开放发展"东兴模式"（2012年至今）

2012年8月，东兴重点开发开放试验区建设全面启动。在此背景下，东兴积极构建全方位的交流合作机制，在跨境金融、跨境劳务合作、越南籍自然人经营登记管理等方面先行先试，逐渐形成跨境贸易、跨境加工、跨境电商、跨境金融等六大跨境产业，有力推进了东兴的对外开放。

第一，在体制机制创新和贸易便利化水平提升方面，为推动重点开发开放试验区建设，东兴于2012年颁布《越南籍自然人在东兴市经营登记管理暂行办法》，规范越南籍自然人在东兴的登记、务工、投资、经商等管理工作，为在东兴的越南籍边民提供便利。2014年1月24日，东兴市正式启动试验区工商登记认缴制试点；9月3日，试验区实施先照后证登记制度改革试点，工商登记前置审批226项中取消19项、保留34项、改后置173项，前置审批降低85%；11月11日，试验区正式启动关检合作"三个一"（一次申报、一次查验、一次放行）改革，货物查验时间减少 50% 以上，单票货物报关报检时间节约 1/3，通关成本降低近 30%；12 月 23 日，试验区在广西壮族自治区率先实施"三证合一、多证联办"的登记改革，实现了"一窗受理、一表填报、并联审批、统一发证"。东兴边民互市贸易区产生了第一家经过工商登记注册的越南籍商户、第一张中越跨境商品结算单和第一张越南籍商户税票。

2016 年，东兴被纳入我国构建开放型经济新体制综合试点试验区，与此同时，全国边境贸易服务产业知名品牌创建示范区、东兴进境水果指定口岸、中越互市东兴—芒街便民浮桥获批建设。跨境经济合作区加快建设，中越北仑河二桥竣工。建成使用边民互市贸易区边检限定区域卡口管理系统，并在全国率先启用边民互市"一指通"系统，边民申报时间由原来 30 分钟提速到 10 分钟内，通关效率不断提高。

图 14-11　中越北仑河二桥

资料来源：东兴市融媒体中心供图，2021 年 10 月摄。

此外，边民互市贸易区由原来的 260 亩扩建增加为 1500 亩，当年完成互市贸易进出口成交总额达 17.3 亿美元，增长 88.6%，边民互市贸易实现逆势大幅度增长。

2017 年，东兴市防东铁路开工建设，东兴进境水果指定口岸、进口冰鲜水产品口岸通过国家质检总局验收，边民互市"三合一"综合服务平台正式上线运行，贸易便利化水平不断提升。2018 年，东兴市开通试运营进境水果指定口岸，中越互市东兴—芒街便民浮桥建成运行，实现越南冷链集装箱货车整车进境。"互市＋全产业链"模式成为沿边城市学习的典范。2020 年，海关在中越北仑河二桥实施出口货物"提前申报、卡口验放"改革，车辆整体通关时间由 2~3 小时缩短至不到 20 分钟。东兴口岸出口整体通关时间压缩至 0.57 小时，累计压缩17.58%。

图 14-12　中国第 1366（1）号界碑

资料来源：黄天福，2018 年摄。

第二，在沿边金融综合改革方面，2013年7月，东兴市成为沿边金融综合改革试验区的先行区，并开展个人跨境人民币贸易结算试点。2014年4月1日，东盟货币服务平台在广西金融城域网上线运行，形成了人民币与越南盾汇率市场化的价格机制，为中国外汇交易中心的官方汇率提供了数据支撑。4月26日，东兴成立中国农业银行中国（东兴试验区）东盟货币业务中心，其成为云南、广西两省区第一家专门为落实沿边金融综合改革具体行动而在边境一线设立的银行业务中心，通过"一日多价"的形式公布人民币对越南盾最新官方汇率，在清算、结算、融资、投资、资金交易等5个方面提供服务，并相继完成老挝基普、菲律宾比索、缅甸缅币、印度尼西亚卢比等9个东盟币种汇率的挂牌交易。7月22日，东兴试验区正式启动人民币与越南盾兑换特许业务试点，实现了人民币与越南盾的直接兑换，并形成了多家银行

图14-13　中国（东兴试验区）东盟货币业务中心成立

资料来源：东兴市融媒体中心供图，2014年摄。

"抱团定价""轮值定价"的"东兴模式",有力推动了互市贸易结算的便利化和规范化。11月26日,中国人民银行总行批准同意在包括东兴试验区在内的广西沿边金融综合改革试验区开展跨境贷款人民币业务试点工作。12月,邮储银行广西壮族自治区分行与越南境内4家银行签订边贸结算业务合作协议。

2016年,东兴中越边民互市贸易交易结算中心完成跨境人民币贸易结算300多亿元,成为服务东兴边民互市贸易区的重要窗口和保障,东兴跨境人民币贸易结算模式受到国务院通报表扬。随着边民互市贸易结算秩序逐步规范,人民币在越南乃至东南亚地区的影响力显著增强,2017年初,广西实现了东盟国家货币现钞跨境调运,由此,中方银行在人民币与越南盾定价中有了话语权。2019年,东兴个人本外币特许兑换试点业务共办理2.3万笔,合计2337.7万元,跨境人民币贸

图14-14 中越边民在东兴中越边民互市贸易交易结算中心
进行跨境人民币贸易结算

资料来源:东兴市融媒体中心供图,2016年摄。

491

易结算总量 335 亿元，增长 3.1%。2014~2019 年，东兴中越边民互市贸易交易结算中心每日结算 1000~2000 笔交易，日结算额为 2000 万元左右，边贸互市总计结算交易达 200 多万笔，跨境人民币贸易结算总额超过了百亿元。通过沿边金融综合改革，个人跨境人民币贸易结算结束了边民互市贸易分散、存在潜在风险、"地摊银行"盛行的状态，实现了贸易结算由烦琐到便利、由被动到主动的转变。

第三，在实现边民互市从"通道经济"向"口岸经济"转型升级发展方面，2010 年以来，东兴市加大工业园区规划力度，建设"1+5"工业园区，即跨境经济合作区加工园、江平工业园、东盟商品加工贸易中心、冲榄工业园、北投海产品（水果）加工园和东盟特色加工园，为打造跨境加工制造产业集群提供了空间场域。

2015 年，东兴市提出，要实现边民互市贸易转型升级，推动边境贸易创新发展，将边民互市贸易政策留利于边、留利于民。为此，东兴市通过实施"五化"措施，积极推动互市商品落地加工，努力实现边民互市从"通道经济"向"口岸经济"转型升级发展，成为在全国边境省区范围内首推互市商品落地加工新模式的试点城市。2017 年，东兴市已拥有 18 家互市商品落地加工试点企业，互市商品落地加工总产值达 35.8 亿元，占东兴市工业总产值的 24.9%。

为切实将边民互市贸易政策红利留在边疆、留给边民，解决边民边贸资金问题、加强抗风险能力，东兴市创新边民互市贸易方式，成立边民互助组，将从指定互市贸易区（点）进口的商品销售给边境地区加工企业，抱团经营、共同融资、共担风险、共同赢利，开创"边民互助组 + 互市 + 落地加工"的互动发展新模式以及"边境贸易 + 边民互助组"的"1+n20+1"边民脱贫新模式[1]。边民互助组的成立，使

---

[1] 中国社会科学院科研局:《跨境经济助力兴边富民》，本书编写组编《改革开放与中国县域发展（下卷）》，社会科学文献出版社，2018，第 1302~1335 页。

东兴边民互市贸易区交易井然有序、贸易效率大大提高，边民分工合作、各司其职，锻炼出一批懂市场、会经营、有组织的人才队伍。当前，东兴市已经形成了特色果蔬、海产品等多种产值超过 10 亿元的跨境加工制造产业。截至 2019 年，注册登记并与落地加工企业签订协议共同发展"边民互助组 + 互市 + 落地加工"模式的边民互助组 128 个，参组边民 3334 人。

与此同时，为进一步扩大改革成效、释放政策红利，2019 年，东兴市与越南芒街签订《中越东兴—芒街浮桥运营管理机制临时协议》，互市贸易区落地加工商品进口实现系统化申报，海关互市系统与公共服务平台实现信息共享；制定《东兴市互市进口商品落地加工改革实施方案（试行）》，提出互市贸易区试行互市落地加工商品"直通式"绿色通关监管模式，建立了加工企业备案制度、中越进口食用水生动物准入证书核查制度，互市商品（水果）落地加工试点正式启动，广西首家鲜切果蔬加工项目——东兴瑞扬食品建成投产，落地加工企业实现产值 7.2 亿元。当年，东兴可承接互市商品落地加工的企业 30 家，年产值 80 亿元，年加工能力 16 万吨，带动就业岗位 5600 个，在广西沿边各县市位居第一。截至 2021 年，东兴市落地加工企业发展到 37 家，带动就业岗位增多。东兴市以建园区、引加工、创模式、促落地为抓手，大力推进互市进口商品落地加工，边民互市商品落地加工产业规模效益和社会效益不断凸显。

第四，在跨境劳务合作方面，针对企业"用工荒""用工贵"等问题，东兴市与越南广宁省进行多次互访，积极探索跨境劳务合作模式。2017 年，东兴市与越南广宁省劳动荣军与社会厅签署了开展跨境劳务合作协议，建立地方间跨境劳务合作机制。2018 年 2 月，中越双方签署《关于统一实施中越跨境劳务管理合作协议具体内容的工作纪要》，在中越跨境劳务管理合作的有关问题上达成共识。东兴市中越跨境劳务管理服务中心拉通广西越南入境务工人员管理信息系统网络，吸引越南边民进入试点区域务工，在线提供越南入境务工人员的体检审批、务工审批、停居留证件审批和发放等服务，形成"一站办证，全域用工"模式，有效提高证件办理效率，并通过企业自主招聘和劳务中介向企业派遣越南劳工两种模式，变堵为疏，逐步管控、规范了跨境劳务市场，探索出了跨境劳务合作的新模式。2019 年，跨境劳务合作试点深入推进，为 1.8 万人次办理跨境劳务业务。跨境劳务政策有效解决了东兴试验区"用工荒""用工贵"的问题，推动了东兴的招商引资和开发开放。同时，跨境劳务合作提高了越南边民务工收入，改革发展的红利惠及越南边民，为构筑睦邻安邻富邻示范区奠定坚实基础。

第五，在跨境电商方面，2013 年以来，东兴市大力发展跨境电商产业，拥有天猫、淘宝、京东、微商等 2000 多家电商相关企业，东兴电商逐步实现品牌化、规模化发展，初步形成了以红木工艺品、东盟特色食品等为主的电子商务"东盟端口"口碑。2014 年 12 月，东兴市电子商务协会正式成立，以整合资源，为新人提供培训和渠道、资金等方面的支持，推动东兴电商的健康发展。2015 年 9 月，防城港·阿里巴巴全球货源采购平台正式上线，并陆续推出东兴市百岸网、八找网、两国 e 城跨境电子商务平台等区域化交易平台，东兴成为防城港电子商务业态最完整、最丰富的地区之一，已连续多年进入阿里研究院电子商务发展指数全国县域百强。

2016 年，中越双方共同搭建跨境电商平台，签订了两国 e 城跨境电子商务平台、八找网跨境电子商务项目，并引导京东集团参与，促进东兴跨境电商的深入发展。当年，东兴市获得京东农村电商示范县的称号，电商企业达 2173 家，电子商务物流、快递进出货物达 1720 多万票，实现交易额 22.3 亿元，同比增长 33.5%，其中经营东兴本地特色产品红木及越南土特产占绝大多数。2018 年，东兴市电子商务企业达到 2293 家，从业人员达 9100 多人。2019 年，东兴市新增电商企业 49 家，电商交易额 29.5 亿元，同比增长 12.8%，东兴镇上榜 2019 年"淘宝镇"。与此同时，东兴市积极打造出海、出边国际物流大通道，推动跨境物流企业和电子商务平台发展，从而实现跨境电商、跨境物流与跨境贸易共赢发展。

第六，在跨境旅游与文化交流方面，东兴围绕东盟元素、边关风情、民族特色等，建设互市商品购物一条街和东兴试验区免税商城，坚持商贸、文化、旅游一体化发展。通过举办中越边境（东兴—芒街）商贸·旅游博览会、中国—东盟博览会林木展东兴进口景观树展览会、中国—东盟国际青少年足球邀请赛、东兴红木文化节、中越元宵节足球友谊赛、"同饮一江水，共庆端午节"中越青少年文化交流活动，以及开展中越特色演艺交流等形式，促进文化交流合作。当前，东兴已

图 14-15　2014 中越边境（东兴—芒街）商贸·旅游博览会开幕式盛况

资料来源：东兴市融媒体中心供图，2014 年摄。

经成为中越边境最大的旅游集散地。

2016年，中越双方签署《中国共产党广西壮族自治区东兴市委员会与越南共产党广宁省芒街市委员会关于建立友好组织交流机制协议》，以推动双方全方位的交流与合作，并形成常态化机制。同年，中国东兴—越南芒街跨境自驾游开通，越方线路为芒街口岸—和平大道—陈福路—友谊公园—成立芒街市党支部遗迹—茶谷旅游区—芒街市贸易中心—芒街口岸出境，当天往返。东兴市被列入国家（第二批）全域旅游示范区创建单位，我国首个边境旅游网上办证预约系统成功启用，智慧旅游成效初显。

2017年1月，中越双方开通"两国四地"旅游线路，有力推动了四地乃至中越两国旅游合作和经贸发展。与此同时，中国东兴、越南芒街建立跨境旅游联合宣传推广机制，开创了中越跨境旅游推广的先河。2018年，东兴市以建设防城港边境旅游试验区为契机，充分发挥中越边关风情游重要节点的优势，开创了"两国一城"全域旅游的"六联合"模式，中越跨境旅游人数大幅增长。同年，全国首个国家相关部委和沿边县市沟通交流平台——沿边开放发展论坛挂牌成立，永久性落户东兴。

2019年，东兴市与桂林市、满洲里市、越南下龙市和芒街市签署"两国五市"旅游线路合作备忘录，成功举办中越元宵节足球友谊赛、中越跨境自驾旅游2019双百行动、成都站跨境旅游投资推介等活动，中越边境（东兴—芒街）商贸·旅游博览会规模不断扩大，参展商家从中国、越南拓展到中国、越南、韩国、印尼、泰国等国家，展览销售以及订货合同金额从2006年首届的2862万元人民币增长到2018年的7000万元人民币。

在这一时期，东兴沿边开放步伐进一步加快，重点开发开放试验区建设取得9个"全国第一"、21个"广西第一"的新突破，东兴逐

图 14-16　游客从东兴口岸出境

资料来源：东兴市融媒体中心供图，2019 年摄。

渐成为我国西部陆海新通道的重要节点、广西开发开放的增长点，以及我国与周边国家交流合作的重要窗口。

第三节
东兴开放的经验与启示

沿边开放 30 年来，东兴市充分利用国家政策，在跨境金融、跨境劳务合作、越南籍自然人经营登记管理等方面先行先试，不仅带来了东兴的繁荣，也促进了越南等周边国家的发展，主要经验包括以下几点。

第一，创新体制机制，推动边境贸易便利化。

作为构建开放型经济新体制综合试点试验区，东兴积极探索并逐步规范越南籍自然人在东兴的登记、务工、投资、经商等管理工作，为在东兴的越南籍边民提供便利；启动试验区工商登记认缴制试点，简化办事手续；启动关检合作"三个一"改革，缩短货物查验、单票货物报关报检时间；率先实施"三证合一、多证联办"的登记改革，实现了"一窗受理、一表填报、并联审批、统一发证"；率先启用边民互市"一指通"系统，缩短边民申报时间和提高通关效率；创建边民互市"三合一"综合服务平台，形成"互市＋全产业链"模式；实施出口货物"提前申报、卡口验放"改革，缩短口岸出口整体通关时间。

第二，推动沿边金融综合改革，促进互市贸易交易结算便利化。

作为沿边金融综合改革试验区的先行区，东兴市开展个人跨境人

图 14-17 东兴市与芒街市缔结友好城市关系

资料来源：东兴市融媒体中心供图，2015 年摄。

民币贸易结算试点工作，形成了人民币与越南盾汇率市场化的价格机制，实现了人民币与越南盾的直接兑换，并形成了多家银行"抱团定价""轮值定价"的"东兴模式"，有力推动了互市贸易结算的便利化和规范化。

第三，推动互市商品落地加工，实现边民互市从"通道经济"向"口岸经济"转型升级发展。

东兴以建园区、引加工、创模式、促落地为抓手，通过实施"五化"措施，积极推动互市商品落地加工，成为在全国边境省区范围内首推互市商品落地加工新模式的试点城市，边民互市商品落地加工产业规模效益和社会效益不断凸显。同时，开创"边境贸易＋边民互助组"模式，将边民互市贸易政策留利于边、留利于民。东兴创新边民互市贸易方式，成立边民互助组，开创"边民互助组＋互市＋落地加工"的互动发展新模式以及"边境贸易＋边民互助组"的"1+n20+1"边民脱贫新模式。边民互助组的成立，使东兴边民互市贸易区交易井然有序、贸易效率大大提高，边民分工合作、各司其职，锻炼出一批懂市场、会经营、有组织的人才队伍。

第四，积极探索跨境劳务合作模式，解决"用工荒""用工贵"问题。

东兴市与越南广宁省劳动荣军与社会厅签署了开展跨境劳务合作协议，建立地方间跨境劳务合作机制，并按照"先纳入后管理、先管理后完善、先完善后规范"的原则，吸引越南边民进入试点区域务工，在线提供越南入境务工人员的体检审批、务工审批、停居留证件审批和发放等服务，形成"一站办证，全域用工"模式，有效提高证件办理效率，并通过企业自主招聘和劳务中介向企业派遣越南劳工两种模式，变堵为疏，逐步管控、规范了跨境劳务市场，探索出了跨境劳务合作的新模式。

第五，促进跨境电商、跨境物流与跨境贸易共赢发展。

东兴市依托"互联网＋边民互市政策"，大力发展跨境电商产业，实现东兴跨境电商的深入发展，打造"互市＋边民＋全网营销"进口模式和"互市＋边民＋电商企业（落地加工企业）＋线上线下分销"进口模式，与此同时，积极打造出海、出边国际物流大通道，促进跨境电商、跨境物流与跨境贸易共赢发展。

第六，积极推动跨境旅游与文化交流。

东兴围绕东盟元素、边关风情、民族特色等，积极举办中越边境（东兴—芒街）商贸·旅游博览会，开通中国东兴—越南芒街跨境自驾游，开通中越"两国四地"旅游线路，通过区域联动，与桂林市、满洲里市、越南下龙市和芒街市签署"两国五市"旅游线路合作备忘录，并推动互市商品购物一条街和东兴试验区免税商城建设，坚持商贸、文化、旅游一体化发展。

东兴沿边开放具有重要的战略意义。第一，对于广西来说，东兴边境贸易的蓬勃发展可以成为广西重要的经济增长点，有利于推动北部湾经济区的建设。第二，从区域发展角度看，东兴沿边开放有助于改善我国边境地区的发展环境，推动西部大开发战略走向深入，促进我国区域协调发展。第三，从"陆海统筹"的视角看，东兴沿边开放，尤其是东兴重点开发开放试验区的建设，有助于我国西南地区陆海新通道建设，探索沿边开放新机制、新模式，对于完善我国沿边和沿海区域发展格局，进而形成"陆海统筹"新格局具有重要意义。第四，从我国与周边国家关系的视角看，东兴作为我国与东盟陆海相连的唯一口岸城市，以及通往越南等东盟国家最便捷的通道，对于推动"一带一路"建设，促进我国与越南等周边国家深化合作，共同建设中国—东盟自由贸易区具有积极的作用。第五，从稳边固边的角度看，东兴作为我国边境地区的少数民族聚居区，其沿边开放有力推动了东兴社会经济的全方位发展，从根本上改善了边境少数民族地区贫困落后的面貌，与此同时带动了越南等周边地区的发展，为我国和平发展提供了良好的周边环境。

2022 年是我国沿边开放 30 周年，东兴作为首批沿边开放城市，30 年开放发展取得显著成效。未来，东兴将继续以全面开放为引领，抢抓 RCEP 签署机遇，积极融入西部陆海新通道、北钦防一体化建设，创新跨境合作，打造边境口岸型国家物流枢纽承载城市，努力建成边海国际商贸旅游名城，成为沿边和区域开放合作的新高地。

第一，持续推进体制机制创新。大力推进东兴试验区、跨合区、边合区、工业园区管理体制机制改革。深化与越南芒街市在经贸发展、医疗卫生、基础设施、口岸建设等领域合作，推动中越"两国双园"加快建设，持续办好中越边境（东兴—芒街）商贸·旅游博览会等活动，积极引进外资龙头企业落户东兴，推动东兴产品"走出去"，以人文交流促进互利互惠、共同发展。

第二，进一步完善基础设施建设。进一步完善与周边区域互联互通的铁路、公路、港口、航空等基础设施建设，推动边境口岸、互市通道、物流枢纽等运输服务智慧化建设和智能化发展，不断提升开放合作新优势，开辟互市贸易新通道，形成有竞争优势的进出口大宗货物交易中心，努力打造服务国内国际双循环的多式联运"陆路港"。

第三，高质量推进六大跨境产业发展。积极融入国内国际双循环新发展格局，加强与越南等东盟国家的经贸合作，着力强龙头、补链条、聚集群，持续壮大边境加工制造业和跨境贸易、旅游、金融、电商、物流等现代服务业，高质量发展面向东盟的跨境产业链供应链价值链。

第四，进一步优化城镇空间布局。进一步优化"前岸中区后城"

空间布局，完善一桥、二桥口岸和浮桥的互联互通设施，提高"前岸"的便利化通关能力；优化跨合区、冲榄工业园、江平工业园功能，强化"中区"产业支撑作用；规划建设高铁片区、金滩片区，推动新旧城区在交通、产业、就业等领域融合发展，发挥"后城"服务保障作用。总之，打造"前岸中区后城"的新型城镇化"东兴模式"。

第五，不断深化与周边区域的战略合作。主动对接粤港澳大湾区建设，全面参与北钦防一体化建设，以及与北部湾经济区联动发展，积极打造面向东盟的金融开放门户，不断加强与越南芒街的合作发展，把东兴建设成为连接粤港澳大湾区和东盟的桥梁枢纽，从而形成更高水平的区域合作发展格局。

作者：时雨晴

第十五章

总结历史、开创未来

——沿边十四城市开放三十年经验总结与未来启示

　　沿边开放，虽然成就不如沿海地区开放那么巨大，但是正如本书第一章所指出的，沿边开放的意义不完全在于经济数字方面，它符合国家总体发展战略，符合边疆地区自身发展的现实需要，符合维护边疆安全、稳定，实现长治久安的需要。同时，沿边开放拓展了与外部世界联通的渠道，增加了我国开放发展的战略回旋余地，与周边国家形成友好往来、良性互动，为构建和谐、稳定的周边大环境贡献了重要力量。

　　当然，通过本书前面各章的梳理，也不难发现，当前，沿边开放正经历瓶颈期，甚至东北地区部分开放城市，由于受周边国际环境影响，出现经济数据大幅度下滑的趋势。如何破除地缘政治影响，实现多元化开放格局；突破"通道经济"局限，做大做强口岸经济，成为区域经济发展的火车头；改变以原材料、农产品为主的贸易结构，增加高附加值产品的进出口规模；避免口岸之间的恶性竞争，打造口岸特色产业；特别是更好地服务于国家对外开放大局，在"一带一路"建设中真正发挥枢纽作用？这些问题都需要结合新的国内外发展形势，加以系统思考。

　　以史为鉴、开创未来，回顾沿边开放三十年发展历程，正是为了总结沿边开放发展的成功历史经验，全面厘清、准确把握存在的问题和困难，通过纵向思考、横向比较，提出有针对性、切实可行的对策建议。

第一节
沿边开放三十年的成功经验

一 坚定不移地走开放发展道路

中国的沿边地区，除两端起点外，受地理环境因素影响明显，远离经济发展中心和海运通道，陆路通道也受到很大局限，在漫长的历史时期，都是中国经济、社会发展较为落后的地区。随着对外开放战略的实施，沿边地区拥有国内国际两个市场、两种资源的优势凸显出来，迸发出巨大的发展潜力。例如，瑞丽（含畹町）地区生产总值由1993年的3.5亿元上升至2020年的167.0亿元；伊宁市1992年地区生产总值为5.7亿元，2021年达到了336.7亿元。在经济高速增长的背后，外贸发挥了关键性作用。以瑞丽为例，其依托得天独厚的区位、口岸优势，打造珠宝交易集散中心、红木产业基地，并由此带动旅游产业高速发展，据统计，2018年，瑞丽有珠宝翡翠专业市场20余个，珠宝从业人员达1.7万人，在册登记从事珠宝生产经营企业共有837家，个体工商户7414户。截至2021年，全市拥有各类宾馆酒店及餐饮经营户2863户，珠宝经营户8251户，红木经营户294户。共有各类旅游企业51家；旅游星级饭店22座；旅行社17家；旅游餐馆5家；旅游车队经营企业2家。此外，直接旅游从业人员近万人。

再以丹东为例，1992年丹东市地区生产总值为58.0亿元，开放十年，2013年丹东市外贸进出口总额达到峰值303.7亿元，同期地区生产总值也达到峰值 1107.3 亿元。然而，2013 年 2 月 12 日，朝鲜宣布成功进行了一次地下核试验，这是朝鲜七年间的第三次核试验，3 月 7 日，联合国安理会一致通过关于朝鲜第三次核试验问题的第 2094 号决议，加强对朝制裁。有关制裁影响到丹东的对外开放，2014 年到 2017 年，丹东市对外贸易进出口总额逐年下降，2017 年为 231.3 亿元，同期丹东市地区生产总值也逐年下滑，2016 年达到低谷 748.4 亿元。2017 年，朝鲜进一步开展核试验，联合国安理会也不断加大制裁力度，导致丹东市对外贸易进出口总额进一步缩减到 150 亿元以下，经济发展承受巨大压力。目前来看，丹东市已经制定了多元化开放发展战略，只有突破开放发展困局，才能推动丹东市经济发展跃上新的台阶。

二　与周边国家经济发展形成良性互动是沿边开放取得显著成效的重要基础

陆地沿边开放的对象往往十分明确，因此与对象国经济发展形成良性互动是沿边开放取得显著成效的重要基础。例如，20 世纪 90 年代初，沿边城市开放取得显著进展的一个重要原因是，伴随苏联解体和苏联主导的经济互助委员会解散，俄罗斯、蒙古国、中亚五国、越南、朝鲜等均面临从计划经济向市场经济转型，特别是轻工产品短缺。因此，1992 年正式实施沿边开放战略以后，边民互市贸易迅速发展，带动了第一波贸易额快速增长。从出口产品看，是以食品、日用百货、服装、针织品等轻工产品为主，五金机电、小型机械等的占比不高。进口产品则南北有所不同，北方以钢材、皮毛、矿产品、木材为主，南方以水果、木材、钢材、橡胶、矿产品、药材等为主。总体看经济附加值不高，加上存在一定的不规范现象，因此对口岸城市乃至国家对外开放经济带动能力都不强。

　　随着沿边开放走向深入，北方各开放城市交通条件得到巨大改善，加上经济结构变化，外贸产品发生重大调整：进口货物主要是原油、煤炭、金属矿石、木材、化肥等；出口货物则包括日用百货、电气产品、工业机械、金属、化工和农副产品等。一方面，外贸进出口总额大幅度上升，但是另一方面，对于对象国，包括口岸城市本身的经济带动能力均不强，对于开放双方来说，均面临通道经济的制约。特别是俄罗斯远东地区，受多种因素限制，始终没有找到升级经贸合作方式的正确路径。2015年以来，随着国际油价走低，加上国际社会对俄罗斯的制裁，俄罗斯经济陷入困境，卢布贬值，俄罗斯远东地区民众购买力下降，于是我国东北沿边各口岸对外开放也遭遇困境。

　　与此不同，对越南开放各口岸城市在遭遇困境时迅速转变思路，加强与对象国相应地区的经济合作，迅速走出困境。1997~1998年，东南亚地区遭遇金融危机，中越边境小额贸易进出口受到严重冲击。2004年，越南领导人来华访问，提出"两廊一圈"合作建议。其中云南、广西三个开放城市中，河口位于昆明—老街—河内—海防—广宁经济走廊中心位置，凭祥位于南宁—谅山—河内—海防—广宁经济走廊中心位置，东兴则位于环北部湾经济圈的重要位置。其后又发展为"一轴两翼"区域合作构想。正是由于双方经济发展规划的紧密融合，相关口岸城市的开放经济日益发展，并为中国—东盟自贸区建设、中南经济走廊建设奠定了坚实基础。

三　国家开放发展战略的不断深化是沿边开放不断前进的有力保障

　　沿边开放尽管大大晚于沿海开放，但是同样属于国家整体开放战略的重要组成部分。1992年正式启动沿边开放战略，推动沿边互市贸易快速发展。2001 年，中国加入世界贸易组织，进口关税不断下调，同时启动自由贸易区谈判，2002 年，与东盟 10 国签订《中国—东盟全面经济合作框架协议》，2010 年正式建成中国—东盟自由贸易区。从而为沿边地区发展进出口贸易，依托国内国际两种资源发展特色产业提供了便利条件。党的十八大以来，"一带一路"建设成为新时代对外开放的引领，其中"丝绸之路经济带"通过陆路联通中外，因此中国与周边国家的经济互动成为"丝绸之路经济带"建设的重要基础。特别"丝绸之路经济带"创新合作模式，加强"五通"，即政策沟通、设施联通、贸易畅通、资金融通和民心相通，对沿边地区与周边国家发展政治、经济、文化关系均具有重要指导意义，可以说，"一带一路"建设为沿边开放注入了新的强大动力。

四 制度创新是沿边开放的动力源泉

通过对沿边开放史的回顾不难看出，沿边开放激发了沿边地区发展的活力，而源源不断提供动能的是开放制度的创新发展。1992 年，沿边开放战略启动之时，主要是通过设立边境经济合作区，推动边境小额贸易、边民互市贸易及出口加工的发展。对于进入合作区的企业给予土地、财税方面的优惠政策。但是从实际执行效果看，边民互市贸易由于给予一定的免税额度迅速有了显著提升，但是引资建厂方面仍然受交通、技术、人才等条件限制，实际效果并不明显。为了探索推动边境地区产业经济发展，2000 年，云南瑞丽市设立姐告边境贸易区，集贸易、物流、加工、仓储、旅游于一体，采取"境内关外"模式，执行财税优惠政策。但是从实践看，边境贸易区对出口加工产业发展的推动作用也不明显。

为推动出口加工产业发展，2000 年以后，各开放口岸陆续设立综合保税区，与全国通行标准形成统一，实行一系列税收优惠政策，吸引出口加工企业入驻园区。此外，还创造性地发展了跨境经济合作区模式，如中哈霍尔果斯国际边境合作中心，更加充分地发挥两个市场、两种资源的优势。

随着上海自由贸易试验区建设的不断推进，为了借鉴建设经验，更好地利用沿边开放优势，发展沿边地区产业，带动沿边地区经济、社会发展，实现安边、稳边、兴边、固边，2015 年，《国务院关于支持沿边重点地区开发开放若干政策措施的意见》出台，启动重点开发开放试验区建设。重点开发开放试验区是沿边开放发展到一个新的阶段的必然产物，建设目的是实现开放与沿边地区发展的良性互动，在新时代新发展理念指引下，实现沿边地区生态优美、产业兴旺、城乡融合、社会和谐、人民幸福的新发展目标。其中开放要发挥扩大进出口贸易规模，吸引国内外投资，扩大产业发展规模并提升产业发展质量，吸引人才、技术、资金流入沿边地区，带动边民实现共同富裕等功能。

随着自贸试验区建设的逐步推开，一些自贸试验区片区已经覆盖沿边开放城市，如广西自由贸易试验区崇左片区包括凭祥市，云南自由贸易试验区德宏片区包括瑞丽市，黑龙江自由贸易试验区包括黑河、绥芬河两个片区。2017 年 3 月 5 日，习近平总书记在参加十二届全国人大五次会议上海代表团审议时指出："建设自由贸易试验区是党中央在新形势下全面深化改革、扩大对外开放的一项战略举措。中国开放的大门不会关上，要坚持全方位对外开放，继续推动贸易和投资自由化便利化。"[①]沿边开放城市纳入自由贸易试验区建设，充分说明沿边地区已经

---

① 《自贸试验区对标高标准国际经贸规则，深入推进高水平制度型开放》，中国政府网，2021 年 12 月 30 日，https://www.gov.cn/xinwen/2021-12/30/content_5665320.htm?eqid=edc70318000508720000005645ba644。

与沿海地区处于同一个开放平台上，享有同等的开放政策，标志着沿边开放走过 30 年，在制度创新发展方面进入一个全新阶段。

五　产业发展是沿边开放长久之基

由于地理环境限制和长期形成的历史积淀，沿边地区一直是产业发展的洼地，缺乏必要的产业基础和资金、技术、人才，因此沿边开放最初带动的是边境小额贸易和边民互市贸易，推动 GDP 迅速增长的往往是固定资产投资，特别是房地产投资。随着国家大沿边开放战略的不断推进，沿边口岸外贸进出口总额大幅度攀升，与此同时，促进口岸产业发展的各类平台陆续设立，各项优惠政策也不断出台，对于沿边地区而言，产业发展才是开放的长久之基。

首先，要依托国内国际两种资源优势，打造特色产业。例如，丹东市的轻纺、机电产业，珲春市的海鲜产品加工产业，绥芬河市的木材加工产业，塔城市的农副产品加工产业，伊宁市的农副产品精深加工、现代煤化等产业，瑞丽市的珠宝玉石产业，凭祥市的水果加工、红木加工产业，东兴市的海产品、特色果蔬等加工产业。

其次，旅游产业是沿边开放形势下普遍得以发展的优势产业，但是如何做大做强、做出特色需要精心谋划、精准施策。特别是跨境旅游产业发展，是一项系统工程，既需要资源基础和一般性的软硬件条件，也需要对象国开放跨境旅游的高度共识和全面合作。例如，瑞丽市通过不断深化与缅甸方面的人文交流，促进双边在互联互通、边境贸易、边境旅游、跨境农业、环境保护、医疗卫生、警务司法、跨境经济合作区建设等领域的合作，从而为跨境旅游的顺利开展奠定了坚实基础。搭建一系列交流平台，为跨境旅游发展搭台唱戏，如举办中缅胞波狂欢节、中缅边交会、中缅自驾车纵深游、中缅投资贸易洽谈会、中缅跨境电商论坛、"一带一路"艺术展和中缅服装生产企业合作发展交流会、中缅经贸论坛，以及瑞丽·木姐城市规划、教育卫生、劳动力资源、农林水、旅游文化等系列座谈会，与木姐市结为友好城市，推进中缅瑞丽—木姐跨境经济合作区建设，积极援建缅甸木姐小学、垃圾热解站和勐古镇岗龙村卫生院，"国门学校""国门医院""国门书社"成为边境亮丽风景线。再如，东兴市在拓展旅游线路、增加游客数量方面下功夫。东兴围绕东盟元素、边关风情、民族特色等，积极举办中越边境（东兴—芒街）商贸·旅游博览会，开通中国东兴—越南芒街跨境自驾游，开通中越"两国四地"（中国广西桂林—东兴—越南广宁芒街—下龙）黄金旅游线路，并通过区域联动，与桂林市、满洲里市、越南下龙市和芒街市签订"两国五市"旅游线路合作备忘录，充分利用游客在互市购物中每人每天可享受 8000 元免税额度的优惠政策，建成互市商品购物一条街和东兴试验区免税商城，坚持商贸、文化、旅游一体化发展。

最后，沿边开放要成为沿边发展的火车头，带动沿边地区实现与内地共同富裕，最终还是需要打造产业体系，形成资本、人才集聚效应，推动沿边地区像东部沿海地区一样，既是开放的窗口，也是发展的前沿。目前各开放口岸的产业发展路径，还是仅仅依托进口资源，打造特色产业，但是大多存在产业链较短、技术含量较低、附加值不高等问题。成效较为显著的是伊宁市，其依托霍尔果斯口岸，重点发展化工、农产品深加工、生物医药、可再生能源、新能源、新材料、建材、进口资源加工、机械制造、商贸物流、旅游、文化及高新技术等产业。根据规划，"十四五"时期，霍尔果斯将积极培育特色产业，以项目建设和招商引资为抓手，以发展实体经济为核心，重点发展机械制造、电子信息、生物医药和大健康、纺织服装、农产品与食品加工等战略性新兴产业和优势产业，构建一批各具特色、优势互补的产业集群，力争到 2025 年，五大产业实现产值 860 亿元，其中电子信息产业、纺织服装产业产值均达到 300 亿元，农产品与食品加工产业实现产值 100 亿元，推动"通道经济"向产业经济、口岸经济转变。

六 把握沿边产业发展的方向

正如《国务院关于支持沿边重点地区开发开放若干政策措施的意见》所提出的："支持沿边重点地区开展加工贸易……支持在沿边重点地区优先布局进口能源资源加工转化利用项目和进口资源落地加工项目……支持沿边重点地区利用本地区和周边国家丰富的矿产、农业、生物和生态资源，规范发展符合法律法规和国家政策的矿产权、林权、碳汇权和文化产品等交易市场。"沿边产业发展的方向一个是重点依托进口资源，一个是结合新发展理念、发展趋势，探索新的发展路径。

七 区域协调发展是沿边开放深化之路

沿边开放各口岸，实际上发挥着枢纽的作用，一头是广阔的腹地，一头是境外国家，从构建国内国际双循环新发展格局的角度看，发挥着重要作用。从与腹地关系看，由于口岸城市本身体量较小，资金、技术、市场等均存在较大局限性，所以加强与腹地联通、形成区域协调发展格局，既可以提供更多出口产品，也可以更好地吸收、消化进口资源，节约运输成本，特别是通过区域协调发展，构建区域内供应链、产业链体系，从而为口岸城市发展创造更大的战略回旋余地。这方面，以东兴口岸发展最为典型。东兴口岸从开放之初，就作为广西与东盟国家海陆联结的枢纽。近年来，东兴深度融入"一带一路"建设，积极推进与东盟国家的互联互通，防东铁路开工建设、中越北仑河二桥建成、中越人民币/越南盾双向调运业务正式启动等。从产业发展看，东兴依托重点开发开放试验区，做大做强钢铁产业，着力延伸钢铁产业链，提升价值链，扩大产业规模，重点发展汽车用钢、合金新材料、特种钢、海洋工程用钢等钢铁上下游产业，以及先进装备制造、金属制品、建筑用钢结构等耗钢产业，打造一批龙头企业，形成临港钢铁产业集群。内联广东、海南、贵州、云南、福建等区域，外接东盟地区。从与境外国家，特别是毗邻国际区域协调发展看，我国沿边开放政策对周边国家发展形成积极促进作用，既为沿边开放稳步推进创造了条件，也为我国推动周边外交战略、构建周边命运共同体奠定了基础。例如，越南老街省的发展，离不开中国的开放政策，离不开与我国河口口岸的互动发展。在我国沿边开放之初，老街是越南国内最贫困的六省之一，几乎谈不上什么基础设施和工业。伴随着中国的沿边开放，河口—老街变成了连接中国西南市场与越南乃至东盟地区贸易的门户。通过实施以贸易、服务和旅游为先导产业的政策，老街成为越南发展较快的地区之一，2020 年人均 GDP 比 2016 年高出 1.57 倍，城乡面貌焕然一新。

八　统筹发展与安全是沿边开放的内在逻辑

习近平总书记在中央民族工作会议上强调："完善沿边开发开放政策体系，深入推进固边兴边富民行动。"[1] 从沿边开放 30 年的经验看，边疆地区实行开放政策，以开放促进发展，以发展保障安全，取得了

---

[1]　《坚持推动各民族共同走向社会主义现代化》，求是网，2022 年 3 月 13 日，http://www.qstheory.cn/laigao/ycjx/2022-03/13/c_1128466070.htm。

举世瞩目的成绩。但是迄今仍然是一类需要特殊支持的地区，经济发展水平仍明显落后于东部发达地区，同时面临着诸多传统与非传统安全问题。从沿边开放 30 年积累的经验看，发展还是硬道理，应坚定不移地走开放发展道路，实现沿边地区基础设施不断完善，生态环境日益改善，城镇现代化水平不断提升，兴边富民，从而为维护边疆安全稳定、长治久安打下坚实基础。同时，绝不能忽视安全稳定问题，实施沿边开放战略的最终目标除了兴边富边，还有稳边固边，因此开放发展的同时，必须注意近年来尽管我国经济发展取得长足进步，综合国力显著增强，但是边疆地区的传统与非传统安全问题仍然广泛存在，且有越发激化的趋势：中印边界冲突，南海主权争议不时上演；随着崛起步伐加快，边疆与内地在政治、经济、文化等领域的差异性有所放大，国际反华势力借机操弄，将扰乱边疆作为阻止我国崛起的关键步骤，涉疆、涉藏、涉港、涉台、涉海问题突出；周边国际环境也是影响边疆安全的重要因素，周边国家政治动荡、地区冲突、朝核问题都在影响我国边疆安全，而我国与周边国家间历史疆域话语权纷争也存在蔓延趋势，严重影响我国与有关国家战略互信的构建；就我国边疆地区自身发展而言，国家认同、民族团结、意识形态建设、宗教、人口、生态环境、信息等的安全问题同样值得关注。

从根本上说，发展是维护边疆长治久安的基础，但是近年来一些边疆省区由于各种主客观、内外部因素的影响陷入发展困境，产业结构升级滞后、经济发展缓慢、民生发展水平低、生态保护与经济发展的矛盾依然突出、对外开放受周边国际环境制约明显等问题亟待解决。例如，东北三省经过两轮振兴东北老工业基地战略扶持，仍然未能扭转发展颓势，近年来 GDP 增速在全国排名靠后。特别是全国边疆地区普遍出现人口空心化问题，已经严重影响边疆发展与边防安全。

第二节
沿边发展面临的机遇与挑战

当前，沿边开放既充满机遇，也面临较大挑战，总体看机遇仍大于挑战。从现实需要看，只有坚定不移地扩大开放，以开放为龙头，驱动沿边城镇化与乡村振兴两个车轮，才能最终实现沿边地区共同富裕。

一　当前扩大沿边开放仍处在战略机遇期

（一）党中央坚定不移地走对外开放道路是沿边开放的定盘星

党的十八大以来，习近平总书记高度重视沿边开放。2013 年 11 月 9~12 日召开的党的十八届三中全会，通过《中共中央关于全面深化改革若干重大问题的决定》，明确要求扩大内陆沿边开放。2015 年，《国务院关于支持沿边重点地区开发开放若干政策措施的意见》印发。

2018 年 12 月 18 日，庆祝改革开放 40 周年大会隆重举行，习近平总书记发表重要讲话，全面总结 40 年改革开放取得的伟大成就和宝贵经验，强调改革开放是党的一次伟大觉醒，是中国人民和中华民族发展史上一次伟大革命，发出将改革开放进行到底的伟大号召。

2021 年 11 月 8~11 日召开的十九届六中全会，通过《中共中央关于党的百年奋斗重大成就和历史经验的决议》，高度评价改革开放，指出"改革开放是决定当代中国前途命运的关键一招"，并明确提出："党中央深刻认识到，开放带来进步，封闭必然落后；我国发展要赢得优势、赢得主动、赢得未来，必须顺应经济全球化，依托我国超大规模市场优势，实行更加积极主动的开放战略。"

（二）"一带一路"建设所释放的发展红利将不断推动沿边开放实现新的跨越式发展

自 2013 年习近平提出"一带一路"倡议以来，其现已取得显著成绩，中蒙俄、新亚欧大陆桥、中国—中亚—西亚、中巴、孟中印缅、中国—中南半岛六大国际经济走廊建成，沿边口岸城市在六大走廊建设中发挥了出境节点的作用。借助走廊建设的推动，沿边口岸城市在基础设施建设、口岸通关条件和贸易便利化措施优化、跨境互联互通、与腹地城市联通等方面均取得显著进展，为进一步开放提供了更高水平的基础保障。

以"一带一路"为合作平台，我国与 19 个国家签署了 22 项双边、多边政府间国际道路运输便利化协定。中蒙俄、中吉乌、中塔乌、中俄（大连—新西伯利亚）、中越实现国际道路直达运输试运行，国际道路运输辐射范围进一步拓展。我国出台《国家邮政局关于推进邮政业服务"一带一路"建设的指导意见》。联合相关国家建立了中巴经济走廊交通基础设施工作组、中缅经济走廊交通合作工作组等"一带一路"交通合作机制，编制了《大湄公河次区域交通战略 2030》《中亚区域经济合作交通战略 2030》《中亚区域经济合作铁路发展战略 2030》等文件，谋划区域交通发展规划，推动与相关国家现有规划的有效衔接。

此外，我国还与有关专业性国际组织签署了大量"一带一路"合作文件，包括联合国欧洲经济委员会、世界经济论坛、国际道路运输联盟、国际贸易中心、国际电信联盟、国际民航组织、联合国文明联盟、国际发展法律组织、世界气象组织、国际海事组织。

（三）国家已出台的沿边开放政策正不断发挥作用

据归纳整理，国家已出台的沿边开放政策包括 10 类：实施兴边富民行动计划，实现稳边安边兴边；给予边境地区边民互市进口一定的免税额度；加大对边境贸易发展的财政支持力度；加强边境地区公共基础设施建设，提升基本公共服务水平；加大金融支持力度；实施差异化扶持政策，促进特色优势产业发展；完善贸易政策；提高投资便利化水平；支持边境园区的发展；支持边境口岸建设[①]。

近年来，各沿边城市正在加快重点开发开放试验区、边境经济合作区、跨境经济合作区等合作平台建设，通过优化营商环境、推动与"一带一路"共建国家金融合作，提升投融资水平，试点人民币跨境结算等。各口岸城市结合本地实际，积极落实有关政策，探索体制机制创新，已经取得显著成绩和成功经验。此外，一些沿边省区获批建设自由贸易试验区，如 2019 年批准广西、云南、黑龙江等三个沿边省区设立自由贸易试验区。其中广西自贸试验区涵盖南宁、钦州港、崇左三个片区，云南自贸试验区涵盖昆明、红河、德宏三个片区，黑龙江自贸试验区涵盖哈尔滨、黑河、绥芬河三个片区，涉及凭祥、瑞丽、畹町、河口、黑河、绥芬河等沿边开放城市。上述自贸试验区的设立，实现自贸试验区建设与"一带一路"倡议的有机融合，进一步推动制度创新、产业升级、开放提速。根据各自贸试验区公布的总体方案，广西自贸试验区构建面向东盟的国际陆海贸易新通道，深化沿边对外开放，推动跨境贸易、跨境物流、跨境劳务合作等发展；黑龙江自贸试验区进一步扩大对俄罗斯合作，积极推动人员出入境便利、企业"走出去"；云南自贸试验区创新沿边跨境经济合作模式、探索推进边境地区人员往来便利化、加大科技领域国际合作力度。

---

① 李光辉主编《2018 中国沿边开放发展年度报告》，经济科学出版社，2018，第 167~173 页。

（四）沿边城市经过30年开放已具备更加良好的发展基础

首先是基础设施建设突飞猛进，重要口岸城市实现公路铁路、电力电信、信息网络、管道运输等全面畅通。其次是形成了具有一定特色的产业基础。再次是城镇化水平普遍提高，城镇化率一般达到50%。最后是在对外联通方面达到前所未有的水平，互联互通是"一带一路"建设的核心领域。铁路方面，亚吉铁路、蒙内铁路、拉伊铁路、中俄同江铁路大桥建成通车，中国—老挝—泰国铁路合作、匈塞铁路、雅万高铁等项目扎实推进。巴基斯坦1号铁路干线升级改造、中吉乌铁路等项目前期研究正在积极推进。公路方面，加快推动与周边国家公路联通。昆曼公路、昆明—河内—海防高速公路、中巴经济走廊"两大"公路全线通车，中俄黑河公路大桥完工，"双西公路"（中国西部—欧洲西部）建设稳步推进。

（五）区域协调发展战略将沿边地区纳入区域总体发展战略

《中华人民共和国国民经济和社会发展第十四个五年规划和2035年远景目标纲要》提出，深入实施区域重大战略、区域协调发展战略、主体功能区战略，健全区域协调发展体制机制，构建高质量发展的区域经济布局和国土空间支撑体系。其中重点提出深入推进西部大开发、东北全面振兴、中部地区崛起、东部率先发展，支持特殊类型地区加快发展，在发展中促进相对平衡。推进西部大开发形成新格局，推动东北振兴取得新突破，开创中部地区崛起新局面，鼓励东部地区加快推进现代化，支持特殊类型地区发展，健全区域协调发展体制机制。其中特殊类型地区包括革命老区、民族地区、边疆地区、贫困地区。

（六）沿边城市与对向国毗邻地区形成了友好合作基础

通过实行开放，沿边口岸城市与对向国有关城市结成友好城市，如黑河与俄布拉戈维申斯克市（海兰泡）、雅库茨克市，绥芬河与俄波格拉尼奇内区、伊曼市，满洲里与俄乌兰乌德市，二连浩特与蒙古国乌兰巴托汗乌拉区，伊宁与哈萨克斯坦塔尔迪库尔干市，塔城与哈萨克斯坦乌斯季卡缅诺戈尔斯克市，瑞丽与缅甸木姐市，河口与越南老街市，凭祥与越南高禄县、老挝凯山·丰威汉市，东兴与越南芒街市，等等。友好城市之间人员往来、经贸合作、人文交流频繁，建立了地方一级的合作沟通机制，为促进民心相通、推动更高水平合作奠定了友好基础。

（七）周边国家分享中国发展红利，纷纷出台对我国开放政策

俄罗斯推动远东大开发战略，积极建设符拉迪沃斯托克（海参崴）自由港和一系列跨越式开发区，以吸引国内外投资，促进远东地区经济社会实现跨越式发展。此战略与我国振兴东北老工业基地战略、"一带一路"倡议形成良好对接，滨海1号、滨海2号大通道正是黑龙江、吉林两省以绥芬河、珲春为节点，建设欧亚通道的前提。2021年12月6日，蒙古人民党第30次代表大会讨论"新复兴政策"，其中"口岸复兴"被列为复兴发展的重要目标和基础。2015年，俄罗斯、哈萨克斯坦、白俄罗斯、吉尔吉斯斯坦和亚美尼亚五国成立欧亚经济联盟，又称欧亚经济委员会，致力于推动区域经济一体化发展。五国均为"一带一路"建设的重要伙伴国。2015年习近平主席和普京总统共同签署《中华人民共和国与俄罗斯联邦关于丝绸之路经济带建设和欧亚经济联盟建设对接合作的联合声明》，2019年10月《中国与欧亚经济联盟经贸合作协定》正式生效，使"一带一盟"合作成为区域合作的典范。

中国—东盟自贸区是我国第一个也是最大的自贸区，于 2002 年开始建设，2010 年全面建成，到 2020 年，东盟已经成为中国最大的贸易伙伴。

（八）次区域合作机制有助于发挥沿边口岸城市互联互通节点作用

除了与周边国家间的经贸合作以外，对外开放以来，我国也积极参与各类次区域合作机制，利用跨国接壤地区的区位优势，加强各种生产要素的流动，发展经济协作活动。目前，我国沿边地区参与的重要次区域合作机制包括图们江国际次区域合作、大湄公河次区域经济合作、澜沧江—湄公河合作、中亚国际次区域合作、中越"两廊一圈"国际次区域合作、中老缅泰"黄金四角"计划等。参与次区域合作机制，加速人员、货物跨境流动，加强经贸、人文、环保、安全等多领域合作，对于沿边城市深化对外开放具有重要推动作用。

二　沿边开放所面临的主要挑战

（一）沿边开放在国家总体开放中所占的比重较低

根据统计，2013~2016 年，沿边 136 个边境县的地区生产总值从 8796.34 亿元上升到 9146.40 亿元，增长率仅为 3.98%，沿边地区经济增长速度明显低于全国 30.72% 的增速，全国占比也从 2013 年的 1.55% 下降到 1.23%（最新统计数据）。近年来，受新冠疫情影响以及俄罗斯等国经济增长放缓，也包括一些经济以外因素的影响，部分沿边开放城市对外开放步伐放缓，甚至出现进出口贸易量大幅度下降、吸引外商投资下降等趋势[①]。

---

① 统计数据参考李光辉主编《2018 中国沿边开放发展年度报告》，经济科学出版社，2018，第 109 页。

（二）沿边开放对所在省区的经济带动能力不足

沿边开放依托陆路运输，其进出口货物量远低于海港。沿边口岸城市地理位置偏远，产业发展制约因素多，特别是人力、运输成本高，技术水平低，能源价格高，很难依托口岸城市发展规模经济，多数口岸城市与所在省区经济互动性较弱。

（三）通道经济仍是开放城市的主要贸易模式

沿边口岸进出口贸易与口岸城市经济发展的结合度较低，"进口抓落地、出口抓加工"的能力仍然较弱。部分产业园区招商能力不足，产品科技含量较低，一般将进口货物以原材料，或者粗加工的方式销往内地。出口产品附加值较低，以轻工产品为主。

（四）交通基础设施建设仍存在薄弱环节，口岸通关方面存在瓶颈

开放30年来，沿边口岸城市交通基础设施建设取得较大发展，特别是"一带一路"倡议提出以来，跨境互联互通取得长足进展。但是，仍然存在与腹地联通不畅、通关遭遇瓶颈、对向国交通条件受限等问题。这些问题的解决并非易事，大部分口岸城市距离腹地中心城市较远，建设交通基础设施成本高、收益低，部分口岸没有铁路和高等级公路，有些铁路层级不高，甚至是地方铁路，管理水平低。口岸跨境通道虽然几经升级，但是总体格局难以突破，部分口岸虽然大幅度升级了跨境通道，但是由于对向国通关政策的限制，仍然不能很快实现升级提速的目标。对向国境内的交通基础设施升级改造难度更大，且存在管理混乱的问题。

（五）开放政策支持力度仍有不足

目前中央和地方层面支持沿边开放的政策较多，但是政策采取先行先试、逐步推广的原则推出，也造成不同口岸城市之间的攀比和竞争。一些政策推出前缺乏对沿边地区实际情况的普遍、深入调研，政策与地方实际结合过程中难免出现一些不相协调的情况。中央支持政策、项目往往需要地方配套资金，但是沿边开放城市往往财政资金有限，难以提供配套资金，导致支持政策难以落地。

（六）人口减少制约产业发展

近年来，我国总体人口增长率大幅度降低，中西部地区、东北地区均出现一定程度人口净出生率负增长的情况。特别是在沿边地区，除人口自然出生率降低外，还受到人口外流的较大影响，沿边城市虽然发挥城镇化作用，吸纳周边乡村人口集聚，但是总人口数量仍处于大幅度减少的状态。在人力资源不足的情况下，产业发展难以推动。

（七）人才严重短缺

比人口减少更为严重的是，沿边地区人才的大幅度外流。不但企业招聘高层次人才难，即便是政府部门、事业单位也难以招聘到人才，特别是医生、律师、教师等专业型人才，这进一步导致沿边城市难以提升承载力。

（八）需要进一步统筹发展与安全

沿边开放需要进一步统筹发展与安全，既要加快产业发展，实现经济快速增长，又要注重维护边疆安全稳定，特别是国防安全、生态安全、能源安全，对外开放也要保障本土经济安全。为此，有时不得不牺牲一定的发展速度。

（九）对向国开放的意愿、能力参差不齐

部分对向国由于历史原因与我国缺乏战略互信，开放政策推出和落实均较为艰难。多数对向国沿边地区发展相对落后，口岸基础设施建设滞后，严重影响我国口岸城市开放。近年来，受国际政治局势和新冠疫情的双重影响，边贸普遍受到冲击，一些边境口岸受到的影响较大，进出口贸易额回落明显，甚至有的口岸被迫关停。

（十）国内国际产业发展格局变化的不利影响

当前，国际产业发展呈现出"三化"趋势，即集群化、信息化、生态化，国际竞争日益加剧；与此同时，中国经济发展进入新常态，其主要特征包括：一是从高速增长转为中高速增长；二是经济结构不断优化升级，第三产业消费需求逐步成为主体，城乡区域差距逐步缩小，居民收入占比上升，发展成果惠及更广大民众；三是从要素驱动、投资驱动转向创新驱动。在这种情况下，原本驱动沿边经济开放发展的来料加工、出口加工等已不具备竞争优势，而创新驱动、信息化等又不是沿边地区所擅长的。

第三节
坚定不移扩大开放，构建沿边开放发展新格局

一　扩大和深化对外开放政策指引下的产业发展路径

沿边城市的发展得益于对外开放，30 年来取得的成绩有目共睹。但是，随着近年来国际贸易环境的变化，加上各口岸城市所面

对的周边国家经济发展形势不同，沿边城市外贸进出口数据出现两极分化，有的仍然在逆势上涨，如广西的崇左和凭祥、新疆的霍尔果斯等，但是更多的城市则出现增长缓慢，甚至一度停滞、倒退的局面。

实际上，近年来，中国对外开放政策不断出台，对外开放的力度不断加大，与周边国家间的贸易壁垒不断打破，为沿边城市扩大和深化对外开放创造了良好的发展机遇，如何结合自身实际、充分利用政策红利是各口岸城市提升自身治理能力的重要课题。

（一）深度融入"一带一路"建设，通过角色承担获取发展新助力

2019年4月26日，第二届"一带一路"国际合作高峰论坛在北京召开。习近平主席在论坛开幕式的主旨演讲中指出："面向未来，我们要聚焦重点、深耕细作，共同绘制精谨细腻的'工笔画'，推动共建'一带一路'沿着高质量发展方向不断前进。"[①]"聚焦重点、深耕细作"，为沿边城市指明了发展方向和路径。

"一带一路"建设为沿边城市建设提供了新的战略机遇期，开启"五通"大格局建构，沿边城市作为重要节点，应顺势而为，通过"进口抓落地、出口抓加工"，经济、社会发展明显跃上了新的台阶。但是从具体六条廊道的带动作用来看，存在较为明显的差距。

例如，新疆霍尔果斯依托"丝绸之路经济带核心区"的发展规划，在将连云港、霍尔果斯串联起来的新亚欧陆海联运通道打造为"一带一路"倡议的标杆和示范项目的政策指引下，获得发展的重要

---

① 《习近平在第二届"一带一路"国际合作高峰论坛开幕式上的主旨演讲（全文实录）》，"新华网"百家号，2019年4月26日，https://baijiahao.baidu.com/s?id=1631842768585824918&wfr=spider&for=pc。

战略机遇。在产业发展方面，霍尔果斯除与连云港紧密联动推动物流业快速发展外，还加快吸引国内优质企业和承接东部产业转移，结合本地实际，在传统纺织品、农副产品出口加工的基础上，不断向高附加值、新兴产业拓展。通过加大创业引导基金及创业投资基金投入，霍尔果斯经济开发区利用区位、政策、开放三大优势，吸引了一批实力强、产业链长的龙头企业前来投资兴业，涉及新能源、半导体、装备制造、制药、影视等产业领域。2019 年，该市工业增加值 3.43 亿元，同比增长 85%；招商引资到位资金 100.35 亿元，同比增长 97%。2022 年 1~10 月霍尔果斯共执行招商引资项目 57 个，实现招商引资到位资金超 180 亿元，达到 185.98 亿元，同比增长 105%，总体呈现大幅度上升势头。

广西崇左利用中国—中南半岛经济走廊联通东盟国家的区位优势，重点发展东盟水果深加工、新能源、轻工制造等产业，同时积极培育新动能，加强特色产业园区建设，做大做强铜锰稀土新材料产业基地、广西·中国糖业产业园、龙赞东盟国际林业循环经济产业园、山圩产业园等园区，加快建设中国建材崇左产业园、海螺绿色建材产业园等，引导企业落户发展，着力构建铜锰稀土新材料、食品、泛家居、建材四大产业集群。2019 年，工业总产值 593.21 亿元，同比增长 12.8%；规模以上工业增加值 167.47 亿元，同比增长 15.2%。

云南瑞丽则立足"孟中印缅经济走廊"建设，打造中缅跨境工业园区，发挥"两个市场、两种资源"优势，加大力度培育产业集群，珠宝红木、机械制造、电力能源、电子产品、矿产遴选、肉牛加工等形成产业支柱。2019 年，实现规上工业总产值 49.39 亿元，同比增长 24.2%。

与上述三地相比，一些沿边城市借机发展的势头较弱，"产业结构单一，产业发展层次不高，没有大的产业支撑，产业链短，产业发展基础薄弱"[1]。实际上，这是中国东北部与北部各沿边城市的一种普遍现象。客观地看，这种发展局面与"中蒙俄经济走廊"建设不如其他几条走廊建设进展顺利有直接关系，招商引资、产业发展受内外环境等客观条件影响较大，但是其中也有创新不足、营商环境欠佳、未能充分发挥区域资源优势等问题，应该通过"聚焦重点、深耕细作"打造出优势特色产业集群。

（二）沿边城市扩大和深化开放还有其他一些重要机遇需要牢牢把握

其一，自贸试验区建设。近年来，伴随着自由贸易试验区的建立和推广，一些沿边城市已陆续成为自贸试验区的片区，如崇左、瑞丽、黑河、绥芬河等。自贸试验区建设突出强调充分利用各地资源禀赋优势与区位优势，形成各有侧重、各具特色的试点格局，积极服务"一带一路"建设、京津冀协同发展、长江经济带发展、东北振兴、长三角区域一体化发展、海洋强国等[2]。未来，随着自贸试验区范围的扩大，各沿边城市将陆续成为自贸试验区片区，其发展必须要进一步着眼于特色定位，将自贸试验区发展与区位优势凝聚、城市功能升级相结合，通过各类产品要素聚合形成的比较优势，打造特色产业发展高地；同时充分发挥先行先试的政策优势，大力改善营商环境、提升服务水平，让沿边成为新的投资热土。

其二，中国开始构建双循环新发展格局。随着中美贸易摩擦不断升级，加上疫情对国际经贸合作的影响，2020年5月14日，中共中央政治局常委会会议首次提出"深化供给侧结构性改革，充分发挥我

① 李燕、崔大为：《自贸试验区背景下绥芬河口岸经济发展问题与对策》，《商业经济》2020年第11期。
② 王珂：《我国自贸试验区建设布局逐步完善》，《人民日报》2019年8月27日。

国超大规模市场优势和内需潜力，构建国内国际双循环相互促进的新发展格局"[1]。扩大内需，突出强调内循环的发展作用，必将带来资源型产品、农产品进口量的增加。从笔者调研走访情况看，沿边城市边民互市贸易方面受到较大影响，但是过货量，特别是进口货物量不降反增，恰恰说明这一问题。充分利用这一新的发展趋势，将给沿边城市产业转型升级带来资源优势。

其三，《区域全面经济伙伴关系协定》落地。2020 年 11 月 15 日，《区域全面经济伙伴关系协定》正式签署，涵盖全球约 29.7% 的人口，有超过 25 万亿美元的 GDP，形成新的自由贸易圈，其中包括东盟 10 国、日本、韩国等中国周边国家。此项自由贸易协定的签署，也必将加大进出口货物量，从而给沿边城市发展带来新的机遇。特别是东北地区各沿边城市，如何借势加大对日、韩开放，需要抓紧研判、制定行动方案。

二　推进"兴边富民"战略，提升沿边城市功能与品质

"兴边富民行动"是 1999 年由国家民委联合国家发展改革委、财政部等部门倡议发起的一项边境建设工程。宗旨就是振兴边境、富裕边民。国务院办公厅先后印发《兴边富民行动"十一五"规划》（2007年）、《兴边富民行动规划（2011—2015 年）》（2011 年）、《兴边富民行动"十三五"规划》（2017 年），从最初"大力改善边民生产生活条件"为主，到"十三五"期间，强力推进沿边城镇建设。按照沿边集聚、合理布局、集约发展和适度超前原则，以边境城市为引领，构建以边境重要节点城市和小城镇为支撑、临边集镇为节点、抵边村寨为

---

① 《构建新发展格局，习近平总书记这样战略布局》，求是网，2020 年 9 月 23 日，http://www.qstheory.cn/zhuanqu/2020-09/23/c_1126531690.htm?spm=zm5056-001.0.0.1.Bn3xRX。

支点，沿边境线辐射延伸的城镇带。开展沿边重点城镇建设工程，选择具有一定产业基础、人口规模和发展潜力较大、区位优势较为突出的沿边境重点城镇，完善发展规划、拓展城镇功能、提高管理服务水平、增强人口集聚能力，打造边境地区统筹发展的重要节点。

《兴边富民行动"十三五"规划》强调沿边城镇，包括州市一级的引领作用，顺应了中国经济社会发展、城镇化进程加快的现实状况。从近年来沿边地区发展看，人口外流问题依然严峻，便捷的交通网络、大城市信息时代的生活环境、年轻人渴望更广阔天地的进取心，加上农业现代化对劳动力需求的下降，都决定了沿边地区乡村人口外流的必然趋势。从周边国家看，俄罗斯远东地区尽管地域辽阔、人口稀少，却形成了几个人口集聚的大城市，如哈巴罗夫斯克市（伯力）（人口60余万）、符拉迪沃斯托克市（海参崴）（人口60余万）、布拉戈维申斯克市（海兰泡）（人口20余万）。比较而言，中国沿边城市人口明显不足。

因此，应推动兴边富民行动在三个"五年规划"基础上，继续深化和提升，在"十四五"时期，着力加强沿边城市，特别是沿边口岸城市建设，打造若干50万人口以上的战略支点型中等城市。为实现这一宏伟目标，沿边城市应在以下方面着力提升治理能力。

其一，做大做强支柱产业。没有具备足够支撑力的产业基础，就不可能做到集聚人口、留住人口。

其二，进一步加强铁路、公路、水运、航空、管道、信息、物流等基础设施网络建设，推动沿边城市与区域中心城市之间的交通、信息联通便利化。当然，在这方面也应注意两者之间的相互依托、相辅相成关系，例如，2020年8月国铁集团出台的《新时代交通强国铁路先行规划纲要》提出，到2035年，率先建成现代化铁路网，其中，20万人口以上城市实现铁路覆盖，50万人口以上城市高铁通达，并形成全国1、2、3小时高铁出行圈。实际上，只有人口数量大幅度提升，各项基础设施建设成本才会下降到合理区间。

其三，全面提升城市基本公共服务水平。在教育、医疗、公共文化服务体系、社会保障制度等方面做系统提升，改变沿边城市在东西部不平衡、中心与边缘不平衡两个不平衡中的不利地位，让沿边城市人口实现安居乐业。

其四，加大人才引进、扶持力度。目前，在人才争夺战中，高等院校、大型企业是主导力量；此外，依托中心城市、经济发达城市，部分科研院所、医疗卫生机构等也实现人才"虹吸效应"。由于缺乏上述有利条件，沿边城市在人才竞争中处于极度弱势地位，特别是专业化人才外流严重、引进困难。直接影响到城市科技创新能力和公共服务水平的提升甚至保持。在这方面，国家和各级地方政府应该加大专项投入，以资金支持、政策扶持等手段为主，同时撬动社会资本加大投入，设置创业基金、建设众创空间和孵化基地，引导各类型人才向沿边城市流动。其中教育、医疗、法律、社区服务等人才需要采取政策兜底方式。

其五，创新边疆地区落户优惠政策，探索外来人口移住边疆地区的可能性。目前看，有关边民补贴政策基本是补贴行政村村民，但是由于执行户籍标准，而农村户籍并不能随意迁入，因此只能发挥稳定现有户籍人口的作用，却难以吸纳更多常住人口固边、稳边。"十四五"时期，应从中央和地方两个层面入手，推动"兴边富民"战略扩大惠及面，实施沿边城市人口落户优惠政策，推动人口向边疆地区回流。

三　落实"治边维稳"的基本措施

习近平总书记强调"治国必治边"，边疆的安全、稳定关系到国家的长治久安。在治边维稳工作中，沿边城市作用突出，城市人口集中，在外交、政治、经济、生态、人口、文化等多个领域，都发挥着区域中心作用，稳定城市，就能形成坚强支点。

在外交领域，沿边城市是对外开放的桥头堡，在与周边国家实现经贸往来的过程中，也会面临诸多的跨境问题，如跨境人口非法流动、跨境违法犯罪、外来文化渗透，甚至是基于历史、现实等方面因素引发的边界争议，都会影响到两国间的外交关系。这是沿边城市治理所必须着力解决的问题。此外，突如其来的新冠疫情也给沿边城市治理带来了前所未有的新难题，提升跨境突发事件的应对能力，是沿边城市治理能力现代化的一个重要方面。

在政治领域，沿边城市往往存在一定的民族、宗教问题，而"宗教文化与民族心理紧密相连，极易唤起人们的社会群体感、认同感和归属感，进而形成跨文化的认同感"[①]。因此沿边城市在推进政治治理的时候，在关注一般民生问题的同时，还必须以高度的政治责任感充分注意并妥善处理民族、宗教问题。

在经济领域，沿边地区经济发展相对落后是社会不稳定的根本原因。一方面，这种差距是由方方面面原因造成的，特别是底子薄、起点低、自然条件制约大、国内发展不平衡等，因此加速发展经济、实现产业振兴是沿边城市稳定的一个重要抓手；另一方面，也应注意到，有些经济领域的不稳定问题是由分配不公导致的，因此在加速发展经济的同时，必须注意效率与公平之间的关系，避免经济发展了，社会贫富差距拉大，产生新的抱怨和不满情绪。

在生态领域，边疆地区承担着保护国家生态安全的重要任务。"陆疆是中国生态过渡区和植被交错区，处于农牧、林牧、农林等复合交

---

① 王霞：《民族地区中华文化认同与边疆文化安全》，《黑龙江民族丛刊》2012 年第 5 期。

错带，具有特殊的生态禀赋、地理区位和民俗文化，也是中国目前生态问题突出、经济相对落后、人民生活贫困等多项社会问题重叠区域。"[1] 有学者指出：边疆生态治理是保障国家生态安全的基础，也是国家政治安全和社会安全的重要保障[2]。

习近平总书记高度重视生态环境保护。党的十九大明确提出加快生态文明体制改革、建设美丽中国的目标、任务、举措。近年来，中国环保工作的主要政策和制度包括：生态省建设，国家生态文明建设示范区命名，生态文明建设试点工作；编制全国生态文明建设目标体系，积极推动生态示范建设提档升级；制定《国家生态文明建设示范区管理规程（试行）》和《国家生态文明建设示范县、市指标（试行）》；印发《全国生态功能区划（修编版）》；制定实施《生态保护红线划定技术指南》；制定《关于划定并严守生态保护红线的若干意见》；制定《全国自然保护区发展规划（2016—2025 年）》。

上述政策和文件多数涉及沿边城市，从落实情况看，总体实现预期目标。但是，从前文叙述也不难看出，沿边城市还承担着重要的发展任务，发展经济难免要消耗自然资源，如土地、水体、林木、矿产、能源、生物，作为能量交换，还会造成环境污染。面对"两难选择"，沿边城市唯有坚守生态保护红线，破除依靠资源粗放发展的惯性思维，科学、辩证地认识和实践"绿水青山就是金山银山"的发展理念，创造性地发展绿色生态经济、循环经济，拒绝高能耗、高污染企业，走创新驱动的发展路径。依靠国家生态补偿、美丽乡村建设等政策的支持，加强环保教育，在社会上形成环保意识，推广绿色生活方式。充分利用沿边地区国内国际两种资源，特别是生态环境资源，大力发展

---

[1] 冯琳、赵亚娟：《西部边疆地区生态文明建设的特点及其应对措施》，《2013 年全国环境资源法学研讨会论文集》，中国环境资源法学研究会，2013。

[2] 林丽梅、郑逸芳：《我国国家安全视阈中的边疆生态治理研究》，《探索》2016 年第 4 期。

绿色产业、新兴科技产业、旅游产业等，在绿色产业科技化、精品化的道路上加速前进。同时，积极争取中央财政加大对生态效益补偿转移支付力度，弥补沿边城市为生态保护牺牲的经济发展利益。此外，还可以考虑利用未来可能全面推广的国内碳交易市场机制。

在人口领域，近年来，中国总体生育率放缓，伴随着城镇化加速推进，边疆地区人口有大幅度减少的趋势，特别是常住人口方面，不但总量减少，而且减少的大多是青壮年，由此给边疆安全、稳定造成了极为不利的影响，这对于边疆经济发展也是重要的制约因素。在吸纳人口方面，沿边城市承担着重要职责，只有通过发展经济，提升社会公共服务水平，加强交通、通信网络建设，创建宜居环境等系统工程，才能够从根本上解决人口外流的问题。同时，着重加强人口素质安全、结构安全建设是深层次解决人口问题的必由之路。

在文化领域，边疆区域因地缘政治特征而被赋予了国家文化安全与文化戍边的特殊使命[1]。总体来看，边疆地区在国家文化安全方面，承担着三个方面的任务：一是抵制境外敌对势力向中国边疆地区的文化渗透、宗教干预，防范由此造成的分裂活动与极端暴力事件；二是铸牢中华民族共同体意识；三是维护统一多民族国家疆域的完整性。沿边城市作为守卫边疆的战略支点，在上述方面均应发挥核心作用。

对于文化渗透和宗教干预，必须坚决予以抵制和清除，既要扎紧防范的篱笆，也要通过正确国家观、文化观、价值观的培育和树立，形成思维反馈、产生思想共鸣，从而从源头上自觉抵制各种错误观念和思潮。同时，应看到不同的沿边城市所面对的外来文化渗透不同，有的比较明显，对抗性强，易于引起重视，尽管破坏性较大，但是防范应对也相对易于操作；有的则具有较大欺骗性，渗透性更强，带来

---

[1]　刘永刚：《中国边疆治理中的文化建设论纲》，《云南行政学院学报》2018 年第 5 期。

的负面影响要经过一段时间累积才会彰显出来。这就要求沿边城市治理者，对各种外来文化、思潮保持高度警惕，加强信息追踪、收集和研判，随时掌握最新动态，并做出恰当的反应。

在铸牢中华民族共同体意识方面，2019 年 9 月 27 日，习近平总书记出席全国民族团结进步表彰大会并发表重要讲话，为创新推进新时代民族工作提供了根本遵循。该讲话指出，坚定"四个自信"，把握"中华民族一家亲、同心共筑中国梦"这一新时代民族工作创新推进的鲜明特征；以九个坚持概括新中国 70 年民族工作经验；把握历史规律，增强铸牢中华民族共同体意识的自信自觉；直面机遇和挑战，把新时代民族团结进步事业作为基础性事业抓紧抓好；明确目标任务，推动中华民族走向包容性更强、凝聚力更大的命运共同体①。

沿边城市开展民族工作，应牢牢把握、深入领会总书记上述讲话精神，提高政治站位，真正把做好民族团结工作作为头等大事来抓。既要落实国家统一制定的民族政策、民族历史教育方案，也要结合本地实际，编写与本地区民族问题直接相关的知识读本，并将之列入公职人员培训、社区宣讲和学校公民教育课程体系。

在维护统一多民族国家疆域完整性方面，重点是加强国民教育和领土教育。沿边城市站在维护国家统一的第一线，负有为国戍边的重要职责，这就要求沿边城市民众深入了解中国统一多民族国家形成的历史，特别是了解本地区融入统一中国的历史进程，培养热爱家乡、守护家乡、建设家乡的情感；同时，还要坚决抵制各种错误认识。从具体操作层面看，除一般性的宣传教育外，向市民普及统一多民族国家历史的一个重要抓手是博物馆建设。

习近平主席在致国际博物馆高级别论坛贺信中指出："博物馆是保

---

① 《习近平：在全国民族团结进步表彰大会上的讲话》，"新华网"百家号，2019 年 9 月 27 日，https://baijiahao.baidu.com/s?id=1645815228890654432&wfr=spider&for=pc。

护和传承人类文明的重要殿堂，是连接过去、现在、未来的桥梁，在促进世界文明交流互鉴方面具有特殊作用。中国博物馆事业已有 100 多年历史。……中国各类博物馆不仅是中国历史的保存者和记录者，也是当代中国人民为实现中华民族伟大复兴的中国梦而奋斗的见证者和参与者。"[1] 2017 年 4 月，习近平总书记在广西考察工作时，再次谈到博物馆的重要作用："中华民族历史悠久，中华文明源远流长，中华文化博大精深，一个博物馆就是一所大学校。博物馆建设要注重特色。向海之路是一个国家发展的重要途径，这里围绕古代海上丝绸之路陈列的文物都是历史、是文化。要让文物说话，让历史说话，让文化说话。"[2]

近年来，沿边各城市大多建立起自己的博物馆，并且形成了一定的展出规模。但是，仍然存在博物馆未能普遍建立、馆舍建设滞后、展品数量不足、真品较少、内容解说不够严谨等问题。加强城市历史博物馆软硬件建设，是当前沿边各城市做好统一多民族国家历史叙述，承担起维护国家领土安全重任的关键性工作之一。

四　从服务人类命运共同体构建的视角加强城市建设与管理

2013 年 10 月，习近平总书记在周边外交工作座谈会上强调，要谋大势、讲战略、重运筹，把周边外交工作做得更好。为此，提出了"人类命运共同体"等外交新理念[3]。党的十九大报告明确提出：坚持和平发展道路，推动构建人类命运共同体。人类命运共同体理念是

---

① 《习近平主席致国际博物馆高级别论坛贺信》，《中国博物馆通讯》2016 年第 11 期。

② 《学习他——一个博物馆就是一所大学校》，央视网，2017 年 5 月 18 日，http://news.cctv.com/2017/05/18/ARTIBknlTrvL6oWP66xCJ6ew170518.shtml。

③ 《习近平在周边外交工作座谈会上发表重要讲话》，中国政府网，2013 年 10 月 25 日，https://www.gov.cn/jrzg/2013-10/25/content_2515623.htm。

习近平外交思想的重要内容，是习近平新时代中国特色社会主义思想的重要组成部分。

沿边城市作为对外开放的窗口和桥梁，与周边国家密切连接，成为践行人类命运共同体理念的排头兵。为完成此项职责，应在以下方面提升治理能力。

（一）加强人文城市建设

要在中外之间架设开放的窗口和友谊的桥梁，必须加强沿边城市的"人文"建设。人文城市建设注重历史文化底蕴的生态性构建，以人文化、人性化、自然化、情调化、生活艺术化作为城市显性形态，其基本特征包括以下几个。

其一，人文城市强调历史底蕴的挖掘和展示。包括历史遗迹保护，老建筑的修复和沿用，历史符号、象征在城市建设中的使用等，从而使城市历史文脉得以延续。有些沿边城市曾经只注重经济发展，对城市历史建筑、街区有较为严重的破坏。在与周边国家抵边城市比较中不难发现，我国城市在现代化方面优势明显，但是历史底蕴明显不足。由于缺乏深邃历史带来的文化吸引力，所以难以让入境游客产生亲切感，进而严重妨碍跨文化认同的构建。

其二，人文城市要彰显人文关怀，革除现代化给城市带来的各种弊端。城市的发展，不应一味追求经济增长，造成环境污染、资源紧张、生活成本高企、安全感缺失。紧张、失衡、无序的城市生活难以让人产生共鸣。

其三，人文城市要突出个性化。结合独特自然、人文优势打造个性化城市面貌，避免千城一面造成的平庸无趣。

其四，人文城市要有艺术性。从艺术展馆，到公共建筑、街区的艺术设计，在与城市的历史文脉、个性魅力交相辉映中，传递出一座城市独有的文化特质和精神风貌。

其五,一座城市的人文建设,还可以与大学相结合。由于沿边城市发展起步较晚,绝大部分并无高等学校,这也是造成城市人文气息缺乏的重要原因。随着沿边城市交通、通信基础设施的不断完善,对外联络的日益便捷,经济、社会发展进入一个新阶段,完全有能力建设大学城,承接中心城市大学新校区,或者采取联合办学等方式开展职业教育。当然,从目前一些沿边城市高等教育办学情况看,其仍存在较多不尽如人意之处,特别是没有解决好办学特色、人才培养与社会需求的关系等问题。这也是沿边城市治理能力现代化水平提升过程中需要重点解决的一个问题。

（二）加强进出境人员服务与管理

人员流动是实现交流互鉴,促进民心相通进而推动人类命运共同体构建的重要渠道。沿边城市是跨境人员流动的重要交换站和目的地,通过加强进出境人员服务与管理,消除隐患、厚植民意,巩固世代睦邻友好。

其一是短期人员出境,包括海外劳务、商务活动、出境旅游等。在沿边城市,随着"一带一路"建设的推进,短期出境手续便利化,上述出境人员日益增多。此类出境人员构成较为复杂,层次各异,沿边城市应加强相关管理,避免出现非法出境情况;特别是对出境人员加强行前教育,使之遵守国外法律、法规,维护国人形象。

其二是国外人员短期入境,同样包括外国人来华劳务、商务活动、入境旅游等。随着中国经济、社会发展,改革开放的不断深入,特别是"一带一路"建设影响下,跨境劳务、商务活动增加,沿边城市出现一定数量入境居住人口。由于这部分入境人员来华时间差异大,成分相对复杂,来华目的各异,因此对这部分人员的管理是一项重要的治理任务。

其三是跨境旅游。随着沿边城市深度开发，利用国内国际两种自然、人文资源，开发跨境旅游产品成为新的旅游产业增长点，有的沿边城市还开发了跨境自驾游产品。对跨境旅游带来的人员流动随意性增强的问题，沿边城市应制定更为合理的管控措施，通过积极引导，不断加强双边联系，形成良性交流、互动交融的局面。

其四是接收国外留学生。沿边城市通过发展高等教育，接收国外留学生在中国长期生活、学习，对中国文化传统、社会理念有深入的理解和认同，对中国经济、社会发展有全方位的接触和感受，未来返回本国，这种影响会体现在日常生活之中，使之成为两国友谊的使者。

（三）加强跨境人文交流

由于历史原因，中国沿边地区往往与周边国家毗邻地区具有一定的历史、文化联系，如跨境民族、相同风俗以及一些长期延续的文化交流活动等。今天，随着中国沿边开放的深化，这些历史、文化基础以及由此衍生的联谊活动对于进一步巩固双方友谊、推动跨境旅游和双边经贸合作都具有重要意义，需要沿边城市进一步推动。此外，还可以融入时代发展的新特色，创新交流方式，如人文论坛、跨境教育合作、艺术交流、体育赛事，等等。

（四）加强跨境企业合作

随着沿边城市对国内国际两种资源的综合利用，企业"引进来""走出去"成为常态，尤其是中国企业的境外经营活动，经济、社会影响较大。沿边城市管理者应加强对这方面的形势研判，加快相关政策制定和管理制度出台。一方面，要充分遵守两国间签署的各项合作协定，在此基础上，加快与对方的对等谈判，制定省、市层面的落实协定，为企业海外经营保驾护航；另一方面，也要充分遵守所在国的法律法规，在互利互惠、合作共赢的前提下，稳步推进"走出去"企业健康发展。

结 语

沿边城市发展离不开党中央、国务院推进沿边开发开放的重大战略思想和决策部署的支持、带动，同时，沿边城市又承载着国家的多重需求，只有深入学习、准确把握各项战略思想和决策部署，全面落实各项方针政策、制度措施，并因地制宜创造性地提出适合本地区实际的发展目标、实施路径，才能够不断取得发展成绩，并实现维护国家外交安全、领土安全、生态安全、文化安全的战略目标。

作者：范恩实

后　记

　　本书是中国社会科学院重大专项"中国与周边国家关系研究"的阶段性成果，列入中国社会科学院中国边疆研究所"十四五"科研规划，由中国社会科学院边疆安全与发展研究中心组织撰写。在项目立项、撰写和出版过程中，得到中国边疆研究所刘晖春书记、邢广程所长的支持和指导。本书出版还得到中国社会科学院新疆智库的支持。

　　本书作者包括：

　　范恩实，中国社会科学院中国边疆研究所副所长、研究员

　　罗　静，中国社会科学院中国边疆研究所副研究员

　　齐会君，中国社会科学院中国边疆研究所助理研究员

　　葛小辉，中国社会科学院中国边疆研究所助理研究员

　　初冬梅，中国社会科学院中国边疆研究所副研究员

　　朱　尖，中国社会科学院中国边疆研究所副研究员

　　乌兰巴根，中国社会科学院中国边疆研究所副研究员

　　白　帆，中国社会科学院中国边疆研究所副研究员

张　帅，中国社会科学院中国边疆研究所助理研究员

王　垚，中国社会科学院中国边疆研究所副研究员

时雨晴，中国社会科学院中国边疆研究所副研究员

张楠林，中国社会科学院中国边疆研究所助理研究员

袁　沙，中国社会科学院中国边疆研究所助理研究员

图书在版编目（CIP）数据

沿边十四城市开放三十年简史 / 范恩实等著. -- 北
京：社会科学文献出版社，2024.4
ISBN 978-7-5228-2909-8

Ⅰ.①沿… Ⅱ.①范… Ⅲ.①沿边开放－经济史－中
国 Ⅳ.①F129

中国国家版本馆CIP数据核字（2023）第231044号

沿边十四城市开放三十年简史

著　　者 / 范恩实 等

出 版 人 / 冀祥德
组稿编辑 / 郑庆寰
责任编辑 / 赵　晨
文稿编辑 / 王　娇
责任印制 / 王京美

出　　版 / 社会科学文献出版社·历史学分社（010）59367256
　　　　　　地址：北京市北三环中路甲29号院华龙大厦　邮编：100029
　　　　　　网址：www.ssap.com.cn
发　　行 / 社会科学文献出版社（010）59367028
印　　装 / 北京联兴盛业印刷股份有限公司

规　　格 / 开　本：787mm×1092mm 1/16
　　　　　　印　张：34.25　字　数：444千字
版　　次 / 2024年4月第1版　2024年4月第1次印刷
书　　号 / ISBN 978-7-5228-2909-8
审 图 号 / 京审字（2024）G第1182号
定　　价 / 168.00元

读者服务电话：4008918866